教师教育系列教材

# 现代教育技术
## (第 2 版)

李世荣　穆晓芳　赵　鹏　主编

李晓刚　叶晓波　彭习梅　副主编

清华大学出版社
北京

## 内容简介

现代教育技术是当代教师必须具备的能力，是师范院校学生学习和在职教师培训的重要内容。本书是针对师范院校学生的现代教育技术公共课程编写的教材，以培养学生教育技术基本素养与基本技能为宗旨。全书共分为 8 章，主要介绍现代教育技术的基本理论、常用视听媒体的基本原理和应用技术、网络教育应用和现代远程教育基础、教学设计的基本概念和基本理论，以及学校现代教育技术环境与系统的基本构成、功能和在教育教学中的应用，多媒体素材制作方法和常用课件制作平台的使用方法和应用技巧。

本书系统完整、内容新颖、突出技能、实用性强，既可以作为师范院校各专业的公共课教材，也可以作为提高在职教师现代教育技术能力的培训教材。

---

本书封面贴有清华大学出版社防伪标签，无标签者不得销售。
版权所有，侵权必究。举报：010-62782989，beiqinquan@tup.tsinghua.edu.cn。

图书在版编目(CIP)数据

现代教育技术/李世荣，穆晓芳，赵鹏主编. —2 版. —北京：清华大学出版社，2020.1（2023.8 重印）
教师教育系列教材
ISBN 978-7-302-54700-6

Ⅰ. ①现… Ⅱ. ①李… ②穆… ③赵… Ⅲ. ①教育技术学—师资培训—教材 Ⅳ. ①G40-057

中国版本图书馆 CIP 数据核字(2019)第 296764 号

责任编辑：汤涌涛
装帧设计：刘孝琼
责任校对：李玉茹
责任印制：杨　艳

出版发行：清华大学出版社
　　　　网　　址：http://www.tup.com.cn, http://www.wqbook.com
　　　　地　　址：北京清华大学学研大厦 A 座　　邮　　编：100084
　　　　社 总 机：010-83470000　　邮　　购：010-62786544
　　　　投稿与读者服务：010-62776969, c-service@tup.tsinghua.edu.cn
　　　　质量反馈：010-62772015, zhiliang@tup.tsinghua.edu.cn
　　　　课件下载：http://www.tup.com.cn, 010-62791865
印 装 者：涿州市般润文化传播有限公司
经　　销：全国新华书店
开　　本：185mm×260mm　　印　张：20　　字　数：483 千字
版　　次：2010 年 9 月第 1 版　2020 年 3 月第 2 版　印　次：2023 年 8 月第 3 次印刷
定　　价：49.80 元

产品编号：070154-01

# 前　言

进入 21 世纪，教育正在发生着诸多变化，"教育现代化"包含了丰富的内容，现代教育技术在教育中的应用是实现教育现代化的重要条件。当今的教育对教师的素质和知识结构提出了全面的要求，现代教育技术应用于教育教学中的关键在于教师，学习、掌握和运用好现代教育技术已经成为广大教师必须面对的一个重要问题。高等师范院校面临着新的挑战，现代教育技术的基本理论和实践操作技能已成为师范院校学生必须掌握的内容。为非教育技术专业(电化教育)的学生开设现代教育技术课程，让未来的教师掌握现代教育技术，是普及教育现代化的必由之路。

目前，我国大多数师范院校都开设了现代教育技术公共课，作者所在的学校是较早开设现代教育技术公共课程的师范类院校之一，并于 2000 年和 2006 年先后组织编写了《现代教育技术基础》讲义作为本校现代教育技术公共课教材。随着信息技术日新月异的发展，各种新的学术成果和先进的技术越来越多地被应用于教育，极大地丰富了现代教育技术的内容。为了适应教育现代化改革的要求，使学生学有所得、学以致用，结合对"现代教育技术"公共课教学改革的探索和实践，我们编写了这本现代教育技术公共课教材。本书共分为 8 章，各章主要内容说明如下：第 1 章主要阐述现代教育技术的概念、发展情况和师范生学习现代教育技术的必要性和重要性；第 2 章主要阐述教育技术的理论基础；第 3 章主要讨论视听媒体的特点和教学应用；第 4 章主要讨论多媒体教室、网络教学机房、多媒体网络录播系统等学校现代教育技术环境与系统的组成、特点和教学功能；第 5 章主要讨论多媒体课件制作中的技术问题，介绍 PowerPoint、Authorware 等常用课件工具的使用方法和技巧，以及制作多媒体课件素材的 9 种方法(或工具)；第 6 章和第 7 章讨论网络教育应用和现代远程教育基础；第 8 章讨论教学系统设计理论及教学系统设计方法等。

本书具有以下特点。

(1) 针对性强，应用广泛。本书是针对非教育技术专业的师范学生和在职教师编写的，旨在培养他们的教育技术基本素养与基本技能。本书详略得当、通俗易懂，既适合作为师范院校不同专业的文、理科学生"现代教育技术"公共必修课的教材，也可作为在职教师进行现代教育技术能力培训的教材。

(2) 突出技能，学以致用。结合教育现代化发展的要求和师范学生的特点，在媒体技术方面，突出操作技能的培养；在软件技术方面，力求通用性、大众化和普适性，使学生学有所得、学以致用。

(3) 系统完整，内容全面。本书注重系统性、完整性、先进性和示范性的统一，既博采众家之长，保持了传统现代教育技术教材的理论体系，又体现了以多媒体计算机和多媒体网络技术为代表的现代教育技术对教育的影响，反映了现代教育技术的新成果，融入了我们多年教学及学校教育技术应用的经验，形成了自身特色。

本书由李世荣、穆晓芳、赵鹏担任主编，负责全书的统稿及修订，同时，本书由李晓刚、叶晓波、彭习梅担任副主编。

本书在编写过程中，参考和引用了一些相关的教材和资料，引文出处未能一一尽数，其中的主要来源在参考文献中列出，如有遗漏，敬请谅解，并对这些书刊的作者表示衷心的感谢。

现代教育技术是一个发展中的学科，由于编者水平有限，难免存在不妥之处，诚请广大读者批评指正。

编　者

# 目 录

## 第1章 教育技术概述 ... 1

### 1.1 教育技术与教育技术学 ... 1
- 1.1.1 教育技术 ... 1
- 1.1.2 教育技术学 ... 2

### 1.2 教育技术发展历史简介 ... 3
- 1.2.1 国外教育技术的产生与发展 ... 3
- 1.2.2 我国教育技术的发展 ... 6
- 1.2.3 教育技术的发展趋势 ... 8

### 1.3 师范生学习教育技术的必要性 ... 8
- 1.3.1 信息时代教育面临的挑战 ... 9
- 1.3.2 现代教育技术在教育改革中的作用 ... 9
- 1.3.3 师范生学习现代教育技术的基本内容 ... 10
- 1.3.4 师范生学习现代教育技术的要求 ... 11

复习思考题 ... 12

## 第2章 现代教育技术的理论基础 ... 13

### 2.1 学习理论 ... 13
- 2.1.1 行为主义学习理论 ... 13
- 2.1.2 认知主义学习理论 ... 14
- 2.1.3 客观主义学习理论 ... 15
- 2.1.4 建构主义学习理论 ... 16
- 2.1.5 各种学习理论对教育技术领域的影响 ... 17

### 2.2 视听教育理论 ... 17
- 2.2.1 "经验之塔"理论的基本思想 ... 18
- 2.2.2 "经验之塔"理论的要点 ... 19

### 2.3 传播理论 ... 20
- 2.3.1 传播的概念和类型 ... 20
- 2.3.2 传播模式 ... 22
- 2.3.3 教育传播过程 ... 25
- 2.3.4 教育传播的基本原理 ... 28

复习思考题 ... 30

## 第3章 现代视听媒体辅助教学 ... 31

### 3.1 现代教学媒体概述 ... 31
- 3.1.1 教学媒体的概念 ... 31
- 3.1.2 教学媒体的分类 ... 32
- 3.1.3 教学媒体的教学功能特性 ... 34
- 3.1.4 教学媒体的教育作用 ... 36

### 3.2 视觉媒体及其教学应用 ... 37
- 3.2.1 视觉媒体的特性 ... 37
- 3.2.2 幻灯机的基本原理及使用 ... 38
- 3.2.3 投影仪的基本结构及使用方法 ... 40
- 3.2.4 教学银幕 ... 44
- 3.2.5 幻灯、投影媒体的教学应用 ... 45

### 3.3 听觉媒体及教学 ... 47
- 3.3.1 听觉媒体的特性 ... 48
- 3.3.2 有线广播 ... 48
- 3.3.3 录音媒体 ... 54
- 3.3.4 激光唱机 ... 57
- 3.3.5 听觉媒体的功能及在教学中的应用 ... 59

### 3.4 视听觉媒体及教学 ... 60
- 3.4.1 视听觉媒体的特点和教学功能 ... 60
- 3.4.2 电视 ... 61
- 3.4.3 教育电视系统 ... 64
- 3.4.4 录像机 ... 67
- 3.4.5 电视教学应用 ... 68

复习思考题 ... 69

## 第4章 现代教育技术环境与系统 ... 70

### 4.1 多媒体教学系统与多媒体教室 ... 70
- 4.1.1 多媒体硬件系统的基本构成 ... 70

    4.1.2 多媒体的软件环境 .................. 76
    4.1.3 多媒体教室 ........................ 77
4.2 网络教学机房 ............................... 85
    4.2.1 网络教学机房的基本功能 ...... 85
    4.2.2 网络教学机房的组成 ............ 85
    4.2.3 网络教学机房的环境要求 ...... 86
    4.2.4 网络教学机房的维护
          和使用 ............................ 87
4.3 微格教学系统 ............................... 91
    4.3.1 微格教学概述 .................... 91
    4.3.2 微格教学系统的构成 ............ 92
    4.3.3 微格教学系统的功能 ............ 93
    4.3.4 微格教学的实施 .................. 94
    4.3.5 数字化微格教学系统 ............ 95
4.4 语言实验室 ................................... 97
    4.4.1 语言实验室的发展 ................ 97
    4.4.2 语言实验室的种类和功能 ...... 97
    4.4.3 语言实验室的优点
          和局限性 .......................... 100
    4.4.4 数字化语言实验室介绍 ........ 101
4.5 校园计算机网络 ........................... 102
    4.5.1 校园网概述 ...................... 102
    4.5.2 校园网的功能 .................... 103
    4.5.3 校园网的设计原则 .............. 104
    4.5.4 校园网的建设方案 .............. 105
4.6 多媒体网络录播系统 ...................... 109
    4.6.1 多媒体网络录播系统概述 ...... 109
    4.6.2 多媒体网络录播系统的功能
          及特点 ............................ 109
    4.6.3 多媒体网络录播系统的组成
          及原理 ............................ 112
    4.6.4 多媒体网络录播系统的结构
          和使用方法 ...................... 114
    4.6.5 基于软件的流媒体课件录制系统
          介绍 ................................ 118
复习思考题 ........................................ 120

# 第5章 多媒体课件制作技术 .............. 121

5.1 多媒体课件概述 ........................... 121

    5.1.1 多媒体课件的概念 .............. 121
    5.1.2 多媒体课件的类型 .............. 122
    5.1.3 多媒体课件的结构 .............. 123
    5.1.4 多媒体课件设计的基本
          原则 ................................ 125
    5.1.5 多媒体课件的制作过程 ........ 131
5.2 多媒体课件素材的采集与制作 ........ 137
    5.2.1 多媒体素材的种类 .............. 137
    5.2.2 从现有光盘库中获取素材 ...... 140
    5.2.3 从网络上获取素材 .............. 141
    5.2.4 使用屏幕抓图工具 .............. 143
    5.2.5 最简单的图像工具——
          "画图" ............................ 147
    5.2.6 最简单的音频工具——
          "录音机" ........................ 150
    5.2.7 Photoshop 的使用 .............. 153
    5.2.8 Windows Movie Maker 的
          使用 ................................ 162
    5.2.9 Ulead GIF Animator 的使用 ... 169
5.3 利用 PowerPoint 制作多媒体课件 .... 173
    5.3.1 文本的处理 ...................... 174
    5.3.2 图形和图像的使用 .............. 180
    5.3.3 声音和电影的使用 .............. 183
    5.3.4 超级链接 .......................... 184
    5.3.5 简单动画制作 .................... 186
    5.3.6 控件工具的应用 .................. 188
5.4 交互式多媒体课件的制作 .............. 193
    5.4.1 Authorware 概述 .............. 193
    5.4.2 Authorware 中多媒体素材的
          使用和处理 ...................... 196
    5.4.3 制作动画 .......................... 201
    5.4.4 交互类型课件的制作 .......... 203
    5.4.5 框架型课件 ...................... 209
    5.4.6 超文本的使用 .................... 211
    5.4.7 课件发布 .......................... 213
5.5 几何画板 ................................... 214
    5.5.1 几何画板概述 .................... 214
    5.5.2 基本操作 .......................... 214
    5.5.3 用构造菜单作图 .................. 219

         5.5.4 用变换菜单作图 ..................... 221
         5.5.5 绘制函数图像 ........................ 224
    复习思考题 ............................................. 224

## 第 6 章　Internet 与网络教育 ..................... 225

    6.1 Internet 概述 .................................... 225
         6.1.1 计算机网络概述 ..................... 225
         6.1.2 Internet 简介 .......................... 226
         6.1.3 网络互联 ................................ 228
         6.1.4 ISP 与 Internet 接入 ............... 233
         6.1.5 Internet 提供的主要服务 ........ 234
    6.2 Internet 资源及利用 ......................... 236
         6.2.1 WWW 简介 ............................ 236
         6.2.2 浏览器的使用 ......................... 236
         6.2.3 网络信息检索 ......................... 238
         6.2.4 Internet 资源下载 ................... 239
         6.2.5 FTP 应用 ................................ 240
         6.2.6 流媒体简介 ............................. 243
    6.3 用 Dreamweaver 制作网站 ............... 244
         6.3.1 网页制作概述 ......................... 244
         6.3.2 用 Dreamweaver 制作网页 ..... 247
         6.3.3 综合实例：用 Dreamweaver
                制作"教育技术"网站 ........... 252
    6.4 网络在教学中的应用 ........................ 253
         6.4.1 网络课件 ................................ 254
         6.4.2 网上讨论 ................................ 254
         6.4.3 作业上交 ................................ 255
         6.4.4 流媒体教学 ............................. 256
    复习思考题 ............................................. 256

## 第 7 章　现代远程教育概述 ..................... 257

    7.1 远程教育概述 .................................... 257
         7.1.1 远程教育的定义及特点 ......... 257
         7.1.2 远程教育的发展 ..................... 260
         7.1.3 现代远程教育 ......................... 261

         7.1.4 中国远程教育的发展 ............. 261
    7.2 现代远程教育的基本形式 ................ 263
         7.2.1 按信息传递模式分类 ............. 263
         7.2.2 按信息传输通道划分 ............. 267
         7.2.3 按教学形式划分 ..................... 268
         7.2.4 按信息的传输时效划分 ......... 268
    7.3 远程教育中的技术 ............................ 269
         7.3.1 网络课程开发平台 ................. 269
         7.3.2 视频会议与实时教学 ............. 274
         7.3.3 虚拟现实技术 ......................... 277
         7.3.4 常用技术及应用 ..................... 280
    7.4 Blackboard 网络课程平台介绍 ........ 285
         7.4.1 Blackboard 教学平台简介 ..... 285
         7.4.2 使用 Blackboard 平台需做的
                准备工作 ................................ 286
         7.4.3 Blackboard 平台的常用功能
                介绍 ........................................ 287
    复习思考题 ............................................. 293

## 第 8 章　教学系统设计 ................................ 294

    8.1 教学系统设计概述 ............................ 294
         8.1.1 教学设计的含义 ..................... 294
         8.1.2 教学系统设计的层次 ............. 296
         8.1.3 教学设计过程的模式 ............. 297
    8.2 教学系统设计的要素分析 ................ 298
         8.2.1 学习需要分析 ......................... 298
         8.2.2 学习内容分析 ......................... 300
         8.2.3 学习者分析 ............................. 302
         8.2.4 学习目标的阐明 ..................... 304
         8.2.5 教学策略的确定 ..................... 306
         8.2.6 教学媒体的选择 ..................... 307
         8.2.7 教学设计成果评价 ................. 308
    复习思考题 ............................................. 309

## 参考文献 ......................................................... 310

随着现代科学技术成果在教育领域的广泛应用，一门新兴的教育分支学科——教育技术学开始形成并快速发展。在实践过程中，教育技术学积极吸纳教育学、心理学、系统科学、信息科学、传播学等有关知识，已经发展成为以系统方法为核心的技术学层次的应用学科。

美国教育传播和技术协会(AECT)1994 年提出的教育技术定义对教育技术研究对象、研究范畴的界定，加深了人们对教育技术理论和实践的理解。目前，教育技术已经从一种视听教学方法的改革运动发展成为具有较完整的理论框架、实践领域的专业和学科，并对教育改革产生了重要和深远的影响。

# 第 1 章  教育技术概述

**本章学习目标**

- 掌握教育技术的概念及其研究内容。
- 了解教育技术的发展历史。
- 了解师范生学习教育技术的必要性。

## 1.1 教育技术与教育技术学

### 1.1.1 教育技术

**1. 技术的含义**

技术是一个历史范畴，随着社会的发展其内涵也在不断地演变。在工业化社会，人类认为技术就是根据生产实践经验和自然科学原理发展而成的各种物质设备和生产工具。这种认识把"技术"限定在有形的物质方面，现在看来是一种肤浅的、不完整的认识。在信息化社会，认为技术是人们在生产活动、社会实践和科学实验中，为了达到预期的目的而根据客观规律对自然、社会进行认识、调控和改造的物质工具、方法技能和知识经验的综合体。这一定义包括两方面的内容：一方面认为技术包括有形的物质设备、工具手段(物化技术)；另一方面包括无形的、非物质的观念形态方面的方法与技能(智能技术)。对"技术"一词的这种定义就比较全面、深刻。教育技术史权威塞特勒说："技术的重点在于工作技能的提高和工作的组织，而不是工具和机器。"

### 2. 教育技术

由于教育技术是技术的子范畴，因此教育技术就是人类在教育实践活动中所应用的一切物质工具、方法技能和实践经验的综合。它包括有形(物化形态)的技术和无形(观念形态)的技术两个方面。有形的技术包括在教与学的活动中所采用的各种教学媒体，如各种设备、器材、软硬件工具等；无形的技术包括各种教学方法、策略、技巧等。有形技术是教育技术的依托，无形技术是教育技术的灵魂。

由此可以看出，教育技术是教育中的技术，它既不是对全部教育问题进行研究，更不是对所有技术进行研究，它遵循教育规律，研究如何采用技术手段和方法解决教育教学中的有关问题。

## 1.1.2 教育技术学

自从有了人类历史，就有了教育，有了教育就有了教育技术。当教育技术发展到一定阶段后就形成了一门专门研究教育技术现象与规律的科学——教育技术学。它是在教育学、认知心理学、教育传播学、系统科学、媒体技术等理论的指导下，研究如何在教育中应用各种教育技术以提高教育质量的理论与实践相结合的一门学科；是一门综合的强调理论指导实践的新兴学科；是属于教育学领域中专门用来研究如何利用技术提高教学质量的二级应用型学科。

把教育技术作为一门学科研究，其研究历史并不太长，教育技术的概念也是仁者见仁，智者见智。1994年由美国教育传播和技术协会从学科研究领域、范围方面提出的教育技术定义受到广泛认可，即教育技术是关于学习过程与学习资源的设计、开发、利用、管理和评价的理论与实践。从这一定义可以看到，教育技术学的研究领域应当包括学习过程与学习资源的设计、开发、利用、管理与评价五个方面的理论与实践。

教育技术的研究对象是学习过程和学习资源。学习过程是指为了获得预定学习效果而采取的一系列操作步骤和方法。学习资源是指在学习过程中可以被学习者利用的一切要素。学习资源有人力资源和非人力资源之分。人力资源包括教师、同伴、小组、群体等；非人力资源包括各种教学设施、教学材料和教学媒体等。

(1) 学习过程和资源的设计，是指为实现一个确定的教学目标，在教学理论、学习理论、媒体传播等相关理论的指导下，对教学系统进行的完整而详细的设计过程，这里包括对目标、学习者、内容的分析，教学策略、媒体的选择，效果的评价等多个环节。这一领域已发展成为一个较为独立的教学设计研究方向，成为教育技术的重要组成部分。

(2) 学习过程和资源的开发，是指将各种教学模式、媒体技术应用于教学过程的研究，是对教学设计成果的"物化"过程，同时又是为理论的发展提供实践数据的过程。因此这种开发不仅是依靠某种媒体技术制作教学产品，更广泛地讲，是对整个教学系统的实践与改进。开发的范围可以是一节课、一个教学项目，也可以是一个庞大系统工程的规划与实施。

(3) 学习过程和资源的利用，是指对不断出现的新技术、各相关学科的最新成果以及各类信息资源的利用和传播。

(4) 学习过程和资源的管理，是指对所有学习资源和学习过程进行计划、组织、指挥、协调和控制。这里包括对教学系统的管理、对信息与资源的管理、对教学研究与开发的管理等。只有科学的管理，才能保证教学效果的优化。

(5) 学习过程和资源的评价，则是指对教学系统运行状态及效果的评价研究。这里既涉及单一环节或因素的评价，也有对系统整体的评价；既有总结性评价，也有形成性评价。只有具备了多角度、多方位的科学评价体系，才能保证教学系统研究更加科学、合理。

以上是按照教育技术定义的表述方式分别对各部分内涵进行解释。但在实际的工作中，这些方面并不是相互孤立、各自为营的，更多的是多个部分的有机结合，如设计与开发、利用与管理、设计与评价、开发利用与评价等。可以说教育技术是在相关理论与技术的综合运用过程中，对各类不同模式和大小的教学系统进行的研究和实践，其目的就是要达到教学(学习)效果的优化。所以教育技术虽然从学科属性上归于教育学科，但它具有鲜明的综合性、交叉性特征。也正因为如此，对教育技术的学习者提出了更高的综合素质要求。

## 1.2 教育技术发展历史简介

关于教育技术的起源，有几种不同的观点，这一点在上节已有所涉及。学术界普遍认同的，是较为狭窄的、更具有明确定位和时间划分意义的观点，即教育技术的产生应以20世纪20年代出现的"视觉教育运动"为起点。因此研究教育技术的发展史，更多的是着眼于这个不到百年的历程。

教育技术的历史虽然不长，但它的成长经历却很复杂，主要体现在两个方面：一方面是教育技术不是在某个单一领域或方向上的逐渐深入，而是多条线索、多个领域并行交叉结合的过程；另一方面，教育技术的发展过程不是以自身原始细胞为基础，产生细胞裂变或功能扩张式的发展，而是兼收并蓄、有机整合的过程，它对外界相关因素的综合吸纳要大大多于自身机体的演变与派生。所以研究教育技术的发展历史，既可以了解教育技术在不同时期的形态，同时也可以帮助我们更好地理解这一学科的综合性特征。

### 1.2.1 国外教育技术的产生与发展

与其他很多应用型学科一样，教育技术也是在技术的应用与理论的发展相互作用下前进的。为了更清楚地了解教育技术发展的脉络，我们从媒体和理论两个方面对其历程进行回顾。

**1. 媒体与技术**

可以说教育技术产生的原始动机，是人类对直观教学的追求。在17世纪，捷克教育家夸美纽斯(J.A.Comenius，1592—1670)对班级授课进行了理论上的论证和教学法上的阐明，倡导这种适合于当时教育需要的教学形式。同时，根据班级授课制的特点和当时教学内容的变化(如大量增加了自然科学的知识)，他又较为系统、全面地提出了直观教学的思想，认为"知识的开端永远必须来自感官"，"在可能的范围之内，一切事物都应该尽量地放到感官跟前……假如事物本身不能得到，便可以利用它们的模型图像。"这一思想经过很多教育家，包括裴斯泰洛齐、福禄培尔、第斯多惠等人的不断探索和完善，成为一个在西方很有影响的教育理论体系。在17—19世纪，直观教学法在教育界得到广泛的应用。

19世纪末20世纪初，科学技术飞速发展，各种电子类新媒体大量涌现。在直观教学思想的促进下，这些新的科技成果迅速被应用到教学活动中，并获得了巨大的成功。

20世纪初，幻灯、无声电影等新兴视觉媒体大量应用于课堂。1922年美国成立了国民教育电影协会，1925年意大利成立了教育电影馆，1928年美国柯达公司成立教学电影部，专门组织制作教学电影。美国在1918—1928年兴起了一场大规模的教学改革运动——视觉教育运动，全国成立了5个视觉教育专业组织，20多个教师培训机构开设了视觉教育课程，出现了5种视觉教育学术杂志。今天，学术界正是以这场视觉教育运动为标志，作为教育技术发展的起点。

其他媒体的应用也随之迅速推进。1928年美国俄亥俄州航空学校建立以成年人为对象的教育广播电台，1937年威斯康星州的"空中学校"利用无线电台播送7个科目的课程，供5～12年级的学生收听。

20世纪30年代有声电影开始应用于学校教育，视觉教育扩展到视听教育。

20世纪50年代电视媒体兴起。1950年美国爱德华专科学校创办了第一个校园电视台。1957年，美国实施"资助小学电视教学方案"。20世纪50年代末60年代初，教育电视台如雨后春笋般地在世界各地涌现，仅美国就有300多个，日本也有100多个。同时，闭路教育电视系统也在许多大学和地区开始建立。20世纪60年代电视在教育中的应用规模迅速扩大。日本学校的电视使用率在1968年为17%，1970年为71%。美国在1970年有75%的公立学校以各种形式利用电视教学节目开展教学活动。

20世纪70年代中期卫星电视系统开始出现。1974年美国通过"6号实用技术卫星"转播电视教学节目，揭开了卫星教育电视的序幕。由此产生了教育技术中的又一个新的发展领域——远距离教育，并很快成为教育技术中规模最大的一种教学形式，它对教育的规模化发展，尤其是偏远地区教育的发展起到了重要的推动作用。

进入20世纪90年代，计算机及网络技术的发展突飞猛进，教育技术迎来了一个新的媒体革命时代。这一时期，除了上面提到的基于集体化教学所应用的媒体技术外，用于另一种教学模式——"个别化学习"的教学媒体也在发展之中，这种教学媒体在早期称作程序教学机或自动教学机。它是一种预先装入编制好的程序教材的机械装置，在学习者控制下，它能自动呈现教学信息，并对学习者的操作判断行为进行反馈，从而起到"刺激—反应—强化"的作用。它与普通视听觉媒体的重要区别是，由学习者控制并具有鲜明的交互功能。学习者可以根据自己的判断对机械作出反应，通过机械的反馈信息，不断地修正自己的判断和反应行为，并得到强化，以实现学习目标。因此教学机械是适用于个别化学习的工具。

一般认为，美国心理学家普莱西(S.L.Pressey)是世界上第一台教学机器的发明者。1924年他根据桑代克(E.L.Thorndike，1874—1949)学习定律中的准备律、练习律、效果律设计了一台可以进行测验、记分和教学的简单仪器，并在之后的几年中，不断地改进和完善这种教学机器。但由于当时社会上对其需求不强烈，加之机器性能有限，没能得以推广。

20世纪50年代中期，美国心理学家斯金纳(B.F.Skinner，1904—1990)根据操作条件反射原理，在普莱西教学机器的基础上，进一步提出了教学材料的程序化思想，并设计了新一代教学机器，即程序教学机。在斯金纳的推动下，50年代末60年代初成为教学机器发展的黄金时期，数十种教学机器问世并进入实用阶段。1958年美国哈佛大学和拉德克利夫大学用10部程序教学机进行人类行为课程的教学。1961年美国空军应用教学机器进行了为期16个月的军事技术训练，既缩短了时间，又降低了成本。这一时期教学机器所用的程序教材，也曾在很多国家的各级各类教学和训练中逐步推广。

但随着人类期望值的提高，教学机器所要承担的教学内容越来越复杂、功能越来越多，开发技术的局限再一次显现出来。到20世纪70年代，教学机器的研发速度日趋减缓，同时随着计算机技术的成熟，人们开始放弃传统的电子机械方法，转向用计算机实现程序教学，并很快获得成功。这一时期，美国、英国、法国、日本等国家都纷纷制订政府计划，投资开发和推广计算机教育工程。美国伊利诺伊大学研制的PLATO计算机教学系统到1979年已可提供1000万人的教学，它存储100余门课程的6000多套教学程序。20世纪80年代末，美国中小学拥有计算机超过200万台。加拿大中小学计算机普及率达60%以上。日本高中以上学校计算机普及率在80%以上，中小学也达60%以上。1997年新加坡教育部投资，给全国每所学校都增添了计算机，即使是小学，也拥有100台以上的计算机数量，并把所有学校的计算机联成一个区域网络。

20世纪90年代，人类迈入了计算机与信息时代，作为信息时代的标志性技术——计算机与互联网，成为教育技术媒体领域最为重要的成员。由于计算机与网络具有多媒体性、交互性、远程传输性、开放性等特征，使教学信息在综合化、个性化、远程化、共享化等各个方面都产生了质的飞跃。21世纪教育技术也迈入了以计算机与网络技术为核心的媒体技术新时代，在全新的理念中对学习过程和资源予以新的研究和实践。

**2. 理论与概念**

教育技术的理论发展与媒体技术及其他相关学科的理论发展具有紧密的关联性，通常是对探索性实践的总结、综合与升华，之后是对实践的再指导。

事实上，在20世纪20年代美国的视觉教育运动时期，并没有正式使用"教育技术"一词。当时名称采用的是"视觉教育"，主要是指利用各种视觉媒体，如幻灯片、无声电影等，向学生提供生动的视觉形象以辅助教学。1922年美国出现了全国视觉教育学会(NAVI)等民间学术团体。1923年，美国教育协会成立了下属的视觉教育分会，成为第一个官方的视觉教育学术机构。这些机构的建立为教育研究开辟了一个新的领域，教学人员在这一领域中开展了大量的实验和研究，在视觉教育的有效性和适应性方面取得了一系列的成果。

这一时期的理论代表是霍本(C.F.Hoban)的观点。他在《课程的视觉化》一书中，系统地论述了视觉教育的理论基础，提出了将各种媒体按具体或抽象程度进行分类的观点，并设计出了分类的层级模型。

20世纪30年代中期，广播、有声电影的出现，使视觉教育一词已经无法概括新的实践活动，于是人们开始采用"视听教育"一词。1947年，美国教育协会视觉教育分会正式改名为视听教育分会。随着企业、军队和社会服务机构中视听教育活动的开展，该分会的成员组成扩展到了学校以外的社会力量之中，其作用也从教学活动的研究，延伸到视听教材的制作、专业人员的培训等领域。1953年该分会出版了专业刊物《视听传播评论》。

在视听教育理论研究中，最具代表性的是美国教育家、俄亥俄州立大学教授戴尔(E. Dale)。他的代表作《教学中的视听方法》作为视听教育的标准教科书广泛流行。书中所论述的著名的"经验之塔"理论，成了当时乃至后来视听教育中的主要理论依据。

总体而言，无论是视觉教育还是视听教育，它的基本理念是相同的，即关注视听设施的利用，凭借视觉和听觉的刺激，实现学习经验的具体形象化。它们都是较多地关注教材而较少关注开发教材的过程，把视听教材看作是教师教学的辅助工具。

进入20世纪50年代，视听教育因传播理论和早期系统观念的引入，发生了一次重大的变革。随着电视媒体的普及，程序教学与教学机器的风靡一时以及计算机辅助教学的研究，视听教育又迎来了一个新的媒体变革时期。教材操作的自动化、形态的多样化、教学过程的程序化等新的研究目标与尝试，引发了人们对"视听教育"的重新界定。此时，传播学在各行业开始产生影响，有些学者包括霍本和戴尔也开始转变角度，将教学过程作为信息传播过程加以研究，把目光从单一物质技术的应用扩展到对教学过程的关注，探讨教与学的活动中涉及的所有传播元素和环节，研究从发送到渠道、接收以及干扰的整个传播过程。

系统理论是20世纪50年代出现的方法论学科，其目的是从新的角度揭示客观世界的本质联系和运动规律，为科技的发展提供一种新的思路和方法。霍本和芬恩(J.D.Finn)这两位当时美国视听教育界的泰斗，于50年代末向业内介绍了系统理论，并提出了教学系统的概念，指出视听领域的研究重心应是整体教学系统的规划和设计，而非只限于教具和教材本身。传播理论和系统理论拓宽了视听领域的视野，学者们开始把关注的焦点从视听教育逐渐过渡到整体教学传播过程和教学系统的宏观层面上。

鉴于这样一种变化，在1971年美国视听教育协会正式更名为美国教育传播与技术协会(AECT)，并于1972年将其实践的领域定名为教育技术。至此，"教育技术"一词才作为一个学术领域的正式名称确立起来。在随后的20多年里，教育技术在相关学科的发展影响下，不断地进化和丰富。计算机与网络的发展促使媒体传播技术的发展进入一个信息技术时代。在早期程序化教学理论的深刻影响下，教学设计研究开始出现，并与系统理论相结合，使教学系统开发成为现代教育技术的重要内容。20世纪80年代以后，教学设计理论日趋成熟，与媒体技术的结合也更加紧密。同时，学习心理学的新发展为教育技术的理论注入了新的活力。在新的心理学理论指导下，对教学设计的研究已成为当今教育技术的热点。

教育技术在研究领域和范畴上的变化，也促进了人们对"教育技术"一词的再认识。1994年美国教育传播与技术协会对此作的定义阐述，成为迄今为止最为全面、明确地阐明教育技术内涵的定义，也是受认可程度最高的。以此定义为依据，我们可以看到，今天的教育技术已发展成为一个与学习的整个系统相关联的研究领域，它涉及与学习活动相关的每一个环节，是以系统方法为核心的、以改进和优化人们的学习为最终目的的综合性学科。

## 1.2.2 我国教育技术的发展

我国教育技术的发展历程与世界教育技术发展的各个阶段基本相似，只是由于我国的经济、历史、科技等原因，与美国等发达国家相比有所滞后。教育技术在我国的发展历史可以分为两个大的阶段。

**1. 电化教育的发展**

20世纪20年代，受美国视觉教育运动的影响，在我国的一些大城市，如上海、南京等地的学校中，教育界人士开始尝试用无声电影、幻灯等媒体进行教学，标志着我国电化教育开始萌芽。20世纪30年代到40年代，这一活动发展很快，应用规模不断扩大，同时也出现了电化教育的专业培训机构，理论研究逐步深入，出现了一些文章和专著。这一时期南京金陵大学在推进电化教育方面最为著名。20世纪40年代，当时的国民政府教育部成立了电化教育委员会，"电化教育"一词作为这一领域的正式名称开始确认。

新中国成立以后，我国政府对电化教育予以了充分的重视，在中央文化部和教育部的推动下，全国开展了多种形式的学术活动，出版了多种专业期刊、论著。20世纪60年代开始，各类学校应用录音、电影、幻灯投影等媒体进行教学的活动十分活跃，同时无线广播在社会教育方面获得大规模应用，各地建立起了官方性质的电教机构。

20世纪80年代我国电化教育迅速发展，各级各类的电教机构日趋健全，管理与推广步入规模化和组织化。媒体技术迅速提高，在原有的幻灯、录音、语音室等设备基础上，电视媒体、计算机等开始普及。电化教育教材的开发速度加快，并且数量剧增，使用率也大幅提高。1978年成立了中央广播电视大学，利用卫星电视进行教学，到1994年中央广播电视大学已开设了359个专业、1000多门课程，培养了157万名毕业生和2000多万名非学历教育结业生。在20世纪80年代中期，一些师范大学开设了电化教育本科专业。随着对理论研究的进一步深入，出现了大量专业期刊和论著。

**2. 教育技术的全面发展**

从20世纪80年代后期，随着与国外教育技术界交流的增加，新的理论、经验、成果的不断吸纳，人们发现我国电化教育的发展基本上是在视听教育的研究范畴中。为适应新时代的教育需求，促进我国教育改革的深入，有必要借鉴国外教育技术的成果和经验，对电化教育重新定位。在这种思想指导下，我国的电化教育开始向教育技术转变，出现了教育技术全面发展的新态势。

在媒体技术方面，计算机辅助教育得到充分重视，学校计算机的普及率迅速上升，很多高校在20世纪80年代就成立了计算机中心或实验室。1987年国家教委基础教育司成立了"全国中小学计算机教育研究中心"，推动中小学计算机教育的开展。到1997年全国已有两万多所中小学校配备了近50万台计算机，同时校园网、校校通工程也迅速推广。2000年教育部提出，从2002年开始全国中小学逐步完成信息技术课程的开设，进一步推动了以计算机技术为核心的现代综合媒体技术在教育中的应用。

在研究和实践的领域上，教育技术突破了原有对视听媒体的应用范围，扩展到"教学设计""多媒体教学""信息技术与课程整合""网络教学"等多个领域，而且在认知领域 CAI(计算机辅助教学)研究上也取得了丰硕成果。在教学软件的开发上出现了科技企业与教育机构联合运作的良好局面。可以说，最近十年我国教育技术在理论成果和教学产品上是有史以来最为丰富的时期。

在学科发展上，从20世纪90年代开始各高校纷纷将原电化教育专业名称改为教育技术学专业，同时人才培养层次不断提高。

近几年，教育技术学专业实现了跨越式发展，最早的教育技术学专业的设置大都是在师范院校内设置的，至2008年在二百多所不同性质的学校有教育技术学本科专业，47所学校有硕士学位点，6所学校有博士学位点，同时对师范生公共课的开设及教师的在职培训也在不断加强。专业人才队伍的完整化、多层次化以及教育技术的普及，促进了教育技术在理论与实践研究上得以持续快速的发展。

### 1.2.3 教育技术的发展趋势

教育技术的未来发展方向，一方面取决于理论与技术的发展状况，另一方面取决于教育的实际需求。从目前的情况来看，教育技术的发展方向将呈现以下几个特征。

**1. 现代教育技术作为交叉学科的特点将日益突出**

作为一个交叉学科，现代教育技术融合了多种思想和理论。交叉学科的特性决定了其研究和实践主体的多元化，包括教育、心理、计算机技术、媒体理论等不同背景的专家和学者共同研究和实践，开放式的讨论与合作研究已经成为教育技术学科的重要特色。

**2. 现代教育技术将日益重视实践性和支持性研究**

现代教育技术作为理论与实践并重的学科，需要理论指导实践，并在实践中进行理论研究。目前，现代教育技术研究前沿的两个领域是信息技术与课程整合及网络教育，所有这些乃至终身教育体系的建立都强调对学习者的支持，即围绕如何进行学习、提高绩效开展所有工作。正因为如此，人们将会越来越重视包括教师培训、教学资源建设、学习支持等在内的现代教育技术的实践性和支持性研究。

**3. 现代教育技术将日益关注技术环境下的学习心理研究**

随着现代教育技术的发展，技术所支持的学习环境将真正体现出开放、共享、交互、协作等特点，因此，适应性学习和协作学习环境的创建将成为人们关注的重点。现代教育技术将更加关注技术环境下的学习心理研究，深入研究技术环境下人的学习行为特征、心理过程特征、影响学习者心理的因素，更加注重学习者内部情感等非智力因素，注重社会交互在学习中的作用。

**4. 现代教育技术的手段将日益网络化和多媒体化**

现代教育技术网络化的主要标志是 Internet(即因特网或国际互联网)应用的迅速发展，基于网络的学习模式集文字、声音、图像于一体，消除了时空距离，实现自由自在的对话，使师生之间、学员之间的双向交流能很好地进行。而利用计算机媒体与其他教学媒体相结合共同参与课堂教学过程，形成了不同的教学模式，如虚拟现实技术与多媒体仿真技术的使用，可以形成交互式人工世界，能给学生身临其境的真实感受，使学习者亲自体验现实中无法实现的经历，变抽象内容为具体内容和具体感知，提高学习效果。

## 1.3 师范生学习教育技术的必要性

信息时代对人才的培养提出了新的要求，新理念和新方法推动着教育迈入一个新的变革时代。我国在 20 世纪末适时地提出了素质教育工程，旨在运用现代的教育思想和技术方法，培养适合于 21 世纪发展需要的、具有优良综合素质的合格人才。教育改革对教师提出了新的挑战，今天的教育已不再是传统的教与学的单向输入，而是提倡以学生为主体的学习活动的开发与实施。现代教育活动更强调自主性、个性化、多元化，教师的角色也转变为学习资源的组织者、过程的设计者、行为的引导者。教育技术的发展是这场教育变革的重要特征之一，同时又对教育改革的发展起着重要的推动作用。师范院校的学生作为未来的教师，掌握现代教育技术的基本理论和方法就必然成为其职业素质的重要要求之一。

## 1.3.1 信息时代教育面临的挑战

在当今的信息时代，教育正逐步走向多元化、终身化、全民化，受此影响，教育教学也越来越体现出信息化、多媒体化、网络化等特点，推进教育改革，就是要改变传统的教学模式，切实提高教育教学质量，实现综合素质教育，使学生真正掌握基本理论知识和实践应用技能。技术的发展影响着教育的发展，反过来教育的进步又推动着技术的革新，如果没有教育技术作为坚强后盾，教育改革必将显得苍白无力，学生也不可能得到更好的发展。因此，对师范生而言，只有拥有良好的教育技术能力和素养，才能更好地适应当今的教育教学形势。

现代教育技术以其多样性、综合性、高效性等特点，正迅速改变着传统的教学模式和教学手段，从而引发了一场教学革命。在教学改革不断深入的教育环境下，如何提高师范生的教育技术能力成为关乎未来教育的重要问题。而当今高等师范院校的教育技术教育尚未形成规范化、标准化体系，师范生的教育技术素养亟待提升。因此，应注重对师范生教育技术潜能的开发，使之维持可持续发展能力。

## 1.3.2 现代教育技术在教育改革中的作用

#### 1. 现代教育技术是教育改革的突破口

现代教育技术因其特定的产生与发展环境，具有鲜明的时代特征。正因如此，在新的教育思想和理念指导下，运用现代教育技术改革教学活动，从最具体的技术手段出发，逐步拓展，进而对教学内容、教学模式、教学资源、管理体制乃至教学理论产生深刻影响，有力地推动了教育的整体改革。现代教育技术的另一个特征是系统方法的思想，而这一理念的普及，必将促使教育者从单一的关注手段转向关注与学习有关的各个环节，从整体的角度设计与评价教学活动，这必然促进教育各方面改革的协调进行。

#### 2. 现代教育技术可以促进教育教学模式的改革

现代教育要求教育形式的多样化，使学习者在学习过程中不仅能获得知识，还能够培养学习能力，提高综合素质。现代教育技术无论从教学设计的思想，还是媒体技术的功能上来看，都为教师探索新的教育教学模式提供了广阔空间。通过应用现代教育技术，可以更科学和便捷地重新整合教学资源，控制教学过程，可以创造出更多符合学习者特征的、具有个性化的教学模式，以实现更有效的学习。课堂教学、远程教育、个别化学习等各种不同教学实践领域，都可以从现代教育技术的应用中，获得重要的理论与技术支撑，这一点尤其在我国教育界目前正在实施的创新教育、研究性学习等具体的教育改革内容中，起到重要作用。

**3. 现代教育技术的应用有助于学生学习能力的培养**

教育改革的主要目的之一，就是要使受教育者在获得知识的同时，提高自身的综合素质，而学习能力是一个人综合素质中的重要组成部分。现代教育技术所提供的空间，可以使学习者有更大的自由度来选择学习的方式，在教师的有效指导下，学生能够更迅速、高效地实现学习目标。同时在这一过程中，学生自身的学习能力，包括信息的组织处理能力、对问题的分析能力、综合判断能力、合作学习能力、评价能力等，都能得到不断的提高，真正做到"学会学习"。

### 1.3.3 师范生学习现代教育技术的基本内容

现代教育技术在教育中的重要作用，要求教师必须掌握一定的教育技术技能，师范生只有在校学好这门课程，才能适应未来教育发展的需要，胜任教师工作。从教师主要从事学校教育的角度来看，师范生主要从以下几个方面学习教育技术。

**1. 教育技术理论与方法**

师范生学习现代教育技术应当以《中小学教师教育技术能力标准(试行)》为参照，明确学习现代教育技术课程的目的是培养师范生教育技术能力，培养运用教育技术革新课堂教学的意识，提高从事教育教学的基本能力。现代教育技术由教育技术理论和教育技术技能两大部分构成。在教育技术学习中，既不能过于侧重理论，也不能过于侧重技术，应该是理论和技术并重，着力培养师范生的教育技术综合能力。

**2. 现代教学设计理论与方法**

要在教育学、心理学、系统理论等知识的基础上，深入了解和研究现代教学设计的思想，并学会用相关的设计方法来规划某一学科的教学活动。这其中包括目标分析、学习者分析、媒体选择、过程设计以及评价方法等各项环节。只有掌握了教学设计的方式方法，才能使教育技术真正体现出价值，并避免盲目追求先进手段的形式化做法。

**3. 以信息技术为核心的媒体应用技术**

作为 21 世纪的教师，不仅应具备基本的信息技术，同时还应掌握在教学中所能运用到的相关媒体技术，如常规设备的使用，图片、声音及其他素材的处理，影像动画的基本制作技能以及以多媒体计算机为主的教学资源开发和使用技术等，这方面也可以称为硬件设备的操作技术。只有掌握了扎实的硬件技术，教育技术的应用才能真正实现，否则只能是纸上谈兵。

**4. 教学软件的开发制作技术**

教师的教育技术素质，不仅包括在教学过程中熟练使用各类媒体设备和对教学活动的设计能力，还应具备基本的教学软件开发能力。这里的教学软件是指各类承载教学信息的电子类材料，包括多媒体课件、电视教学片、录音教材、幻灯片、投影片等。教师只有掌握了这些教学资源的开发技术，才能更科学地组织教学内容，设计教学模式，使教学活动更有效。而且教师参与或独立开发教学软件的过程，也是教学系统设计工程的重要组成部分。所以教学软件尤其是多媒体课件的开发能力，是学习现代教育技术的重要内容。

**5. 利用教育技术进行信息技术与学科课程整合的技术**

信息技术与学科课程整合作为一种新型的教学方式，已经成为基础教育教学改革的主流，也是基础教育所关注的热点问题之一。信息技术与课程整合需要借助教育技术的相关理论和方法，以现代教育技术的教育思想理论为指导，在数字化的学习环境中利用信息技术与其他学科进行整合，充分发挥信息技术、信息资源、人力资源的优势，提高学生的学习效率。作为未来的教师，师范生应该具备信息技术与学科课程整合的意识和能力，而这种能力的培养是教育技术学习的目的之一。因此，借助教育技术手段进行课程整合的技术和方法是师范生学习教育技术的重要内容。

## 1.3.4 师范生学习现代教育技术的要求

**1. 转变教育教学观念，正确认识教育媒体**

在信息时代的今天，学生获取知识的来源已经不仅局限于教师和书本等传统方式，四通八达的信息网络，使他们获取知识的途径更加多元化，现代教育技术将打破时空的限制，实现面对社会全体开放的个体化教学，既实现教育的全民化，又实现保证质量前提下的教育个人化。教师对现代教学媒体的态度直接影响了现代教育技术在教学中的应用。师范生作为未来的教师，应以积极的心态迎接挑战，对新的教育技术不恐惧、不回避、不排斥，建立良好的自信心，自觉自愿地学习和运用现代教育技术。

**2. 重视教育技术，努力创造良好条件**

师范院校要更多、更好地培养出适应新世纪的创新人才，就应积极推进教学手段的现代化进程，尤其要重视以多媒体计算机及网络等现代教育技术手段在教育教学中的运用。把现代教育技术作为高校改革和发展的制高点与突破口，为学生提供必要的学习环境与条件。学生应充分利用这些条件，学习现代教育技术的相关理论和技能，有意识地开发自我教育技术潜能。

**3. 注重实际应用能力，加强教育技术技能培养**

对师范生的教育技术教学应着眼于理论和技术两个层面，把教育技术的内容灵活多样地呈现在实际教学过程中，让学生耳濡目染，接受现代教育技术思想和理论。另外，加强对师范生的现代教育技术技能的培养，既要注重教育教学理论学习，也要注重实践操作技能，要能灵活使用各种教育媒体，对于教学过程中经常使用的媒体设备，要能够灵活操作使用，注重培养学生的实际使用能力，鼓励学生学习新技术，并探索将其应用于具体的教育教学中。

**4. 根据专业的不同，学习内容应有所区别和侧重**

教育技术课程内容体系较为庞杂，需要学习的理论、技术、技能繁多，在有限的课时内难以保证学生能够掌握所有相关的知识和技能。由于专业学科背景不同，对学生的要求有较大差异，不能用统一化的课程内容去完成所有专业的教学任务。对于不同专业背景的教学对象,在教学内容上应当有所取舍、有所侧重。如对理科专业背景的师范生,可以适当增加几何画板之类相对专业化的工具和技术的学习。总之,教育技术课程的学习内容应该与师范生的专业知识以及将来所要担任的学科课程结合起来,充分调动他们的学习积极性,增强他们的学习兴趣和动力。

师范生掌握必备教育技术技能,是教育改革的需要,是教育面向现代化的需要,应该得到师范院校的高度重视。师范生教育技术能力的发展是一种综合性能力的培养,它既涉及理论知识的培养,又涉及实践能力的培养。为了适应新时代对教师的要求,师范生既应注重发掘自身的教育技术潜能,更要充分利用各种资源,使这种能力得到不断发展。

## 复习思考题

1. 谈谈你对教育技术定义的理解。
2. 谈谈你对信息技术与课程整合的目标的认识。
3. 联系实际谈谈我国现代教育技术的发展及现状。
4. 谈谈你对学习现代教育技术的重要性和必要性的认识。

现代教育技术是一门新兴的综合性学科，它借鉴了许多学科的研究成果，其中哲学、信息论、控制论和系统论为现代教育技术提供了指导思想和科学方法；教育学、教育心理学和教育传播学为现代教育技术提供了最直接的理论依据；生物学、管理学、物理学、电子学和计算机科学等相关学科为现代教育技术提供了技术和应用的基础。但是，由于现代教育技术的发展还不足百年，因此现代教育技术自身的理论体系还不够成熟，需要进一步在实践的基础上探索、研究、发展和完善。这里只简明扼要地介绍一些与现代教育技术直接相关的理论，即现代教育技术的理论基础。

# 第 2 章　现代教育技术的理论基础

本章学习目标

> 了解学习理论、视听教育理论、传播理论的主要内容。
> 掌握行为主义、认知主义和建构主义学习理论的学习观。
> 学会用学习理论、"经验之塔"理论、传播理论指导今后的教学工作。

## 2.1　学习理论

学习理论是教育心理学中最重要的理论。学习是一种十分复杂的心理活动，它涉及心理学中许多根本性的问题，如感觉、想象、记忆、思维、情感和意志等，从心理学的角度来说学习是由于经验所引起的行为或思维的比较持久的变化。学习理论是研究人类怎样学习的理论，旨在阐明学习如何发生、有哪些规律、是什么样的过程、如何才能进行有效的学习，并揭示学习过程依据心理、生理机制和规律而形成的理论，它对现代教育技术的实施具有重要的指导意义。

由于学习过程的复杂性，人们从不同的角度对之进行研究，产生了各种学习理论的流派，这些不同的理论各有特点、相互补充。因此我们在应用时要根据不同的情况，选择不同的理论指导我们的学习过程。

### 2.1.1　行为主义学习理论

在 20 世纪的前半个世纪，占主导地位的学习理论是行为主义。行为主义的代表人物是美国的斯金纳，他认为行为是人类生活的一个基本方面，并一直以行为作为自己的研究对象。他继承和发展了桑代克的联结主义学习理论，提出了"刺激—反应—强化"的学习模式，创立了操作性条件作用学说和强化理论，并把它们应用于人类学习的研究。

行为主义的学习理论强调学习是刺激与反应的联结，主张通过强化和模仿来形成和改变行为。在行为主义者看来，环境和条件，就如刺激和强化，是学习的两个重要因素，学习等同于行为的结果。

斯金纳提出的学习模式对人的学习活动的启示作用是：学习者要想获得有效的学习效果，就必须及时给予适当的"强化"，为了实现这种强化，最好的办法是让学生知道自己的学习效果，正确的学习行为得到肯定，错误的学习行为得到纠正。根据这一模式，斯金纳进而提出了程序教学理论，总结了一系列的教学原则，如小步子教学原则、强化学习原则、及时反馈原则等。

斯金纳认为强化是塑造行为和保持行为强度所不可缺少的关键，也是用来控制学习的根本手段。操作性条件作用的基本过程如下：

$$反应 + 强化 \rightarrow 增强反应$$
$$反应 + 无强化 \rightarrow 减弱反应$$
$$反应 + 惩罚 \rightarrow 压抑反应$$

斯金纳认为，成功的教学与训练之关键是分析强化效果。基于这一观点，他又提出了程序教学法，并据此研制了教学机器。程序教学法又称"小步子教学法"，这种教学法的基本思想包括下述各点。

(1) 把教学内容分成具有逻辑联系的小步子。
(2) 要求学生作出积极反应。
(3) 对学生的反应要作出及时的反馈和强化。
(4) 学生在学习中可根据自己的情况，自定步调和学习进度。
(5) 要求学生尽可能地作出正确的反应，使错误率降低到最小。

斯金纳的这种程序教学原理已广泛运用于当今的计算机辅助教学。根据行为主义学习理论，现代教育技术在教育教学过程中的作用在于：通过多种教学媒体为学生提供引起必要反应和形成强化刺激的材料及条件，以引起学生的多种反应，使学生建立起刺激与反应间的牢固联结，并培养学生的多向思维和发散思维。

然而，行为主义学习理论在研究中只强调行为不考虑人的意识问题，把人的所有思维都看作是由"刺激—反应"间的联结形成的。由此引起了认知主义理论学派的不满，从而导致了认知主义学习理论的发展。

### 2.1.2 认知主义学习理论

认知主义学习理论强调学习是认知结构的建立和组织的过程，重视整体性与发现式学习。认知主义学习理论学派认为学习个体本身作用于环境，人的大脑的活动过程可以转化为具体的信息加工过程，同时还认为学习过程是学习者原有认知结构中的有关知识和新学习的内容相互作用(同化)，从而形成新的认知结构的过程。

现代认知学习理论的代表人物是布鲁纳(J. S. Bruner，1915—2016)和奥苏贝尔(D. P. Ausubel，1918—2008)。对如何获得新知识的过程，布鲁纳强调在教学过程中，教师要尽量采用各种方法，创设有利于学生发现、探究的学习情境，使学习成为一个积极主动的"索取"过程，从而充分调动学生自我探究、猜测、发现的积极性；而奥苏贝尔则强调意义接受，在课堂教学中，影响意义接受学习的主要因素是学生的认知结构。

从上述两派不同的观点看，对于学习的认识都有其合理的一面，但都带有片面性，行为主义强调知识技能的学习靠条件反射，靠外在强化，但忽视了人的内在因素、智能的培养和发展。认知主义强调学习靠智慧和领悟，靠人的内在因素，而忽视了外在条件和掌握知识与发展智慧是辩证统一的过程。

20世纪70年代末至80年代初，认知主义学习理论开始占据统治地位，在计算机辅助教育中其理论基础也由行为主义学习理论转向认知学习理论。在CAI课件设计中，人们开始注意学习者的内部心理过程，开始研究并强调学习者的心理特征与认知规律；不再把学习看作是对外部刺激被动地作出的适应性反应，而是把学习看作是学习者根据自己的态度、需要、兴趣、爱好，利用自己的原有认知结构，对当前外部刺激所提供的信息主动作出的有选择的信息加工过程。

### 2.1.3 客观主义学习理论

客观主义认为世界是实在的、有结构的，而这种结构是可以被认识的，因此存在着关于客观世界的可靠知识。人的思维的目的乃是反映客观实体及其结构，由此过程产生的意义取决于现实世界的结构。由于客观的结构是相对不变的，因此知识是相对稳定的，并且存在着判别知识真伪的客观标准。教学的作用便是将这种知识正确无误地传递给学生，学生最终应从所传递的知识中获得相同的理解。教师是知识的掌握者，因而教师应该处于中心地位。

客观主义基于现实主义和实证主义，相信真实世界的客观存在，认为这个真实世界是存在于人的主体之外，不受人类经验所支配的。由此理念出发，客观主义认为人通过学习能够认识、至少是能够理解这个真实世界，知识就是对客观存在的世界的反映，它可以通过先知者传授给未知者，因而所有的人在知识上具有同一性、同步性和统一性。

传统的教学是基于客观主义知识观的理念之上，相信知识是以一定的结构而客观存在的，教育的作用是帮助学生把握真实世界。他们强调教学过程是一种特殊的认识活动，是在教师的指导下学生掌握间接知识的过程。教师是知识的掌握者，他们根据一定的目标把知识传递给学生，知识就像河流一样从高处流向低处，学生就像容器一样接受、储存知识，因而客观主义的学习理论强调"知识灌输"。

客观主义学习理论的显著特点是，它把教学看成是具有同一起点、经历同一历程、实现同一目标的过程。都是规定了同一的教学目标，实施既定的教学过程，寻求达成同一目标的行为结果的教学。这种教学有利于结构良好的知识领域的学习，能够高质、有效地帮助学习者掌握基本概念、基本原理和基本技能，比较适应工业领域追求办事效率的价值观念。

基于客观主义学习理论的教学模式，具有下列所述各种显著特点。
(1) 清楚地陈述具体的学习目标。
(2) 由低层次知识技能到高层次知识技能，按顺序进行教学。
(3) 强调个人独立学习(在班级教学或个别化学习环境中)。

(4) 采用传统的教学和评价方法(如班级课堂讲授、讨论、书面作业、测验等)。

从目前到可预见的将来,社会和家庭都要求学生掌握必备的基础知识、基本技能,并且学生的学习时间是有限的,相应地,社会、家庭、学习者都追求较高的学习效率。因而客观主义的指导性教学仍是一种基本的教学模式。

### 2.1.4 建构主义学习理论

近几年来建构主义在教育技术领域成为一种理论倾向,它的哲学根源可追溯到古代的苏格拉底(前469—前399)、柏拉图(前427—前347)和康德(1724—1804),近代的建构主义代表人物则有杜威(J. Dewey,1859—1952)、皮亚杰(J. Piaget,1896—1980)等。

乔纳森(Jonassen,1991)对建构主义理论作如下解释:建构主义认为实在(reality)无非是人们的心中之物,是学习者自己构造了实在或至少是按照他的经验解释实在。每一个人的世界都是由他自己的思维构造的,不存在谁比谁的世界更真实的问题,人们的思维是工具性的,其基本作用是解释事物和事件,这些解释构成了因人而异的知识库。在作这些解释的时候,思维对来自外界的输入进行过滤。

德国的一则关于鱼和青蛙的童话可以帮助我们更好地理解这个问题。故事说的是在一个小池塘里生活着鱼和青蛙,它们俩是好朋友。它们听说外面的世界很精彩,都想出去看看。鱼由于自己不能离开水而生活,只好让青蛙自己走了。这天,青蛙回来了,鱼迫不及待地向它询问外面的情况。青蛙告诉鱼,外面有很多新奇有趣的东西,"比如说牛吧",青蛙说,"真是一种奇怪的动物,它的身体很大,头上长着两个弯弯的犄角,吃青草为生,身上有着黑白相间的斑块,长着四只粗壮的腿,还有一个红色的大乳房。"鱼惊叫道:"哇,好怪哟!"同时脑海里即刻勾画出它心目中"牛"的形象:一个大大的鱼身子,头上长着两个犄角,嘴里吃着青草……如图2-1所示。

图2-1 "鱼牛"的童话

鱼脑中的牛形象(我们姑且称之为"鱼牛")显然是错误的,但对于鱼来说却有其道理,因为它从本体出发,将从青蛙那里新得到的关于牛的部分信息与自己头脑中已有的知识相结合,构建出了"鱼牛"形象。这体现了建构主义的一个重要理念:理解依赖于个人经验,即由于人们对于世界的经验各不相同,他们对于世界的看法也必然会各不相同。知识是个体与外部环境交互作用的结果,人们对事物的理解与个体的先前经验有关,因而对知识正误的判断只能是相对的;知识不是通过教师传授得到,而是学习者在与情景的交互作用过程中自行建构的,因而学生应该处于中心地位,教师是学习的帮促者。因而建构主义的学习理论强调"知识建构"。

建构主义学习理论主要包括下述观点。

(1) 学习不应被看成是对于教师所授予的知识的被动接受,而是学习者以自身已有知识和经验为基础的主动建构活动，即学生能主动积极地构造意义。因此，从这个意义上说，学生学习活动必然有创造性质，他们能把从外界接收到的知识信息同化到自己原有的认知结构中，形成自己特有的认知图式。

(2) 学习是学习者认知结构组织和重新组织的过程。学习活动是一个"顺应"的过程。即学习者不断地对已有的认知结构作出必要的调整和更新，使他适应新的学习对象，并实现"整合"。

(3) 学生学习活动主要是在学校环境中，在教师的直接指导下进行的。因此，学习作为一种特殊的建构活动有其社会性质。学习不是一个"封闭"的过程，而是一个需要不断与外界交流的发展与改进的过程，即包含有一个交流、反思、改进、协调的过程。

## 2.1.5 各种学习理论对教育技术领域的影响

如图 2-2 所示，这是乔纳森(Jonassen)于 1992 年提出的一个二维图，该图说明了行为主义、认知主义、客观主义和建构主义之间的关系以及它们对教育技术领域的影响。

图 2-2 乔纳森提出的二维图

图 2-2 中对各种学习理论在教育技术领域的综合应用各举了一个例子。如：程序教学典型地带有行为主义和客观主义倾向；智能导师系统的实质也是客观主义的，虽然智能导师对学习过程作认知主义假定，但他们仍企图将专家的知识映射到学习者脑中；各种能够增强思维和有助于知识构造的工具都可称为建构主义的工具；动作技能学习则不仅需要通过反复操练进行强化，还需要个体置身于真实环境中进行技能方面的建构。

应该指出的是，行为主义和认知主义、客观主义和建构主义学习理论之间虽然存在着激烈的冲突，但它们之间不是谁取代谁的问题，而是如何相辅相成的问题。这就要求教育技术工作者对各种理论有较好的了解，并能根据不同的教学条件和教学目标，合理地进行选择和综合应用。

## 2.2 视听教育理论

1946 年，美国教育技术专家戴尔在他的《视听教学法》一书中，阐述了录音、广播等视听教学手段怎样在教学中使用，以及会产生怎样的教学效果等一系列问题，总结出一系列视听教学方法，提出了相关的教学理论，这就是视听教学理论。由于戴尔把人类获取知识的各种途径和方法概括为一个"经验之塔"进行系统描述，因此人们又将这一理论称为

"经验之塔"理论。

## 2.2.1 "经验之塔"理论的基本思想

戴尔将人类学习的经验分为做的经验、观察的经验和抽象的经验三大类,并按抽象程度分为十个层次:①有目的的直接经验;②设计的经验;③参与活动;④观摩示范;⑤见习、旅行;⑥参观展览;⑦电影、电视;⑧广播、录音、照片、幻灯;⑨视觉符号;⑩语言符号,如图 2-3 所示。分别说明如下。

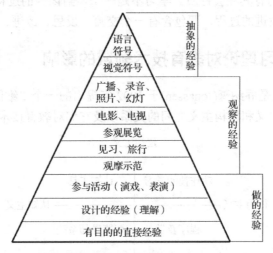

图 2-3 戴尔的经验之塔

### 1. 有目的的直接经验

戴尔认为经验之塔的最底层是直接的经验,是直接与真实事物本身接触的经验,是最丰富的具体经验,即通过对事物的看、听、尝、嗅、做所取得的经验。

### 2. 设计的经验

这是"真实的改编",这种改编,可以使人们对真实更容易理解。如制作模型,尽管模型与原物相比,其大小和复杂程度有所不同,但通过制作模型,可以产生比用实物教学更好的效果。

### 3. 参与活动

通过演戏、表演,感受那些在正常情形下无法获得的感情上和观念上的体验。

以上三个方面的经验,都包含有亲自的活动,在这三种方式中,学习者不仅是活动的旁观者,更是活动的参与者。

### 4. 观摩示范

通过看别人怎么做,使学生知道是如何做的,以后他自己就可以动手模仿着去做。

### 5. 见习、旅行

见习、旅行的主要目的是观察课堂上看不到的各种真实事物和景象。

#### 6. 参观展览

通过观察展览中陈列的材料取得观察的经验。

#### 7. 电影和电视

电影和电视屏幕上的事物是实际事物的代表,而不是它本身。通过看电影、电视,得到的是替代的经验。

#### 8. 广播、录音、照片、幻灯

它们提供的内容更加抽象了。照片和幻灯缺乏电影和电视画面的动感,广播和录音则缺少视觉映像。但它们给学习者提供的是视听刺激,故仍属一种"观察"的学习经验。

#### 9. 视觉符号

视觉符号主要指表达一定含义的图形、模拟图形等抽象符号。

#### 10. 语言符号

语言符号包括口头语言和书面语言(即文字符号)两种,是一种纯粹的抽象。

### 2.2.2 "经验之塔"理论的要点

#### 1. 塔的底层的经验

经验之塔底层的经验是最直接、具体的,学习时最容易理解,也便于记忆。越往上越趋于抽象,但并不是说,获取任何经验都必须经过从底层到顶层的阶梯,也并不是说下一层的经验比上一层的经验更有用。划分层次,是为了说明各种经验具体与抽象的程度。

#### 2. 学习方法

教育应从具体经验入手,逐步上升到抽象。有效的学习方法,应该首先给学生丰富的具体经验。只让学生记住许多普通法则和概念,而没有具体经验做支柱,是教育上的最大失败。

#### 3. 教育升华

教育不能满足于获取一些具体经验,不能过于具体化,而必须向抽象化和普遍化方向发展,上升到理论,发展思维,形成概念。概念是进行思维、探求知识的工具,它可以指导进一步的实践。

#### 4. 替代经验

位于经验之塔中层的视听教具,比语言、视听符号更能为学生提供较具体的和易于理解的经验,是替代经验。它能冲破时空的限制,弥补学生直接经验的不足,且易于培养学生的观察能力。

#### 5. 形成科学的抽象

在学校中,应用各种教育媒体,以使教育更为具体,从而形成科学的抽象。把具体的直接经验看得过重,使教育过于具体化,而忽视达到普通化的理解是危险的。但当今的教育还远远没有达到应有的具体程度，因此加强视听教育是完全必要的。

"经验之塔"理论所阐述的是经验抽象程度的关系，符合人类认识事物由具体到抽象、由感性到理性、由个别到一般的认识规律。而位于塔中部的广播、录音、照片、幻灯、电影、电视等介于做的经验与抽象经验之间，既能为学生学习提供必要的感性材料，容易理解，容易记忆，又便于借助于解说或教师的提示、概括、总结，从具体的画面上升到抽象的概念、定理，形成规律，是有效的学习手段。因此，"经验之塔"理论不仅是视听教育理论的基础，也是现代教育技术的重要理论之一。

## 2.3 传播理论

传播是自然界和人类社会的普遍现象。从远古的生物进化，到当代形形色色的社会活动，无不涉及信息的传播和利用。传播学是一门研究人类传播行为的科学，它是随着广播、电视、杂志、报纸等传播媒体的发展，逐步从社会学、心理学、政治学等学科分离出来的一门学科。

从某种意义上来说，教育也是一种传播活动，它是按照确定的教育目标，通过教育媒体，将相应的教育内容传递给特定的教育对象。教育传播与大众传播有许多共同之处，两者关系密切，可以把传播理论的研究成果应用到现代媒体教育中，提高教育质量和效率。因此传播理论也是现代教育技术的理论基础之一。

### 2.3.1 传播的概念和类型

传播学诞生于 20 世纪 40 年代，教育传播是从 20 世纪 50—60 年代以来逐渐形成的一个新的学术领域，它是传播理论向教育研究领域渗透而产生的结果。

传播(communication)原指"通信、传达、联系"之意，后专指信息的交换与交流。传播是自然界和人类社会的普遍现象，从远古的生物进化，到当代形形色色的社会活动，无不涉及信息的传播和利用。广义的传播可理解为"大自然中一切信息的传送或交换"，包括植物、动物、机器、人所进行的信息传播。狭义的传播主要指人所进行的信息传播，又分为人的内在传播(或称自我传播)、人与人的传播。

每一个人都可一分为二，成为一个"主我"(I)与另一个"宾我"(Me)的对立统一体。平常一个人的自言自语、自我思考、自我安慰、自我剖析等，都属于人的内在传播的范畴。而人与人的传播，是指人们通过符号、信号传递、接收与反馈信息的活动，是人们彼此交换意见、思想、感情，以达到互相了解和影响的过程。通常它包括人际传播、组织传播、大众传播和教育传播，此外，还有网络传播。

#### 1. 人际传播

人际传播是个人与个人之间的信息交流活动，包括面对面的直接传播和以媒体为中介的间接传播。直接传播主要是以语言表达信息，或用表情、姿势来强化、补充、修正语言的不足；间接传播是以媒体为中介，如电话、电报、电视、书信等进行信息交流。人际传播的目的包括下述各点。

(1) 沟通。通过交流，不仅使自己了解别人，也能使别人了解自己，达到相互了解、建立和谐关系的目的。

(2) 调节。在传播过程中，通过了解别人对自己的各种反应，不断调节自己的行为和生活态度，使之符合社会需要。

### 2. 组织传播

组织传播是组织与组织之间、组织内部成员之间的信息交流活动。组织是一群相互关联的个体的组成，每个人都属于一定的组织，可以说，没有人能够离开组织而独立生活。传播是组织生存与发展必不可少的条件，没有传播就没有组织。组织传播的目的是：与其他组织达成有效的沟通，增进了解，建立良好的关系；使组织内部成员贡献出自己的力量，并和睦共处，以共同的行动促进共同的利益。

### 3. 大众传播

大众传播是传播者用专门编制的内容，通过媒体与广大受众进行信息交流的活动。在大众传播中，传播者不是某个人，而是有组织的传播机构，如报社、广播电台、电视台等。传播的内容是经专门人员，根据预定的计划编写、设计、制作的，内容涉及的范围很广泛，运用的媒体有报纸、书刊、广播、电视等，受众是广大而不确定的人群，包括各种职业、各个阶层、不同文化程度的个体。大众传播的目的，是从多方面影响受众，使之接受或认同传播者的意向。

### 4. 教育传播

教育传播是由教育者按照一定的要求，选定合适的信息内容，通过有效的媒体通道，把知识、技能、思想、观念等传递给特定的教育对象的一种活动，是教育者和受教育者之间的信息交流活动。它的目的是促进学习者的全面发展，培养社会所需的各种人才。

与其他传播活动相比，教育传播具有以下特点。

(1) 明确的目的性。教育传播是以培养人才为目的的活动。

(2) 内容的严格规定性。教育传播的内容是按照教学计划和教学大纲的要求严格规定的。

(3) 受众的特定性。

(4) 媒体和传播通道的多样性。在教育传播中，教育者既可以充分发挥口语和形体语言的作用，又可以用板书、模型、幻灯、电视等作媒体；既可以是面对面的交流，又可以是远距离的传播。

### 5. 网络传播

若以媒体分类，现代传播又可分为书刊传播、电话传播、电报传播、广播传播、电视传播和网络传播等。网络传播是以计算机网络为载体进行传递或信息交流的行为和过程，是一种新的传播方式。

网络传播既是对传统传播的一种继承，又具有以下自身的特征。

(1) 传播的数字化。网络是以信息技术为基础的高速数据传递系统，只传递 0 和 1 的数字。

(2) 传播的互动性。网络公众通过 BBS 论坛、QQ 聊天室和网络调查等方式实现即时的信息交流、情感沟通。

(3) 传播的快捷性。网络传播省略了传统媒体的印刷、制作、运输、发行等中间环节，发布的信息能在瞬间传递给受众，而且网络传播的内容可以方便地实时刷新，在内容上具有极强的时效性。

(4) 信息的大容量。互联网实现了在线资源共享，任何资料库(或数据库)内的信息资源只要联网，都可以成为公众的共享资源。

(5) 检索的便利性。利用搜索引擎或新闻站点等多种检索方式，可以快速获得自己所需的信息。

(6) 媒体的综合性。网络综合了报纸、广播、电视等传统传播方式，将文字、图片、声音、图像综合为一体，为公众提供全方位的信息。

(7) 信息的再生性。网络中传播的信息可以复制或打印，成为个人信息。

(8) 传播的开放性。网络的开放性体现在传播对象的平等性和传播范围的广阔性。

(9) 传播的选择性。网络传播的网站众多，内容丰富且分工精细，网民选择范围极为宽广，每位网民都可以自由选择适合自己的个性化网站。

### 2.3.2 传播模式

传播学者研究传播过程，都毫不例外地把传播过程分解成若干个要素，然后用一定方式去研究这些要素之间的相互联系与相互作用，这样就构成了多种多样的研究传播过程的模式。这里介绍几种有代表性的模式。

**1. 拉斯威尔的传播理论模式**

拉斯威尔(H. Lasswell，也译作拉斯伟尔)的传播理论模式如图 2-4 所示，是传播理论研究中描述传播行为的一种简便方法，称为"5W"模式，它通过回答五个问题来描述传播行为：谁(Who)、说什么(Say What)、通过什么渠道 (In Which Channel)、向谁说 (To Whom)、产生什么效果 (With what Effect)。

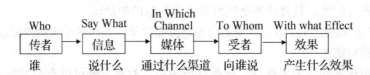

图 2-4 拉斯威尔的传播模式

拉斯威尔传播理论明确地说明了传播的概念和过程，以及传播的基本要素，是传播的基本理论。拉斯威尔传播模式在大众传播中获得了广泛的应用。但这一模式过于简单，具有以下明显的缺陷：首先，它忽略了"反馈"的要素，它是一种单向的而不是双向的模式，由于他的模式的影响，过去的传播研究忽略了反馈过程的研究；其次，这个模式没有重视"为什么"或动机的研究问题。在动机方面，有两种值得重视的动机：一是为何使用传播媒体；二是传播者和传播组织为什么传播。

现代教育技术应用拉斯威尔"5W"模式，主要是发挥传者(教师)、受者(学生)的主动性和积极性，选择和组合适合教育内容的现代教育媒体，通过这些媒体将信息直接或间接地传递给受者，并通过实践检验或证明其产生的效果，因此该模式对指导现代媒体教学有一定的作用。

## 2. 香农-韦弗的传播理论模式

1949 年，传播理论的奠基人之一、数学家香农(C. E. Shannon，1916—2001)和韦弗(W. Weaver)，从电话、电报的传播模式出发，运用数理统计方法，建立了研究信息处理和信息传递的科学。香农-韦弗传播模式如图 2-5 所示。

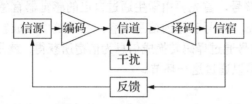

图 2-5　香农-韦弗传播模式

香农-韦弗传播模式认为，传播过程是"信源"，即传者，把要提供的信息经过"编码"，即转变成某种符号，如声音、文字、图片、图像等，通过一种或多种媒体传出。"信宿"即受者，接收这些经过"译码"(即解释符号)的信息符号。有效的信息传播需要传者的经验与受者的经验有一部分重叠，否则受者难以理解或正确认识。并且在信息传播过程中会有环境的干扰，或受者在处理收到的信息时会有反应，这种反应通过一定的渠道反馈给传者，传者根据反馈的信息重新设计或修改传播内容，使之更适合受者的需要，以提高传播效果。

香农-韦弗传播理论的最大贡献是在传播过程中引入了"反馈原理"。

应用这一模式可以用来解释教学过程。

首先，这一模式指出了教学系统的构成要素。信源就是教师；信宿就是学生；第三个要素是信息即教学内容；信道是指第四个要素即通道与媒体。

其次，这一模式说明了师生之间信息传播的过程。图 2-5 中的"编码""信道""译码""干扰""反馈"以及一些箭头符号，是用来描述这一过程的。为了便于理解，分成几个环节来具体说明。

1) 编码

上文已经讲过，教学信息是存在于人脑中的意识，这种状态的信息是无法传递的，必须转换成符号，如语言、文字、声音、图像等，才能传送出去让对方接受。当然，这些符号必须能表达信息的内容，必须是双方都认可的。在运用符号表达信息内容时，需要对符号加以编排和组合，这就是"编码"的意思。在图 2-5 中，来自信源的信息经过编码转换成信号这一环节，在教学过程中就是教师把要传递的教学信息经过编码转换成文字、语言符号的环节。不经过这个环节，教学信息就无法传递。

2) 记录、储存、传送

教师经过编码将信息转换成符号系列，然后通过记录、储存并传送给学生，这就是图中的信道(即通道与媒体)传送信号的环节。例如书本，就是把文字符号系列记录并储存起来，再通过光波传送到学生的视觉器官；电视录像，是把音像符号转换成电磁信号记录并储存起来，然后通过录像设备把电磁信号还原成音像符号传送到学生的视听觉器官。没有记录、储存、传送这一环节，教学信息转换成的符号就送不到学生那里。教学过程中经常发生这样的现象，即由于主观和客观上的种种原因，学生没有听到(或听不清楚)、没有看到(或看不清楚)教师传送过来的符号，这就是图 2-5 中所示信道所受的"干扰"。干扰是影响教学效果的因素之一。教师讲话声音过低，教师身体遮住了学生的视线，转移学生注意力的一些事件，学生思想开小差等，都可以说是干扰。如何排除有害的干扰，或利用干扰，是教学中必须注意的问题。

3) 感受、译码

教师传送给学生的符号，首先要由学生通过自己的感觉器官感受并接受下来，然后再通过头脑的加工，"译出"符号表达的信息内容，在头脑中形成新的认识，这才能说获得了信息。在图 2-5 中，信号通过译码转换成信息为信宿所获得，就是指这一环节。很多学习困难的学生，主要就是难以通过这一环节。

4) 反馈

"反馈"是控制论的基本概念之一，是指系统将输送出去的信息作用于被控对象后，将产生的结果反馈送回信源，并对信息的再输出产生影响作用的过程。

在教学过程中，学生感受和译码后将其(学习的)结果(通过提问、测试或学生的表情等反应)反馈给教师，教师根据反馈的信息，调整信息传递的速度、方法，也可通过认可、表扬、指正等方式指导学生顺利地获得信息。反馈这一环节，现在被普遍认为是教学过程中不可缺少的，没有反馈，就不能算作一个完整的教学过程。

现代教育技术采用香农的模式，主要在于选择、制作适合表达和传播相应教育信息的现代教育媒体，掌握师生经验的重叠范围，及时分析来自各种渠道的反馈信息，以取得教育的最优化。

### 3. 奥斯古德-施拉姆模式

传播理论中反馈这一概念的提出，反映了信息传播过程的双向性。研究教育传播理论的学者们，在香农-韦弗模式的基础上，根据教育的特点，又进一步强调了教学中师生的"互动"关系，更有力地揭示出教学过程中双方的主体性、主动性和交互性这一本质。图 2-6 所示的奥斯古德-施拉姆模式，形象地表达了这一思想。

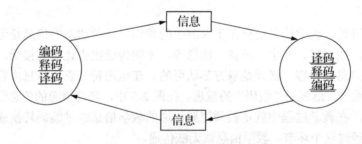

图 2-6　奥斯古德-施拉姆模式

与图 2-5 相比，该模式省略了编码后形成的符号(或信号)通过信道传送(同时有干扰)这一环节，强调了师生双方交流信息过程中的互动关系。图 2-5 中的译码，上文已说明，是指感受传送过来的符号并译出其表达的内容的环节，而图 2-6 中用"译码"和"释码"来描述这一环节，更符合教学实际，"译码"是指对符号进行识别，"释码"是指进一步理解符号所表达的信息内容。

按图 2-6 所示，教师(教育者)和学生(受教育者)都是信息的传送者，又是信息的接受者，既是信息转换的编码者，又是信息转换的译码、释码者。这样，在交流过程中，双方不断变换传播角色,直至交流告一段落。这也表明了师生双方应该是相互平等的这一思想,师生双方应在教学中相互合作、相互理解,从而产生积极的相互影响。

### 4. 韦斯特莱的传播模式

韦斯特莱传播理论是一种控制论的模式,强调传播行为有目的、有计划地进行,其理论的模式如图 2-7 所示。

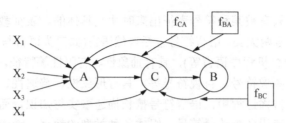

图 2-7 韦斯特莱传播模式

图 2-7 中:X 表示周围信息;A 表示信息来源,即编制者;C 表示信息传播线路上的把关人,即传者;B 表示接受者,即受者;$f_{BA}$ 表示接受者向编制者反馈;$f_{BC}$ 表示接受者向把关人反馈;$f_{CA}$ 表示把关人向编制者反馈。

韦斯特莱传播理论的特点是传播的信息必须经过"把关人"的过滤,而且注意反馈。现代教育技术是利用现代教育媒体传播教育信息的,这种教育信息也应由把关人选择、过滤。在教育信息的传播过程中,通常 A 为教材的编制者,C 是授课的教师,B 是学习者,在这一过程中,教师起到了把关人的作用,教师要获得最佳的教学效果,必须听取来自各方面的意见,即必须及时分析各个渠道的反馈信息。软件的编制者也应获取教师和学习者的反馈信息,提高教材的质量,只有从教学的整体观点来考虑,才能使教学过程最优化。

## 2.3.3 教育传播过程

### 1. 教育传播要素

教育传播是一种以培养和训练人为目的而进行的传播活动。在教育传播活动中,构成传播系统的要素包括教育者、教育信息、受教育者、媒体、通道、环境等。

1) 教育者

教育者是教育传播系统中具备教育教学活动能力的要素,是系统中教育信息的组织者、传播者和控制者,如学校中的教师、社团中的指导者、学生家长等。学校中直接面对学生进行教育教学活动的教师是最重要的教育者。教师的首要任务是发送教育信息,因此从这个意义上来说,"教师"这一名称并不局限于讲台上的教师,还应包括教育管理者和教材编写者等,而且在特定条件下,教学机器也可以称为教师,即"电子教师"。在教育传播活动中,教师起着"把关人"的作用,传播什么内容,利用什么媒体,都是由教师决定的。因此,教师必须能实现教育传播系统的整体目标,使学生在德育、智育、体育、美育、劳动诸方面都得到和谐的发展。而要完成这一重任,教师必须做好设计、组织、传递、评价等工作。

2) 教育信息

信息是教育传播系统的主要要素之一，是指以物理形式出现的教育信息。教育传播过程是一个信息交流的过程，自始至终贯穿着教育信息的获取、传递、交换、加工、储存和输出。在教育信息传播过程中，主要的信息是教学目标信息、预测学生信息、教师传送信息、实践教学信息、家庭教育信息、大众传媒信息、人际交往信息、学生接受信息和学生反馈信息等。

信息是抽象的，只有被某种符号表征出来时才是具体的。表征教育信息的符号可分为语言符号和非语言符号两大类。语言符号包括自然语言(如口头语言与书面语言)和人工语言(如专业符号语言、计算机程序语言等)，具有抽象性、有限性等特征。非语言符号包括动作性符号、音响符号、图像符号、目视符号等，具有形象性、普遍性、重要性、多维性、整体性等特征。在教育传播过程中，语言符号擅长描述事实与知识，而非语言符号则擅长表达态度和感情。合理运用各类传播符号，组成各种类型的教育、教学传播活动，是提高教育传播效率的有效措施。

3) 受教育者

受教育者是施教的对象，一般来说就是接收教育信息的学生。在教育传播过程中，作为受教育者的学生，他首先要接收传播信息，如阅读教科书和参考书，认真听取教师的课堂讲授，视听其他多种教学媒体，视听大众传播媒体，参加教学实践与社会活动等。然后，要对所接收的信息进行加工与储存，即将接收到的信号转换为语言符号或非语言符号，再将这些符号和已有的经验进行比较、分析、判断，得到符号的信息本义。但在教育传播系统运行过程中，学生对教育信息的接受并不是机械的、被动的，在大多数情况下，学生是主动地接受教育信息，甚至是有选择地去接受与理解教育信息。

在信息传播过程中，学生的行为可概括为目标性行为、主动性行为和选择性行为。

(1) 目标性行为是学生区别于一般大众传播中的受者的重要特征，具体表现为：学生接受的教育信息要按培养目标确定，学生的传播行为是有组织、有计划地进行的。

(2) 学生的主动性行为是指树立正确的学习动机，主动、自觉地进行学习，这是完成学习任务的重要保证。

(3) 学生的选择性行为包括选择性接受、选择性理解和选择性记忆。出现这种行为的原因是学生接受传播之前，已经有了自己本身的一定经历、兴趣爱好，并且对事物、观念有一定看法，因此当遇到不同于自己看法的传播时，往往会误解、曲解这种传播内容。

4) 媒体和通道

在教育传播通道中，教育传播媒体是必不可少的要素。教育传播媒体就是载有教育、教学信息的载体，是连接教育者与学习者双方的中介物，是人们用来传递和取得教育、教学信息的工具。各种教育、教学材料，如标本、直观教具、教科书、教学指导书、教学幻灯片、电影片、录音带、录像带、计算机课件等，都属于教育传播媒体。承载教育信息的所有物质形式都必须是能为师生双方的感官所能感受到，这样才能沟通教育者与受教育者之间的信息联系。

教育传播通道是教育信息传递的途径，教育信息只有经过一定的通道，才能完成传递任务，达到教育传播的目的。按传递的信号形式来分，通道包括图像通道、声音通道和文字通道。所谓教育传播通道，就是教育信息传递的途径。它的组成要素有各种教育媒体、教学环境、人的感觉器官、处理和传播信息的方式。通道也包括由一方传送到另一方所建立的联系方式。师生间面对面地进行教学是一种口耳相传的古老的联系方式。目前，除了印刷技术、光学影像技术外，通信技术、多媒体网络技术已为教育传播系统广泛采用，成为师生间重要的联系方式。

5) 传播环境

教育传播环境是影响教育传播效果的重要因素，其内容是复杂的和多方面的。社会、经济、科技、文化背景、风俗习惯以及各种自然物、人工物等，都是教育传播环境中不可忽视的因素，其中影响较大、较直接的有校园环境、教室环境、社会信息、人际关系、校风、班风、电、光、声、色、空气、温度等。

良好的教育传播环境能对教师的教学组织活动产生促进作用：①扩大教师采集和选择教育信息的范围；②为教师提供必要的物质条件；③使教师有可能采取更为灵活有效的方式进行教育传播活动；④为教师提供更多的与学生接触、与社会交往的机会。

同样，适宜的教育传播环境也能对学生的认知行为产生作用：① 激发学生的学习动机，提高他们的学习积极性，促进学生的智力发展；②培养学生高尚的道德品质和行为习惯；③促进学生的身体健康成长。

### 2. 教育传播过程

教育传播过程是一个由教育者借助教育媒体向受教育者传递与交换教育信息的过程。通过信息的控制，这些要素之间相互作用，形成一个连续的动态过程。这一过程可分为六个阶段：确定教育传播信息；选择教育传播媒体；通道传送；接收与解释；评价与反馈；调整再传送。教育传播过程如图 2-8 所示。

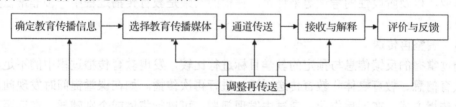

图 2-8　教育传播过程

1) 确定教育传播信息

教育传播过程的第一步是确定传送的教育信息，传送什么信息，要依据教育目的和课程的教学培养目标而定。一般来说，课程的文字教材是按照教学大纲编写的，通常都体现了要传送的教育信息。因此，在这一传播阶段，教育者要认真钻研文字教材，对每章节的教学内容进行分析，将内容分解为若干个知识点，并确定每个知识点要求学习者必须达到的学习水平。

2) 选择教育传播媒体

选择教育传播媒体需呈现要传送的信息，实质就是编码的过程。某种信息该用何种符号和信号的媒体去呈现或传送，是一个复杂的问题，要用一套理论与方法去指导。一般来说，一是选择的媒体能准确地呈现信息内容；二是选用的媒体符合学习者的经验与知识水平，容易被接受和理解；三是选用的媒体容易获取，需付出的代价较小，却能获得较好的传播效果。依据这些原则，教育者应在分析教育信息和教育对象的基础上，首先在现有的媒体中去选择合适的，其次是去购置，最后是自行设计和编制新的教育传播媒体。

3) 通道传送

在这一阶段，教育传播通道通过教育媒体传送信号，也称施教阶段。在这里首先要解决两个问题：一是信号要传递多远、多大范围的问题。如课堂教学传播，教学对象是几十至几百人，范围是在几十至几百米之间；至于远距离教育传播，则要将信号传送到几百甚至几千千米之外，受教育的对象可以有千千万万之多。因此，要根据信号的传送要求，选择传送通道，保证信号的传送质量。二是信息内容的先后传送顺序问题。在任何课堂教学传播过程中，每一节课，从开始至结束，教师何时口语传播，何时利用幻灯媒体，何时利用电视媒体，要遵循课程的教学结构；在远距离教学传播过程中，无论是用广播、电视媒体，还是寄发印刷媒体，都要有一个学习的先后顺序。因此，在通道传送前，教育者必须做好每一次传送的结构设计，在通道传送时，有步骤地按照教学结构方案去传送信号。通道传送应尽量减少各种干扰，确保传送信号的质量。

4) 接收与解释

在这一阶段，受教育者接收信号并将它解释为信息意义，也就是信息译码阶段。受教育者首先通过视、听、触等感觉器官接收传来的信号，信号对感官的刺激通过神经系统传至中枢神经，通过分析将它转换为相应的符号，然后，受教育者依据自身的知识与经验，将符号解释为信息意义，并将它储存在大脑中。

5) 评价与反馈

受教育者接收信号解释信息之后，增加了知识，提高了能力，能否达到预定的教学目标，要进行评价。评价的方式方法很多，可以观察学生的行为变化，也可以通过课堂提问、课堂作业，以及阶段性的考试等来评价。评价的结果是教育传播过程中一种非常重要的反馈信息。

6) 调整再传送

通过掌握的反馈信息与预定的教学目标进行比较，发现教育传播过程中的不足，再次调整教育信息、教育媒体和教育传送通道，进行再次传播。如在课堂提问时发现问题，即时调整传播方式；在课后作业、考试中发现问题，可进行集体或个别辅导；在远距离教学的作业中发现问题，可以补发辅导资料，或者集中在一处作面对面的辅导等。

### 2.3.4 教育传播的基本原理

#### 1. 教育传播的基本方式

根据教育传播中传者与受传者的关系结构，可以将教育传播分为以下四种方式。

1) 自学传播

自学传播是指没有专职教师当面传授的一种教育传播方式。自学者自定学习目标，从四周可能的环境中寻找合适的教师替身。平常较多的是选择相关教材进行自学，即根据学习需求选择相应的书籍、录音带、录像带和CAI课件等学习材料，自定步调学习。

自学传播与自我传播是两个概念，不能混淆。前者是教育传播的一种方式，传者不是本人，而是学习材料。比如自学者看的书，即起传者的作用。自我传播则是集传者与受传者于一身，是主我和宾我的信息交流。

2) 个别传播

教育传播最早的时候即采取这种方式,是传播者与受传者单独面授知识和经验的一种教育传播方式。尽管这种教育传播方式相当古老,但因为它的效果非常显著而沿用至今。现在则可以通过传播手段进行,例如在语言实验室中教师利用主控台设备与隔音座上的学生单独通话讲授,目前国外开展的电话教学也可纳入这一范围。个别传播与人际传播比较,有许多相似之处,例如传播者与受传者都是不同的个体,并能即时得到反馈等。两者最大的不同点在于,个别传播具有明确的目标,例如讲清一个原理,教会一种方法或技术等,教育信息流的流向倾斜于受传者,而且这个传播过程隶属更大的一个教育传播系统范围(例如学校教育传播系统),它的目标是大系统目标的一部分。而人际传播则可能具有各种不同的目标,例如朋友之间的交谈可以各有所思、各有所求。

3) 课堂传播

课堂传播是当前学校普遍采用的教育传播方式,学生的学习主要依据课本和教师的语言讲解,也就是主要通过语言和文字符号进行。这种传播方式有利于发挥教师的主导作用,教师能科学地组织教学过程,充分考虑情感因素在学习过程中的重要作用,学生能快速、有效地掌握知识技能,有利于培养学生的合作精神和竞争意识。但由于过分强调整齐划一,容易忽视学生的自主性和独特性,不利于发挥学生的全部潜力,不利于培养学生的兴趣、特长和发挥他们的个性才能。

若将课堂传播与组织传播进行比较,则课堂传播是一种不完备的组织传播形式。因为组织传播是组织内成员与成员、本组织与其他组织间的信息互动,它包括过程、信息、网络、相互依赖和环境五个因素。也就是说,在一个组织中,信息传递方向自上而下、自下而上,加上横向传递,构成一个信息流动网络,成员之间形成相互依赖的关系,同时与组织之外的环境也发生信息互动关系。课堂传播中虽然也有教育信息的沟通过程,但是一般来说,其沟通程度较差,学生很少有发言的机会。至于传播的网络、相互依赖和环境等因素,则更不完备。目前,在课堂上,一般总是以教师讲解为主,就是说自上而下的信息灌输是大量的,而学生提问、争辩则是极少的,至于学生之间横向交流在课堂上常常是被制止的,这样就造成学生过多地依赖教师,处于被动的地位。

4) 远程传播

远程传播是非面对面的传播活动,例如函授、电视教学、网络教学等。这种教育传播方式随着广播、电视、录像、卫星广播、计算机和网络等现代通信传播和控制手段的推广而逐步得到普及,但还需要适当的辅导与之相配合。

如果将远程传播和大众传播加以比较的话,除了前者具有严格的教学目标和教学组织形式之外,两者十分接近,甚至无法分清。比如大众传播中的教学节目,科普常识的广播等,虽然未将受众严密地组织起来,也不进行考试,但作为系列教学节目常常可为在校学生或自学者提供十分有用的教学信息。在开展远程教育传播方面,特别是在举办电大、广播学校、网络学院等方面,我国取得了令人瞩目的成绩。

**2. 教育传播的基本原理**

教育传播的最终目的,是要取得良好的教育传播效果。教育传播效果是指在一定的教育传播过程完成之后,受教育者在知识、能力和行为等方面所发生的变化,以及与此相关的教学效率、教育规模等。研究发现，教育传播要取得良好的效果，必须遵循一些原理或规律，其中利用媒体进行传播的几个主要原理介绍如下。

1) 共同经验原理

教育传播是一种信息传递与交换的活动，教师与学生的沟通必须建立在双方共同经验的基础之上。一方面，对学生缺乏直接经验的事物，要利用直观的教育媒体帮助学生获得间接的经验；另一方面，教育媒体的选择与设计必须充分考虑学生的经验。

2) 抽象层次原理

抽象层次高的符号，能简明地表达更多的具体意义。但抽象层次越高，理解便越难，引起误会的机会也越多。所以，在教育传播中，各种信息符号的抽象程度必须控制在学生能明白的范围内，并且要在该范围内的各抽象层次上下移动。

3) 重复作用原理

重复作用是将一个概念在不同的场合或用不同的方式去重复呈现。它有两层含义：一是将一个概念在不同的场合重复呈现。如在几个不同的场合下接触某个外语生词，以达到长时记忆。二是将一个概念用不同的方式去重复呈现。如同时或先后用文字、声音、图像去呈现某一概念，以加深理解。

4) 信息来源原理

有权威、有信誉的人说的话，容易为对方所接受。资料来源直接影响传播的效果。因此，在教育传播中，作为教育信息主要来源之一的教师，应树立为学生认可的形象与权威。所用的教材与教学软件，其内容来源应该正确、真实、可靠。

## 复习思考题

1. 学习理论有哪几个主要流派？它们的主要观点是什么？
2. 戴尔的"经验之塔"理论的要点是什么？对研究现代教育技术有什么指导意义？
3. 什么是传播理论？简述传播理论与现代教育技术的关系。

本章主要讨论现代视听媒体的分类，常用视听媒体的基本组成及工作原理，以及视听媒体在教学中的应用。

# 第 3 章　现代视听媒体辅助教学

本章学习目标

- 了解教学媒体的概念、分类和教学功能。
- 了解视觉、听觉、视听觉媒体设备的基本组成及其工作原理，能正确使用视觉、听觉、视听觉媒体设备进行教学。
- 了解现代视听媒体教材的制作技术，掌握制作视听媒体教材的一般方法。
- 了解现代视听媒体在教学中的应用。

## 3.1　现代教学媒体概述

从传播学的角度来看，教学是向学生传递各种知识和能力的过程，它是一个有目的、有组织的传播活动。传播是通过媒体进行的，在传播过程中，教学媒体是一个重要因素，本节讲述媒体和教学媒体的概念，教学媒体的分类、特点和教育功能。

### 3.1.1　教学媒体的概念

**1. 媒体**

媒体一词来源于拉丁语 "Medim"，音译为媒介，意为两者之间。它是指信息在传递过程中，从信息源到受信者之间承载并传递信息的载体或工具。也可以把媒体看作为实现信息从信息源传递到受信者的一切技术手段。媒体有两个含义，一是承载信息的载体；二是指存储和传递信息的实体。

在现代社会，人的生活离不开信息。广播、电视都是通过特定的技术手段将信息承载并传递给广大用户(受信者)的。诸如此类的媒体还有杂志、报纸、图片、广告、电影片和存有信息的录音带、录像带、光盘、磁盘以及相关的硬件设备等。如今媒体已经成为各种通信工具、宣传工具、教育工具的总称。

**2. 教学媒体**

以传递教学信息为最终目的的媒体被称为教学媒体。如用于教育教学活动中的实物、标本、模型、图表、资料、教科书、黑板、照片，以及幻灯、投影、电影、录音、电视、录像、激光视盘、计算机系统等都是教学媒体。

教学媒体用于教学信息从信息源到学习者之间的传递，例如，专门用于教学的录像、录音(而不是娱乐用的录像、录音)，它们具有明确的教学目的、教学内容、教学对象，称为教学录像片、教学录音带，这就属于教学媒体。

教学媒体是教学资源的重要组成部分之一，它的产生和发展与社会的进步与发展密切相关。历史的经验表明，教学媒体和教学媒体技术的进步会促进教育的发展。广播、电视、录音、录像、计算机等现代电子传播媒体已渗透到教学环境之中，应用也越来越广泛，表明这些媒体对改善教学过程与学习过程，以及提高教学质量和教学效率方面所起的作用是巨大的。由于现代教学媒体和技术的影响，教师和学生的相互关系发生了明显的变化。教师与教科书不再是唯一的知识源泉。在拥有多种教学媒体支持的学习环境下，学生不再仅仅依赖于班级集中授课方式，他们可以自己设计学习计划，可以更多地自主学习，教师将成为学生学习过程的指导者。学生在教师的指导下，可以通过班级授课、小组讨论、利用媒体学习和自学等适宜他们自己的多种学习方式进行学习。现代教学媒体在教学过程中所起的作用越来越强，也越来越受到教师的重视。

根据教育传播理论，可把教育看作一个信息传播系统，该系统由若干要素构成。一般认为有四个基本要素，即教师、信息、通道与媒体、学生。教师和学生是信息交流的主体。信息包括教师向学生传递的教学信息(教学内容)、教师对学生进行指导的信息、学生向教师传递的反馈信息等。但信息是师生头脑中的思想、观念、知识、经验等，所以信息本身是无法传递的。信息必须转换成物理的形式，能使双方感官都接受的形式，如转换成有声的语言，有形的文字、图像等。语言、文字、图像等都是用来表达信息内容的可感受的符号。这些符号要传送给对方，必须通过某种途径，那就是"通道与媒体"这一要素，媒体是通道中的重要部分。比如口耳相传的信息交流方式，符号是指口头语言，传送的通道就是发音和听音的器官以及空气这种介质。再比如书面交流的方式，符号就是文字，通过教科书、讲义等媒体及视觉通道传送。又比如运用录像进行交流的方式，符号就是同步音像，通过录像设备和录像片等媒体及视听觉通道传送。

可见，媒体作为通道的重要部分，是教学系统的要素之一。在实际教学活动中也可看到，媒体是不可缺少的。在教育过程中，使用不同的媒体，或媒体的不同组合，会产生不同的教育效果。

### 3.1.2 教学媒体的分类

随着科学技术的发展，教学媒体的种类越来越多，性能也越来越好。由于出发点和依据标准不同，人们对媒体的分类也不同。有的按传递信息的范围分类，有的按媒体的物理属性分类，有的按能否反馈信息分类，有的按自行控制的程度分类，有的按学生接受信息的感觉通道分类，还有的按传递的信息与现实事物的关系分类等。人们对媒体进行多种分类，主要是为了能从不同角度认识媒体的教育特性与功能。但是无论何种分类方法，都只能从一个角度来进行，很难做到十分准确和完全合理，因为众多的教学媒体各有各的特点和功能，所以无论从哪个角度来分类都可能形成与其他类的交叉，难以进行明确的界定。下面介绍的是一种较为概括和实用的综合分类方法，如图3-1所示。

由图3-1中可以看出，按照时代特点，即教学媒体出现时间的先后，可以分成两大类：传统教学媒体和现代教学媒体，现代教学媒体又称为电教媒体。传统教学媒体包括教学过程中应用的教科书、图书资料、挂图、报纸、黑板、实物、模型、标本、教具等。现代教学媒体包括幻灯、投影、录音、录像、电影、电子计算机、程序教学机器等。传统教学媒体按照媒体形态特点，可分为印刷媒体和非印刷媒体。现代教学媒体按照媒体对受信者感官刺激的类型，可分为视觉类媒体、听觉类媒体、视听觉类媒体、交互媒体及多媒体系统。

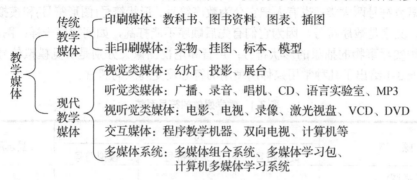

图3-1　教学媒体的分类

### 1. 视觉类媒体

视觉类媒体是指通过影像呈现信息供学习者视觉器官接受和感知的媒体，即需要用眼睛来接收信息的媒体，如幻灯、投影和实物投影等。大量的研究结果表明，人类主要通过视觉接受各种信息。

### 2. 听觉类媒体

听觉类媒体是指通过声音呈现信息供学习者听觉器官接受和感知的媒体，如录音、唱片、有声卡、广播、电话、激光唱机(CD盘)等。

### 3. 视听觉类媒体

视听觉类媒体是指通过视听结合呈现信息的媒体。视听觉类媒体集视觉媒体和听觉媒体的功能于一身，形象生动，极具感染力，如幻灯/录音、电影、电视、摄像系统、激光视盘机。

### 4. 交互媒体

交互媒体是指能够在媒体和受信者之间构建起信息传递的双向通道，使媒体和受信者双方处在相互作用、相互影响状态中的一类媒体，如程序教学机器、双向电视、计算机等。

### 5. 多媒体系统

多媒体是随着科学技术的发展和人类对传播媒体的广泛应用而产生的一个复合词和术语。早些时候，教育技术中的多媒体是指语言、文字等传统教学媒体和各种电子类电教媒体，如幻灯、投影、电视、计算机等多种媒体。因此多媒体系统通常是两种或两种以上媒体的优化组合。随着科学技术的不断进步，特别是多媒体计算机的出现使多媒体的内涵也在不断深化。有关多媒体系统我们将在后面详细讨论。

## 3.1.3 教学媒体的教学功能特性

### 1. 教学媒体使用的符号系统

作为信息载体，不同媒体承载信息所使用的符号系统是不同的。人们使用符号来描述事物，符号具有确切的含义，其含义来自经验，来自人们的约定俗成。有人把它分为语言符号和非语言符号两大类；也有人把它分为数序符号、形状符号(图形符号)和模拟符号三大类。语言、文字是数序符号，因为它们有先后顺序不能打乱，如同数序一样；图形、图表、地图是一种实际事物的抽象的形状符号；声音和电视图像又分别是听觉模拟信号和视觉模拟信号。表3-1给出了几种常用媒体所使用的符号及受刺激的感官。

表 3-1 教学媒体的符号系统

| 媒体 | 数序符号 | 形状符号 | 模拟符号 | 受刺激感官 |
| --- | --- | --- | --- | --- |
| 印刷品(无插图) | 有 | | | 视觉 |
| 印刷品(有插图) | 有 | 有 | | 视觉 |
| 幻灯片、投影片 | | 有 | | 视觉 |
| 有声幻灯、投影片 | 有 | 有 | 有 | 视听觉 |
| 无声电影 | | 有 | 有 | 视觉 |
| 无声电影加字幕 | 有 | 有 | 有 | 视觉 |
| 有声电影 | 有 | 有 | 有 | 视听觉 |
| 录音(带) | 有 | | 有 | 听觉 |
| 电视 | 有 | 有 | 有 | 视听觉 |
| 录像(带) | 有 | 有 | 有 | 视听觉 |
| 多媒体课件 | 有 | 有 | 有 | 视听觉 |

各种媒体运用了不同的符号承载信息，以刺激受信者不同的感官，使其表现的教学功能也有所不同。在运用教学媒体时，应掌握每种媒体的教学功能与特性。

### 2. 教学媒体的主要特性

媒体的特性是我们选择媒体和进行媒体优化组合的重要依据。不同媒体具有不同的特性，应用于教学会产生不同的效果。"媒体是人体的延伸"[①]，如印刷品、摄像机是视觉的延伸，无线电广播是听觉的延伸，电影、电视是视听觉的延伸，电子计算机是大脑的延伸。除此之外，教学媒体还有以下六个共同特性。

1) 传播性

传播性是媒体的重要属性。任何教学媒体都是以特定的符号将信息传送给受信者的。古人云："秀才不出门，便知天下事"，说的就是秀才借助于书本这种传播媒体来了解、分析、判断天下大事，当然，这里的"天下"是相当有限的范围。从结绳记事开始，在人

---

① 加拿大学者马歇尔·麦克卢汉于1964年提出。

类社会发展相当长的历史时期，特别是科学技术飞速发展的今天，媒体的种类在不断增加，功能在不断增强，可供人们选择的媒体和传播手段也越来越丰富。

媒体的传播性应包括信息的传播速度、传播范围、传播能力等，只是不同媒体的传播性有所不同。例如：书本、杂志这些印刷媒体适合于向个体传递信息，通过发行可以将语言文字等符号传播到各个地方，但其传播速度与传播能力有限；广播、电视媒体以电磁波的形式将声音、图像实时传播到很远的地方，它们具有极高的传播速度和极大的传播范围，利用广播卫星甚至可以覆盖全球；而幻灯、投影、电影、录音、录像适合于在有限空间的教室和教学场所传播，当然通过发行也可把各种符号的信息传播到各地。

2) 表现性

表现性是指教学媒体表现事物信息的能力。信息是事物运动形态与规律的表征，即表现事物的空间特性、时间特性、运动特性。空间特性是指事物的形状、大小、方位、组成(包括质地、色调、空间结构和声音等)；时间特性是指事物出现的先后顺序、持续时间、出现频率和节奏的变化等；运动特性是指事物的运动形式、空间位移、形状的变化等。

由于媒体重现信息的表现性有所不同，从而其表现客观事物的物理属性也有所不同。

电影与电视以连续活动的图像和同步的声音来表现事物的物理属性，能以最接近实物的形态逼真、全面地表现事物的运动方式、相对关系和变化中的过程等，具有极强的表现力，但它们是按时间顺序传播的，瞬间即逝，不利于学生细心观察与思考。

幻灯、投影一类媒体，在表现事物空间特性方面有很强的能力，由于它们重现的是静止画面，反映事物的瞬息特征，有利于学生仔细地观察、分析事物的细微部分，但却不利于表现事物的时间与运动特性。

无线电广播、录音是借助声音(语音、语义、语调、音乐以及事物的实际音响)来表现事物的运动状态与规律，它具有声音与时间的表现能力，但是缺乏空间的视觉表现力。

3) 固定性

信息本身是抽象的，可以用具体的信息符号表征抽象的信息。而这些信息符号，如语言符号、文字符号、图形符号，或者是图像和声音符号经过处理后得到的视频、音频信号等，都是可以记录和存储的。换句话说，信息符号或信号可被固定在某一种载体上，或承载在某物上，用以需要时再现。例如，固定在书本上的文字符号、固定在磁带上的声音、图像信号等。

4) 重复性

教学媒体的重复性是指固定在载体上的信息符号可以人为地重复表现，即媒体可以根据需要，在特定的时间、地点多次使用。例如，教科书可供反复阅读，教学幻灯、投影可反复呈现。教学录音带与教学录像带可按教学需要反复播放，计算机课件存储的信息也能按学习者需求重现等。由于无线电广播与电视图像瞬间即逝，不具备重现能力，只有用录音、录像的形式记录下来才能够再现。

5) 可控性

可控性是指媒体的使用者对其操纵控制的难易程度。幻灯、投影、录音、录像、计算机等都比较容易操纵控制，适宜集体教学和个别化学习。广播和电视，由于目前还是单向传播，使用者只能按广播(或电视)节目时间表去收听和收看。电影放映需要专门的技术，使用者需要经过培训。

6) 参与性

参与性是指应用媒体教学时学习者参与学习的机会。它可分为行为参与和感情参与。电影、电视、广播有较强的表现力与感染力，容易引起学习者情感上的反应，引起注意、兴趣，激发学生感情的参与。应用幻灯、投影教学时，材料直接呈现在学生面前，教师能以面对面的方式进行教学、讨论，可使学生在行为上积极参与，教师可根据反馈信息掌握教学进程，组织教学活动。应用计算机辅助教学，学习者能够根据自己的实际情况自主学习，是一种在行为和情感上参与程度很高的交互式媒体。

### 3.1.4 教学媒体的教育作用

使用精心设计制作的教学媒体软件进行课堂教学，或者将教学媒体直接作为教学主要手段时，会发挥很好的作用，主要表现在以下几个方面。

**1. 学习者接受的教学信息更为一致，有利于教学的标准化**

不同的教师在讲授相同的学科内容时常常使用不同的方法，课堂教学的组织也往往因人而异。经过精心设计的媒体材料是许多优秀教师的教学经验与丰富资源的整合，使用教学媒体进行教学时，可以克服由于各种因素带来的教学信息的不一致，使所有学习者都能接受到相同的、优化的教学信息。这对于规范教学、进而实现标准化教学是大有益处的。

**2. 激发学习者的动机和兴趣，使教学活动更加有趣**

教学媒体材料可以提供生动形象、有趣的信息，从而激发学习者的学习兴趣与内部动机，使学习者能感受到学习的乐趣，增强其学习的主动性。

**3. 提供感性材料，增加学习者的感知深度**

许多教学媒体都能向学习者提供各种感性材料，也就是"替代的经验"，这有利于加深学习者的感性认识，并进一步上升到理性认识。

**4. 设计良好的教学媒体材料，能够提供有效的交互渠道**

教学媒体的应用可以充分提高学习者的参与程度，使学习者与环境之间能够进行有效的交互融合，促进学习者的认知过程，提高教学效果。

**5. 有利于提高教学质量和教学效率**

大部分媒体可以在较短的时间内，向学习者呈现和传递大量的信息，学习者容易接受和理解。特别是运用精心设计的教学媒体软件进行教学，可以提高单位时间内的教学信息量，并通过丰富多样的形式传递教学信息，使学习者能学得更快、学得更好。这对于提高教学质量和教学效率的作用是毋庸置疑的。

**6. 有利于实施个别化教学**

个别化教学是指专门设计并选择信息以适合学习者个人的能力、经验或兴趣的一种有效的学习方式，这种方式的实现更加依赖现代媒体或媒体资源。当教学媒体设计成个别化学习材料时，学习者可以自己决定学习的进度、时间和地点，在自己方便的时间和地方进行学习，非常灵活方便。

**7. 将教学媒体与教学整合，开展协作学习**

利用教学媒体可以创设问题情境，激发学习者的学习动机，教学媒体同时也是一种"认知工具"，学习者可以利用它进行"发现"和"探索"的学习活动，针对问题去寻找资源，探索解决问题的方案，培养学习者解决问题的能力与创造能力。

**8. 促进教师作用发生变化**

有效地使用教学媒体可以使教师部分地从繁重的教学工作中摆脱出来，从而有更充裕的时间用于分析学习者、分析教学内容、进行教学改革，而且教师可以有更多的机会对学习者进行个别指导，成为学生的咨询者和指导者。教师在教学中变得更为主动和积极，可以更好地促进学习者的学习。

**9. 有利于开展特殊教育**

身体某些器官有残疾的学习者，由于受其身体条件限制，应该接受特殊教育。选择使用适当的现代教学媒体，根据身残学生的特殊要求将教育教学活动调整和设计到最佳状态，可以实实在在地扩大学习者能够接受的知识领域经验。例如，使用专门设计的教学幻灯、投影教材来训练聋哑儿童说话，充分利用它们的视觉感官进行教学，可取得很好的效果；视力残疾的学习者，可以在学习活动中重点加强听力训练、提高听力技能，以便今后更好地学习、工作和生活，这就需要利用各种听觉媒体和听觉材料提供丰富的学习辅导，辅助他们的学习活动。

## 3.2 视觉媒体及其教学应用

人们感知世界、认识世界的主要感觉器官是眼睛和耳朵，现代视听媒体的引入，使现代教学过程变得更为形象、具体、直观、生动，且富有情趣，有效地激发了学生的学习兴趣，加速了教育信息传递进程，改善了学习效果。对于一个正常的人来说，在所有的感官中，视觉器官的感受能力最强，因此视觉媒体在教学中占有十分重要的地位。幻灯投影媒体作为一种教学媒体，已被人们广泛地运用于课堂教学，即使在计算机、多媒体技术飞速发展、日益普及的今天，幻灯及投影媒体仍继续以其独特的优势活跃在课堂教学中。本节主要讨论幻灯投影媒体的简单原理、教材制作及教学应用。

### 3.2.1 视觉媒体的特性

**1. 表现性**

幻灯、投影的最大特点是能以直观的、稳定的、放大的图像表现事物的特性。利用幻灯、投影化小为大、化远为近、化虚为实、可分可合的功能揭示事物发展的内在规律，能让学生详细地观察与思考。

**2. 重复性**

幻灯、投影能具体表征事物的空间特性、逻辑关系等，并能反复呈现，其延时重现力强，便于观看，利于讲解。

**3．参与性**

幻灯、投影教学既可根据课程内容和学习进度，由教师演示、讲解，学生观看，使学生感性参与；也可在教师指导下，由学生亲自操作、演示，使学生在行为上主动参与媒体的活动。

**4．可控性**

幻灯、投影设备操作简单，教材制作方便，适合师生自己动手，按需要制作。

### 3.2.2 幻灯机的基本原理及使用

**1．幻灯机的分类**

幻灯机是通过光路系统将胶片上的影像投射到银幕上的一种光学放大设备。幻灯机的种类很多，分类方法也有多种。

1) 按使用的光源分类

按使用的光源分类，幻灯机可分为油气灯幻灯机、白炽灯幻灯机、弧光灯幻灯机、卤钨灯幻灯机、镝灯幻灯机等。

2) 按幻灯片的规格分类

按幻灯片的规格分类，幻灯机可分为 135 单片机(50mm×50mm)、120 单片机(82mm×102mm，82mm×105mm，45mm×60mm)等，以及 135 卷片机，还有可放映多种片型的多用幻灯机。

3) 按功能分类

按功能分类，幻灯机可分为简易幻灯机、自动幻灯机。

4) 按软件的形式分类

按软件的形式分类，幻灯机可分为单片式幻灯机、卷片式幻灯机和显微式幻灯机。

单片式幻灯机的幻灯片是一张张的单片，每张幻灯片都夹在片夹中。其优点是使用时可根据教学情况灵活选用，由于有片夹的保护，幻灯片不易损坏；缺点是幻灯片容易遗漏，放入片盒时易产生次序颠倒、片子倒置等弊端。单片式幻灯机按换片的方式来分有直盒推挽式、圆盘起落式和圆盘推挽式等。

5) 按幻灯片的性质分类

按幻灯片的性质分类，幻灯机可分为放映透明片的直射式幻灯机，放映不透明片、图片和实物的反射式幻灯机，有放映生物等微小物体的显微幻灯机等。

6) 按有无还音设备分类

按有无还音设备分类，幻灯机可分为需要教师现场解说的无声幻灯机、带还音设备的声画同步幻灯机。

7) 按换片方式分类

按换片方式分类，幻灯机可分为手动幻灯机、遥控自动幻灯机、时控自动幻灯机、声控(讯控)自动幻灯机等。

8) 按幻灯机镜头数分类

按幻灯机镜头数分类，幻灯机可分为单镜头幻灯机和多镜头幻灯机。

9) 按影像维数分类

按影像维数分类，幻灯机可分为普通的平面影像幻灯机和带立体感的立体幻灯机。

图 3-2 所示是一些常见的幻灯机。

单片手动幻灯机

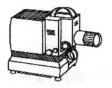
卷片手动幻灯机

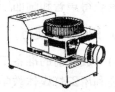
圆盘式幻灯机

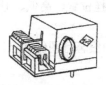
直盒式的幻灯机 I

直盒式的幻灯机 II

显微幻灯机

**图 3-2 常见的幻灯机**

## 2. 幻灯机的工作原理

幻灯机的种类虽然很多，但其基本的结构和原理却大致相同。幻灯机一般由光学部分、机械传动部分、散热部分和电气控制部分组成，如图 3-3 所示。

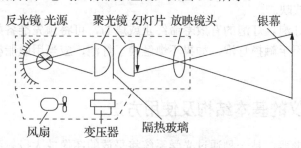

**图 3-3 幻灯机的基本结构**

光源发出强光，经过聚光镜组会聚并均匀地照射在幻灯片上，通过放映镜头在银幕上获得清晰逼真的放大影像。因此，幻灯机的光学原理其实就是凸透镜成像。

从凸透镜成像规律得知，当物体置于凸透镜物方 1 倍焦距到 2 倍焦距之间时，物体将在凸透镜的像方 2 倍焦距以外得到倒立放大的实像。

为了获得较大的影像，在设计幻灯机时，使幻灯片(物)尽量趋近第一焦点，即物距稍大于焦距。在实际计算中可取物距等于焦距。

要想取得较大的影像放大倍率，要么将幻灯机远离银幕，要么采用短焦距镜头(广角)。幻灯教学一般在教室内进行，幻灯机离讲台、银幕较近，为使幻灯机放映出较大影像，应采用短焦距镜头。

幻灯机可实现有线遥控、无线遥控、定时控制、声控、讯控等自动控制功能。

声控或讯控换片实际是将录有换片信号的解说录音带装入录音机，放音时录音机输出的电信号再接入与自动幻灯机相连接的声控或讯控同步器，换片信号通过声控或讯控同步器传送给幻灯机，从而使幻灯机的换片动作完全由录音带上的换片信号控制。声控或讯控换片易获得声音和画面同步的效果。

### 3. 幻灯机的使用

1) 放映前的准备工作

在利用幻灯媒体教学前，必须做好如下准备工作。

(1) 根据使用说明书通过实际操作掌握机器的性能和使用方法。

(2) 检查仪器电源线、插头有无破裂、折断，散热风扇的运转是否正常。

(3) 检查放映场所电源是否符合要求，接插件是否配套。

(4) 确定幻灯机的安放位置、远近高低、倾斜角度及银幕张挂位置、高低、倾角是否合适，靠近银幕处的窗户是否需要遮光等。

(5) 事先装好幻灯片。装幻灯片时以无药膜的一面(反面)朝向银幕且图像倒立。

2) 放映操作

(1) 正确启动与关机。开机时应先打开电源开关，让冷却风扇首先工作，灯丝处于预热状态，过1~2分钟后，再打开灯泡开关，这样可延长灯泡的使用寿命。开机后若发现风扇不转，应停止使用。关机时应先关灯泡开关，稍停一下再关风扇。

(2) 正确调焦。幻灯机与银幕的距离确定后，需要调节调焦旋钮来调整焦距，使银幕上的图像最清晰。

(3) 手动应急放映。放映中如果电动换片功能失灵(如卡片、不走片等)一时不易排除时，可改为手动做应急放映。

(4) 正确更换灯泡。灯泡的有效寿命终止或烧断，可将预先准备好的同种规格灯泡换上去。更换时不得用手触摸灯泡，如果不慎触摸了灯泡，应当用脱脂棉蘸乙醇擦净，以免使灯泡失透。

## 3.2.3 投影仪的基本结构及使用方法

投影仪又叫投影器，是一种通过光学系统将平放的图像放大投射到银幕上向学生传递信息的一种视觉类电教媒体。它是在幻灯机的基础上发展制成的一种光学放大设备，可放映大型透明胶片、投影实物，还可以直接在平台上书写并投影，是当前教学中使用频率最高的一种视觉媒体。投影仪也是由光学部分、散热部分和电路部分组成的，一般投影仪没有电气控制部分和机械传动部分。

### 1. 投影仪的分类

投影仪按工作光路可分为两大类：透射式投影仪和反射式投影仪。

1) 透射式投影仪

光源发出的光线经过会聚后透射过被投影的材料，再经过透镜成像于银幕上，这样的投影仪被称为透射式投影仪。其光学结构与幻灯机类似,如图 3-4 所示。

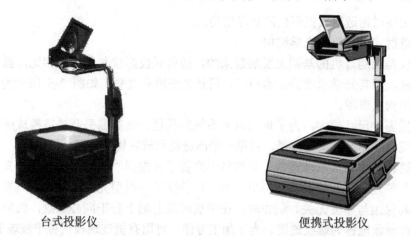

台式投影仪　　　　　　　　　　便携式投影仪

图 3-4　透射式投影仪

投影仪的亮度高,投影面积大,光色还原好,多为教学所采用。由于其载物平台面尺寸大,教师还可以在载物平台上书写、做演示,及放映多种规格的投影片。

2)　反射式投影仪

光源发出的光线直接照射到投影材料上,被投影材料反射的光线经过反射镜反射后由透镜成像于银幕,这样的投影仪被称为反射式投影仪。

由于光线是在投影材料上反射,而不是透射,因此投影材料是不透明的,如印刷品、照片、实物等。实物投影仪是一种典型的反射式投影仪,它是用强光源照亮实物或图片,由实物的反射光通过镜头在银幕上成像,如图 3-5 所示。

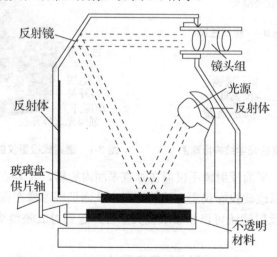

图 3-5　反射式投影仪

反射式投影仪可以直接投影各种不透明的实物,如书本、地图、插图、植物和昆虫标本、实物器件等,给教学带来了很大方便。但因实物投影仪的成像光束是由不透明表面反射出来的漫散反射光,所以光效很低,一般需要在较暗的室内使用。

## 2. 投影仪的基本结构和工作原理

这里主要讨论透射式投影仪的光路结构。

1) 透射式投影仪的光学结构

投影仪是在幻灯机的基础上发展起来的，透射式投影仪与幻灯机相比，虽然其部件有了较大改进，但其光学原理仍基本相同，只是光路稍有改变。如图 3-6 所示为透射式投影仪的光学结构原理图。

由于投影片尺寸较大，为了增大聚光系统的孔径，将第二平凸透镜换成螺纹透镜。为了缩短系统焦距和增强聚光效果，将第一平凸透镜和放映镜头换成新月透镜。

螺纹透镜又称为费尼耳透镜，是由科学家费尼耳根据"凸透镜的厚度对光线的折射不发生影响"的理论，经过实验研制出来的一种特殊的平板型光学元件，它具有凸透镜的性质，但是其焦距与厚度无关。制作时，在平板玻璃上刻上若干同心螺纹，就得到了费尼耳透镜，因此形象地称为螺纹透镜。为了加工方便，可用有机玻璃板代替平板玻璃。

2) 透射式投影仪的外部结构及各部件的功能

图 3-7 所示为透射式投影仪的外部结构示意图。从外观上来看，透射式投影仪主要由如下一些部件构成。

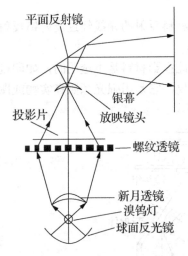

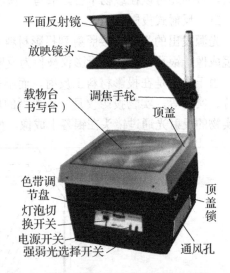

图 3-6 透射式投影仪的光学结构原理图　　图 3-7 透射式投影仪的外部结构示意图

(1) 平面反射镜。平面反射镜不仅能在垂直平面内旋转，大多数还能在水平面内旋转。调节平面反射镜，可以改变投影仪主光轴的方向，从而调整影像在银幕上的位置。

不使用时，平面反射镜还可以和放映镜头重合，起到对放映镜头、平面反射镜的保护和防止污染的作用。

(2) 放映镜头。放映镜头的功能是根据物理光学的原理，形成投影材料的放大的影像。

(3) 调焦旋钮。调节此旋钮，放映镜头可上下移动，调整放映镜头与投影片之间的距离，可使银幕上的影像更清晰。

(4) 书写台(载物台)。它供使用者放置投影片或其他投影材料，还可供使用者直接在放置其上的胶片或玻璃上书写描画。

(5) 顶盖锁。它起固定顶盖的作用，如果扳动此扣，就可开启顶盖，同时，投影仪自动切断电源，以防在检查、修理投影仪故障时，灯光刺眼或发生触电事故。

(6) 色带调节盘。投影仪投射到银幕上的光斑，四周边缘有时会出现各种色带，这是由于螺纹透镜与光源的距离不当而产生的色散现象。拨动此盘能使反光镜与灯泡同时升降，调整聚光系统的组合聚光焦距，可以消除光斑四周的色带。

(7) 灯泡切换开关。不少投影仪都装有两个灯泡，一个灯泡备用，如果正在工作的灯泡烧毁，扳动切换手柄，备用灯泡就能替换上去，使投影仪正常工作。平时，当一个灯泡连续工作时间较长时，也可将另一个灯泡切换上去，轮流工作，以延长灯泡的使用寿命。

(8) 强弱光选择开关。如果电网电压偏高，或者是一般亮度要求的情况下，应采用弱光挡；当电网电压偏低，或需要特别增亮时，可使用强光挡。应注意开关的操作顺序(先开弱光，然后再切换成强光)。

(9) 通风孔。这是排风降温风扇的风路通道口，以使机箱内保持正常的工作温度。

现有的透射式投影仪，型号很多，外形和部件在大致相同的情况下，可能有一些不同的地方，应该根据具体情况，灵活掌握。

**3. 透射式投影仪的使用方法**

投影仪的使用虽然比较简便，但如果操作不当也会影响教学效果。

1) 透射式投影仪的定位调试

投影影像的质量与投影仪在放映时的工作位置有密切关系。因此在使用投影仪进行教学之前，必须仔细地对投影仪进行定位调试。

(1) 调试投影仪与银幕的距离。银幕上投影光幅的大小和光幅的照度，是随着投影仪与银幕距离的大小而变化的。光幅大小与投影仪到银幕距离成正比；光幅的照度则与投影仪到银幕的距离成反比。

在使用投影仪进行演映之前，应根据场地大小、学生人数、环境亮度等具体情况以及教学要求，调试好投影仪到银幕的距离。

(2) 调试投影仪的高低位置。投影仪在正常工作时，光轴(反射镜中心和银幕中心的连线)应该与银幕垂直，否则影像就会发生变形。一般来说，如果投影仪放置过低，就会出现影像上大下小的现象；放置过高，就会出现影像上小下大的现象。但在实际使用时，必须考虑到一方面尽量不要使设备(投影仪)遮挡学生视线，另一方面要便于教师操作，因此投影仪不能摆放过高，一般投影仪机箱上表面(即载物玻璃表面)与地面的距离以 1.2 米左右为宜，但这会导致影像上大下小，这可以通过倾斜银幕的方法来解决。

(3) 调试投影仪的左右位置。和调试投影仪的高低位置一样，投影仪相对于银幕的左右位置也必须调试确定，否则也会出现影像变形的现象。如果投影仪偏左，就会出现影像右大左小的现象；偏右则出现左大右小的现象。调试的原则是投影光轴与银幕垂直，就是投影仪应该正对银幕中心，不要偏置一方。

2) 透射式投影仪的操作步骤

(1) 按投影仪铭牌所示标称电压接通电源。

(2) 打开投影仪平面反射镜盖(折叠式投影仪则应先竖起调焦杆，并使定位销到位)。

(3) 使强弱灯光选择开关置于弱光位置，打开电源开关。如需加亮，再按下强光开关。

如果是使用镝灯光源的高亮度投影仪，则应打开电源开关，先确认风扇已经工作后，再按触发按钮，光源一旦启动，应立即放开按钮。

(4) 在垂直方向和水平方向适度地调节平面反射镜的角度，使光束投射在银幕中央，得到上下左右位置恰当的均匀光幅。

(5) 放上投影片，旋转调焦旋钮，调整放映镜头的上下位置，即调整投影焦距，使银幕上的影像达到最清晰的程度。

(6) 拨动色带调整盘，消除色散现象。

(7) 放映结束，先将强弱光开关置于弱光位置，然后关闭电源开关。

(8) 合上平面反射镜盖。

(9) 拔去电源插头。

(10) 按下折叠式投影仪的折叠按钮，放下调焦杆(非折叠式投影仪无此步骤)。

## 3.2.4 教学银幕

银幕是光学投影媒体教学必不可少的器材，是放映设备的有机组成部分。幻灯、投影教学中传播的信息必须通过银幕才能被学生的视觉所接受。

### 1. 教学银幕的种类

教学银幕的种类很多，分类方式也较多。

1) 按放映方式分类

按放映方式分类，教学银幕可分为反射式银幕和透射式银幕。

2) 按表面光学特性分类

按表面光学特性分类，教学银幕可分为漫散反射(或透射)银幕和方向性漫散反射(或透射)银幕。

3) 按银幕材料分类

按银幕材料分类，教学银幕可分为玻璃微珠幕、高级塑料幕、布基白塑幕、白布幕、木板幕、金属幕等。

4) 按银幕式样分类

按银幕式样分类，教学银幕可分为板框式银幕、软片式银幕和卷筒式银幕。

### 2. 各种银幕的性能特点

1) 玻璃微珠幕

玻璃微珠幕属于方向性漫散反射幕。它是一种在纤维织物的表面涂抹一层洁白胶漆，在白漆上再均匀敷上一层高折射率玻璃微珠，其特点是亮度高、光色好、白昼成像清晰。缺点是方向性较强、视角范围较窄。这种幕适合在中等宽度或狭长形的教室使用。

使用玻璃微珠幕不能折叠，不能用尖锐物体触碰幕面，也不宜用手触摸。幕面上有灰尘，不能用水洗擦，只能用吹气刷等去除。

2) 布基白塑幕

布基白塑幕以布为衬底，在上面以高反射系数的塑料涂料涂抹而成，属于漫散反射银幕。在幕前不同角度观看，亮度变化不大，且光线反射柔和，观看者视觉不易疲劳。

这种银幕可以折叠，脏了可用湿布擦洗，使用寿命较长，价格低于玻璃微珠幕，适合在较宽大的教室放映。

3) 高级塑料透视幕

高级塑料透视幕以尼龙薄膜作底，涂以高反射系数的塑料涂料，再均匀胶敷一层玻璃微珠。这种银幕成像视野较宽，可用于大型电子显示及投影电视，使用时需将其固定在木框上。

4) 透射幕

透射幕的最大特点是在银幕后面放映影像，学生则在银幕的前方观看，其画面亮度取决于从银幕背面透射来的光通量。放映时，教室不必遮光，很方便教学使用。

5) 木板幕

木板幕可用胶合板自制，在板上涂以白漆。为防止反光，在白漆中可掺入一些大白粉。

6) 白布幕

白布幕以白布(最好选用粗白布，因粗白布的反射光线较为柔和)制成，虽其亮度不及玻璃微珠幕和布基白塑幕，但价格便宜、使用方便，适合在各级学校教学中使用。

另外，在没有教学银幕的情况下，亦可用白纸或直接以白墙作替代品。

**3. 教学银幕的使用方法**

银幕的正确悬挂对放映质量有很大影响，悬挂银幕要考虑下列要求。

1) 银幕的悬挂高度

银幕的悬挂高度，应以教室内所有学生均能看到完整的、不失真的影像为原则。对于水平地面教室，银幕的下边缘应高于学生的头部。

2) 银幕与学生座位间的关系

银幕与最前排座位的距离不要小于幕宽的1.5倍，距离过近，最前排学生不能一眼看全幕面而需左顾右盼，易于疲劳。银幕与最后排座位的距离不要超过幕宽的6倍，距离太远，最后排学生看不清影像的细节。

3) 银幕与学生视角的关系

为使学生看到的影像不失真，学生对银幕的视角应有一定限度。实验表明，学生观看银幕的水平视角和垂直视角均不应大于45°，否则，看到的影像将变形失真。

4) 银幕与放映角度的关系

在前面讨论投影仪摆放位置时我们知道，当幻灯机、投影仪的主光轴与银幕中心垂线重合时，银幕上的图像不失真，但在实际使用中竖直方向很难保证重合。实际上张挂银幕时，应使银幕平面与竖直方向形成一个角度，即使银幕上方前倾，可减小失真，该角度不宜过大，一般小于12°。

使用银幕要注意维护，如防止灰尘、污物对银幕的污染；防止高温和受潮；防止暴晒；防止碰伤划伤；使用完毕应该按要求保存。

## 3.2.5 幻灯、投影媒体的教学应用

幻灯、投影媒体都是通过投射画面来传递信息，虽然都能提供鲜明、清晰的视觉画面，但各种媒体各有自身的特点和教学功能，在教学中运用媒体时要用其所长，避其所短。

### 1. 幻灯、投影媒体的特点和教学功能

1) 特点

(1) 幻灯、投影媒体能直观、形象地再现客观事物或静止、放大的图像。

(2) 幻灯、投影媒体的放映，不受时间的限制，完全由教师根据不同内容与对象，在课堂上灵活操作和讲解，可深、可浅、可长、可短。

(3) 幻灯、投影媒体制作简单，操作方便，价格低廉，教师能自行设计与制作，容易普及推广。

2) 教学功能

在教学上为学生提供形象、直观的事物形象和感性材料，具体体现在以下几方面。

(1) 为学生理解抽象概念提供感性材料。

(2) 使学生从大量感性材料中概括出规律性的东西。

(3) 使学生对同类事物进行分析比较，从而了解该事物与其他事物的区别与联系，使之掌握本质特性。

(4) 进行技能训练，显示正确的操作方法。

投影媒体除了能够呈现图像、图表，还能用于呈现书写工整的文字，以代替板书。

由于幻灯、投影媒体只提供视觉形象，在教学运用时必须善于与语言相配合，才能更好地发挥作用。具体做法有下述几点。

(1) 先用语言启发提出问题，然后再适时映示图像。

(2) 图像呈现与语言解说同步进行，形象与抽象相结合，可加深对事物的认识与理解。

(3) 先放映图像，然后进行综合小结，从感性认识提高到理性的认识，用语言概括事物、现象的本质特征与规律。

由于幻灯、投影媒体的操作与控制不受时间限制，故在教学时，要从教学内容、教学对象出发，控制好教学的速度和画面呈现的节奏，使其符合学习者的思维与认知规律，以期取得更好的教学效果。

### 2. 幻灯、投影媒体的教学方法

1) 书写教学法

这是投影教学中最基本、最常用、最简便的一种方法。在透明胶片上或在投影仪工作台面的载物玻璃上，可用彩色书写笔边讲边写。片子需要长期保存时，可以用油溶性彩色书写笔；若随写随擦，则可用水溶性彩色书写笔。

2) 图片教学法

利用已设计制作好的幻灯、投影图片进行教学，也是最常用的一种方法。教师可以利用幻灯片、投影片提出问题，引导学生在已有经验、知识的基础上，回答教师提出的问题，从而获得新的知识；还可以在投影片上边画边写(即设计成基图片)或制成活动投影片。

对于某些教学内容，可用单片一次性放映的方法表现教学内容(如135幻灯片、挂图式投影片等)；对于某些教学内容可采用逐次显示的方法表现教学内容。常用的有以下三种。

(1) 增减法。即用复合式投影片进行教学时，以加片或减片的方式按教学要求逐步显示教学信息，引导学生由简到繁、由局部到整体、由表及里地去认识事物、掌握知识，有助于学生智力的发展和能力的培养。

(2) 遮挡法。将事先制作好的投影片用纸遮盖，然后按教学需要一部分、一部分地放映，顺序呈现教学内容。

(3) 活动法。将某些教学内容制作成活动式教学投影片，如旋转片、橡筋片、抽拉片等，在讲授过程中，以片子的活动来表明教学内容或验证讲授效果。

3) 实物投影法

通过投影仪螺纹镜头将实物、投影教具和某些化学、物理实验演示器件，映示放大到银幕上，扩大演示的可见度，使全体学生在同一时间里，对演示物的构造、性能和现象的变化过程等产生直观、清晰的了解。

4) 作业教学法

教师可根据教学的需要，设计出各种基图式作业投影片，在课堂或课后让学生进行作业练习。教师采用这种方法可在课堂批改作业，使全班同学受益。

5) 导引教学法

备课时教师将讲稿写在透明胶片上，上课时在投影讲稿的导引下边讲授边映示，逐步展开教学。

讲稿是讲好课的关键。导引教学法的讲稿要简明、系统、突出重点、适用于启发等。这就要求：①确定教材内容的深、广度；②删繁就简，精选内容；③建立讲授的科学系统，列出大、小标题；④尽量使用简练词句，精心设计善于说明问题的简图；⑤用特定的彩色标出教材的重点和难点，或有意识地将一些关键内容空出来，留待教师启发提问，再补充写上去。

总之，教师在备课时要仔细分析教学内容，哪些内容事先在胶片上写好，哪些内容边讲边写，哪些图表事先在胶片上画好，哪些图表边讲边画，这些都要从提高教学质量出发，认真进行分析研究。

导引教学法有以下几个优点。

(1) 因为讲稿在备课时已写在透明胶片上，教师在投影讲稿导引下逐步讲解，信心十足，不必死记硬背讲稿，可节约大量的备课时间。

(2) 可以避免讲授内容的颠倒、遗漏或错误的现象发生，容易实现教学大纲的要求和进度。

(3) 节省了大量的板书时间。

(4) 一节课讲完之后，还可以将提纲(投影片)倒转回来，进行复习、巩固和小结。

6) 声画教学法

在幻灯、投影教学中，有些教学内容不仅需要幻灯、投影显示画面，而且还需要运用录音机配以解说，做到声画同步，以增强教学效果。例如在语文、外语以及其他文科教学中，利用声画教学法进行教学，可收到良好的教学效果。

## 3.3 听觉媒体及教学

听觉媒体指的是承载、传输和控制声音信息的物质材料和工具。在人们获取信息的感觉通道中，听觉仅次于视觉，可见听觉在教学中的重要性。本节主要介绍有线广播、录音、CD、语言实验室等常用的现代听觉类教学媒体的简单原理、使用方法和在教学中的应用。

### 3.3.1 听觉媒体的特性

**1. 时效性**

听觉媒体能即时制作、即时播放，这为以最新的科技成果和社会动态来充实教学内容提供了方便。

**2. 广泛性**

目前，广播、录音设备已在大众之中得到极大的普及，人们对音频设备的使用也极为熟悉。听觉媒体具有广泛的应用范围，广播传播范围极广，将录音教材用于广播，能进行远距离教学，扩大教学规模。由于收录机的灵活、轻便和价廉，使人人都可成为受传的对象，即便在工作或路途中也不例外，这不仅可在学校教育中广泛应用，也为普及教育奠定了基础。

**3. 重现性**

由于声音信号可随时记录、适时重放、长久保存，这就为学习资料的反复再现创造了条件。

**4. 可控性**

利用电声手段，可根据需要自主播放、自行录制各类教材，适合于个别化学习中对各自学习进度的控制。

**5. 生动性**

声音具有丰富的直觉感，浓厚的感情色彩和艺术魅力，易引起听者的兴趣。

### 3.3.2 有线广播

广播是传送声音的一种通道，可分为两类。一类是由无线电台通过发射天线发射电磁波来传播声音的，这叫无线广播；另一类是由广播台(站)通过电缆传输来传播声音的，这叫有线广播。这里介绍有线广播的有关知识。

**1. 有线广播概述**

有线广播是通过扩音机将音频信号放大，供很多人同时收听的信息传递方式。有线广播主要由传声器、扩音机、扬声器和其他音源媒体构成，传声器拾取声音信号并变换成电信号，经扩音机放大处理后，再由扬声器把电信号变换成声音信号，完成声音的放大和传播功能。传声器和扬声器起声、电转换作用，而扩音机起信号放大作用。

用有线广播进行教学，范围广、规模大，能节省投资，并可以充分发挥优秀教师的作用。但广播是单向传递信息，不能及时获得反馈，因此在使用广播教学时要引起注意。

**2. 扩音机的原理和使用**

扩音机是用来将微弱的电信号放大成具有一定功率电能的设备，也就是把来自话筒、拾音设备等的信号电压，来自收音机、录音机等音源的信号电压，经过几级放大后，使其具有一定的功率推动扬声器，还原出声音。扩音机的组成如图 3-8 所示。

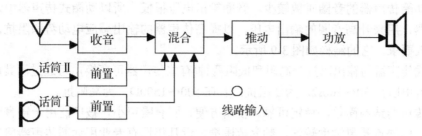

图 3-8 扩音机的组成示意图

扩音机是有线广播中的常用设备，使用正确与否，直接影响着机器寿命及音响效果。使用扩音机的注意事项如下。

(1) 要求电网电压比较稳定，变动范围不能超过额定电压的±10%。在电网电压变化较大的场合要加装稳压装置。

(2) 使用前要按规定接好负载，做好匹配工作。这不仅是影响扩音效果好坏的因素，更是保证扩音机和扬声器长期安全工作的关键。

(3) 按照一定的顺序开关机器，不得违反操作规程。各音量控制旋钮平时应置于最小位置。开启某一个音量旋钮时，应逐渐由小到大，缓慢均匀，防止机器过荷冲击。扩音机用完后，要把音量旋钮恢复到最小。

(4) 在会场布置扩音系统时，要注意扬声器与话筒的距离尽量远一些，不能把扬声器布置在话筒后面，更不能正对着话筒，否则容易产生"声反馈"而产生啸叫，或过载损坏扩音机和扬声器。

(5) 扩音机的各输入信号源不能插错。话筒插口要求的输入信号约为 3~5mV，而拾音器插口要求输入信号达 100mV 以上。如果错把话筒插入拾音器插口，扩音机会由于输入信号太弱而使音量变小；而如果错把拾音器插入话筒插口，则会由于输入信号太强产生削波失真或使扩音机超负荷。这两种情况都是要避免的。

(6) 扩音机的放置地点要清洁、无尘、通风、干燥、严禁雨淋。高温季节使用时，要注意散热。

### 3. 传声器的原理和使用方法

传声器是一种将声信号转换为电信号的换能器件，俗称话筒、麦克风。传声器的好坏将直接影响声音的质量。

传声器的种类很多，按换能原理可分为电动式、电容式、电磁式、压电式、半导体式传声器；按接收声波的方向性可分为无指向性和有指向性两种，有方向性传声器包括心形指向性、强指向性、双指向性等；按用途可分为立体声、近讲、无线传声器等。

1) 动圈传声器

这是一种最常用的传声器。动圈传声器主要由永久磁铁、软铁、音圈、音膜(振膜)和输出变压器等部分组成。它的工作原理是当人对着话筒讲话时，声音通过空气传到音膜，引起音膜振动，再带动音圈在永久磁铁产生的磁场中作切割磁力线的运动。根据电磁感应原理，在线圈两端就会感生出随声音变化而变化的音频电动势，从而将声能转换成电信号，完成声电转换。

由于动圈传声器的音圈匝数较少，音圈输出电压很低，所以动圈式传声器中还装置有输出变压器，用来升高音圈的输出电压，以提高传声器的输出感应电动势和阻抗，满足扩音机的输入要求。它的结构如图3-9所示。

动圈式传声器的输出阻抗分高阻和低阻两种(有些传声器可变换)，可通过测其电阻来判断；若直流电阻在50～200Ω，为低阻抗；若在500～1500Ω，为高阻抗。

动圈传声器结构简单、稳定可靠、使用方便、固有噪声小，被广泛用于语言广播和扩音系统中。但缺点是灵敏度较低、频率范围窄。近几年已有专业用动圈传声器问世，其特性和技术指标都较好。

2) 电容传声器

电容传声器是靠电容量的变化来工作的。它的结构如图3-10所示，主要由振动膜片、刚性极板、电源和负载电阻等组成。它的工作原理是当膜片受到声波的压力，并随着压力的大小和频率的不同而振动时，膜片与极板之间的电容量就会发生变化。与此同时，极板上的电荷随之变化，从而使电路中的电流也相应变化，负载电阻上也就有相应的电压输出，从而完成声电转换。

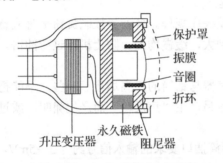
图3-9 动圈传声器的结构示意图

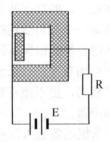
图3-10 电容传声器的结构示意图

振动膜片和刚性极板之间距离很小，中间的介质是空气，因此形成了一个电容器。使用时在两极板之间接有直流电压，并串联一高阻值电阻。平时电容器呈充电状态，当声波作用于振动膜片上时，使其电容量随音频而变化，因而电路中的充放电电流也随音频变化。其电流通过电阻，便产生电压降，再经过一个高阻放大器放大后输出。电容式传声器的灵敏度较高，频率特性平坦，瞬时特性好，音质较好，但制造较复杂、成本高，由于放大器必须有供给电源，使用比较麻烦。因此一般多用于高质量的广播、录音和舞台扩声中，以及在实验室中作标准仪器和用来校测其他电声器件。

3) 无线传声器

无线传声器实际上是一种小型调频发射、接收扩声系统，由小型调频无线电发射机和接收机两部分组成。发射机又由微型传声器、调频电路和电源三部分组成，无线传声器采用了调频方式调制信号，传声器把声音变换成音频电信号，通过发射机调制成调频电信号，调制后的信号经短天线发射出去，由接收机接收并还原成音频电信号输出到扩音机。接收机是专用调频接收机，无线传声器与接收机应一一对应，配套使用，不得张冠李戴，出现差错。

无线传声器体积小、使用方便、音质良好，话筒与扩音机间无连线，移动自如，且发射功率小，因此在教室、舞台、电视摄制方面得到了广泛的应用。教学上使用的无线传声器通常采用领夹式，使用时只要将话筒头夹在教师衣领，接通电源即可，不需要教师手持话筒。这种领夹式无线传声器的灵敏度较高，不要手持使用。

选择传声器，应根据使用的场合和对声音质量的要求，结合各种传声器的特点，综合考虑选用。例如，高质量的录音和播音，主要要求音质好，可选电容式传声器、铝带传声器或高级动圈式传声器；作一般扩音时，选用普通动圈式即可；当讲话人位置不时移动或讲话时与扩音机距离较远时，宜选用无线传声器；当环境噪声较大，如卡拉 OK 演唱，应选用单方向性或灵敏度低的传声器，以减少杂音干扰等。

在使用传声器时应注意以下问题。

(1) 阻抗匹配。在使用传声器时，传声器的输出阻抗与放大器的输入阻抗相同是最佳的匹配，如果失配比在 3∶1 以上，则会影响传输效果。例如，把 500Ω传声器接至输入阻抗为 1500Ω的放大器时，虽然输出可增加近 7dB，但高低频的声音都会有明显的损失。

(2) 连接线。传声器的输出电压很低，为了免受损失和干扰，连接线必须尽量短，高质量的传声器应选择双芯绞合金属屏蔽线，一般传声器可采用单芯金属屏蔽线。

(3) 工作距离与近讲效应。通常，传声器与嘴之间的工作距离在 30～40cm 为宜，如果距离太远，则回响增加，噪声相对增大；工作距离过近，会因信号过强而失真，或因低频声过重而影响语言的清晰度，这是因为指向性传声器存在着"近讲效应"，即近距离播讲时，低频声会得到明显的提高，甚至出现"噗噗"的气爆声。不过，有时歌唱家有意利用"近讲效应"使演唱效果更加美妙、动听。

(4) 声源与话筒之间的角度。每个话筒都有它的有效角度，一般声源应对准话筒中心线，两者间偏角越大，高音损失越大。有时使用话筒时，带有"隆嘤"的声音，这时只要把话筒偏转一些角度，就可减轻。

(5) 话筒位置和高度。话筒不要靠近扬声器放置或对准扬声器，否则会引起啸叫。话筒放置的高度应依声源高度而定，如果是一个人讲话，话筒的高度应与讲话者口部一致。

(6) 话筒在使用中应防止敲击或跌倒。不宜用吹气或敲击的方法试验，否则很容易损坏话筒。

使用无线传声器时应注意：选择安放接收器的位置，要使其避开"死点"；接收时，调整接收天线的角度，调准频率，调好音量使其扩音处在最佳状态；无线传声器的天线应自然下垂，露出衣外；防止电池极性接反，使用完毕，将电池及时取出；话筒应该夹在胸部外衣上，不要手持使用。

**4．扬声器的原理和使用方法**

扬声器是一种把电信号转变为声信号的换能器件，俗称"喇叭"，扬声器的性能优劣对音质的高低影响很大。

扬声器的种类很多，按其换能原理和构造不同，可分为电动式(即动圈式)、静电式、电磁式、压电式等几种，日常生活中最常使用的是电动式扬声器。常用的电动式扬声器主要有纸盆式和号筒式两种。

电动纸盆式扬声器又称为低音喇叭，其构造如图 3-11(a)所示。主要由磁路系统和振动系统两部分组成。磁路系统由环形永久磁铁和软铁组成，磁场集中在缝隙处。

振动系统由带着音圈的纸盆构成，弹性片把音圈固定在磁隙的正中。有音频电流通过时，音圈在磁场力的作用下，带着纸盆前后运动，从而发出声音。

纸盆式扬声器按频率范围可分为低音扬声器、中音扬声器和高音扬声器。为了提高回放声音的质量，扩展有效频率范围，并使其在整个音频范围内的频率响应曲线得到改善，通常可将几只不同频率响应范围的扬声器组合在一起，装入同一组音箱内，构成组合音箱使用。

电动号筒式扬声器又称为高音喇叭，主要由磁路系统、振动系统和助音筒三部分组成，其构造如图 3-11(b)所示。磁路系统和振动系统装在一起，称为发音头。发音头和助音筒可以分开，各成一体。

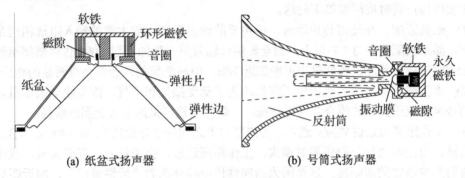

图 3-11 常用扬声器的结构示意图

磁路系统由永久磁铁和软铁组成，磁场集中在缝隙处。振动系统由带着音圈的振动膜构成，音圈位于磁隙正中。音频电流通过音圈时，受磁场力的作用，音圈便带动振动膜前后运动，使空气发生振动。由于发音头前面装有助音筒，可使空气共鸣，从而发出洪亮的声音。

号筒式扬声器具有声音清晰、指向性强、防水等特点，多用于室外，如广场、农村广播网等。

使用扬声器要注意以下几个问题。

(1) 正确选择扬声器的类型。在室外使用时，应选用电动号筒式扬声器；在室内使用时，应选用电动纸盆式扬声器，并选好助音箱；要求还原高保真度声音时，应选用优质的组合音箱。

(2) 扬声器在电路中得到的功率不要超过它的额定功率，否则会烧毁音圈，或将音圈振散。

(3) 注意扬声器的阻抗应和扩音机输出阻抗匹配，避免损坏扬声器或扩音机。

(4) 使用电动号筒式扬声器时，必须把发音头套在助音筒上后再通电，否则很易损坏发音头。

(5) 两个以上扬声器放在一起使用时，必须注意相位问题。如果反相，声音将显著削弱。设置立体声音箱时，更要注意相位不要接错。

(6) 在使用立体声放音系统时，应将两个音箱分开适当的距离。按照经验，两个音箱之间的距离应等于音箱到听众中间位置的长度。

### 5. 啸叫的产生和避免

有线广播系统中，当声音被话筒拾取后转换为电信号，该信号经过扩音机放大后送给扬声器还原出声音，这个扬声器还原出声音又被传话筒拾取，而形成一个闭合的声信号正反馈，系统中信号逐渐加强，导致放大器失真，使能量集中于某单一频率(固有频率)，产生刺耳的叫声，称为啸叫。啸叫是在使用有线广播中需要避免但又经常碰到的一种现象。

啸叫是因为设备摆放不正确或操作不当引起的，概括起来产生啸叫的原因主要有两个方面。

(1) 话筒正对扬声器会产生啸叫，如图 3-12 所示。

避免的办法是话筒不要正对扬声器。

(2) 二次反射会产生啸叫，如图 3-13 所示。

产生啸叫的两个条件：①话筒和扬声器的方向在二次反射线上；②扩音机音量足够大。

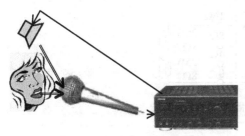

图 3-12 产生啸叫的原因之一

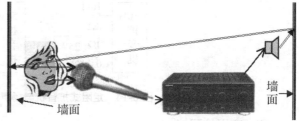

图 3-13 产生啸叫的原因之二

当两个条件同时满足时产生啸叫，因此避免的办法是破坏两个条件之一，即使扩音机音量适当或使话筒和扬声器的方向不在二次反射线上。当然如果扩音机的音量足够大，使二次以上的反射也能形成正反馈，仅仅通过改变扬声器和话筒的方向也难以避免啸叫。

### 6. 扩音机和扬声器的配接

使用扩音机时，要想得到洪亮的声音和良好的音质，扩音机本身性能和扬声器的质量固然是很重要的，但扩音机与扬声器的连接正确与否，也是很关键的因素。如果不按照正确的方法配接，把扬声器和扩音机的输出随便接通就开机，轻则会造成音量很小、声音失真等现象，重则会损坏扬声器或扩音机。因此，对于扩音机与扬声器的正确连接，就是通常所说的"匹配"，必须予以足够的重视。

扩音机按输出方式划分，有定阻输出和定压输出两种。所谓定阻输出就是扩音机的输出端子以负载阻抗标称；定压输出就是扩音机的输出端子以输出电压标称。一般小功率扩音机常为定阻输出式扩音机。下面重点讨论定阻输出式扩音机的配接。

1) 定阻抗输出式扩音机的配接

定阻输出式扩音机配接扬声器时，要遵循以下原则。

① 功率匹配原则：要求所接扬声器的额定功率总和略大于或等于扩音机的额定输出功率，而扬声器的实得功率总和要等于或稍小于扩音机的输出功率，以防止扬声器过荷而损坏。

② 阻抗匹配原则：扬声器连接好以后，负载总阻抗应等于扩音机的输出阻抗。若条件有限，负载的总阻抗不能恰好等于扩音机的输出阻抗时，应使负载的总阻抗稍大于扩音机的输出阻抗，而不能小于扩音机的输出阻抗，以防止扩音机超负荷工作。

③ 功率分配平衡原则：不管扬声器如何连接，每只扬声器的实际功率不得超过它的

额定功率。

当使用阻抗相同、额定功率相同的扬声器作串联或并联时，各扬声器的实际功率也是相等的。当满足功率匹配原则时，功率分配平衡也自动得到满足。但如使用不同阻抗、不同额定功率的扬声器连接时，各扬声器的实际功率与连接方式有关，就必须认真考虑这条原则了。

在扩音机和扬声器配接时，常用低阻抗配接和高阻抗配接两种方式。

(1) 低阻抗配接。

使用扩音机的 32Ω以下的输出端的配接称为低阻抗配接。因为扬声器为低阻抗器件，所以低阻抗配接就是把扬声器适当串、并联后接到扩音机相应的输出端上，如图 3-14 所示。

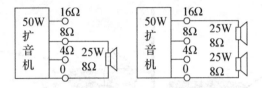

图 3-14　定阻式扩音机与扬声器的低阻抗配接法

(2) 高阻抗配接。

当扩音机与扬声器之间的距离较远(一般大于数百米)时，为了减少线路上的损耗，常使用高阻抗配接方式，如图 3-15 所示。

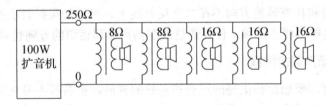

图 3-15　定阻式扩音机与扬声器的高阻抗配接法

线间变压器是一种工作于音频范围的变压器，用于扩音机高阻抗输出时和扬声器之间作变换阻抗用。常见的线间变压器有 25W、15W、10W、5W 等几种规格，以配合不同功率的扬声器使用。在线间变压器的外壳或说明书上标出了其初、次级各抽头对应的阻抗值或电压值，分别称为阻抗标注的线间变压器和电压标注的线间变压器。

2) 定电压输出式扩音机的配接

定电压输出式扩音机在电路中加有深度负反馈，因此它的输出电压基本上不随负载的增减而变化，可以看成是一个定值。这类扩音机配接时不像定阻式扩音机那样严格，只要扬声器实际功率总和不超过扩音机的额定输出功率，就可以像接并联灯泡一样，把扬声器一个个并联接到扩音机的输出线上。此时要考虑的主要是扩音机的输出电压和扬声器的承受电压。

### 3.3.3　录音媒体

1898 年丹麦科学家波尔森发明了世界上最早的磁性录音机。20 世纪初随着直流偏磁和放大(真空三极管)技术的发展，钢丝式和钢带式录音机进入了实用阶段，被应用于广播、口述记录、有声电影和高速通信等领域。20世纪20年代，美国科学家奥夸尔和卡尔森等人相继发明了磁带和交流偏磁，促使磁带录音机发展起来，并在技术上有了很大提高。20世纪60年代后，随着科学技术的发展，晶体管、集成电路以及新的磁性材料的不断出现和应用，磁带录音机得到了迅速发展，技术上达到了相当高的水准。尤其是盒式录音机，它以造型美观、结构紧凑、使用方便、价格低廉等优点，得到了较快的普及，在信息传播和教学中得到广泛运用，有着广阔的发展前景。

1. 录音机的基本结构

录音机主要用于声音的记录和重放。录音机一般由磁头、机械传动(称为"机芯")和电路三部分组成。录音机的磁头分为录音磁头、放音磁头和消音磁头三种，普及型录音机常把录音磁头和放音磁头并成一个录放磁头。机械传动部分由驱动机构、制动机构和各种功能操作机构组成。电路部分由录、放音放大器，超音频振荡器和一些特殊功能电路组成。录音机的基本组成如图3-16所示。

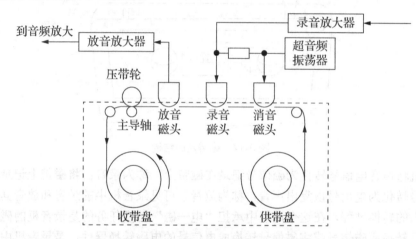

图3-16 录音机的组成示意图

机械传动机构的作用是让磁带以恒速通过磁头，以适当的拉力与反拉力使磁头、磁带紧密接触，按需要的速度把磁带卷绕在供、收带盘上。主导轴是机械传动的核心，磁带被压带轮(橡皮小胶轮)紧压在主导轴上，主导轴转动时，磁带靠主导轴和压带轮之间的摩擦力驱动，以与主导轴一致的线速度匀速运行。

磁带是录音信号的存储主体，由带基和磁性层两部分组成。磁性层是记录信号的载体，是将磁性物质和黏合剂混合后均匀地涂布在带基上而形成的。

录音磁带按外形结构不同可分为盘式、卡式和盒式三种。盘式磁带带宽6.3mm，其磁性层厚，性能好，仅用于开盘录音机。卡式磁带是头尾相接的循环磁带，仅有一个带盘，可用于语言学习、汽车放音等。

按磁性材料不同，磁带可分为$\gamma$-$Fe_2O_3$磁带、$CrO_2$磁带、铁铬带、金属磁带等几种。$\gamma$-$Fe_2O_3$磁带也称普通带、铁带，通常标有Normal字样，其磁性材料是$\gamma$型针状结构的三氧化二铁。$CrO_2$磁带简称铬带，其磁性材料是二氧化铬。铬带的主要优点是高频特性好、动态范围宽，适宜录制交响乐等动态范围大的音乐节目；缺点是硬度大，对磁头磨损大(比普通带大5～7倍)，使用这种磁带，录音机上必须有相应的偏磁和均衡电路的调整选择装置。

铁铬带是将$\gamma\text{-}Fe_2O_3$和$CrO_2$磁粉先后涂在带基上形成的,兼有普通带低频特性好以及铬带高频特性好的特点,适于录制各种动态范围大的高保真度音乐节目。金属磁带盒上标明"Metal",这种录音带的磁性材料采用铁、钴、镍等金属磁粉,具有输出大、失真小、高频特性好、不易饱和等特点,适合于做高密度记录。

盒式磁带应用最为广泛,标准盒式带带盒规格都一样,但磁带有长有短,所以录音时间有所不同,常见的为C-60(60分钟)、C-120(120分钟)等几种。时间越长的磁带带基越薄,使用中容易引起绞带,且耐用性也差,一般都采用C-60磁带。

为防止因在放音时误操作将磁带上的磁迹抹掉,在磁带盒上设有防误抹片,如图3-17所示。将防误抹片撬掉的磁带放入录音机后,录音键按不下去,只能放音而不能录音,起到了保护已录内容的作用。如果想再用这样的磁带录制新的内容,只需用胶带封住防误抹片缺口或用纸团填塞缺口即可。

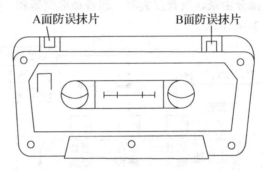

图3-17　磁带盒的结构

录音机将声音电信号转化为磁信号记录在磁带上,称为录音;将磁带上记录的描述声音的磁信号转化为电信号恢复出声音,称为放音。可见录音机中的录音和放音其实是一个"电—磁"的转换过程,在这个过程中承担"电—磁"转换任务的是录音机的磁头。磁头是将电信号转换成磁信号或将磁信号转换成电信号的电磁转换器件,是录音机中主要部件之一。磁头按用途分类,可分为录音磁头、放音磁头、录/放音磁头和抹音磁头几种。

**2. 录、放音原理**

1) 录音原理

录音机的录音其实是一个"电→磁"的转换过程,录音时,音频电信号经放大后送入磁头线圈,就会在磁头铁芯中产生交变的磁通,在磁头的工作缝隙处形成随音频而变化的磁场,当磁带紧贴着通过磁头缝隙时,磁力线穿过磁带上的磁性层,将它磁化,从而留下剩磁,随着磁带的恒速移动,就在磁带上留下了极性和强弱随音频信号变化的连续性剩磁磁迹,如图3-18(a)所示,使声信号以剩磁的形式记录下来。

2) 放音原理

放音是一个"磁→电"的转换过程。放音时,当录有磁迹的磁带以与录音时相同的速度通过磁头的工作缝隙时,由于磁头铁芯的导磁率比空气高得多,磁带上的剩磁磁场的磁力线将通过磁头铁芯而成闭合磁路。磁带上的剩磁强度和方向都是随所录声音信号变化的,因此磁头铁芯内的磁通量也相应发生变化,从而在线圈中产生对应磁通量变化的感应电动势。将线圈两端变化的电动势加入音频放大器放大处理,推动扬声器即可恢复声音,如图 3-18(b)所示。

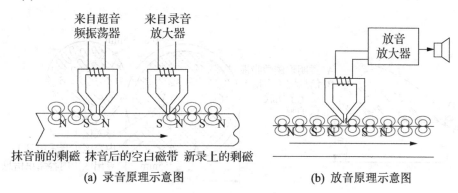

(a) 录音原理示意图　　　　　　(b) 放音原理示意图

图 3-18　录/放音原理示意图

3) 抹音原理

抹音就是对磁带进行消磁，将磁带上的剩磁去掉。目前较多采用的是交流抹音的方法。抹音时，超音频振荡器给抹音头线圈提供超音频电流，使磁头缝隙处产生一个交变次数足够多的磁场，磁带上各段在逐渐接近缝隙中心的过程中被逐渐增强的交变磁场反复作用，使磁带上原录有的磁迹被完全抹掉。

### 3.3.4　激光唱机

激光唱机是一种用微电脑控制的智能化高保真立体声音响设备，其采用了先进的激光技术、数码技术、计算机技术和各种新型元器件，具有高密度记录、放音时间长(达 60～75 分钟)、操作简便、选曲快速等优点。它能逼真地重放录制的内容，层次分明，有临场感。

其音响技术指标很高，动态范围大，频响宽度达 5～20000Hz，失真度小到 0.003%，抖晃率极低。

激光唱机通常称为 CD 机，它集中了激光技术、数字信号处理技术、自动控制与精密伺服等新技术，是较好的一种音源设备。

CD 是英文 compact disc digital audio 的缩写，原意为"数字化精密型唱片及放唱系统"，该系统由 CD 唱片和 CD 唱机组成。

#### 1. CD 唱片

传统的唱片在放唱时，由于唱针和唱片的摩擦，以及拾音器引起的噪声、失真、抖晃、频响范围窄、多路信号串扰等问题，已不能满足高保真度的要求。从 20 世纪 70 年代开始，人们就在寻求一种能够用光学方法记录和重放音频信号的办法。

CD 唱片是利用声槽来记录声音的，与传统唱片不同的是，CD 唱片上的信息是通过激光束来读取的。用激光束照射激光唱片，声槽的形状和振幅的变化使反射的激光束强度发生变化，把这种变化的信号加以放大处理，便还原为原来的声音。

图 3-19(a)为 CD 唱片的剖面图。唱片的基片是由厚度为 1.2mm 的透明聚碳酸酯板构成的，在它的内表面刻有深度为 0.1μm、宽度为 0.4～0.5μm、长度不同的信号坑，经过镀铝膜和涂敷树脂保护层而构成。

CD唱片的外径为120mm，信息面分为三个区域：导入区、内容区和导出区，如图3-19(b)所示。

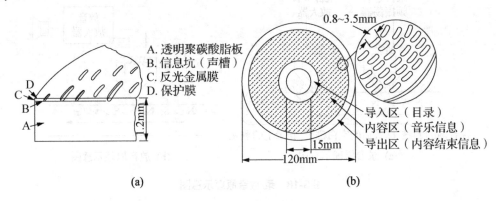

图 3-19　激光唱片

### 2. CD 唱机

1) CD 唱机的组成

CD唱机主要由激光拾音器及唱盘系统、伺服系统、信号处理系统、信息存储系统与控制系统等组成。

（1）激光拾音器。激光拾音器通常称为激光头，它的作用是正确读取激光唱片反射的光信号，并把光信号转换为高频电信号。

（2）伺服系统。在激光唱片上，信息轨迹排列得十分紧密，信息凹坑又非常小。为了保证激光拾音器发出的激光能准确地照射到信号轨迹上，又不致受到唱片可能发生的形变的影响，在激光唱机内设有自动聚焦伺服系统、自动循迹伺服系统和进给伺服系统。另外，为了保证激光拾音器能以恒定的速度扫描信号轨迹，还设有主轴伺服系统。

（3）信号处理系统。包括射频放大、EFM解码、D/A转换电路和音频放大电路等。射频放大电路对激光拾音器输出的高频电信号进行放大、整形，输出EFM信号。EFM解码及数字信号处理电路的作用是对EFM信号进行解调、纠错、插补等处理，输出16位的数字音频信号。D/A转换电路的作用是将数字音频信号转换成模拟音频信号，经低通滤波后输出。

（4）控制显示系统。该系统可接收各种操作指令和各种检测数据，并对各种输入信息进行判断和处理，产生相应的输出指令控制机械部分和电路部分工作，并显示各种信息。电源向激光唱机各部分提供所需要的不同电压和电流。

2) CD 唱机的拾音原理

激光拾音器是CD唱机的关键部件，它由半导体激光器、光学系统和光电检测器组成。激光器是一个小功率(MW级)AIGAS激光二极管，发出的激光束通过光学透镜系统投影到唱片的信息面上，由于唱片上记录了许多凹坑，因此，当光点打在凹坑边缘处时，反射光较弱，光电检测器捡拾的信号小；当光点打在凹坑上时，反射光较强，光电检测捡拾的信号大，如图3-20所示。这样对应着凹坑的有无、长短就在检测器的输出端产生相应高低电平的电脉冲信号，经过RF放大器，由其内部比较器得到"1"和"0"的串行数字信号，并加到数字信号的处理电路，进行解调、帧同步信号检出、纠错处理等，然后将处理后的数据加到数模转换器(D/A)，就变换成模拟的声音信号输出。

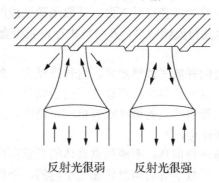

图 3-20 CD 唱机的拾音过程

### 3.3.5 听觉媒体的功能及在教学中的应用

**1. 听觉媒体的教育功能**

(1) 听觉媒体的使用打破了时空限制，扩大了教学信息的传播范围，从而扩大了教育的规模。

(2) 通过听觉媒体可提供声音的真实感受，营造教学气氛。

(3) 在语言和音乐等教学与训练中，可利用听觉媒体提供典型示范；同时，利用录音重复播放文学、音乐作品，可以提高学生的鉴赏能力。

(4) 学生可利用听觉媒体自录读、唱、奏、说，重放时可获得及时反馈，有利于自我鉴别，及时矫正问题。老师也可利用听觉媒体录制多种学习材料提供给不同水平的学生，进行因材施教，这有利于个别化学习。

(5) 利用听觉媒体可使抽象的教学内容变得生动、形象、直观，有利于解决教学难点，提高教学质量。

**2. 听觉媒体在教学中的应用**

1) 提供教学示范

许多涉及声音类的教学内容，如语言教学中的语音、语调，音乐教学中的演奏、演唱等，都需要为学生提供标准的声音信息，听觉媒体的录制与重现特性就可以实现这一教学功能。利用录音材料，可以为所有学生提供标准的示范，弥补了因各学校条件和教师水平的差异而带来的不足。

2) 创设教学情境

用录音教学资料或与其他媒体相结合，为教学创设一定的情境，以增强教学效果，比如听力练习中的特定环境效果可以使学生产生更逼真的现场感。另外，利用听觉元素的艺术感染力，如音乐、朗诵、精彩对白等，可以激发学生的情感和想象，充分调动学生的积极性，提高教学质量。

3) 辅助个别训练

听觉媒体具有独立使用的功能，可以脱离课堂环境，用于自学。所以学生可以根据自身的需要，选择适合的录音教材进行自学。目前，这种自学形式在外语学习中已极为普遍。

4) 利用录音进行教学反馈

使用录音媒体将学生回答的声音记录下来,采取当堂录放的方式分析学生回答不当的原因,使学生真实、迅速地获得反馈信息,及时地进行自我检查,并加以改进。

5) 扩大教学规模

广播教学是很早就出现的开放式教学形式,这种规模大、效率高的教学手段在今天仍具有很强的生命力。另外,目前很多学校都建立了校园调频广播系统,在校园范围内,发送外语教学广播节目,学生使用个人的调频收音机即可接收,这种较大规模的广播教学,是对有限的课堂教学的极好补充。

由于听觉媒体只能传递声音信息,不能提供具体的视觉图像,因此在教学中要注意与视觉媒体配合。另外,像广播教学等的信息传递是单向的,不便和学生组成双边活动,因此在使用这些媒体时要注意采取其他方式弥补反馈的不足。

## 3.4 视听觉媒体及教学

学习是一种认知过程,通过眼、耳、鼻、舌、身五种感官,把外界的信息传递给大脑进行分析、综合、评价而获取知识,形成技能,发展智力。对于外界的信息,人们最多是通过视觉,其次是通过听觉而获得的。如果将视觉、听觉同时运用,能使人们获得更大的信息量。从记忆的心理学研究表明,视听觉并用所获得的信息,能得到最高的记忆保持率。在学习过程中,视觉、听觉并用,将使人们获得更佳的学习效果。

所谓视听觉媒体就是将视、听功能结合,形成的一种媒体,视听教学媒体设备主要有电视机、录像机、摄像机、VCD 和无线电视系统、闭路电视系统等。

### 3.4.1 视听觉媒体的特点和教学功能

#### 1. 视听觉媒体的特点

1) 视听结合

电视媒体是通过形象逼真的画面与优美动听的音乐、音效和语言同时呈现视听觉信息的。图像画面擅长于形象直观,语言解说擅长于抽象概括,音乐、音效擅长于渲染气氛。视听结合多种感官的综合作用,可使学生如身临其境,有助于在教学中弥补学生直接经验的不足。

2) 突破时空限制

电视具有极其丰富和灵活的时空表现力,能够充分表现宏观、微观、瞬间和漫长的事物及其过程,能够按教学需要有机地组织画面内容,有利于在教学中让学生深入地观察、认识、理解和思考。如用显微摄像可以将肉眼看不到的现象、过程放大,栩栩如生地呈现出来,化小为大;用普通摄像手段可将宏观事物缩小呈现在电视屏幕上,化大为小。同时,可以将变化极快和极慢的现象、过程用合适的速度表现出来,化快为慢,化慢为快。运用动画技术可以追溯远古,预测未来,创设时空。运用画面景别的变化、镜头运动和组接技巧,可以表现事物现象的空间和时间变化,更好地引导学生观察。

3) 时效性强

通过卫星的电视转播可将世界各地发生的重大事件适时、准确地传遍全球,这样可使学生的视野得到无限延伸。如我国"神舟五号"载人宇宙飞船成功发射的实况转播，向学生展示了我国科技力量的强大，激发了他们的爱国主义热情。

4) 教育范围广

卫星教育电视系统所构建的"天罗地网"，可以同时面对众多的观众。既可以进入课堂，也可以进入家庭。因为它的传播面广，受教育面大，促使大规模远程教育及终身教育成为可能。

5) 灵活多样

随着电子技术的进步，电视教材在制作程序、方法及使用操作上越来越灵活多样。在教材的使用和保存方面可以存成录像带、VCD、DVD等形式，更加符合教学需求并便于携带，可以实现从课堂教学到家庭自学的各种教学目标。

**2. 视听觉媒体的教学功能**

1) 远程系统性教学

利用卫星宽带多媒体输入平台进行远程教学，可将精心编制好的电视教材通过电视传播到千家万户，呈现给学习者。如中央广播电视大学等院校播出的课程均属这一类。

2) 辅助性教学

利用视听媒体配合教师讲授是课堂教学的一种常见模式，其大多是采用解析型或资料型的录像带或VCD、DVD，由教师先讲后放，或先放后讲，或边讲边放，适时地发挥电视动态呈现、易于控制的优势，以弥补传统课堂上教师无法讲清的缺陷，取得最优化的教学效果。

3) 示范性教学

示范性教学是指在教师指导下，利用示范型或表演型电视教材对学生实践技能进行培训的一种教学模式。比如在实验课前，利用电视教材展示标准的实验操作过程、仪器设备的正确使用方法等。

4) 微格教学

微格教学是一种利用电视技术手段来培训教师实践能力的教学方法。通常是让参加培训的学生分成若干小组，在教师的指导下，每个小组的学生轮流扮演教师和学生来进行模拟教学，当场将实况录下来。然后在教师的引导、组织下，小组成员一起反复观看录制的视听材料，同时进行讨论和评议，最后由指导教师进行总结。这样能够使教师的教学技能、技巧有所提高，从而提高学生的整体素质。

5) 个别化学习

学生可以根据自己的学习需要，到图书馆、资料室查阅图像资料，并自行放映来学习。这种学习模式十分方便灵活，能充分发挥学生学习的主动性和潜能。

### 3.4.2 电视

**1. 电视的概念**

电视是一种利用电的方式传递活动图像和声音的技术。它体现了无线电通信的基本原理，应用了无线电电子学领域中许多新成果，在短短几十年里取得了飞速发展。电视作为信息传输媒介，开阔了人们的视野。电视的出现对人们的思想、生活、工作、学习等各方面都产生了深远影响。可以说，电视是 20 世纪人类最伟大的发明之一。

在很早以前人们就幻想过电视。19 世纪后半期，塞列克提出了电视的概念，所谓电视就是用电的方式，连续地、及时地传送活动景物图像的技术。

怎样实现电视呢？塞列克又提出了实现电视的设想：将要传送的景物图像分解成尽可能多的像单元，即"像素"，然后将像素一一转换成电信号传送出去，被接收下来后又依次转化为像素，重新组合成图像。根据塞列克的这一思想，尼科夫发明了"尼科夫圆盘"，制成了第一架电视——机械电视。

电视是用电信号来传送活动图像的，因此它的首要任务就是把要传送的图像转变为相应的电信号，实现光到电的转换。在发送端把图像上各个像素的亮度按一定顺序变成相应的电信号一个一个地传送出去，而在接收端则按同样的顺序把电信号转变成一个一个相应的亮点重显出来，实践证明只要这种顺序传送的速度足够快，就会在主观上感觉所有像素同时发亮一样，并没有顺序发亮的感觉，这样就实现了电视传送。将图像转变为顺序传送的电信号(图像的分解)或将顺序传送的电信号重新恢复成光图像(图像的复合)的过程，在电视技术中称为扫描。广播电视的扫描方式为直线扫描，先从左到右看第一行，再返回左端看第二行，这样从左到右，从上到下一行一行地看下去，直到看完最后一行，而后再返回第一行的始端。通常把水平方向上的扫描称为行扫描(或称水平扫描)，把垂直方向上的扫描称为帧扫描(或称垂直扫描)。

我国电视标准规定每幅电视图像有 625 行，行的宽度就是像素直径的大小，电视画面宽与高之比为 4∶3，由此可算出整幅画面的像素数目约为 52 万。电视标准还规定每帧画面分两场隔行扫描，每秒钟扫 50 场，传送 25 幅画面。由于人眼的视觉暂留特性，这样呈现出的活动图像可以给人连续的感觉。

## 2. 电视系统的组成

电视系统由摄像、传输和显像三个部分组成，如图 3-21 所示。

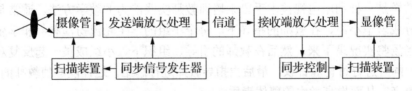

图 3-21　电视系统的组成原理

要实现电视传送，首先必须把要传送的景物图像转变为相应的电信号，实现光到电的转换，再由发送端的摄像管完成光电转换任务。

电视接收机是电视系统的终端设备，它的核心器件是重现图像用的显像管。显像管与摄像管一样，也是一种电真空器件，它的任务是将图像信号转换为光图像，完成电到光的转换。

## 3. 电视接收机

电视接收机习惯上称为电视机。它的任务是接收来自电视台的高频电视信号，从中解调出描述图像信息的图像信号和描述声音的电视伴音信号，经过放大处理后还原出图像和声音。

电视接收机种类繁多,按呈现图像色彩来分,可分为黑白电视机和彩色电视机;按输入和显示方式分,可分为普通电视接收机、监视器、收监两用机以及大屏幕投影电视机;按屏幕对角线长度分,对于普通电视机常用的有37cm(14英寸)、43cm(17英寸)、54cm(21英寸)、63cm(25英寸)、73cm(29英寸)和83cm(33英寸);按彩色制式分类,可分为单制式、多制式和全制式等;按荧光屏平面结构分类,可分为传统电视机、直角平面电视机、超平面电视机和纯平面电视机等。

电视机的尺寸是以它的荧光屏对角线长度来定义的,如54cm的电视机表示其荧光屏对角线长度为54cm。

彩色电视接收机的组成框图如图3-22所示,主要由以下几个部分构成。

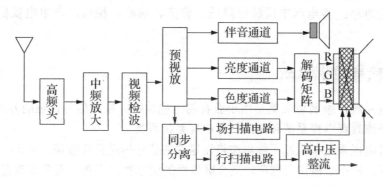

图 3-22　彩色电视接收机的组成框图

(1) 高频头部分:对来自天线的广播电视信号(射频信号)进行选择,并加以放大,然后进行变频,把频率很高的射频信号的载频频率变低,得到包含有图像信号和伴音信号的中频电视信号,传输给中频通道。选台、调台就由高频头电路完成。

(2) 图像中频放大器:对来自高频头的中频信号进行特殊放大。主要有以下三大功能:①将邻频道干扰及本频道伴音干扰信号抑制在允许范围之外;②放大中频图像信号;③消除残留边带发送的影响。

(3) 视频检波:视频检波的作用主要是:从中频图像信号中解调出彩色图像信号(即视频信号);将中频图像(载频为38MHz)与中频伴音信号(载频为31.5MHz)进行第二次混频,差频出载频为6.5MHz的第二伴音中频信号。

(4) 预视放:预视放的作用是完成阻抗变换,即视频检波级和后级的阻抗匹配;完成视频信号与伴音中频信号的分离;将视频信号分二路输出给亮度通道、色度通道和同步分离电路。

(5) 伴音通道:对中频伴音信号进行放大处理,通过鉴相器解调出音频信号,再经进一步放大后推动扬声器发声。

(6) 亮度通道:亮度通道首先从视频信号中取出亮度信号并放大,完成亮度信号与色度信号的分离,并同时对亮度信号做人为延时0.6μs的处理,以保证亮度信号和色度通道送出的色差信号同时到达解码电路。在亮度通道中,设有亮度和对比度调节电路,供用户调整电视图像用。

(7) 色度通道:色度通道的作用是从彩色视频信号中提取色度信号,并进行适当的放大处理，然后解调出两个色差信号(R-Y、B-Y)送往解码矩阵电路。色度通道包含彩色副载波恢复电路。

(8) 解码矩阵电路：对来自亮度通道的亮度信号 Y 与来自色度通道的两个色差信号 R-Y 和 B-Y 进行解码处理，得到原来的三个基色(R、G、B)信号送往显像管。

(9) 显像管：显像管的作用是完成电—光转换，还原出原来的彩色图像。

(10) 同步分离电路：从视频信号中分离出复合同步信号，经过积分电路取出场同步信号去控制场扫描电路，经过 AFC 电路去控制行扫描电路，实现同步扫描。

(11) 扫描电路：包括场扫描电路和行扫描电路，作用是：产生线性良好、幅度足够、与发送端同步的锯齿波电流供给偏转线圈，完成电子扫描；由行扫描电路产生显像管工作时需要阳极高压、聚焦电压和灯丝电压，及电视机电路所需要的中低电压。

(12) 电源电路：将电网电压经过降压、整流、滤波、稳压，产生电视机需要的直流电压。

### 3.4.3 教育电视系统

教育电视系统，顾名思义就是用于教育的电视系统。按照信号传输的方式，教育电视系统可分为开路教育电视系统和闭路教育电视系统两类。

开路教育电视系统指通过无线电波将发送端的信号传送到接收端，包括广播教育电视、卫星教育电视，特点是覆盖范围广，适合区域性的国家教育电视台及各级教育电视台采用，向全国或区域播送教育电视节目。

闭路教育电视系统，又称有线教育电视系统，特点是覆盖范围小，适用于以自播节目为主的教育电视台，如学校闭路电视系统。

广播教育电视系统和普通的广播电视系统结构相同，这里主要讨论闭路教育电视系统和卫星教育电视系统。

**1. 闭路教育电视系统**

共用一组优质天线接收电视信号，通过特定的电路网络传输到有限的范围内，使多部电视机能同时收看，叫共用电视天线系统，简称 CATV。由演播设备(摄像机、录像机、调制器)通过电缆构成一个完整的自办节目系统，叫闭路电视系统，简称 CCTV。随着科学技术的提高和发展，人们把共用电视天线系统与闭路电视天线系统合二为一，称为电缆电视系统，又叫有线电视。由于传统上的原因，有线电视系统仍称为 CATV 系统。在系统功能上，有线电视也不仅仅是传送电视节目，还可以传输调频立体声广播，利用其双向传输功能，可以开展检索、通信、社会服务等各种业务，可见其内涵是在不断变化的。由于它工作稳定、不受外界环境的影响且便于控制，所以被广泛用于学校、单位等部门，以及城市、乡村等的电视广播。

CATV 系统的功能是将多路音、视频信号从一个前端送到一个或多个终端，即具有播出多路电视的功能。系统由前端信号处理单元、干线传输分配系统、用户分配网络三部分组成，如图 3-23 所示。功能较多的闭路电视播放系统一般具有拍摄录制电视节目、播出录像节目、接收和转播广播电视、卫星电视、语言广播等节目的功能。

## 2. 卫星教育电视系统

卫星教育电视系统是在通信卫星的基础上发展起来的，通过设置在地球赤道上空的地球同步卫星中的广播电视转发装置，接收地面上电视台播放的电视信号后(称上行)，再转发到地球上指定区域(称下行)。转发器与地面站之间不经过其他转输与分配环节，相当于停在空中的一个电视中继站。覆盖区内的所有地面卫星接收站都可以接收到卫星电视教育节目。

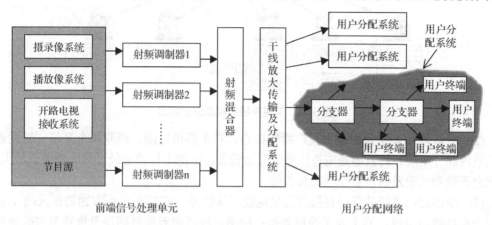

图 3-23 CATV 系统的组成示意图

1) 卫星教育电视的特点

卫星教育电视具有如下特点。

(1) 电波覆盖面大,利用率高。由于卫星运转在距地球赤道垂直高度 3.6 万公里的高空、与地球自转同步的轨道上，因此卫星与地球的位置始终保持相对的稳定。一颗同步卫星的下行波束能覆盖地球表面的 1/3 多，三颗同步卫星就可以覆盖全球。星载转发器用定向天线把电波聚集成窄波束，张角仅 1°～3°，所以能比较均匀地辐射到覆盖区内。在一颗卫星上装几个转发器就能覆盖全国，并且使中心和边缘地区的电波场强只相差 3～4dB。

(2) 信号质量高且稳定,有利于改善接收质量。卫星电视传送环节少，信号质量受设备噪声的影响小，所以在地面覆盖区内都可接收到高质量的电视图像和声音信号。由于卫星与地面接收站的位置保持相对稳定，所以只要接收站的天线安装时对准卫星，地面站无须进行跟踪，就能使电视信号比较稳定。由于来自卫星的电波入射角大，受山峰和建筑物的阻挡小，因此能减少阴影和多次反射的影响。

(3) 信号容量大。卫星电视采用微波频段，其频段很宽，是数字电视和高清晰电视的重要传输手段，便于传输多路数字信号及数据。而且一颗卫星上可以设置多个转发器，一颗卫星可同时转发几十路电视和几万路电话，容量很大。

(4) 投资省、费用低。

(5) 扩大教育规模。运用卫星教育电视可以开展多种教育教学活动，如学历教育、职业教育、农业技术教育、医疗保健教育及科普教育等。可以选择最优秀的专家教授讲课，采用最好的教学手段，同期培训成千上万的学生，扩大了教育规模，提高了教育效率和效益。

2) 卫星电视系统的组成

卫星电视系统包括地面上行发射控制系统、星载转发系统和地面接收系统三大部分，如图 3-24 所示。

(1) 地面上行发射控制系统包括节目调制发送设备、监测设备、遥控遥测设备及发送天线，它的主要任务是发送卫星电视节目、跟踪控制同步卫星、发送指令等。

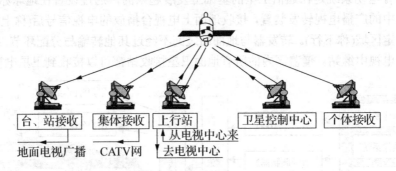

图 3-24　卫星电视广播系统示意图

(2) 星载转发系统是卫星电视广播的核心，它主要由电源、遥测指令系统、转发设备和天线四部分组成。转发器是电视广播的专用设备，它把上行信号经过频率变换及放大后，由定向天线向地面发射，实现远距离传输。

(3) 地面接收系统的任务是接收卫星电视广播信号，它主要由天线(抛物面天线)、高频头和卫星接收机组成。其主要工作原理是：用增益较高的天线对同步卫星转发的微弱的微波电视信号收集放大，然后经高频头、卫星电视接收机对信号进行两次变频、放大、调频解调等技术处理，还原出视频(图像)信号和伴音信号。

① 卫星电视接收高频头(简称 LNB)是一种低噪声下变频器，主要作用是将天线收集到的微弱信号进行放大并向下变频到 950～1450MHz 频段后放大输出，送给接收机。

② 卫星电视接收机是卫星电视系统的重要设备之一。从高频头传送来的 950～1450MHz 的第一中频信号，用普通电视接收机是无法收视的，必须使用卫星电视接收机将此信号变成视频和伴音信号后，才能在电视接收机上收看。

对于学校或集体，通常把卫星电视接收系统与闭路电视系统整合，可传输和接收多套卫星电视节目，也可自办节目。图 3-25 为典型的闭路电视系统(或有线电视系统)示意图。

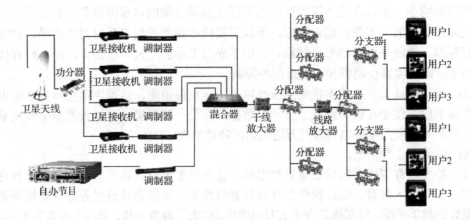

图 3-25　闭路电视系统(或有线电视系统)示意图

### 3.4.4 录像机

录像机又叫磁带录像机，是一种记录、储存、重现声像信息的装置，能把景物的图像和声音信号同时记录在磁带上，又能从磁带上把景物信号重放出来。它是磁记录技术、电子技术和精密机械制造技术综合发展的产物。录像机由于操作简便、性能稳定，磁带可以重复使用等众多优点曾被广泛用于社会各领域。

录像机的发展经历了从模拟到数字、从复合到分量的发展历程，已经形成了模拟复合、模拟分量、数字复合和数字分量四大记录格式。而记录媒体也从磁带向硬盘发展，同时信号处理由非压缩方式向压缩方式发展。

追溯录像机的发展史，第一台样机是美国 RCA 公司仿照录音机程式试制成功的固定磁头式开盘磁带录像机。因其工艺上存在不少缺点，未能推广。1956 年，美国安培公司研制成功四磁头录像机，这是世界上第一部实用水平的录像机；1959 年，日本东芝公司研制成功单磁头螺旋扫描式录像机；1961 年，日本 JVC 公司又创制了双磁头螺旋扫描式录像机；到了 1970 年，日本的松下、JVC、SONY 等几家公司联合研制成功的 3/4 英寸的 U 形盒式磁带录像机也采用双磁头螺旋扫描方式，该机由于图像质量好、操作简便、体积小和价格低而被广泛应用。

由于模拟复合信号记录的缺点，各国专家又致力于模拟分量记录方式的研究。1981 年，日本索尼公司便推出了 Betacam 模拟分量记录方式的录像机；1986 年 5 月，日本索尼公司率先推出了商品化的分量无压缩数字录像机 D-1 格式；1988 年 4 月美国安培公司推出了复合数字无压缩录像机 D-2 格式；1990 年松下公司推出了复合数字无压缩录像机 D-3 格式；1993 年松下公司与 NHK 公司推出了分量数字无压缩录像机 D-5 格式。1999 年，以电脑硬盘作为视频节目存储媒介的硬盘录像机隆重上市，标志着电脑与影音产品的融合进入了实质性阶段。近年来硬盘制造业的发展给硬盘录像机的发展开拓了广阔的前景。

磁带录像机记录信号的原理和录音机类似，都是将信号以剩磁的方式记录在磁带上。但是图像信号的频带要比声音信号的频带宽得多，且频率也要比音频信号高得多。其高端频率达 6MHz，是音频信号的 300 倍，因此对录像机就有许多不同于录音机的特殊要求了。因为录像机记录的信号频带很宽，所以要使用调频技术对信号进行调制，以保证信号处理的质量。为记录高频信号，录像机磁带相对磁头的运动速度要比录音机快得多，这样不仅要耗用大量磁带，而且在技术上也有很大的困难。为了达到这个相对速度，人们研制了旋转磁头倾斜扫描方式，使磁头高速旋转进行螺旋扫描，这样，基本上满足了要求。再者，由于人的视觉远远比听觉灵敏，因此对于录像机视频信号的处理质量要求，远远高于录音机，这就需要录像机有完善精确的控制系统——伺服系统。正因为录像机采用了以上这些技术，所以使它在构造上与录音机有很大差异。

录像机的种类虽然很多，但基本结构大致相同，主要由磁头系统、磁带传送系统、视频信号处理系统、伺服系统、机械控制系统、音频信号处理系统、电源系统、电视接收系统和射频调制器九部分组成，如图 3-26 所示。

磁带录像机主要使用视频录放磁头、音频录放磁头、控制信号磁头、全消磁头等几种磁头。目前常用的录像机大多采用旋转两磁头(视频录放磁头)螺旋扫描方式。

伺服系统是一个对磁头、磁带的运行进行误差检测、反馈校正的自动控制系统。通过伺服系统的控制，在记录时保证磁头在磁带上记录标准磁迹，在重放时保证磁头对磁带上的磁迹作准确的跟踪扫描，以获得最佳图像记录和重放质量。

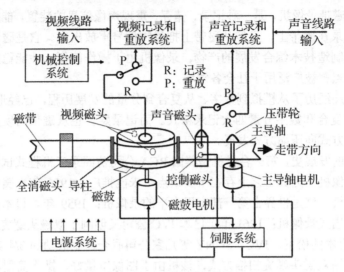

图 3-26　录像机的基本结构

### 3.4.5　电视教学应用

电视广播教育、卫星电视教育、电视录像教育等具有特殊的优势，在提高全民文化素质，进行职业技术教育、成人教育、终身教育等方面发挥了较大的作用，成为社会教育、学校教育中的一个重要组成部分。这里主要讨论电视类媒体在教学中的应用。

**1．利用广播电视系统进行系统教学**

系统教学是指采用录像、电视手段进行整门课程的教学。教学信息主要通过卫星广播电视、闭路(有线)电视、录像教学三种播放形式进行传播，而教师主要参与辅导、答疑、批改作业等。如我国的广播电视大学、电视师范学院主要采用这种教学形式，它不仅可以大面积地传播教学信息，提高教学效率，还可以解决师资不足的困难。

**2．利用插播教学片辅助课堂教学**

教师根据教学内容及教学计划，在课堂教学中直接利用电视教材和播放设备，以穿插播放的形式进行辅助教学，及时解决教学中的重点和难点。播放什么内容，何时播放，播放长度，播放次数，均可以由教师根据需要及实际情况而随机地选择和控制，这种教学方式不仅能使课堂教学更加灵活，而且能更有效地发挥教师的主观能动性，同时也容易激发学生强烈的学习兴趣，升华书本上的知识，强化学生对教材的理解。

**3．运用电视录像媒体进行示范教学**

示范教学是指利用电视录像媒体为学生提供典型的示范材料，指导学生进行教学实践。在实验教学中，我们可以利用电视录像媒体将实验原理、实验步骤、实验方法等形象、直观地再现于课堂，对学生进行实验前的指导教学。如实验前，学生通过观看实验演示录像，不仅能亲眼看见实验的全过程，还能通过不同角度拍摄的近景、特写等画面详细观察仪器设备的构造和细节，依照相应的解说和示范，准确高效地掌握实验操作步骤，同时，通过正误操作的比较总结经验、吸取教训，避免类似错误的发生。另外，教师也可避免每次实验讲解的重复劳动，集中精力加强指导。所以，利用电视录像媒体可以优化教学，提高实验教学的质量和效率。

另外，在体育训练时，用电视录像可以展示分解动作及要领；在生产实习中，用电视录像可以展示规范的生产过程和操作方法；在师资培训中，用电视录像可以展示优秀教师的教学精华等。

### 4. 利用录像反馈加强学生技能培训

微格教学在培训师范生课堂教学技能上具有良好的效果。微格教学是利用摄像机和录像机等设备将每个学生在讲台上的教学过程记录下来，然后通过录像反馈和小组评价，使被培训者能较清楚地看到自己的问题与不足，从而取长补短，及时纠正存在的问题，并较快地掌握各种课堂教学技能的运作规律。

### 5. 学生自学

电视教材不仅提供了丰富的感知材料，而且还有教师在屏幕内外作分析与讲解。因此，学生利用电视教材自学，要比自学文字教材容易接受，是一种学生自学的理想认知工具。

### 6. 课外教学

应用电视录像对学生进行素质教育，是深受青年学生欢迎和行之有效的好形式。影视题材广泛丰富，内容生动活泼，寓意深刻，教育性和思想性较强，具有极大的吸引力和感染力，易为学生所接受，能给学生多层次、多侧面的直接感受。既可以弥补教师课堂教学的不足，还可以开阔学生的视野，扩大知识面，有利于学生综合能力的培养。

## 复习思考题

1. 自选一个教学内容(5分钟左右)，进行教学设计，要求编写详细教案，并设计制作配套投影片。
2. 教学中使用的话筒主要有哪几种？使用话筒应该注意什么？发生啸叫怎么办？
3. 电视传送与接收的基本原理是怎样的？目前有哪几种彩色制式？我国采用哪种彩色制式？
4. 假设你今天的教学中要使用录像，必须由自己组织设备，请开出设备清单、画出设备连接图，并简述操作过程。
5. 电视教学法有哪些？举一个熟悉的例子加以说明。
6. 现有一台200W的扩音机和8只25W16Ω的扬声器，请分别采用定压和定阻两种方式设计一个校园广播网方案，画出电路图，标出有关参数，并比较两个方案的优缺点(扩音机的输出定压取200V，定阻取1000Ω)。

现代教育技术环境是指将不同种类的现代教育媒体有机地组合在一起，便于开展多媒体教学活动，并能实现特定教学功能的教学环境。现代教育技术环境以多媒体计算机技术、音视频传输处理技术和计算机网络技术为基础，具有教学媒体组合化、集成化、操作、使用方便化、信息传输网络化等特点，它是学校现代化的标志，也是学校教学环境建设的重要组成部分。

# 第 4 章　现代教育技术环境与系统

本章学习目标

- 熟悉多媒体计算机系统的构成和多媒体教室的功能，了解多媒体教室的基本组成，会使用多媒体教室设备。
- 熟悉网络机房的基本功能和网络机房的组成。
- 熟悉微格教学系统的功能和微格教学系统的构成。
- 熟悉语言实验室的种类和功能。
- 熟悉校园计算机网的概念和硬件组成，掌握校园计算机网的使用。
- 熟悉网络录播系统的功能，了解网络录播系统的组成原理及网络录播系统的使用。

## 4.1　多媒体教学系统与多媒体教室

现代多媒体教学系统是以计算机为核心的可综合储存、传输、处理和运用多种媒体进行教学的系统。随着计算机及其网络的迅速发展和普及，多媒体计算机在教学中以其特有的方便、快捷、交互性、多样化的教学信息表达方式正备受青睐。本节主要介绍多媒体教学系统的基本构成，多媒体教室的功能、设备组成和配置以及管理等。

### 4.1.1　多媒体硬件系统的基本构成

一个实用的多媒体教学系统包括硬件平台、软件平台、课件三部分。硬件平台与软件平台相结合形成一个教学授递环境，多媒体课件在这个环境中运行。

**1. 多媒体计算机的构成**

根据不同的应用目标，多媒体计算机有以下两种类型的配置。

1)　播放型多媒体硬件系统

一套标准的播放型多媒体系统的硬件配置如图 4-1 所示。

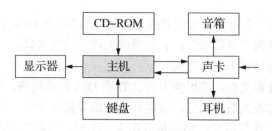

图 4-1 播放型多媒体硬件系统的构成

从系统硬件组成角度看，一台播放型多媒体计算机实际上只要在一台普通计算机的基础上外加一块声卡和两个音箱即可。

当然，要产生比较好的播放效果，应该提高 CPU、内存等的配置标准。

2) 创作型多媒体硬件系统

一台具有创作多媒体课件功能的计算机硬件配置如图 4-2 所示。

用于创作的多媒体硬件系统应在播放型多媒体系统的基础上增添录像机、摄像机、录音机、扫描仪、数码相机等，以满足制作多媒体课件的要求。

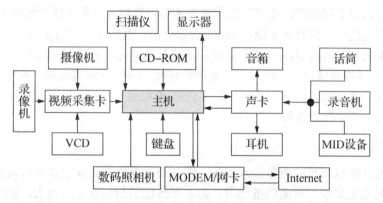

图 4-2 创作型多媒体硬件系统的构成

## 2. CD-ROM 与 DVD-ROM 驱动器

CD-ROM(Compact Disk Read-Only Memory Drive)：俗称小型只读光盘驱动器。一般包括 CD-ROM 光盘片和驱动器两部分。CD-ROM 光盘是用极其坚固的聚碳酸酯塑料经压缩成形，并涂有保护层，并且不怕电磁干扰，因此存储数据的可靠性很高。CD-ROM 光盘可用来存储程序、文本、图形、图像、声音、动画等，一张盘片的存储容量可达 650MB。

现在，光驱已成为多媒体个人计算机(MPC)、笔记本电脑乃至普通个人计算机的标准装备，一般都采用"内置"的形式，安装在计算机机箱的内部。随着 DVD 光盘的推广使用，近几年生产的 MPC 越来越多地用 DVD 光驱取代 CD-ROM 光驱，且通常采用内置驱动器的形式。

## 3. 声卡

声卡又称音频卡，是 MPC 中应用最广的设备之一，现在不少 MPC 已将声卡集成在主板中(称为集成声卡)，而不再设置单独的扩展卡。但对于声音质量要求高的多媒体设备，仍需要使用独立的声卡。1989 年，新加坡 Creative 公司较早推出了 Sound Blaster 声卡，由于其出色表现，很快受到广大用户的欢迎并成为实际上的 PC 声卡标准设备，人们根据其英文品牌的汉语谐音将其称为"声霸卡"，它几乎成为声卡的代名词。

声卡的功能主要包括以下几个方面。

(1) 录制和播放波形文件。使用声卡的 A/D 和 D/A 转换电路，用户可以将由麦克风等设备输入的模拟信号转换为数字信号，并保存在波形音频文件中。重放时可通过 D/A 将文件中的数字信号转换为模拟信号，然后播放出来。不同声卡和软件驱动程序录制的语音文件的格式可能不同，但一般均可相互转换。

(2) 压缩和解压功能。波形音频文件占用的存储空间较大。为节省存储空间，可用声卡提供的 ADPCM 算法进行压缩，其压缩比可达 2∶1，且无明显失真。

(3) 音频文件的编辑与合成。使用声卡提供的软、硬件，还可对声音文件进行特殊处理，如加入回声、混音、淡入淡出等。

(4) 创建和播放 MIDI 音乐。使用 MIDI 合成器可以生成 MIDI 文件，输出 MIDI 合成音乐，并实现计算机与电子乐器之间的数据交换等。

(5) 语音合成和识别功能。如果声卡带有语音合成技术，还能使计算机实现文本朗读。如果声卡具有语音识别功能，还可以通过麦克风等声音输入设备指挥计算机工作。

以上 5 项功能中，只有第 4 项与 MIDI 音乐有关，其余 4 项均用于处理波形文件。

声卡的加入使个人计算机具备了处理音频信号的能力。它可以把话筒、录音机、数字音响、MIDI 乐器等音频信号源输入的信息进行模/数转换、压缩等处理，也可以经过计算处理把数字化的声音信息通过解压还原、数字信号/模拟信号转换后通过耳机或扬声器播放出来，也可送入一个立体声系统。

**4. 扫描仪**

扫描仪是计算机常见的图像输入设备。图书馆早就用它来复制读者所需的资料，商场和仓库也早就用它来识别货品的条形码。但由于传统的扫描仪身形巨大，加上价格不菲，PC 用户很少配置。随着办公自动化和多媒体应用的发展，扫描仪的价格不断下降，现已随 MPC 进入办公室和一般家庭。除用于图像采集外，如果配上光学字符识别(Optical Character Recognition，OCR)软件，还可将印刷的文字资料转换为电子文档，省去了用键盘输入的麻烦。

家用扫描仪采用的幅面一般为 A4 与 A3，大幅面扫描仪采用的幅面为 A0。

1) 工作原理

作为一种光学系统，扫描仪通常由光源、透镜和 CCD(Charge Coupled Device，电荷耦合器件)阵列等组成，如图 4-3 所示。在扫描过程中，光线从图像反射到 CCD 阵列，把光信号转变为电信号，然后以位图的形式输送到计算机，显示、打印或存储。对于彩色图像，一般需要用三基色的滤镜分别扫描 3 次，再组合为 RGB 图像。扫描仪的扫描区域、对比度、分辨率与颜色深度等，均可用软件设置。

通过各种相关软件，扫描仪可扩展使用诸如 OCR 等应用。

2) 主要性能指标

扫描仪的产品质量可从性能指标与易用性两个方面来衡量。其中主要包括以下指标。

(1) 分辨率。扫描仪的分辨率高低，直接影响到图像的清晰度。家用扫描仪的分辨率目前主要采用 600dpi(dot per inch，即每英寸包含的点数)，对一般的家庭应用已经绰绰有余了。商用扫描仪的分辨率可达 1200～4800dpi。

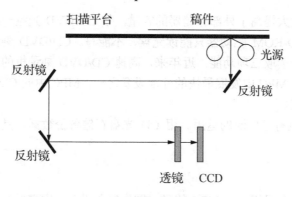

图 4-3　扫描仪的工作原理

目前扫描仪的标称分辨率有光学分辨率和电路分辨率(或内插分辨率、最大分辨率)，选购时请注意区分。

(2) 颜色深度。目前主流家用扫描仪一般采用 256 级灰度等级或 24 位真彩色。

(3) 扫描时间。在 600dpi、256 级灰度等级的条件下，扫描一幅图像所需的时间一般为 1～3 分钟。最快的已不到 1 分钟。

(4) 易用性。与扫描质量一样，易用性也值得十分重视。现在有些产品在机身上设置快捷键(例如扫描、复制、传真、E-mail 等)，可以有效提高用户的使用效率。鉴于驱动程序是扫描仪与用户直接交流的界面，选择界面友好的驱动程序也是提高易用性的好方法。

3) 汉字 OCR 软件

扫描仪除用于图像采集外，如果配上文字识别软件，还可将印刷的文字资料转换为电子文档。这一功能对我们在计算机上进行备课、编写学习材料、写文章等方面具有较强的实用性，它不仅可节省键盘录入的时间与人力，还可以缩减文本的存储容量。

随扫描仪配送的 OCR 软件通常为简化版本，其识别准确率一般可达到 90%以上。对常用汉字、英文字母、数字和常用符号的识别速度一般在每秒钟 600 字以上。目前文字的扫描识别发展较快，识别率越来越高，常用的软件有尚书五号、丹青、清华紫光 TH-OCR 等。

**5. 多媒体音箱**

提到音箱，人们常常会想起时而高亢、时而低沉、时而洪大、时而柔美的高雅音乐。在音乐剧场或音乐茶座里，它们为听众演绎着美妙的音乐，使音乐爱好者为之陶醉和感动。这类传统的音箱强调高保真度(fidelity)，所以也称为 Hi-Fi 音箱。而多媒体音箱则是 MPC 输出声音媒体的主要设备，其信号输入端通常与 MPC 声卡的信号输出端相连，需要兼顾"听音乐、看影碟、玩游戏" 3 种用途。

十余年来，多媒体音箱的配置发生了很大的变化。最初的配置仅用两个音箱分别连接左、右声道，以模拟立体声的音乐，称为 2.0 系统。随后，陆续出现了由 3 个音箱组成的 2.1 系统，由 5 个音箱组成的 4.1 系统以及由 6 个音箱组成的 5.1 系统。随着 DVD 影碟的普及，目前 5.1 系统大有取代 4.1 系统的趋势。

不言而喻，良好的音质不仅对音箱、也对声卡提出了较高的要求。一般说来，高档的音箱一般使用独立的声卡，这样才能满足用户对音质的要求。

### 6. CD/DVD 刻录机

光盘的应用，大大提高了外部存储器的容量，使 CD/DVD 光盘一跃成为存储信息的首选介质。但 CD/DVD-ROM 驱动器只能读光盘，不能写。CD/DVD 刻录机的出现，使它具有光盘刻录、重写和读取三项功能，近年来，高速 CD/DVD 刻录机的速度迅速增长，价格逐渐降低，已经成为 MPC 中发展最快的外部设备之一，MPC 中的 CD-ROM 驱动器逐渐被 CD/DVD 刻录机取代。

CD/DVD 刻录机有着广泛的运用。用 CD 光盘存储备份数据，具有容量大、寿命长、携带方便等优点。

### 7. 数码相机

与扫描仪相似，数码相机是 MPC 的又一图像输入设备。它在照相时可离开计算机，与传统相机一样单独拍摄，因而也可看成一种独立的多媒体设备。随着价格的不断下降，它逐步取代传统相机，成为市场的主流。

数码相机的拍摄过程与传统相机基本相同，但所用的感光器件(CCD，电荷耦合器)和记录介质(存储卡)则与扫描仪相似。二者的区别仅在于：扫描仪中的 CCD 排列成一条线，图像的成像要逐行扫描；而数码照相机中的 CCD 排列成一个矩形网格，一次即可形成一整幅图像。

由 CCD(电荷耦合器)组成的光电传感器是数码相机的关键器件，它是能将投射到感光点上的光信号转换为电信号的装置。该器件所能获得的像素数，是衡量数码相机品质的主要参数。当光线通过镜头投射到光电传感器的感光点上时，每个感光点会将得到的颜色和光线强度转换成电信号，再由数字影像处理芯片将各点的电信号处理成相应的数据，并按一定的文件格式输送到数码相机的存储卡中进行储存。

存储卡以文件的形式保存每幅图像的数据，属于移动存储介质。现用的移动存储介质有并行传输和串行传输两类，数码相机一般采用并行方式，以便获得较高的数据传输率。

1) 主要技术指标

(1) 像素数和分辨率：像素数代表 CCD 上的光敏组件的数量，是数码相机最主要的技术参数。目前数码相机主流产品的像素数为 200 万～500 万，有些专业数码相机像素数已达到 1000 万以上。

分辨率与像素数直接相关。例如：300 万像素的相机分辨率一般为 2048×1536；500 万像素的相机分辨率一般为 2560×1920 等。

(2) 焦距和变焦倍率：相机的镜头是相机成像的关键，焦距是镜头的一项重要指标。什么是焦距呢？可以把数码相机的镜头看作是一组透镜，当平行光线穿过透镜时，将会聚到一点上，这个点叫作焦点，而焦点到透镜中心的距离，称为焦距。相机的镜头有两种：焦距固定的镜头，称为定焦镜头；焦距可以调节变化的镜头，就是变焦镜头。在摄影领域，焦距主要反映镜头视角的大小。对于传统 135 相机而言，50mm 左右的镜头其视角与人眼接近，拍摄时不变形，称为标准镜头，一般涵盖 40～70mm 的范围。18～40mm 的镜头被称为短焦镜头(也叫广角镜头)，70～135mm 称为中焦镜头，135～500mm 称为长焦镜头，500mm 以上称为望远镜头，18mm 以下则称为超广角镜头或鱼眼镜头。这种范围的划分只是人们的习惯，并没有严格的定义。

变焦数码相机则可根据拍摄的需要改变镜头的焦距，尤其适用于拍摄近物和远景。变焦能力是数码相机镜头的设计重点，数码相机的变焦范围常用变焦倍率来表示，如 2×(2 倍)、3×(3 倍)等，有时也用 mm 表示，如 30～120mm(即 4×或 4 倍)。数码相机的变焦一般分为光学变焦和数字变焦两种。光学变焦就是和传统的光学成像相机一样，通过镜头的伸缩组合来实现变焦，这也是真正意义上的变焦。数字变焦可以说是数码相机所专有的，是一个崭新的概念。它的基本原理是通过数码相机里的运算器对所拍摄的景物数据进行差值计算，从而将被摄物放大，获得变焦的效果。这种变焦方式似乎可以呈现更多的细节，其实只是对原先所拍摄影像做单纯的放大，并不会增加图像的清晰度。

(3) 最近对焦距离：最近对焦距离反映了数码相机的近拍能力，也是衡量一部数码相机品质的重要指标。该指标越小，相机的性能相对就越好，常见的数码相机的最近对焦距离一般是几厘米到十几厘米，专业级相机的最小对焦距离可达 0.5cm。

(4) 存储容量：数码相机使用的主流存储卡有 CF(Compact Flash)卡、SM(Smart Media)卡和记忆棒(如 Sony 相机的 Memory Stick)几种。目前数码相机一般配置几十亿字节(GB)存储容量的存储卡。

此外还有"曝光与快门""白平衡调节功能"等指标。

2) 数码照片的后期处理

数码照片的后期处理包括照片的下载、加工处理和打印输出。

(1) 数码相机的照片下载。

数码相机拍摄的照片都存储在存储卡中。所谓下载，就是把图像文件从存储卡转移或复制到计算机的硬盘。此时存储卡可以看作是计算机的移动磁盘，所以数码相机的照片下载其实就是将图像在不同的驱动器之间进行转移。

(2) 数码照片的图像处理。

把图像从数码相机下载到计算机后，常常需要对这些图像做一些后期处理。我们既可以使用如 Photoshop 等通用的图像处理软件，也可以使用随数码相机附配的一些简单图像处理软件。后一类软件一般使用比较简单，容易掌握，可以参考说明书进行操作。

(3) 数码相机的图像输出。

数码相机的照片经过加工处理后，既可打印成照片，也可用于影像广告、网页制作或排版印刷，需要时还可以长期保存。

8. 视频卡

视频卡可将摄像机、录像机或其他视频设备的图像信号转变为计算机数字图像信息流。

根据视频卡的工作方式不同，视频卡可分为通用型和专业型两种。通用型视频卡采集到的图像格式符合国际流行的标准，可以方便地由计算机进行编辑处理；而专业型视频卡所采集的图像分辨率更高，色彩还原效果更好。根据图像截取方式的不同，视频卡可分为静态采集卡和动态采集卡两种。一般静态图像采集卡可以实时显示输入图像卡的视频图像，当需要的画面出现时，操作者按一下功能操作键，就可以将画面截取下来，然后进行存储。动态视频卡可以像录像机那样，把连续运动的画面记录下来。为减少记录所需的存储空间和存储时间，视频卡一般具有硬件压缩功能。

## 4.1.2 多媒体的软件环境

多媒体软件环境包括多媒体操作系统、多媒体素材编辑软件和多媒体创作软件(多媒体写作工具)。

### 1. 支持多媒体功能的操作系统

多媒体操作系统是多媒体软件环境的基础,如 Windows 7、Windows 10 视窗操作系统等。

由于 Windows 提供图形界面,用户只需简单地对图标、对话框、菜单、按钮等对象进行选择和操作即可完成需要的任务。用户界面的一致性,使计算机操作者不必再将大量时间和精力花费在不同软件的学习上,一致的界面外观和操作方式,使用户可以举一反三,很快熟悉和掌握不同的应用软件,大大提高了工作效率。

Windows 为应用程序之间的信息交换提供了三种标准机制:剪贴板(静态数据交换)、DDE(动态数据交换)和 OLE(对象的链接与嵌入)。这三种技术为在 Windows 环境下使用的各类应用程序搭起了沟通的桥梁,用户只需分别开发出各种需要的应用程序,再利用上述某种方法将它们结合起来,即可构成一个新的应用系统,这就是 Windows 为用户提供的一个整合式操作环境。

值得指出的是,购置的各种多媒体板卡和外设并不是安装到计算机上就能够使用的。要使系统能够有效地管理这些设备,使它们发挥应有的功能,就必须有相应的驱动程序来驱动。在购买声卡、视频卡、扫描仪、数码照相机等设备时,会同时得到一套专用驱动程序,有时厂商还会同时赠送一些很优秀的素材编辑工具,以方便用户最大限度地利用其产品功能。因此,我们在已有计算机系统中正确完成这些硬件的连接以后,还需要将驱动程序通过特定的方式安装到硬盘上,使这些硬件无冲突地挂接到 Windows 系统之中。

### 2. 多媒体素材编辑软件(多媒体工具软件)

它们用来完成声音录制编辑、图像扫描输入与处理、视频采集与压缩编码、动画制作与生成等。下面列举的是一些常用的多媒体素材制作与编辑软件。

(1) Windows 中的录音机软件为声音的录制与编辑提供了一个基本工具。

(2) Creative Wave Studio 是一个在 Windows 下用于录制、播放和编辑波形文件的应用程序软件,它有很强的功能,并支持 Windows 的 MIDI。

(3) Cool Edit Pro 是一个非常流行的、支持多种声音格式、编辑功能较强的声音编辑器。

(4) Photoshop 是一个功能强大的图像采集、制作、编辑工具。

(5) Premiere 是一个常用的非线性编辑软件。

### 3. 多媒体创作软件

多媒体创作软件是用来编制与生成各种多媒体应用软件的。多媒体创作软件是处理和统一管理文本、图形、声音、静态图像、视频图像和动画等多种媒体信息的一个或一套编辑、制作工具,也称多媒体开发平台。

### 4.1.3 多媒体教室

多媒体教室是实施多媒体教学的场所，如果以个别化教学为主，宜构建多媒体网络教室；如果以集中化教学为主，则可以构建多媒体多功能教室。

多媒体网络教室主要用于开展通过多媒体网络进行并以个别化教学为主的教学活动，这种网络教室属于局域网，硬件主要包括多媒体文件服务器、教师用机、学生工作站、网卡、高速视音频传输器、集线器、匹配器及缆线等。

这里主要讨论多媒体多功能教室(以下简称多媒体教室)，有关多媒体网络教室将在下节讨论。

多媒体教室是教育现代化的标志之一，在现阶段的教学中被广泛使用。它的出现，把教师从传统的"黑板+粉笔"的教学模式中解放出来；借助多媒体设备，可以从视听的角度提供给学生更多、更有趣的知识和信息，扩大学生的知识面；利用动画技术和影视技术可以使抽象的概念、深奥的理论简单化与直观化，以有利于学生理解、吸收。利用多媒体教室进行教学，能更好地突出重点、突破难点，促进学生学习。

**1. 多媒体教室的功能**

多媒体指的是由文本、声音、图形、图像等基本媒体以两种或两种以上形式存在和表现的形式。常见的多媒体信息的载体有幻灯片、投影片、录像带、电影胶片、VCD/DVD 碟片、CD-ROM 碟片等。多媒体教室就是通过装备合适的硬件设备，实现将载体记录的媒体还原。为此多媒体教室应配备尽可能完备的多媒体载体还原设备，使教学过程中对媒体记录信息的表达不受限制，以期得到尽可能完善的应用。

多媒体教室是由教师自己直接使用、进行课堂教学的场所，应具备以下条件。

(1) 技术上，在多媒体教室内有：计算机数字信号、视频信号、音频信号(包括经过多媒体计算机处理的视频信号和音频信号)。因此多媒体教室应能够实现以下几项要求。

① 多媒体计算机单独使用，并把所显示的内容传送到大屏幕上。

② 将书稿、图表、文件资料的原件及实物通过实物展示台传送到大屏幕上，或者将其扫描的图片传送到大屏幕上。

③ 播放音乐、影碟及教学录像。

④ 通过校园网调用各种信息。

⑤ 有话筒扩音装置。

(2) 功能上，教师使用多媒体教室，要能够做到以下几点。

① 迅速处理、显示各种教学内容。

② 兼容不同版本的教学软件。

③ 通过校园网进行网上课堂教学，在校园网上调用有关信息、进行网上交流。

④ 使用幻灯、投影等进行常规电化教学，满足传统教学的需要。

**2. 多媒体教室的构成**

1) 多媒体教室的基本组成

随着教育技术在各级各类学校中的逐渐应用，各个学校都进行了相应的硬件建设，很多学校都拥有了多媒体教室，配置了多媒体投影机、实物展示台、音响、中控系统等。有些地方在配置多媒体教室时片面追求硬件建设，追求大、全、高，有些多媒体教室建设得过于复杂，使任课教师很难对其得心应手地操作，只能依靠专业人员配合，既影响了课堂教学的效果，又浪费了人力资源。学校在建设多媒体教室时，应根据本校的实际需要和教室环境的基础设施，遵循经济性、效益性原则，合理配置设备，才能获得高性价比的多媒体教室。以下以简易型和标准型多媒体教室作简单介绍，以供参考。

(1) 简易型。

最简易的方法就是在教室内配置一台电脑、一台液晶投影仪、一幅银幕，其他的信号源设备、切换器、音响系统、终端设备可根据需要选择，如图4-4所示。

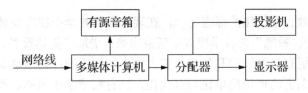

图4-4 简易型多媒体教室

(2) 标准型。

标准型是将多媒体计算机技术与常规电教媒体相结合。一般要求具备以下主要功能：能播放文本、图像、动画、视频、音频等多种媒体信息；通过实物展示台可将图片通过大屏幕显示出来；配备音响系统和控制银幕、窗帘、照明等相关辅助设备；可与多种信息网相连，如校园计算机网、卫星电视网和校园有线电视网等，如图4-5和图4-6所示。

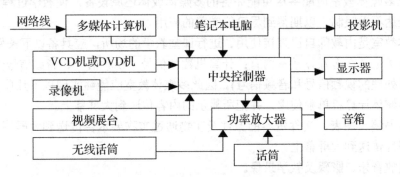

图4-5 标准型多媒体教室(一)

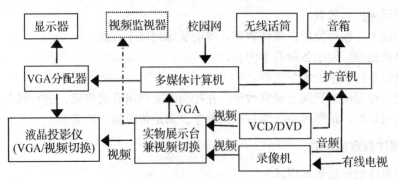

图4-6 标准型多媒体教室(二)

2) 多媒体计算机

多媒体计算机在多媒体教室设备中占主要地位，大多数教学软件都要由它运行。在系统中既是计算机教学媒体，又是网络连接设备，可能还是中央控制系统的操作平台。

多媒体计算机与一般传统的教学设备相比，具有三个显著的特点。

(1) 组成。多媒体计算机既是各硬件的集合，如高速 CPU、大容量的硬盘和内存、性能优良的数据、图形处理器、声音压缩卡及显示器等，又是软件的集合，如各种系统操作软件，数据、文字、图形、图像和声音处理软件等。

(2) 技术。多媒体计算机对各种信息的采集、处理、存储、传输和显示全部实现数字化，包括图像和声音，是一个智能化的终端。经过数字技术处理过的信号无论是从质量上、还是后期编辑、存储和传输等方面都远远超过传统的模拟信号。

(3) 应用。通过操作多媒体计算机，可以非常灵活地调用处理和显示文字、图形、图像、声音等教学内容。通过各种互联网络可以方便地调用自己所需要的各种信息资源，面向世界，了解世界。

多媒体计算机能对文本、声音、图形、图像、动画、视频图像等多种信息进行获取、编辑、存储、处理、加工和表现，现在计算机一般都具有多媒体功能。多媒体教室计算机的配置要适应技术的发展，满足课堂教学的需要。目前，计算机更新换代很快，由于多媒体教室的计算机长时间处于多任务工作状态，因此，在选配多媒体计算机时要根据条件，尽量配置运行速度快，硬盘和内存容量大，带有声卡、网卡和高倍速、纠错能力强的光驱，且工作稳定可靠、故障率低、容易操作、兼容性强的多媒体计算机。

完整的多媒体计算机系统由多媒体计算机的硬件和与多媒体计算机配套的软件两个部分构成。由于多媒体教室的计算机要适合不同课程的教学，所以在配置软件时要能兼顾不同课程的需要，能兼容不同版本的教学软件，能满足常用格式媒体文件的播放等。

由于多媒体教室由教师自己操作使用，且具有使用来源复杂的各类存储介质，所以多媒体教室的计算机必须具有较强的信息保护和还原能力。对于没有安装还原保护卡的计算机，应安装系统保护还原软件，以预防由于误操作、病毒等因素引起的系统故障。

3) 数字投影机

投影机是多媒体教室中价格最贵的设备。数字投影机的出现彻底改变了过去投影电视机体积庞大、亮度低的缺点。现在的数字投影机体积小、重量轻、亮度高(可达 4500ANSI 流明以上)，并具有多种信号输入功能。与计算机连接可显示文字、数据，图形、图像等；输入视频信号可播放电视录像、VCD、DVD 图像、HDTV(高清晰度电视)信号等，一机可多用。

目前多媒体教室中使用的投影机按投影原理划分主要有 CRT 投影机、LCD 投影机和 DLP 投影机，这三类投影机各有千秋。

(1) CRT(Cathode Ray Tube)投影机的核心部件是 CRT 阴极射线管，通常所说的三枪投影机就是由三个 CRT 投影管组成的投影机。CRT 投影机显示的图像色彩丰富，还原性好，具有丰富的几何失真调整能力；缺点是亮度很低，操作复杂，体积庞大，对安装环境要求较高，并且价格昂贵。目前除背投电视机外，多媒体教室中几乎不配置这类投影机了。

(2) LCD(Liquid Crystal Display)投影机(液晶投影机)是目前投影机市场上的主要产品。这种投影机利用液晶的光电效应，即液晶分子的排列在电场作用下发生变化，影响其液晶单元的透光率或反射率，从而影响它的光学性质，产生具有不同灰度层次及颜色的图像。LCD 投影机亮度均匀，色彩还原较好，分辨率高，体积小，重量轻，操作、携带方便，并且价格比较低廉，因此成为投影机市场上的主要产品。

(3) DLP(Digital Light Processor，数码光路处理器)投影机(数码投影机)。DLP 投影机以 DMD(Digital Micromirror Device)数字微镜作为成像器件。DLP 投影机的技术是一种反射式投影技术。其特点是图像灰度等级高，成像器件的总光效率大大提高，对比度非常出色，色彩锐利。

LCD 投影机和 DLP 投影机作为目前教室中主流配置的投影机，两者各有优缺点，但仅从显示课堂教学信息的角度来看，这两种技术的投影机没有太明显的差别，配置时可根据具体情况选择。投影机的主要技术指标是亮度、对比度和分辨率等参数。

投影机的亮度用流明表示。投影机的亮度越高，所显示的画面亮度越高、越清晰，对教室环境亮度要求也越低，但价格也会越高。在投影机的亮度选择上往往存在一些误区，其实投影机亮度较高和较低都容易使学生眼睛疲劳，长时间观看眼睛会肿胀、流泪。因此可根据教室的光线和大小，一般教室(40~60 人)，选择 1500~3000 流明的亮度即可。

投影机的分辨率分为 SVGA(800×600)、XGA(1024×768)和 SXGA(1280×1024)三种，投影机的分辨率也是以"H×V"方式表示的，其中 H 代表水平方向的像素数，V 代表垂直方向的像素数。其兼容分辨率一般比其物理分辨率高一个台阶，例如，如果一台投影机的物理分辨率是 XGA，则它的兼容分辨率最高为 SXGA，当然也向下兼容。目前一般课件运行要求分辨率都是 SVGA，部分是 VGA。因此教室投影机的分辨率应选 SVGA 或 XGA。

对比度是图像黑与白的比值，也就是从黑到白的渐变层次。比值越大，从黑到白的渐变层次就越多，灰度等级越丰富，色彩表现也就越丰富。

目前，几乎所有的投影机都支持 16 位至 24 位的真彩色。所以要评价投影机的色彩还原度，不仅要看颜色，还要看对比度。

投影机的安装方式有桌式正投、吊顶正投、桌式背投、吊顶背投等。一般来说，如果投影机固定使用，可选择吊顶方式。如果有足够的空间，选择背投方式整体效果最好。

投影机在使用中最重要的是要注意关机顺序。投影机要求电源电压持续稳定，突然断电容易造成投影机灯泡损坏，因此使用完毕要用遥控器关掉投影机，散热完成后再切断电源，切忌通过教室总电源开关断电方式关闭投影机。

4) 电子白板

电子白板是一种替代传统黑板、粉笔的数字化教学演示设备，是汇聚尖端电子技术、软件技术与互联网技术等多种高科技手段而研究开发的新技术产品，是现代多媒体教室中重要的信息输入输出和显示设备。如图 4-7 所示，这一种多媒体教室中常用的电子白板。

早期的电子白板可以在白板上任意书写内容或画图表，通过按键操作，可以将整屏白板的内容复制并打印在一页纸上。

目前普遍使用的电子白板是交互式电子白板。一个交互式电子白板系统不单单是一块电子白板，它实际是由计算机、投影机、交互白板三部分构成。三者的结合将交互白板变成一个超大的计算机屏幕。电子白板与计算机连接后，教师用手指、教鞭或特制书写工具代替鼠标和键盘，轻松进行计算机操作、课件演示播放，将教师从讲桌计算机附近解放出来；可代替黑板和粉笔进行书写绘画，相当于传统教学中的板书，并且电子白板软件可提供大量的绘图工具、图形单元，教师课堂板画更加方便快捷，使多媒体教学与传统教学高效整合；教师可对屏幕上的板书、播放的课件等进行实时标注，增强演示和讲解的生动性、灵活性和有效性；电子白板上显示的内容、课堂上的书写、绘制、标注等内容可同时输入计算机中，录制为文件，保存教师课堂教学的过程，并可复制。交互白板非常适合于教学、培训、会议使用。

图 4-7　电子白板

电子白板的工作原理主要可分为压感原理、激光跟踪原理和红外感应原理三种。①使用压感原理的触摸式白板相当于计算机的一个触摸屏，是一种用手指或笔触及屏幕上所显示的选项来完成指定的工作的人机互动式输入设备。这种电子白板内部有两层感压膜，当白板表面某一点受到压力时，两层膜在这点上造成短路，电子白板的控制器检测出受压点的坐标值(手指或笔触及的位置)，经 RS-232 接口送入计算机。②使用激光跟踪原理的白板上端两侧各有一激光发射器，白板启动后，激光发射器发出激光扫描白板表面，特制笔具有感应激光功能，从而反馈笔的位置。③使用红外感应原理的白板两侧有一对红外发射接收装置，白板启动后，红外发射器发出红外线扫描白板表面，当教师用手指或教鞭在白板表面上书写绘画时，红外发射接收装置检测到位置信息并通过 USB 接口送入计算机。

交互式电子白板具有如下优点。

(1) 使用交互白板容易对材料展示过程进行控制，教师不必到主控台前操作，就可控制演示材料的播放，这使课堂中教师的身体语言得以充分发挥，也避免了课堂上由于教师往返于黑板与主控台间分散学生注意力的问题。

(2) 使用交互白板技术能及时方便灵活地引入多种类型的数字化信息资源，并可对多媒体材料进行灵活的编辑组织、展示和控制，它使数字化资源的展示更灵活，也解决了过去多媒体投影系统环境下，使用课件和幻灯讲稿教学材料结构高度固化的问题。

(3) 板书内容可以被存储下来。写画在白板上的任何文字、图形或插入的任何图片都可以被保存至硬盘或移动存储设备，供下节课、下学年或在其他班级使用，或与其他教师共享；也可以电子格式打印或以印刷品方式分发给学生，供课后温习或作为复习资料。

(4) 交互白板技术使以前色彩单调、静态展示材料类型仅限于手写文字和手绘图形的黑板变得五彩缤纷，既可如以往一样自由板书，又可展示、编辑数字化的图片、视频，这将有利于提高学生的学习兴趣，保持其注意力。

（5）交互白板使教师对计算机的操作透明化，使学生可以清楚地看到教师是如何对软件进行操作的，如单击了哪个按钮或哪个菜单，这对计算机软件应用的学习十分有意义。

（6）随着交互白板技术的发展，教学过程中对计算机的访问更加方便，白板系统可与网络、其他计算机应用程序互补，促使师生共同运用计算机作为认知和探索发现的工具，这必将构建学生新的认识和解决问题的思维方式。

（7）由于使用交互白板仍然可以像传统黑板一样自由板书，部分年龄较大、计算机技能较差的老教师稍加尝试就可应用白板的基本功能进行教学，易于克服畏难心理。

从原则上来说，交互白板对配套的投影机没有特殊的要求，但配置时最好选择短焦镜头(广角镜头)的投影机，这种投影机投影距离短，可吊挂在尽量靠近白板顶部的天花板上，减少教师操作白板时对投影光线的遮挡现象，目前也有白板厂家在白板上增加支架，将配套投影机固定在白板前端的一体化产品。

5）视频展示台

视频展示台是一种随着视频技术发展而出现的视觉媒体。它本身不具备投影功能，但将它与大屏幕投影机或大屏幕电视机相接，可十分方便地将文字资料、图片、讲稿、实物等材料的影像清晰、逼真地投射到银幕上。

（1）视频展示台的基本构造如图 4-8 所示，主要由摄像头、照明光源、信号连接端口、控制部分等组成。

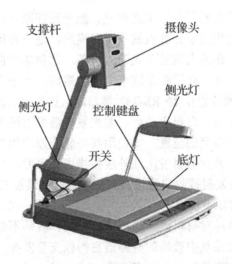

图 4-8　视频展示台

① 摄像头：摄像头的作用是将载物台上物体的影像转换成电信号，通过输出端口传输给投影机或电视机。

② 照明光源：照明光源的作用是照亮被摄对象。通常有两种光源，一种是在机箱外的直射光源，主要用于照亮非透明的物体，如书刊、照片、实物等；另一种是在机箱内部的透射光源，它适用于照射透明材料，如投影片、幻灯片、玻璃器皿等。两种光源通常不能同时使用。

③ 信号连接端口：信号连接端口分输入、输出两部分。信号输入输出端会因型号不同有所区别。常见的通常有"视/音频"端子、S 端子、VGA 端子等。

④ 控制部分：图 4-9 所示为某种视频展示台的控制面板示意图。操作控制按钮主要有光源选择、输入选择、调焦、正负片切换等。

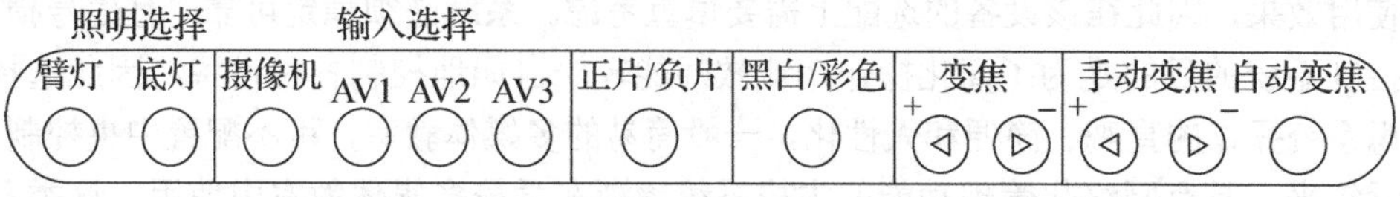

```
照明选择      输入选择
臂灯 底灯 摄像机 AV1 AV2 AV3  正片/负片  黑白/彩色   变焦      手动变焦 自动变焦
 ○    ○    ○    ○   ○   ○     ○         ○       + -        ◁    ▷
                                                   ◁ ▷
```

**图 4-9 视频展示台的控制面板**

(2) 视频展示台具有如下特点。

① 高清晰度的成像质量。视频展示台通过摄像头中的高性能的 CCD 器件将图文转换为电信号，完成转换的核心器件由摄像头获得。摄像头像素数可达 737×575(=423775)个，水平分辨率在 450 线以上，因此图像细节清晰可见。

② 高质量的自动聚焦功能。视频展示台的摄像头具有自动聚焦功能，在教学使用过程中，采用自动聚焦功能可减少教师的调节操作，快速准确地完成自动聚焦，获得清晰的图像。

③ 宽范围的变焦功能。通过调节变焦钮，可以改变拍摄区域的大小。可以投射演示材料或物体的全貌，也可以进行局部放大，以突出重点，或观察细节部分。

④ 具有书写投影和实物投影的功能。可以利用两种光源放映实物和透明教学材料，并且可以进行局部放大，这也是视频展示台的最大优势。

⑤ 具有多路输入输出接口。视频展示台备有多路输入、输出接口，可与计算机、显示器、AV 放大器等其他外围设备相连接，组成一个完整的多媒体系统。视频展示台既可以完成图文资料到电信号的转换，作为一台视频信号源；也可以作为一台 AV 切换设备，切换多媒体系统中的视频展示台自身、录像机、VCD 等设备输出到显示终端的音视频信号。

⑥ 操作简单、方便。视频展示台操作简单，配套齐全。主机两侧备有两个书托架，为展示大型资料带来方便。同时还装备有幻灯片夹具，135 胶片的正片、底片均可使用。

(3) 视频展示台的操作与幻灯机投影仪有很大不同，所以使用之前要仔细阅读说明书或请技术人员做指导。在使用中主要有以下几种操作：

① 正确连线。视频展示台只有与视频显示设备(大屏幕投影机等)正确连接，才能正常使用。因此需要按连线端口的标识，将设备之间的视/音频线对应连接，并保证接触良好。

② 开机。打开设备电源，将视频显示设备的输入项选择为视频展示台的连接端口，在载物台上放置投影材料，并打开相应的照明光源，观察银幕上的影像效果。

③ 聚焦。即将影像调清晰。可用"聚焦"的"+"或"-"按钮手动调整，也可按下"自动"按钮使摄像头自动调整。

④ 变焦。根据投射要求，按"变焦"的"+"或"-"按钮(有的标示为"W"和"T")，使镜头推近拉远，以改变观看图像的范围。

⑤ 信号切换。视频展示台一般带有多路视频输入端口，可以作为视频信号切换设备使用。通过控制面板上的按钮来切换信号源，改变银幕上显示的图像内容。

6) 中央控制设备

中央控制设备简称中控器,可以完成对多媒体教室中设备电源、信号切换、音量控制以及电动窗帘等进行集中控制。配置中央控制器可以方便教师操作设备,但它同时又成为多媒体教室的控制中心和信号交换的枢纽,其质量、可靠性和稳定性会直接影响多媒体教室的使用效果,因此在该设备的选配上需要慎重考虑。系统必须稳定可靠,且信号损失小;安装控制系统的目的是为了简化操作,让教师能轻松自如地控制各种设备,因此选择时必须考虑系统操作的直观、简便和人性化。一般简易的多媒体教室,可不配置中央控制设备。

近年来,具有网络化管理功能的中控系统逐渐在学校多媒体教室中使用。这类系统的管理员可以在远程通过网络对教室设备进行管理、软件维护,还有的具有教务管理功能,教师按课表凭卡开机,有的还整合了教室摄像监控功能等。

7) 投影屏幕

多媒体教室中使用的投影屏幕主要有三种,它们在图像亮度、图像对比度、观看有效视角范围方面有很大差别,各有长处。一是白布基屏幕,它的反射率与白色墙面差不多,投影到屏幕上的图像亮度低、对比度差,但是它的视角范围大,可大于120°,在中心区域观看与边缘观看,视觉差不明显。二是金属屏幕,它的反射率高,投影到屏幕上的图像亮、对比度强,但是它视角范围小,只能达90°左右,正对着屏幕的图像亮,越偏离屏幕中心的图像亮度越低。另外,它的基色不白,偏银灰色。三是玻璃微珠屏幕,属于漫反射银幕,它的反射率、屏幕的视角范围在白基布与金属膜之间,投影到屏幕上的图像受到教室环境照度影响,适当调节教室环境照度,既可满足投影电视教学的需要,又能满足学生看书写字的需要,学生长时间看屏幕眼睛也不会感到发胀、不舒服,价格又较低廉,因此教学中常选用玻璃微珠屏幕。

8) 其他设备

多媒体教室应该配置音响设备,小教室可使用有源小音箱,配合多媒体计算机播放多媒体课件及其他设备的声音,座位数多的多媒体教室应配置扩音系统,同时配置领夹式无线话筒,解决教师声音的扩音问题。

另外,由于教学内容、教学软件不同,教师要求使用不同的设备,有时用多媒体计算机、有时播放教学录像、可能还会举行学术会议。视频展示台与大屏幕投影机组合在一定程度上可以取代幻灯、投影等常规设备,但是,在实际使用效果上并不能完全替代。常规电教设备在图像亮度、图像分辨率、清晰度等方面都还具有自己的优势。因此,应该根据多媒体教室的实际用途考虑是否配置幻灯、投影、录像等常用电教设备。

**3. 多媒体教室的管理与使用**

多媒体教室设备数量较多,而且设备昂贵,为了保证教学活动的正常开展,应做到以下几点。

(1) 各种设备的放置和连接应相对固定,不要经常搬动,大屏幕投影机应采用吊顶式安装。指导教师必须正确使用多媒体设备,教育学生爱护各种设施,保持教室环境卫生,保证各种设备的完好,正常运行,保证课堂教学的顺利进行。

(2) 有专人管理,及时检查、处理、解决在多媒体计算机教学过程中出现的问题。

(3) 有详细的操作规程,如果必要,对新使用多媒体教室的教师应进行培训。多媒体教室中的一些设备对操作有严格的要求,如多媒体计算机、大屏幕投影机等。大屏幕投影机一般采用遥控开关机,特别是关机操作:必须先用遥控关机,等散热完成后方可关闭电源!显示器开机时冲击较大,最好先打开它。

(4) 多媒体教室的使用在同样的单位时间内,加大了教学内容,促进了信息量的传播,学生要接受的课程内容和信息量比过去增加近一倍,有时来不及理解消化。因此,教师使用多媒体计算机教学,应该合理控制教学进度。在教学中屏幕内容切换不能太快,各信号源间的切换不宜频繁,并通过电子教鞭、鼠标指针等引导学生观看屏幕的重点、难点内容。

(5) 大屏幕投影机投射到屏幕上的文字不能太小、字数不要太多,合理选用底色和文字颜色,尽量使黑白反差和色差大一些。另外,图形、表格不宜过小和复杂。

(6) 教师使用多媒体教室后应填写使用情况登记表,及时反馈使用情况。

## 4.2 网络教学机房

学校的网络教学机房就是由几十甚至上百台联网计算机组成的计算机实验室,是学校进行信息技术理论知识和实践性环节教学的重要场所。

### 4.2.1 网络教学机房的基本功能

网络教学机房有如下一些基本功能。

(1) 供学习计算机相关课程的学生实习上机操作。如计算机文化基础课程、程序设计课程、多媒体课件制作课程和各种模拟实验课等。

(2) 提供使用各种网络服务和应用的平台。如远程网络教学、教务管理、电子图书馆、信息浏览查询、无纸化考试等众多的网络服务和应用。

(3) 开展交互式多媒体教学。在安装了网络电子教室软件后,教师可以实现多种方式的交互式多媒体化课堂教学。

(4) 通过机房管理系统,可以实现按教学安排自动化管理机房的功能。统一建设和管理学校的网络教学机房,可以提高设备的利用率,提高管理效率,发挥更大的综合效益。

### 4.2.2 网络教学机房的组成

网络教学机房由布置安放在专用房间中的众多计算机和连接这些计算机的网络布线系统及交换机等组成,主要包括以下各部分。

(1) 计算机。最好选择同一型号规格的机器,特别是选择带有硬盘保护和网络复制功能的专为学校机房设计的机器,便于今后的维护管理。

(2) 交换机。应使用 100Mbps 或 1000Mbps 的以太网交换机,不建议使用集线器,因其网络传输速度太慢。交换机多为 24 口的,所以一个机房要有多台交换机,交换机可集中放置,这样管理维护方便,但双绞线使用量大,为减少布线量,也可分散靠近计算机放置,多台交换机要正确级联到上一级交换机,不可形成环路。

(3) 布线系统。使用超五类以上双绞线,用星形拓扑将计算机连接到交换机。电源线和网络线的布放应在房间土建和装修时就要给予考虑,尽量做到规范、美观和便于管理。

(4) 服务器。如需要可设置服务器，可放置在网络教学机房内，或者放置在校园网的中心机房内，对于使用范围大和重要的服务器，应放置在中心机房内，这样既有好的使用环境，也便于管理。

(5) 软件系统。目前一般使用 Windows XP 或者 Windows Vista 操作系统，一些常用软件和教学所需的各种应用软件，还有电子教室软件和机房管理系统。

### 4.2.3 网络教学机房的环境要求

网络教学机房是一个设备和人员较集中的场所，为机房创造一个良好、合理的环境，既可以保证机房计算机和网络系统稳定可靠地运行，延长使用寿命，又可以确保师生的身心健康，提高工作效率。在建设网络教学机房时，除了满足人均面积等用房标准外，从技术和安全的角度，重点还要考虑好防雷、接地、通风、照明、遮光、防尘、防火、防盗等问题。

#### 1. 供电系统及安全

计算机机房一般由市电直接供电，即 220V/380V、50Hz 的工频电。机房电源总功率应根据计算机及外围设备的技术指标进行计算，并预留 25%以上的备用功率，每条供电电缆应有不小于 20%的负荷余量。机房应配置交流稳压源以保证交流电压的稳定。供电系统应采取必要的监测、防护、屏蔽措施以防止电网电压波动、雷击、静电感应及外界磁场的干扰，同时应设置过流、过压保护装置，以便在线路出现过流过压等故障时可自动切断电源。

#### 2. 控温控湿

计算机机房的控温是通过空调实现的。一般机房的温度控制在 21℃，并尽量减少机房室内外温差。相对湿度一般保持在 45%~46%为佳，过高过低都会对设备及系统运行带来不良影响。机房内的温、湿度应可随时监测，一般采用水银柱式室温计和干湿计即可。

#### 3. 防尘与防有害气体

灰尘与有害气体对计算机构成很大的危害，机房应采取一定的防尘及防有害气体侵入的措施，同时应进行空气净化处理。

#### 4. 防火与防水

计算机机房防火以普通便携式灭火器与探测报警系统为主，有条件者也可安装固定式灭火器。计算机机房出于防水目的，最好设置在建筑物的 2~3 层并采取防水隔潮措施，同时注意防止上下水管道堵塞与破损造成的机房进水。严格控制机房人员将饮用水及饮料带入机房。

#### 5. 防雷

计算机机房防雷以外部防护和电源防护措施为主，应注意接地的可靠性以及防雷接地与机房其他接地的安全间距，以防止零电位的反击。

#### 6. 防震

现在的计算机防震性能较好，综合考虑防水要求，机房以设置在建筑物 2~3 层为佳，同时采取隔离机房内部震源的措施。

### 7. 防盗

计算机机房防盗主要采用常规防盗保安系统。以建筑物及机房值班人员、防盗门、窗、栅栏，机房内探测器及声光报警器为主体构成防盗保安体系。

### 8. 其他

计算机机房的防干扰、防鼠、防虫害、防漏电、触电以及对照明的要求与其他类型机房没有差别，应视具体情况及自身条件选择合适的防护措施。

关于网络教学机房设计及建设的其他问题，可详细阅读《电子计算机机房设计规范》(GB 50174—93)(1993 年)、《计算站场地技术条件》(GB 2887—89)(1989 年)等国家发布的相关标准和规范。

## 4.2.4 网络教学机房的维护和使用

#### 1. 网络教学机房的软件维护

1) 网络教学机房操作系统的安装部署

网络教学机房要便于快速安装部署软件系统，即安装设置好一台机器的软件系统后，通过网络复制功能将系统复制安装到机房的其他所有机器，安装完成之后机器应自动更改 IP 地址、机器名等相关参数，这样才能大大提高网络教学机房的管理维护效率。所以网络教学机房配置时最好选择同一型号规格的机器，特别是选择带有硬盘保护和网络复制功能的机器，这样便于今后的维护管理。

下面以联想电脑硬盘保护系统为例，介绍网络教学机房操作系统的安装部署流程。

(1) 硬盘分区。联想电脑硬盘保护系统能在一台计算机上安装多个操作系统，各操作系统相互独立，这样就可为学校的不同应用提供多种选择，图 4-10 所示为联想电脑硬盘保护系统分区实例。

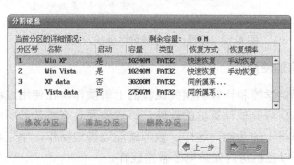

图 4-10 联想电脑硬盘保护系统分区示意图

(2) 网络复制。联想电脑硬盘保护系统能将任意一台计算机分区数据通过网络复制功能复制到多台同一种型号的联想电脑中。图 4-11 所示为联想电脑硬盘保护系统网络复制界面。

2) 网络教学机房软件系统的维护

网络教学机房由于使用频繁，使用对象众多和目的各异，所以必须对机器的软件系统进行有效的保护，避免错误操作、故意破坏和计算机病毒的危害，从而保证机器的完好率和使用效率，减少维护的工作量。

图 4-11　联想电脑硬盘保护系统网络复制界面

对系统的保护可以通过配置硬件和软件的方法实现，硬件保护是在计算机上安装硬件还原卡，软件还原只需安装还原软件即可达到软件保护的目的，比如：还原精灵、冰点等还原软件。一般来说，各大计算机厂家都为其生产的计算机专门设计了保护系统，效果都比较好。

联想电脑硬盘保护系统可方便地设置硬盘分区的保护方式，图 4-12 是联想电脑硬盘保护系统分区保护方式的实例图。

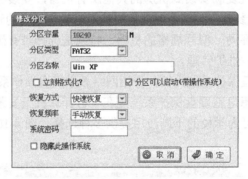

图 4-12　硬盘保护系统分区保护方式示意图

### 2. 网络教学机房的使用

网络教学机房提供学校和计算机相关课程的上机操作，在使用过程中教师一般都要求安装一个能够控制机房内其他计算机的软件，该软件要具有将教师所用计算机的操作过程同步广播到其他计算机上的功能，这样，教师就能边讲边操作，学生也可以边看边操作。为实现这个目的，可以在机房内安装电子教室软件。

1) 电子教室软件简介

电子教室软件是指安装在网络教学机房中的软件系统，该系统能实现教师用机对机房内其他计算机进行广播教学、语音教学、学生演示广播、监控转播、网络影院、文件分发、电子教鞭等功能，是网络教学机房中不可缺少的教学辅助系统。

电子教室系统有硬件版和软件版之分，硬件版的网络电子教室系统投资大、安装维护困难、图像传输有重影和水波纹、线路传输距离有限，随着计算机性能和网络性能的提高，软件版电子教室系统克服了广播效率低、语音延迟大、操作复杂、稳定性兼容性差等方面的不足，是目前应用较为广泛的网络电子教室系统，常见的电子教室软件系统有：天寓、极域、联想、凌波。

2) 电子教室软件主要功能介绍

电子教室软件由教师端软件和学生端软件组成，图4-13所示为电子教室软件教师端界面。电子教室软件主要具有以下功能。

(1) 广播教学：教师可以把自己的屏幕画面传送给全体或部分学生，学生可边看演示边操作，支持鼠标指针广播，即在窗口模式下教师鼠标与学生鼠标都能体现，广播方式有全屏广播、区域广播、学生使用窗口模式接收教师全屏广播。

(2) 语音教学：教师可将自己的讲话或其他声音通过话筒和耳机传给学生，主要用于教师课堂讲解，可以实现真正软件控制的多向双工语音传输。

(3) 屏幕监看学生：教师不用离开自己的座位即可在自己的计算机上观看到每个学生对计算机的操作情况，支持多屏同步实时监看(注：监看指监督查看)，可对单一、部分或全体学生进行监看，支持鼠标指针的监看。

(4) 远程控制学生机：教师可以远程重启或关闭部分或全体学生的计算机，可以遥控单一、部分或全体学生计算机的键盘与鼠标操作，教师可以对学生机进行黑屏，锁定学生机，让学生安心听教师授课。

(5) 网络影院：将教师用机上播放的VCD等图像和声音传送到每一台学生机上，先进的多媒体数据压缩和传输技术，可以实现VCD、MP3等流畅播放，支持无声卡、有声卡混合环境，无声卡机器也能看到VCD图像，在网络影院播放时，学生可同时操作自己的机器。

(6) 分组教学：教师进入分组教学状态后，各组长机器上自动出现组长操作界面，组长可实现对本组学生的广播、监看、联机讨论、网络画板、电子抢答等十多项教学功能，实现真正的分组教学。

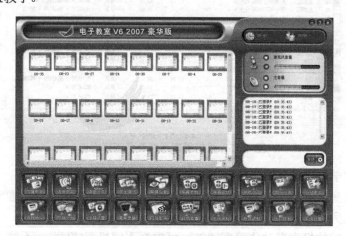

图4-13 电子教室软件教师端界面

3. 网络教学机房的管理

1) 网络教学机房管理概述

目前，网络教学机房基本上都采取集中管理的模式，这样可以集中资源，统一调配，提高利用率，同时对网络教学机房的管理提出了更高的要求。

机房管理的宗旨是以人为本，给学生提供较好的上机学习的环境，使机房功能得到高效发挥，使投资发挥最大的效益，服务于学校的教学和科研。

图 4-14 和图 4-15 所示为典型的机房管理系统管理员操作窗口和教务管理窗口。

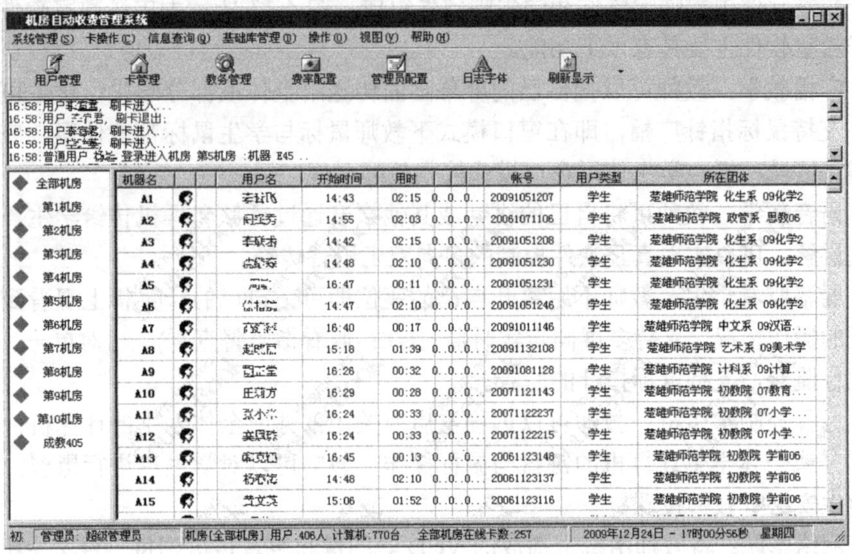

图 4-14  机房管理系统管理员操作窗口

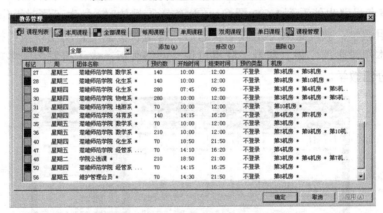

图 4-15  机房管理系统教务管理窗口

2) 网络教学机房管理软件的主要功能

网络教学机房具有机房数量多、各机房计算机数量多等特点，为了能较好地管理好网络教学机房，机房管理软件应该具有以下功能。

(1) 具有开放的机房自动化管理功能：可根据不同机器(机房)、不同上机时间(正常教学与自由上机)自动区分并实现其管理功能与计费功能；在上机班级的课表安排时间内，学生打开计算机后自动登录机房管理软件，学生可正常使用计算机。

(2) 用户管理：对每个学生的账号进行有效的管理，非教学上机时，学生必须登录机房管理软件，通过身份验证后使用计算机，学生下机后系统自动结算费用。

(3) 用户上机情况记录：机房管理软件应能记录和查询到每一个用户的基本情况，主要包括用户上下机的详细情况记录，比如：用户何时上机、使用哪间机房哪台计算机、下机时间、上机消费情况。

(4) 实时监控机房上机情况：机房管理教师通过机房管理软件能查看到当前各机房上机详细情况，包括：各机房有哪些用户在使用计算机、机房还剩余多少计算机没有使用。

## 4.3 微格教学系统

师范生在正式走上教师岗位前，都会经历试讲和实习两个阶段。传统的试讲和实习，都是在教室内受训者讲，教师和其他学生在下面听，而后进行评价，这种评价往往不够到位，与受训者本人的感受不一致，一些受训者总是感觉良好，而不能发现自己讲课中存在的问题，无法达到试讲或实习的预期效果；一些受训者又由于紧张，难以按自己设计好的教学方案去完成一节课，讲课中出现忘记教学内容、语言不规范等大量问题。微格教学系统可以让受训者扮演教师，小组成员扮演学生，模拟真实课堂教学环境，同时将上课的全过程如实记录和保存，并及时、如实地再现反馈给受训者。微格教学系统产生于20世纪60年代，是培训师范学生和在职教师教学技能的重要手段。

### 4.3.1 微格教学概述

微格教学，英文为 Microteaching，是指借助电影电视摄、录像设备培养学生某种技能的教学方法。由于该方法一般是在小教室中对学生的某种技能进行培训，培训时间短，规模小，故称之为微格教学或微型化教学，又被译为"微观教学""微型教学""小型教学""微化教学"或"录像反馈教学"等。

微格教学是理论与实践相结合、利用现代教育技术系统训练师范生和在职教师掌握教学技能的方法。微格教学的创始人、美国斯坦福大学阿伦教授将它定义为："它是一种缩小了的可控制的教学环境，它使准备成为或已经是教师的人有可能集中掌握某一特定的教学技能和教学内容。"

微格教学自1963年在美国斯坦福大学诞生后，得到了迅速推广，尤其受到各国师范教育界的重视。在欧美，微格教学已成为教师培训的基本课程。微格教学的主要特点是作为一种小型的简化教学技能的训练，以现代视听技术为基础，由少数学习者组成"微型课堂"（5～8人），以真实的学生或受训者的同学充当"学生"，使课堂微型化。利用5～20分钟的时间训练某一两项教学技能，利用视听设备将教学过程记录下来，进行反馈评价，可以自我评价也可以他人评价。

微格教学具有如下优越性。

(1) 集中性。微格教学可让受训者在规定的时间内，集中练习一两项特定的教学技能，而且可以把教学技能的细节加以"放大"，反复练习，细微观察，可以进行深刻的研究和批判性的讨论。在训练过程中，无须同时兼顾其他技能和方法。这样，就可把精力集中放在重点上。

(2) 简单性。由于时间短，学生人数少，并且只集中练习某一两项技能，所以可以随时进行练习，同时教学环境及条件也容易得到有效控制。

(3) 反馈性。比较全面、准确、清晰、及时的反馈功能是微格教学的一大优势。因为采用录像和录音等手段，微格教学一旦结束，立即可以将所记录的教学情况进行回放。录像设备具有暂停、慢放、重放等功能，可以细微观察和分析受训者的教学情况和学生的反应，便于作出客观评价。由于编制和采用了内容科学、项目详细的评价表，并利用计算机作为统计工具，因此能够做到量化分析和处理，使教学评价更具科学性、直观性和快速性。受训者自己可以作为第三者来观察自己的教学活动，以收到旁观者的客观效果，即所谓"照镜效应"。

(4) 创新性。根据反馈和分析，加上受训者的想象力，可重新修改教学方法，更好地运用教学技能。因此，为受训者提供了创新的机会。

(5) 安全性。用微格教学比用其他的传统方式更安全。受训者如果教学失败，对学生没有任何消极影响，相反，能从"学生"方面得到有益的帮助。其次，受训者的心理压力较小，可以增强他们的自信心。

### 4.3.2 微格教学系统的构成

微格教学系统一般由一间或多间微格教室、控制系统、观摩室几个部分构成，如图4-16所示。

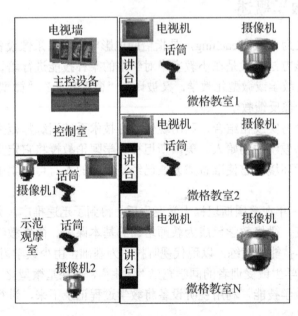

图 4-16 微格教学系统的构成

**1. 微格教室**

微格教室是开展模拟训练的场所，是缩小的课堂教学教室，配置了进行模拟教学的各种教学设备供训练者使用，同时配置了微格教学设备。话筒、摄像机用于拾取模拟教学过程中的画面和声音，摄像机由控制室进行控制；电视机用于重放已录信息，供同步评价分析。

## 2. 控制室

控制室配置有摄录像控制系统、监视系统、电视特技切换设备、调音台、实时编辑系统、录制系统、信号切换分配系统等设备。可以控制任一微格教室中的摄像机云台和镜头，可以监视和监听任一微格教室的图像和声音，并可随时暂停在某一个微格教室与之进行电视讲话，向微格教室播放教学录像与电视节目；可以把某个微格教室的情况转播给其他的微格教室，进行观摩示范；可以录制部分或全部微格教室的教学实况供课后讲评等。

## 3. 观摩室

观摩室主要用于教师现场评述，或让较多学生同时观摩和分析，也可以作为班级教学实况摄像的场所。观摩室内教学设备按普通教室或多媒体教室配置。配置电视机，把控制室处理后的信号送到电视机上，实时播放教学训练情况，供指导教师现场评述，让较多学生观摩分析。室内一般配置两台摄像机，一台放置在教室讲台前侧拍摄学生，另一台放置在教室的后面，用于拍摄教师评述现场，或用于课堂实况拍摄，亦可只配置单机，采用单机拍摄。

### 4.3.3 微格教学系统的功能

#### 1. 训练教学技能

教师教学的基本技能包括导入教学技能、讲解教学技能、板书板画教学技能、媒体演示操作教学技能、提问教学技能、反馈强化教学技能、归纳总结教学技能、课堂组织教学技能等。指导教师布置好训练任务后，可将受训者分组，让他们到各微格教室扮演各自的角色，或模拟教师或模拟学生进行训练，时间一般为5～20分钟。在训练过程中，指导教师在控制室可以进行全面监控，包括界面的切换、对教学现场的现场指导、与受训者的实时互动、录制等。

#### 2. 示范观摩功能

教学观摩是教师们进行教学经验、教学技巧交流的有效方式，或组织学生观看优秀教师课堂教学录像，为受训学生或教师提供示范。同时在引领教学、促进教师(包括准教师)成长方面发挥着巨大的作用。在微格教学训练中，为受训者提供多种不同风格的教学示范，再辅以对各种教学技能的详细说明与展示，可使受训者获得直观的感受和认识，模仿、学习并掌握多种教学技能。

#### 3. 反馈评价功能

教学训练结束后，通过重播自己训练的录像，肯定成绩，分析问题，进行自我纠正和评价。同组训练的同学通过听课、一起观看重播录像，可对受训者的模拟教学情况进行讨论、分析和评价，指出值得学习的地方与不足之处。

此外，指导老师也要对模拟教学情况进行全面的分析、评价，提出改进意见。这些评价方式，能及时有效地帮助训练者提高教学技能。

### 4.3.4 微格教学的实施

经过长期的实践和理论研究,微格教学的基本模式基本确定为"备课—授课—反馈—再授课"。具体讲,它的步骤包括以下几部分。

1. 确定训练目标

训练目标即最终要获得的学习结果,包括对各项教学技能原理的认识,各项教学技能的操作程序和执行要求的掌握。训练目标是训练活动的出发点,制约着训练方向,并为评价训练提供行为标准。根据不同的教学环节和不同的教学内容,列出需要训练的教学技能,并将其具体化,再列出更细致的学习目标。

2. 学习和研究教学理论与教学技能

微格教学是在现代教育理论的指导下进行的实践活动。在实际训练之前应学习相关理论,主要内容有教学设计、教材分析、课堂教学观察记录的方法以及教学评价方法等。在每项教学技能训练前,更应学习具体的教学技能,只有对具体的技能进行充分的理论学习和研究,才能在实际训练中收到理想的效果。

3. 提供示范

在正式训练之前,为了使受训者了解规范的教学行为,明确目的和要求,通常是以观摩录像或现场听课的方式提供示范。示范的内容可以是一节课的全过程,也可以是课堂教学片段。可以是正例,也可以是反例,两种示范可以对照使用,一般以正例为主。使用录像示范要有必要的说明,可在录像带上加文字说明,也可在播放录像时由指导教师进行现场说明。

4. 编写教案

根据教学目标进行教学设计之后,应写出详细的教案。微格教学的教案不同于一般教案,它应该详细说明教师的教学行为、学生的学习行为以及使用的教学技能、时间分配、所用教学媒体等,使受训者更规范、有效地掌握教学技能。

5. 微格教学实践

(1) 组成微格课堂。微格课堂由受训者、受训者的同学、指导教师和摄像人员(一般由受训者的同学担任)组成。指导教师和受训者的同学既是"学生",又是评价人员。

(2) 教学实践。受训者针对一段教学内容,实践一两项教学技能。在讲课之前,受训者应做一个简短说明,明确所要训练的教学技能、教学内容、教学目标以及教学设计方案。

(3) 现场记录。利用视听设备把教学实践过程记录下来,以便能及时准确地反馈。如果设备条件不允许,可由指导教师和同学用文字形式记录,但它不如录像记录全面、准确和真实。

6. 反馈评价

当实践活动完成之后,为了使受训者及时获得反馈信息,教师可以即时在控制室对教学情况进行评价，评价的画面和声音可广播到任何一间微格教室，也可在整个实践过程中随时和各微格教室进行双向可视对话；也可回放录像，大家一起观看，以进一步观察受训者的教学情况。之后，受训者进行自我评价，检查是否实现了自己所设定的目标。在此基础上，大家进行讨论评价，要客观地评价受训者的教学实践过程，指出存在的问题，提出努力的方向。对评价结果的处理，一般有两种方法：一种是根据目标和各种教学技能的指标编制评价表，明确评价内容和标准，对受训者的教学行为进行评价；另一种是将评价项目的结果输入计算机加以处理，画出评价曲线得出评价结果。

#### 7. 修改方案

受训者根据自我评价和讨论评价或计算机处理得出的结果，对所存在的问题进行修正，并重新编写教学方案，使教学技能的运用不断提高和完善。

#### 8. 再实践

已经达到基本要求的受训者可以进入另一教学技能的学习，未达到要求的受训者需要重新进行教学设计，经过修改和补充，进行第二次教学技能练习。

### 4.3.5 数字化微格教学系统

随着信息技术的发展，数字化的微格教学系统应运而生，它是一个集微格教学、多媒体编辑、影视音像制作、多媒体存储、视频点播和数字化现场直播为一体的数字化网络系统。在这里，观摩和评价系统均采用计算机设备，并通过交换机连接校园网或 Internet。信息记录方式采用硬盘存储或视频服务器，人们可以随时、随地通过网络或光盘进行点播、测评与观摩。

#### 1. 系统构成及工作原理

数字化微格教学系统是基于网络和多媒体计算机技术，真正实现了数字化、网络化的教学系统。该系统由一个控制室和多个微格教室组成，如图 4-17 所示。

微格教室配置普通教室设备、多媒体计算机、中控系统，还配置可远程控制的摄像机。每台摄像机配置一台视频编码器，将摄像机输出的模拟视频信号转换为数字视频信号，然后进入校园网络。配置拾音器拾取教室中的声音，送入视频编码器。控制室配置有系统控制设备、电视墙、录播、点播服务器等。系统控制设备可操控云台转动，控制摄像机镜头的推拉、调焦等，可进行画面切换、信号切换等。此外，控制室中还可配置录播服务器，进行教学录制、直播、点播等。

工作原理：微格教室中的摄像机拍摄现场图像、拾音器(话筒)拾取现场声音、VGA 采集设备采集多媒体计算机显示信号，三种信号经过视频编码器将模拟信号转换为数字信号，通过网络传送到控制室的录播服务器和电视墙；视频录播服务器将每间教室的实时视音频信号进行相关处理后，广播到网络上，各终端计算机可以通过专用客户端软件或 IE 浏览器收看直播和点播。系统可对终端授予不同的权限，如普通用户可收看直播和点播，指导教师还可进行部分控制操作和下载操作等功能，管理员可以在控制室或网络中的任何一台计算机上进行系统操作和控制微格教室的摄像机等。

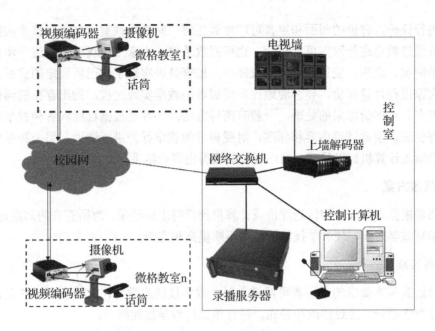

图 4-17 数字化微格教学系统基本结构

数字化微格教学系统基于网络架构，所有信号通过网络传输，布局灵活、扩展方便。系统不受地理位置限制，各微格教室可以集中建设，也可以分散在校园的不同教学区域。在联网的多媒体教室、教研室等计算机上可现场收看直播，或随时进行点播、测评与观摩。

**2．功能及使用**

数字微格教学系统除了具备一般微格教学系统的功能外，还具有以下几项功能。

1) 教学现场录制功能

可将受训者授课、板书、教态、语言、多媒体计算机屏幕、视频与音频信号同步进行组合，实现将视频、音频、VGA 信息同屏多画面、同步实时录制成流媒体课件，保存到系统的视频服务器，并能对录制好的课件添加索引和目录，对讲课教师、课程名称、系(院)等信息进行编码，方便课后检索和查找。每间微格教室可独立进行教学现场的录制并存储到系统的视频服务器上。在录制前，各参数(包括视音频格式、帧率、码流；VGA 的分辨率配置、帧率、码流等)可灵活设置，并可监看录制效果，操作方便灵活。

2) 流媒体课件制作功能

可以将微格教室内的教学情景，以一路视频、一路 VGA、一路音频的同屏多画面显示方式录制流媒体视频课件，并进行编辑处理后保存到视频点播服务器上，师生可单独点播学习，也可以插入到多媒体教学课件或网络课件中使用。

3) 网络现场直播和视频点播功能

校园网内的任何计算机，通过网络连接到服务器，既可以收看直播也可以视频点播，还可以将其下载存储到本机，可供全校师生随时随地进行学习。

4) 监视、控制教学进程功能

在控制室，配置了监视的电视墙，可以同时同步实时监听监视各微格教室教学现场的主画面，以及正在录制中的流媒体课件画面。控制室或授权计算机上可以分别对每间微格教室的摄像机进行远程控制，包括摄像机的上下左右控制、镜头远近的推拉等，还可以对各微格教室的相关设备进行控制，包括设备启动、停止的控制、计算机显示画面和操作的控制等。

## 4.4 语言实验室

语言实验室是一种从单一电声媒体发展成具有多媒体特性的系统，是现代教育媒体综合运用的重要成果。它是由以录音机为主的音响设备、电视机、计算机设备和控制设备等装配起来的用于语言训练和教学使用的专用教室。早期的语言实验室主要用于语言教学，特别是语言训练教学，仅仅是利用其听觉媒体的特性。随着科学技术的飞速发展，各种现代化的视听设备逐渐丰富，以计算机为主的学习反应分析器也被引入语言实验室，从而大大增强了语言实验室的教学功能。语言实验室已从早期的听音功能向视听及交互功能发展，同时语言实验室在艺术、音乐、医学、商业等领域都得到广泛的应用。

### 4.4.1 语言实验室的发展

语言实验室的发展是由于语言教学的需要和媒体在教育中的广泛应用。第二次世界大战期间，美国首次将语言实验室用于外语教学，从而拉开了语言实验室用于教学的序幕。随着科学技术的发展、语言教学的实际需要和各种教学媒体的综合功能的扩展，语言实验室也在不断地发展。

**1. 教育发展的需要**

由于现代国家间交流的频繁，对各国语言的掌握越来越重要，对语言教学中听力、口语、翻译等能力不断提出新的要求，为了在短时间内使语言学习满足教学要求与社会需要，语言实验室应运而生。

**2. 媒体的发展**

随着科技的发展，各种媒体随之大量出现，并被广泛地应用到教育中。各种媒体的特性和功能也得到不断提高和完善，保证了语言实验室系统的质量，促进了语言实验室的发展。

**3. 媒体组合技术与管理控制技术的发展**

在录音机、扩音机等媒体性能提高的同时，媒体组合的方式也得到不断的开发，而语言教学中提出的要求促进了语言实验室管理控制技术的发展，使多种教学媒体能够在语言实验室内组成一个有机的整体，并可由教师控制，实现教学中所需要的各种功能。

### 4.4.2 语言实验室的种类和功能

1993 年国家技术监督局发布了《语言学习系统国家标准》，该标准根据其功能和设备配置，将语言实验室分为以下六种类型。

### 1. 简单的听音型

听音型语言实验室(Audio-Passive Language Laboratory)简称为 AP 型语言实验室，是最早用于语言教学的语言实验室，是一种最简单的仅能提供听觉训练的设备。它的主要设备有教师控制台上的录音机、话筒、扩音机以及学生座上的耳机等。

学生利用听音型实验室时只能听教师控制台输出的节目，不能通过媒体听到自己的发音，也无法与教师对话，是一种被动式的学习工具，仅适用于听力和听写训练，学生不能发现与纠正自己发音中的错误。

在教师控制台上设置多种音源，学生座位上设置相应的多个插孔，让学生通过不同的插孔选择音源，这种方式适用于复式教学。教师可通过不同的音源向有不同学习需要的学生同时传送信息，而学生只需通过自己座位上的插孔去选择，这就很好地解决了复式班教学中的相互干扰，特别是它能同时设置多种音源，大大提高了复式教学的效率。

### 2. 听说型

听说型语言实验室(Audio-Active Language Laboratory)简称 AA 型语言实验室，它兼有放音和师生对话的功能。AA 型语言实验室是在 AP 型基础上发展起来的，在教师控制台上增加了耳机、音源控制和通话控制，学生座位上增加了话筒、传呼器和呼叫开关，并在学生座位之间配有分隔的隔音装置(隔音玻璃板)。学生可以听老师讲解或听播放的录音教材，并能回答问题或进行跟读练习。

这种方式最重要的优点是其交互性，在需要的时候可进行师生对话。学生可以通过呼叫开关向教师提问，教师可以通过控制台确定是谁提问，并单独回答或向全班回答，还可组织与学生的对话；另外教师还可监听学生的学习情况，及时加以辅导，在师生之间建立了闭环的反馈，它特别适合于集体教学的个别辅导。听说型语言实验室实现了双向交流，为学生提供了"主动"学习的可能。由于学生座位上没有录音装置，学生无法将自己的语言训练记录下来与教师提供的标准进行比较。

### 3. 听说对比型

听说对比型语言实验室(Audio-Active Comparative Language Laboratory)简称 AAC 型语言实验室，是一种能进行听音、对讲训练以及录音对比的语言设备系统。目前，在我国使用得最多的就是这种类型的语言实验室。

AAC 型语言实验室与 AA 型相比，有了较大的发展。教师控制台上增加了双人练习、小组练习等组合练习的功能，在学生隔音座位上加装了双声道双轨或双声道四轨录音机。它属于师生对话和学生自录的一种双向交互型语言实验室。学生可以录下自己跟读或对话的内容，并可重复播放进行对比，有利于对比标准的语言和复习，也有助于学生学习积极性与主动性的发挥和独立学习语言，提高了学生的学习积极性与主动性，有利于培养学生独立进行语言学习的能力。教师可以根据教学要求，有目的地组织学生进行分组练习，不但可进一步检查和了解了学生的学习情况，而且扩大了个别辅导面。学生座位的录音机一般由学生自己进行操作，但有的实验室也有教师遥控学生录音机的功能，教师可以控制学生的活动，并有目的地记录学生的作业，使教学有节奏地进行。AAC 型语言实验室能强化听说的训练，增加语言练习的密度，还特别适合于个别化教学，可以实现因材施教，相应地对教师的要求也提高了。

### 4. 视听型

视听型(Audio Passive Visual，APV)是指被动地听和看，学生不能主动参与，教师也无法随时掌握学生的学习情况。这种视听型是在听说型基础上增设了视觉媒体如幻灯、录像、监视器等，在传送听觉信息的同时，由视觉媒体同时传送相关信息，以形成语言环境诱发学习者的思维。

### 5. 视听说型

视听说型(Audio Active Visual，AAV)是指主动的视听学习，这种语言实验室是在视听型基础上增加学生用传声器，所以它具备学生既能听、能看，又能说的功能。

### 6. 视听说对比型

视听说对比型(Audio Active Comparative Visual，AACV)是指主动的视听比较型的语言实验室。这种语言实验室是在 AAV 型的基础上再为学生座位增设录音机装置，使其具有既能听、能看、能说，还能记录和比较的功能。

现在的语言实验室由于采用更多的媒体和利用计算机技术进行管理，可将学生数、提问次数、问题回答的正确率、错误率等有关的教学管理的数据信息显示或打印出来供教师随时掌握教学现状，随时修正自己的教学方案，这就将课堂教学置于动态的、交互的快速反应状态下，也有利于教学管理人员课后根据实际的反应结果作出统计和检查。

使用语言实验室进行教学，有利于因材施教，有利于学生自学和个别化学习，有利于教师改进教学方法，有利于创造良好的语言环境，有利于提高教学效率。由于结构不同，各种类型的语言实验室所具备的功能不完全一样。表 4-1 列出了常见的几种语言实验室的教学功能，供参考。

表 4-1 几种常见语言实验室的教学功能

| 功能 | 类型 | AP | AA | AAC | APV | AAV | AACV |
|---|---|---|---|---|---|---|---|
| 呼叫与通话 | 教师通过扬声器对全班讲课 | √ | √ | √ | √ | √ | √ |
|  | 教师通过耳机传声器组对全班讲课 | √ | √ | √ | √ | √ | √ |
|  | 教师对某一小组讲话 |  | √ | √ |  | √ | √ |
|  | 教师对个别学生进行辅导 |  | √ | √ |  | √ | √ |
|  | 教师在播放教材中进行讲解和插话 | √ | √ | √ | √ | √ | √ |
|  | 学生之间互相通话、分组学习 |  |  | ○ | √ | √ | √ |
|  | 学生呼叫教师请求帮助 |  | √ | √ |  | √ | √ |
| 播放与示范 | 播放录音教材 | √ | √ | √ |  |  |  |
|  | 播放视觉图像 |  |  |  | √ | √ | √ |
|  | 教师指定听音 |  |  | ○ | √ | √ | √ |
|  | 学生自主选择听音 | ○ | ○ | √ | √ | √ | √ |
|  | 学生示范 |  |  | ○ | √ | √ | √ |

续表

| 功能 | 类型 | AP | AA | AAC | APV | AAV | AACV |
|---|---|---|---|---|---|---|---|
| 跟读与录音 | 教师录音机自动反复播放 | | | ○ | √ | √ | √ |
| | 学生录音机自动反复播放 | | | ○ | √ | √ | √ |
| | 学生录制教学内容 | | | √ | √ | √ | √ |
| | 学生录制跟读内容,进行对比训练 | | | √ | √ | √ | √ |
| 监听与记录 | 教师监听全班学生的学习情况 | | ○ | √ | √ | √ | √ |
| | 教师监听任一学生的学习情况 | | √ | √ | √ | √ | √ |
| | 教师记录学生的学习情况 | | | ○ | √ | √ | √ |
| 遥控与复制 | 教师对学生录音机进行遥控 | | | ○ | √ | √ | √ |
| | 教师对学生传声器进行遥控(全班或分组关闭) | | | ○ | √ | √ | √ |
| | 遥控学生录音机复制教材 | | | ○ | √ | √ | √ |
| | 快速复制录音教材 | | | ○ | √ | √ | √ |
| 分析与评价 | 学生出席点名 | | ○ | √ | √ | √ | √ |
| | 分析学生回答问题状况、显示成绩 | | | ○ | √ | √ | √ |
| | 评价教学效果 | | | ○ | √ | √ | √ |
| | 打印分析评价的结果 | | | ○ | √ | √ | √ |

注:√为具备功能,○为选择功能,空为不具备功能。

### 4.4.3 语言实验室的优点和局限性

**1. 优点**

语言实验室具有以下优点。

(1) 可进行集体教学,也可进行个别化教学。

(2) 创造了良好的语言学习环境,有利于提高学生的学习兴趣和效率。

(3) 语言实验室的个别化教学功能可有效地克服教师对个别学生指导或训练时其他同学处于消极被动的旁听状态,避免了相互间的干扰,让所有的学生在整个教学过程中都处在积极主动的状态,提高了单位课时的利用率。

(4) 有利于不同水平的学生选用难易不同的教材,教师通过监听学生的学习,有针对性地个别通话辅导,实现因材施教。

(5) 为学习者提供良好的自学环境与自学条件。学生除接受教师的直接指导外,还可进行自我比较的学习。学生可以反复听,反复训练,消除了心理负担,学习积极性、主动性可得到充分发挥。

(6) 语言实验室的多种功能和交互作用可促使教师更新其教学思想,改进教学方法。

(7) 语言实验室是在学生自我调控的基础上进行学习和练习的一种教学设备。在语言实验室中每个学生可以在不受其他同学干扰的情况下,根据自己的实际水平收听录音或进行练习。

## 2. 局限性

语言实验室的局限性体现在以下几个方面。

(1) 座位的隔断,阻碍了师生间的视觉联系,导致教师肢体语言的发挥受到限制,如眼神、动作、表情对学生的积极影响,反过来教师也难以观察学生的学习状况。

(2) 师生感情交流少,无法进行良好有效的师生互动;在语言实验室进行教学,师生间的语言联系需要通过机器,似有隔墙之感,有的学生甚至会有被遗忘的感觉。教师在教学中应注意四周巡视,充分利用语言实验室的强大功能,大范围地组织学生进行多种活动,激发学生的学习兴趣,调动学生学习的积极性和主动性。

(3) 对师生的能力要求高,特别是对现代多种教学媒体的动手操作能力要求高。大量媒体技术在教育中的广泛应用要求师生具有很强的学习能力,否则在使用时不能充分发挥系统功能,不能获得预期的教学效果,另外还要求教师具有较强的组织与控制课堂的能力。

### 4.4.4 数字化语言实验室介绍

数字化语言实验室是以多媒体计算机技术、网络技术、通信技术为基础,将语音信号数字化,采用软件控制与硬件处理相结合的方法,通过教师计算机和语言教学系统,控制数字化语音终端的运行,完成语言的教学和训练功能。由于系统采用先进的网络架构,全面支持多种格式数字音频并能接入多路模拟音频信号,支持网络广播、分发,可无缝接入校园网、Internet。它不但具有模拟语言室的各项功能,还具有现代网络功能和高质量通话音质、课文讲解、随堂录音、音视频资料点播、自动分组、对谈练习、翻译练习、电子阅览、电子听音、视频配音、阅读教材、作业发布、网络考试、变速不变调、故障率低等特性,是集网络化、智能化、数字化为一体的新一代数字语言学习系统。

#### 1. 数字化语言实验室的组成

数字化语言实验室主要由硬件与软件两部分构成,其中硬件部分主要由主控台、交换机、学生终端三部分组成,主控台由一台多媒体计算机兼服务器、语音卡及相关外设组成,其中多媒体计算机是整个语言实验室的核心,语音卡安装在电脑主板的扩展槽上,音频、视频信号都要经过语音卡的数字处理存储到服务器中,通过网络连接学生终端。外设部分一般有音箱、扩音机、录放音卡座、话筒等。

学生终端根据产品型号会有所不同,但一般有两种类型。一种是由 5 英寸或 3.5 英寸的小液晶显示屏组成的控制面板,显示屏显示文本或教学模式,面板上有电源开关、音量调节键、播放控制键、举手键、数字输入键或随堂答题用的选题按钮、上下翻页按钮等,可进行 VOD(Video On Demand,视频点播技术)点播、听力选答、阅读选答等无纸化考试和口语考试;另一种则是一套特殊配置的多媒体 PC,安装了语言实验室终端软件。后一种类型功能更齐全,使用效率更高,能实现 VOD 视频点播及上网功能。

软件部分由五大功能模块组成:课堂教学、自主学习、考试功能、教师备课和资料管理,这五大模块是数字语言实验室所特有的。模拟语言实验室虽然也具有课堂教学功能,但它是以录音卡座为基础,功能十分有限,不能满足现代语言教学的需要。

**2. 数字化语言实验室的功能及特点**

1) 全数字化语音传输

数字化语言实验室可以直接利用光盘、资源库或网络资源，也可以用外接的录音卡座、VCD 等播放模拟资料，进行实时数字编码播放。

2) 分组讨论功能

数字化语言实验室可实现任意分组，将全体学生分成若干个小组，分组方式可以是按行、按列或任意自动分组，也可手动拖拉学生在各组之间移进移出做分组调整，保证了对话交互的实时性，提高了学生听、说及应变等综合能力。

3) 多路"广播"教学功能

教师能根据学生层次任意编组，指定其收听的音频节目源(多路可选)；学生也可以根据自己的实际学习情况去调节收听进度，做到因材施教。

4) 自主学习

学生可以根据自己的实际需要，连接到资源服务器，查询并点播教学资料库中的音频资料、视频资料、文本资料及进行自我测试(自助考试，还可进行自动评分)，以及完成教师布置的作业，可以自主控制播放进度，如停止、快进、快退等，对应的文本资料都能够同步显示，可进行复读、跟读等学习，即使教师离开，学生仍然能自主学习。

5) 监听和辅导功能

教师可监听和查看学生收听资料的情况，了解到每个学生的学习进度、听力水平及听力难点，也可对电子举手的某个学生进行单独通话辅导。

6) 数字录音功能

学生终端配置了存储量巨大的录音数据存储空间，用于保存学生的录音数据，并可添加到教学资源库中长期保存；还可支持口语考试、录音答卷统一管理功能。

7) 协作学习功能

这是一种集体学习形式。学生通过在系统中的电话交流或口语聊天室，可以进行相互交流、讨论；发现他人语言学习中的问题，如发音问题，并帮助解决问题和培养自己的语言能力，共同提高听力和口语水平。

8) 自由测试

数字化语言实验室的计算机可以随机出题，学生可以在线考试，也可以自己从资源服务器上的开放试题库中调出考卷，进行自我测试，包括听力考试和标准化试卷考试。考试完毕后，系统能自动评卷并显示标准答案和得分。

9) 考试功能

教师通过播放听力试题或发放标准化试卷到学生终端屏幕，学生用终端按键选择答题，系统自动阅卷评分、存档，并发送标准答案和分数，提供试卷分析功能等。

## 4.5 校园计算机网络

### 4.5.1 校园网概述

一般认为，校园网是一种在大、中、小学利用现代网络技术、多媒体技术，与因特网连接，为学校学习活动、教学活动、科研活动和管理活动服务的校园内的局域网络环境。

校园生活的核心是学习活动，校园生活的主体应该是学生与教师，网络的基本技术特质是开放、交互与共享，它的主要功能是促进学生主动学习，实现资源的交流与共享。因此，校园网络环境必须基于互联网应用。

校园网是一种基于互联网应用的，集相关软件系统和硬件设备于一体，以为学校师生提供教育教学服务为核心，兼顾科研、教育教学管理、办公管理等的计算机局域网络系统。

校园网是学校办学的一种重要基础设施，是学校师生、科研和管理人员所依托的重要资源，许多地区和学校也把建设校园网视为学校办学条件现代化的标志。

校园网可为学校教育提供资源共享、信息交流和协同工作的平台和环境，通过校园网，学校师生、科研和管理人员可实现办公自动化、多媒体计算机辅助教学、资源共享及信息交流，开展远程教学。校园网是沟通校园内部网络和外部因特网的桥梁，通过校园网可以接入外部广域网，与外校、外地甚至国外学校进行信息交流和沟通，为学校的教学与管理创造了更有利的条件。

校园网的建设极大地满足了个人、家庭、学校与社会对教育信息计算机管理和教育信息服务的要求，也在很大程度上满足了现代教育教学改革的需要。随着在校园网中将计算机引入教学的各个环节，继而引起教学方法、教学手段、教学工具等方面的革新，进一步引发了教学观念、教学思想、教学过程等方面的一系列的变革，这对提高教学质量，推动我国教育现代化的发展有着不可估量的作用。毫无疑问，校园网是学校提高管理水平、工作效率和教学质量的有效手段，是解决信息时代教育发展问题的基本工具之一。

## 4.5.2 校园网的功能

校园网应为学校的教学过程、管理、日常办公、内外交流等各方面提供全面的和切实的支持。校园网的主要功能模块包括教与学应用系统、行政管理自动化系统、远程教学与通信服务系统三大部分。

### 1. 教与学应用系统

教与学应用系统包括学习系统、教学资料库、教学演示系统、网上备课系统、题库管理系统、考试与评价系统、图书馆管理系统、电子阅览室、多媒体教学网等模块。

为学校的教育教学服务是校园网的首要功能，师生应当能通过校园网进行备课、教学、查阅资料，进行多媒体教学软件的开发与演示。校园网为学校提供了一个宽带多媒体网络环境，而这个环境的最重要的任务就是发挥其一切潜能为学校的教育教学服务，为学校的教书育人服务。只有充分认识并在日常教学中努力做到这一点，校园网才能发挥其应有的作用，才能具备强盛而持久的生命力。

### 2. 行政管理自动化系统

行政管理自动化包括学校行政事务管理、教务管理、学生管理、教研管理、后勤管理、信息查询及交换和校园一卡通等模块。

建立在校园网基础上的 MIS(管理信息系统)可以为学校在人事、教务、财务、日程安排、后勤管理等方面，提供一个先进的分布式管理系统；并会使原有的管理模式从纵向、单通道的，主要依靠个人的经验、判断和决策的简单模式，发展成为现代的、多向的、多通道的、网络状的复杂模式，从而提高管理效率，获得事半功倍的效果。

### 3. 远程教学与通信服务系统

远程教学与通信服务包括学校主页、电子函件、电子公告、视频会议、远程教学与教育等模块。师生之间以及与主管部门和兄弟学校之间可实现网上互相通信、浏览因特网，甚至于进行个别辅导、小组讨论、远程教学等。

## 4.5.3 校园网的设计原则

校园网是学校信息资源建设的基础设施，校园网建设的根本目标是为院校的教学、科研和管理提供一个先进实用的信息网络环境。现代校园网的设计应该从全局出发，从宏观方面去考虑，不仅要考虑网络的带宽，还要考虑网络的可靠性、安全性、扩展性、可维护性、实用性，校园网系统的设计应采用国际通用的 TCP/IP 协议，同时要考虑以下几个原则。

### 1. 实用性与先进性相结合

根据学校实际情况和特点，在设计中特别强调实用性与先进性的结合。校园网设计应能满足学校目前对网络应用的要求，充分实现学校内部管理、教学和科研的网络化、信息化的要求，使网络的整体功能尽快得到充分的发挥。应采用覆盖率高、标准化和技术成熟的软硬件产品，充分发挥设备效益，保证校园网的使用。跟踪国际网络技术的新发展，采用先进的设计思想、网络结构、开发工具，设计技术先进的网络。

### 2. 开放性与标准化

整个系统设计应采用开放技术、开放结构、开放系统组件和开放用户接口，以利于网络的维护、扩展升级以及与外界信息的沟通和互联。同时，在选择服务器、网络产品时，应强调产品支持的网络协议的国际标准化。

### 3. 可靠性与安全性

在校园网的设计中，主要应考虑两个层次：一是整个网络的可靠性与安全性，采用高可靠性和高安全性的网络体系结构，提供多层次安全控制手段，建立完善的安全管理体系，防止数据受到攻击和破坏，有可靠的防病毒措施；二是网络设备的安全性和可靠性，主要采用可带电插拔的模块、配置双电源、端口冗余、设置网络设备的用户表及口令限制等手段。

### 4. 经济性与可扩充性

在满足学校需求的前提下，应选用性价比高的网络设备和服务器。采用的网络架构和设备，应充分考虑到易升级换代，并且在升级时可以最大限度地保护原有的硬件设备和软件投资。

### 5. 统一性与灵活性

在校园网的总体设计中，应坚持"三统一"，即统一规划、统一标准、统一出口。采用积木式模块组合和结构化设计，使系统配置灵活，满足学校逐步到位的建网原则，使网络能够可持续增长。

### 6. 稳定性与抗干扰性

校园网的设计与施工应能满足当地的环境、气候条件，抗干扰能力强。

校园网覆盖整个学校园区，在设计与建设校园网时，结合学校的实际情况，还应该注意下面几点。

(1) 校园网的建设要适应学校的长远发展规划，可依据具体情况采取统一规划、分阶段实施、逐步到位的建网原则。

(2) 校园网的建设要考虑学校的实际需要，以满足教育教学的需要为根本出发点。

(3) 校园网的建设应坚持"培训在先、建库在先、然后建网"的原则。要实现学校教师、技术与管理人员的全员培训，形成一支能使校园网正常持续运行的软、硬件管理建设的骨干队伍。

(4) 在建和已建校园网的学校要设有专职人员，负责网络日常运行、维护和管理工作。

(5) 制定适合本校校园网安全使用的管理制度。

(6) 有条件的学校校园网的建设可考虑数字网络、电视网络与广播网络合一的方案，以满足学校的实际需要和规范校园的整体建设。

## 4.5.4 校园网的建设方案

在校园网设计与建设中，应当充分重视网络体系结构和所采用技术的合理性，并为网络今后的发展打下良好基础。由于校园面积较大，在校园网中往往需要建立多个局域网，考虑到网络扩展性，校园网一般都采用"主干加分支"的结构。这种结构利用高速网络技术构建整个校园网的主干网，提供网上文字、声音、图像等多媒体信息的传播通道，学校里各个院、系、部门的局域网或其他计算机系统则作为分支通过网络设备连接到主干网上。这样的体系结构简单明了、易于维护、管理和更新，也便于网络划分、流量控制与隔离。对于校园各建筑物内的局域网尤其是工作组网络可采用交换技术，以追求最高的通信效率。

下面以某高校校园网建设为例，简要阐述校园网的架构和主要技术。

### 1. 网络结构

该校园网采用主流厂商设备和万兆以太网技术，实现万兆主干、千兆汇聚接入、百兆交换到桌面，核心层采用 RRPP 环、汇聚接入层采用星型总线网络拓扑结构。图 4-18 是该校园网拓扑图。

该校园网建设采用分级设计的策略，分为核心层、汇聚层和接入层。在这一结构中，每一层各自完成自己的功能。这种层次性网络设计的特点是：易于实现、易于维护、协议支持性好、具有良好的可扩展能力，能够满足网络长期发展的需求。下面是这种层次性网络各层的功能说明。

1) 核心层

大多数校园网采用的树形结构是由星形结构衍生而来的。星形结构的最大缺点就是：大多数流量都必须通过中心节点，中心节点负荷比较大，一旦中心节点出现故障将导致整个网络瘫痪。而核心层包括了整个校园网的中心节点,因此核心层是校园网设计的重中之重,不可小视。核心层的主要功能是对全网数据进行高速无阻碍的交换。核心层是主干网的交汇点,这就要求核心层采用高端的设备。作为校园网的主要数据交换设备,还必须具有路由管理、网络管理等管理功能。

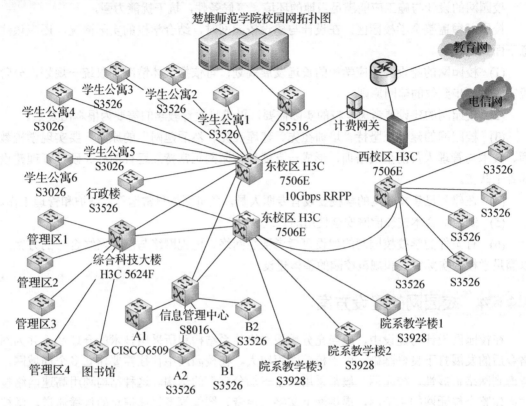

图 4-18 校园网拓扑图

2) 汇聚层

汇聚层包括主干网络及其所连接的路由器,提供高速无阻碍的数据链路到核心层。通常的网络策略是在分布层实现的,因此可以说汇聚层提供了基于网络策略的连接。例如抑制广播风暴、分流数据处理压力等。汇聚层的设备各个学校可根据自己的实际需要采用百兆或千兆的三层交换机。

3) 接入层

接入层主要为用户提供本地网络访问服务,此层的主要特点是:网络设备众多,工作量大,因此在施工过程中占很大的比重。在这一层的设计上,必须考虑冲突域和广播域的范围。尽量减小冲突域和广播域,以减少不必要的冲突和广播流量,提高网络的稳定性和高效性。另外,校园网的一部分安全问题也由本层解决。学校内部各部门之间也不希望自己的数据完全没有防范,解决方法是通过对虚拟局域网的划分,把各部门划分到不同的虚拟局域网中,虚拟局域网间的数据流通必须通过路由器进行,便于管理员监控管理。接入层的设备一般选用具有百兆交换功能的交换机。

## 2. 校园网建设的常用技术

### 1) VLAN 技术

VLAN(Virtual Local Area Network)即虚拟局域网，是一种通过将局域网内的设备逻辑地而不是物理地划分成一个个网段从而实现虚拟工作组的新兴技术。

VLAN 技术允许网络管理者将一个物理的 LAN(局域网)逻辑地划分成不同的广播域(或称虚拟 LAN，即 VLAN)，每一个 VLAN 都包含一组有着相同需求的计算机工作站，与物理上形成的 LAN 有着相同的属性。但由于它是逻辑地而不是物理地划分，所以同一个 VLAN 内的各个工作站无须被放置在同一个物理空间里，即这些工作站不一定属于同一个物理 LAN 网段。一个 VLAN 内部的广播和单播流量都不会转发到其他 VLAN 中，从而有助于控制流量、减少设备投资、简化网络管理、提高网络的安全性。

VLAN 是为解决以太网的广播问题和安全性而提出的一种协议，它在以太网帧的基础上增加了 VLAN 头，用 VLAN ID 把用户划分为更小的工作组，限制不同工作组间的用户二层互访，每个工作组就是一个虚拟局域网。虚拟局域网的好处是可以限制广播范围，并能够形成虚拟工作组，动态管理网络。

### 2) 防火墙技术

所谓防火墙指的是一个由软件和硬件设备组合而成、在内部网和外部网之间、专用网与公共网之间的界面上构造的保护屏障，是一种获取安全性方法的形象说法，它是计算机硬件和软件的结合，使 Internet 与 Intranet(内联网)之间建立起一个安全网关，从而保护内部网免受非法用户的侵入。

在逻辑上，防火墙是一个分离器、一个限制器，可以有效地监控内部网和因特网之间的任何活动，保证内部网络的安全。防火墙通常被设置在不同网络或不同的安全域之间。它是不同网络或网络安全域之间信息的唯一出入口，能根据安全政策控制出入网络的信息流，且本身具有较强的抗攻击能力，是实现网络和信息安全的基础设施。

### 3) VPN 技术

随着学校办学规模的日益扩大，许多学校在各个市、县成立了教学点，网络建设面临着如何解决远程教学点安全共享学院网络资源问题；同时，在校园网内部也存在各部门之间敏感数据的传输问题。为了保证数据传输安全，在网络安全建设中可以采用 VPN 技术。

VPN 可以通过特殊的加密的通信协议在连接在因特网上的、位于不同地方的两个或多个内部网之间建立一条专用的通信线路，就好比是架设了一条专线一样，但是它并不需要真正地去铺设光缆之类的物理线路。这就好比去电信局申请专线，但是不用给铺设线路的费用，也不用购买路由器等硬件设备。VPN 技术原是路由器具有的重要技术之一，交换机、防火墙设备或 Windows Server 2003 等软件也都支持 VPN 功能，VPN 的核心就是利用公共网络建立虚拟专用网。

VPN 被定义为通过一个公用网络(通常是因特网)建立一个临时的、安全的连接，是一条穿过混乱的公用网络的安全、稳定的隧道，是对企业内部网的扩展。虚拟专用网可以帮助远程用户、公司分支机构、商业伙伴及供应商同公司的内部网建立可靠的安全连接，并保证数据的安全传输。虚拟专用网可用于不断增长的移动用户的全球因特网接入，以实现安全连接；还可用于实现企业网站之间安全通信的虚拟专用线路。

4) 存储技术

随着校园网络建设的大力发展和计算机网络的普及，数字图书馆、数据库、管理系统、音视频资料、教学课件、题库等数字信息与日俱增，校园网信息存储问题随之而来。网络存储技术是现代存储技术与计算机网络技术相结合的产物，它以网络技术为基础，将服务器系统的数据处理与数据存储相分离，从而实现对数据的海量存储。在高校，要求以较低的成本完成各种信息的集中存储和管理，实现数据的多平台共享，以及数据在复杂操作系统平台之间的共享，数据的低成本备份与保护等，以满足师生教学的需求，成为校园网建设和发展中的一个重要问题。

校园网存储主要采用以下几种部署模式。

(1) 直接连接存储(DAS)：通过线缆直接连接到计算机处理器的存储设备(通常是磁盘或磁带)。最适宜用于单一孤立的处理器和要求低初始成本的场合。

(2) ISCSI(Internet 小型计算机系统接口)：连接到一个 TCP/IP 网络的直接寻址的存储库，通过块 I/O ISCSI 指令对其进行访问。ISCSI 的优势是能够在低成本的以太网网络上提供 SAN 所能带给用户的益处，但在目前 1Gbps 带宽的 IP 网络环境下性能要低于 1Gbps 带宽的 SAN 环境。

(3) 网络连接存储(NAS)：一个 NAS 设备通常由一个集成引擎外加磁盘存储设备组成，它被连接到一个基于 TCP/IP 的网络(LAN 或 WAN)，并使用专用的文件访问/文件共享协议进行处理。NAS 的优势是易于管理和文件共享，它使用的是低成本的以太网网络。通常会提供预装的软件套件，从而简化了安装。经济性是 NAS 的关键，它的购买成本和/或运行成本都要比 SAN 低。

(4) 存储区域网(SAN)：驻留在一个专用网络中的存储设备。与 DAS 一样，I/O 请求对设备进行直接访问。今天，大多数 SAN 都使用光纤通道介质，能够为网络中的处理器和存储提供任何级别的连接。SAN 的优势是性能(高存储吞吐量)、可扩展性(通过单一控制点管理多个磁带和磁盘设备)和可靠性(专用备份工具可以减少对服务器和 LAN 的使用)，缺点是成本较高。图 4-19 是该校园网存储部署示意图。

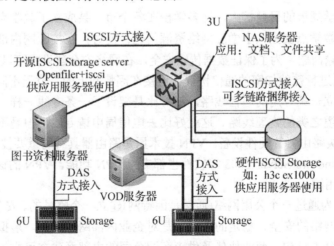

图 4-19 校园网存储部署示意图

在该部署方案中：图书资料服务器和 VOD 服务器通过 HBA 卡采用 DAS 方式直连原有

的存储设备，发挥原有设备的功能；硬件 ISCSI 存储设备采用 ISCSI 方式直连核心交换机，为提高吞吐性能，可以采用多链路捆绑技术直连交换机，其他应用服务器通过 ISCSI 协议访问该硬件存储；自组存储硬件、并采用开源 ISCSI Storage(如：openfiler)系统软件构建开源 ISCSI 存储系统，以 ISCSI 方式直连核心交换机，其他应用服务器通过 ISCSI 协议访问该开源存储系统；NAS 服务器直连核心交换机，提供文档及文件共享服务。

## 4.6 多媒体网络录播系统

### 4.6.1 多媒体网络录播系统概述

多媒体网络录播系统是在传统电视实况教学录制系统或教学演播系统的基础上发展起来的一种多功能现代化教学系统，又称网络课件实时录播系统、精品课程教学录制系统等。多媒体网络录播系统是音视频技术、多媒体计算机技术、网络技术、流媒体技术等现代新技术综合应用的产物，主要用于学校进行课堂教学的实时录制，生产流媒体教学课件。该系统可以全真再现课堂教学的全过程，满足学校开展课堂教学直播、点播等远程教育、远程观摩和网络教学的需要。系统由一个主控中心和若干个多媒体教室构成，支持来自教师多媒体计算机的 VGA 信号、来自摄像机的视频信号和来自话筒、多媒体、音响设备的多路音频信号的多流信号进行各种方式的组合，将教师的教学讲稿、教学课件、教师授课的教态、授课场景和学生的听课、问答等场景的多路音视频信号进行采集压缩，以标准的流媒体方式在网络中实时录制、编辑、直播、点播和刻录输出，真正实现了在网络环境下对优质课程资源的共享。

多媒体网络录播系统既可用于教学，也可用于会议、培训等现场的录制。师生通过网络连接到录播服务器可以同步收看现场直播，进行远程学习和教学观摩。系统在直播过程中，可以进行同步录制，录制好的视频文件作为学校的数字化教学资源存储在视频服务器中，师生只要在连通网络的地方，任何时间均可点播学习。

### 4.6.2 多媒体网络录播系统的功能及特点

当视频技术应用于教育以后，课堂实况录像随之出现。早期其作用仅限于将典型课例作为资料保存。随着信息技术的发展，特别是互联网的出现，课堂实录在网络的配合之下，在教育事业中发挥了前所未有的重要作用。多媒体网络录播系统就是为了解决课堂教学的实时录制、直播、数字化教学资源建设、共享等问题而提出的。

#### 1. 多媒体网络录播系统的功能

概括起来，多媒体网络录播系统主要具备三大功能："播""录""点"。

1) 播

"播"是指直播，即课堂教学现场直播。将教师在计算机上播放的多媒体课件、鼠标的动作、键盘录入、电子白板上的操作(如操作课件、讲解中的书写、图形绘制等)等 VGA 信号；教师的教态，讲解的实况，教师使用的传统媒体(如黑板的板书、挂图)以及师生交互，课堂讨论实况等合成在一个画面中，与课堂教学中的声音(教师讲解、学生回答、多媒体等现场声音)同步压缩并通过网络传输，其他教室之外的教师和学生只要通过网络连接到系统服务器上，就可以收看教学的现场直播。应用于远程教育，一个老师就可以同时教授几个班或者更多的班级，有效利用师资力量。应用于教学观摩，教师、同行、专家等不需要进课堂就可以进行远程听课、观摩、评课等活动。根据录播系统设计的不同，多路视频可以按电影模式进行手动或自动现场切换，组合成单画面进行传输和直播，也可以让多路视频同步传输，采用画面分割方式或画中画方式单屏多画面显示，并能任意拖动交换画面的位置和改变其大小，或者选择任一个画面全屏幕观看等，真正做到计算机输出、教师讲解的实况、学生听课的实况等现场信息无一遗漏地传输显示，如同身临其境。

2) 录

"录"指实时同步录制。系统除了能进行实时现场直播以外，还具有实时录制功能。系统可以将教学场景包括教师音视频、学生音视频、教室全景、计算机输出的VGA和声音等进行实时录制并生成流媒体文件，保存到系统服务器上，供学生课后点播学习；教师也可以将它应用到自己的课程网站中。该系统是学校课堂数字化教学资源建设的有效途径。

现场录制的文件还可以进行后期处理，比如同步编辑、添加教学目录索引、多流分离为几个流媒体文件等。添加目录索引后点播时只要点击相应的内容即可跳转，跳转的同时几个画面在时间上保持同步，大大方便了对课程的观看。

3) 点

"点"指课后的点播学习。系统可以将录制生成的文件通过手工或自动的方式上传到点播服务器，并在后台管理系统中生成点播列表或制作成网站。经过授权的终端用户通过IE浏览器登录到系统平台，便可根据需要点播相应的课程，随时随地观看自己想看的课件，从而从根本上扩展了课堂教学的概念，实现了教学资源的共享。

### 2. 多媒体网络录播系统的特点

多媒体网络录播系统具有以下特点。

(1) 能够同步实时地生成网络教学资源。系统的自动化程度和集成度都设计得很高，直播、录制均可保持同步，在直播时能将课堂教学情景全面录制下来，包括教师的音视频、电脑屏幕等，使输入的各种信号自动匹配，快速转换成网络教学课件，图像语音清晰流畅，可以作为一种网络教学资源。

(2) 能够全面地录制教学过程中的相关信息。课件展示的主要是知识点，缺少教师讲解相关信息，而传统的课堂录像又很难再现教学过程中所涉及的所有相关信息。网络课件实时录播系统能很好地弥补这些不足，它兼顾了传统课件和课堂录像的优点，将教学现场的教师、学生、电子课件等信息同步录制并融合在一起，全面再现课堂教学情景。

(3) 系统具备较高的开放性，可以实现网络共享。系统设计具有良好的开放性，用户计算机可以通过网络连接到系统服务器，只要得到授权，即可进行相应的控制和操作。师生可通过网络在任何时间任何地点进行直播收看或点播学习。

(4) 录制方式多样化。录制既可采用单画面电影模式，也可采用多画面模式。单画面模式录制出来的文件只有一个画面，或教师、或学生、或计算机屏幕，这几个画面在录制时经过了技术员现场特技切换处理，将突出课堂教学主题的画面显示出来，便于学生理解教师讲解的教学内容。多画面模式一般由三至四个画面构成：教师、学生、计算机屏幕、注释或索引，这些画面同时可录制整合成一个多画面的流媒体文件。

(5) 收看方式多样。由于网络录播系统一般是多画面同时录制，在直播或点播的过程中收看方式灵活多变，可由学习者自主选择不同的方式进行收看，或选择收看教师画面听教师讲解教学内容，或选择收看学生画面以观察学生学习状态，或只收看VGA屏幕进行学习，也可以同时观看教师视频、学生视频以及VGA屏幕。

(6) 高效率制作。网络录播系统融会了众多的新技术，自动化程度高，系统画面以及声音同步实时录制在服务器中，可以由技术员后台控制操作系统，也可以由授课教师一键完成录制工作。录制完成后即可手动或自动转存到存储服务器中供用户点播与共享。

随着跟踪技术、识别技术等各种新技术不断被应用到录播系统，录播系统的自动化程度越来越高，目前的全自动录播系统可以在录制过程中同时实现教师、学生、屏幕等教学场景的自动跟踪控制和切换，实现无人值守的高质量课堂教学录制。

(7) 可进行远程教育和培训。教育需求不断增长，教育资源相对短缺。虽然近年来我国各级各类教育都取得了很大成绩，但教育发展不能满足现代化建设需要的状况并没有根本性改变，特别是目前在职教师各类培训的需求，由于数量多，而且要在短时间内学习并掌握大量的知识与技能，课堂教学根本无法满足要求，而通过网络连接到网络录播系统就可解决这个问题。一部分学生或培训者可以坐在现场听老师讲课，而另一部分则可以通过网络连接到录播系统收看直播进行学习，而且所有学生都可通过网络点播对存储在服务器上的文件进行复习或异步学习。

(8) 操作人性化。大多数网络录播系统都采用IE管理方式，只要能连通网络就可以进行管理。录播教室的摄像机、音量、音调不但可以在控制室里通过硬件设备进行控制，也可以在远端通过系统平台进行远程控制。

(9) 权限的设置。管理员可给不同的用户设置不同的用户名、口令以及权限，包括登录权限、接收直播权限、点播权限、下载权限及观看评语信息权限等。这些权限设置有利于对网络资源的管理和充分应用，保障系统和资源的安全。

(10) 简单编辑。多媒体录播系统一般可提供如下编辑功能：①裁剪合并编辑，对资源进行合理的裁剪合并等编辑，无论录制的视频是几路，都基于同一时间基准进行，无论进行怎么样的裁剪合并，各路视频都可以做到同步传输和播放。②添加说明，可以在直播和录制的同时添加说明，如课程名称、听这堂课学生应该具备的基础知识、主讲教师、授课时间等信息。③索引编辑，对录制资源进行索引编辑，形成该课堂流媒体课件的目录索引，播放时作为一路画面显示，可以通过索引引导实现在该课件资源中的快速跳转和定位。④智能剪辑，智能化程度高的录播系统还具备智能剪辑功能，可以进行智能剪辑策略的调度，丰富的智能剪辑，可为后期文件编辑制作提供智能平台。系统依据教师的各种设定，智能地产生剪辑策略；系统按照剪辑策略，自动地根据教师在授课过程中对各种多媒体设备和授课计算机的使用情况，与学生互动交流的情况，智能地在教师、学生、课件之间进行剪辑，教师通过简单操作就能获得数字化课堂教学资源制作的效果，简单易用；系统遵循授课教师的授课过程和习惯，避免了后台剪辑时技术人员与授课教师脱离带来的问题，形成最贴近授课实况的录像课件。⑤数据备份、资源刻录等。

### 4.6.3 多媒体网络录播系统的组成及原理

多媒体网络录播系统主要由教室端、主控中心和传输网络、存储和点播服务器、客户终端等几个部分构成，如图 4-20 所示。

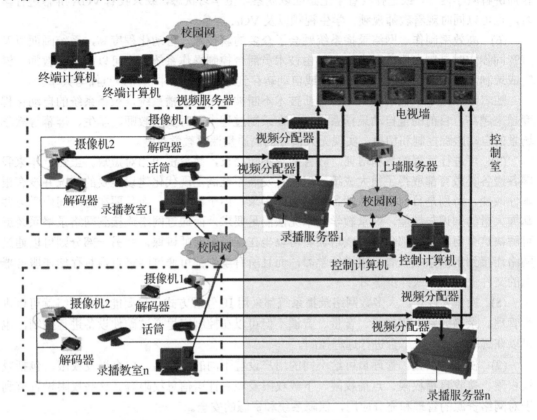

图 4-20 多媒体网络录播系统的构成

#### 1. 录播教室部分

多媒体网络录播系统可以包含多间录播教室。录播教室就是在多媒体教室内配置摄像机、话筒等设备的多功能录像教室。教室内一般配置两套摄像机，分别进行教师画面拍摄和学生画面拍摄，摄像机配置三维云台，来自录播服务器(或控制键盘)的控制信号经过解码器，分别控制云台转动、摄像机镜头的推拉、光圈、焦距等；教室内一般配置两路话筒，一路拾取教师讲课的声音，另一路拾取教室内学生讨论、回答问题的声音，以及多媒体计算机的声音。教师配置无线领夹话筒便于教师移动，为了保证覆盖和使用方便，学生可配置一套以上高灵敏度、全向置顶话筒。多路话筒最好配置调音台，便于对各路声音分别控制。多媒体计算机输出的 VGA 信号经过分配器，一路传输给录播服务器。教室内计算机连接到网络，作为系统的一个终端用户。摄像机、话筒等前端设备输出信号传输到控制室给录播服务器。如果教室与控制室距离太远，为避免音视频模拟传输的损失，也可将录播服务器配置在教室中，由控制室远程控制。

为了兼顾传统的板书教学，教室内可配置黑板，但最好配置无尘黑板，减少粉尘污染，不建议配置普通白板。近年来，交互式电子白板技术不断发展，价格逐渐降低，功能逐渐完善，已经成为多媒体教室中一种实用的现代综合媒体。交互式电子白板与教师计算机连接后，教师在电子白板直接书写的动作即刻被识别，电子白板就像平时用粉笔在黑板上写字一样，可代替传统黑板进行板书板画；可以代替鼠标操作计算机，将教师从计算机键盘上解放出来；在进行多媒体教学中，可在多媒体课件上进行现场标注和批注；配合电子白板软件，可以实现类似于"几何画板""物理画板"等学科绘图工具的功能。

### 2. 主控室

主控室主要由录播服务器、控制计算机、控制键盘、音频混合调节设备(如调音台)、电视墙(由监视器组成的阵列)、直播监视服务器、网络交换机等设备构成，主要完成摄像机控制、信号切换、音频调节切换、录制控制、直播控制、教室灯光控制等后台操作，以及后期编辑、文件上传、数据刻盘等工作。

录播服务器是录播系统的核心设备，一般安装嵌入式操作系统，配置有音视频硬件采集卡和 VGA 采集卡，安装录播软件，完成音视频信号采集压缩、VGA 信号采集压缩、多路信号合成、流媒体文件录制、网络直播、摄像机控制、现场切换编辑等功能。

对于音视频信号，录播服务器的关键指标是分辨率、码流和编码方式等。VGA 信号采集主要有三种方式：通过 VGA/AV 转换卡、软件抓屏和硬件采集。通过 VGA/AV 转换卡，例如 Key300、Key500、Key700 等，把模拟 VGA 转为模拟视频，再采用视频采集压缩卡进行处理。这种方法的优点是对教师计算机没有影响，实时性高，但信号质量非常差；软件抓屏是通过在教师计算机上安装抓屏软件实现，其优点是成本较低，且可以做到低失真压缩，缺点是抓屏时要占用教师计算机资源，影响教师计算机的性能，特别是在播放视频文件时，软件抓屏会因在录播过程中无法采集到画面而导致录播文件呈现一个黑窗口；硬件采集是目前课堂录播系统中使用的主流 VGA 采集方式，采用专用的 VGA 硬件采集卡，其采集 VGA 信号种类全，不干扰教师计算机，采集图像质量好，压缩后可直接生成通用的标准视频流文件。

电视墙是由多台监视器组成的一个阵列，可以由多台 19~21 英寸的专业监视器、也可以由几台大屏幕高清电视机加装画面分割器构成，用于监视教室摄像机输出画面，便于进行摄像机控制，监视各教室的直播情况等。监视器数量要保证多个教室能同时监视。直播监视服务器用于接收各教室直播情况并显示到电视墙上，为优化系统，可配置一台高性能计算机，安装分屏软件，多窗口显示各教室直播画面，通过 VGA 传送到电视墙上的大屏幕电视机，如果条件允许，最好能分别接收和监视，这样可以兼顾画面和声音。

录播服务器一般具有云台和摄像机控制的功能，控制计算机登录到录播服务器后即可控制系统直播、录制，通过计算机键盘可以操控教室内的摄像机。

### 3. 存储和点播服务器

录制编辑后的流媒体文件上传到存储和点播服务器中，存储在这里的流媒体文件供师生随时随地地通过网络进行点播。录播服务器一般也具有存储和点播功能，可以承担课程数字化资源的保存和点播服务，但为了保障数据安全和点播质量，最好配置专用的视频点播服务器。

由于存储和点播服务器需要处于零停机工作状态，最好将其安装在学校的网络中心机房内，这样可以保证有良好的工作环境和得到专业的维护保养。

录制编辑后的课堂流媒体文件是学校数字化教学资源的重要组成部分，服务器必须可靠稳定，并且有可靠的备份机制。

**4. 客户终端**

通过校园网或互联网连接到录播系统或点播服务器的授权计算机都是系统的客户终端，师生在客户终端可以收看直播或点播相关课程视频。根据自己的爱好和需要，学习者不但可以学习与本专业相关的课程，还可学习其他专业的课程。

由于各种品牌的录播系统采用的技术有差异，一般客户端计算机需要安装专门的播放器，才能正常播放单屏多画面的流媒体文件。

控制室的控制计算机也是客户终端，连接到录播系统的任何一个终端，如果授予了控制的权限，均可以成为控制端。如果教研室的计算机具有授权控制功能，各教研室就可以自由组织课堂教学观摩、评课等活动。

### 4.6.4 多媒体网络录播系统的结构和使用方法

下面以 AVA REN-VI 构成的录播系统为例，简单介绍录播系统的使用。

REN-VI 录播服务器是一款 DVD 画质、功能强大的录制和直播设备，具有同步录制、实时直播、在线点播、后期编辑等多种功能，录制的文件存储在本地或自动上传；系统采用嵌入式系统设计，其结构精简、稳定可靠，全部功能集中在一台设备内，基于 IE 浏览器统一管理，简单易用。

REN-VI 提供一路 VGA 输入、两路视频输入和一路话筒输入、两路混合音频输入，配置摄像机、话筒等设备后即可构成一套支出单流电影模式和多流组合模式的多功能高质量录播系统，用于精品课程录制、课堂教学录制、直播，以及开展远程教育等。

**1. 系统结构**

系统由多媒体教室、安装在多媒体教室中的 REN-VI 录播服务器、两路带云台的摄像机、教室拾音设备以及安装在控制室中的监视器、控制计算机等构成，系统组成如图 4-21 所示。

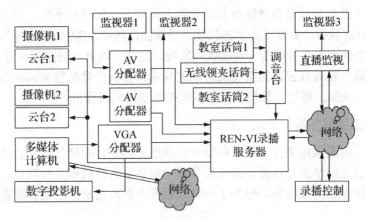

图 4-21 REN-VI 网络录播系统的构成

图 4-21 所示为一套录播系统的结构，该系统可录制或直播一间教室的课堂实况。录播教室内安装两套带云台的摄像机，其中一套安装在教室后部，主要摄录教师的教学行为；另一套安装在教室侧前方，主要摄录学生的学习状态。摄像机输出的视频信号经 AV 分配器，一路到录播服务器的视频输入端，另一路到监视器。录播控制计算机通过网络登录录播服务器后，即可控制摄像机。录播服务器输出控制信号，控制云台动作和摄像机变焦、调焦等。从控制计算机上可以监视摄像机画面，只是在控制摄像机过程中画面变化稍微滞后，在对控制精度要求不高的情况下，监视器 1、2 和 AV 分配器可省略。"直播监视"由一台计算机承担，"监视器 3"是一台大屏幕显示器或带 VGA 输入的大屏幕电视机。如果多套录制直播系统集中到控制室控制，监视器可整合为一套电视墙。在该系统中，调音台有两大功能：多路音频混合调整和幻象电源(教室话筒采用电容式话筒时给话筒供电)，REN-VI 录播服务器提供一路话筒输入和两路混合音频输入，如果采用其他专用话筒，可以不使用调音台。

### 2．多流录播模式

多流模式又称为多画面模式、分屏模式等。就是将教师视频、学生视频、声音、VGA 几路信息传送给录播服务器，分别进行采集和压缩，并同时、同步地在一个屏幕中分屏显示。传输中几路信号同步传送，各自独立，互不干扰。教室内的主要教学信息被全部采集、传送和录制，观看者在一个屏幕中可以同时观看，并且可以根据需要对画面进行选择，将自己要关注的画面处于大画面或者处于全屏显示状态。图 4-22 所示为多流模式画面，左侧依次为教师画面、学生画面和摘要，右侧为计算机画面。三个画面可以任意拖动交换位置或改变大小。

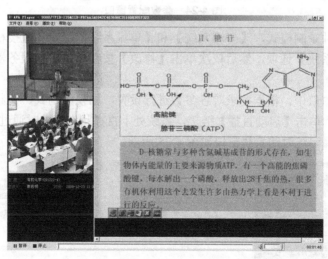

图 4-22　多流模式画面

多流技术的使用主要表现在多路视频的独立处理，包括主讲教师视频、学生视频和计算机视频。每一路视频都是独立的，可通过编辑软件在后期单独把其中任意一路视频和声音导出，或重新进行组合。

登录录播系统，打开系统窗口，单击"服务器设置"选项，如图 4-23 所示。

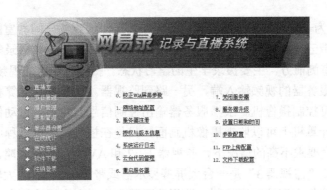

图 4-23　服务器设置窗口

单击“参数配置”链接，打开参数配置窗口，如图 4-24 所示。

参数配置

注意：如果配置不正确，会导致系统运行不正常，请小心修改

| | 配置名 | 值 | 备注 | |
|---|---|---|---|---|
| 1 | 直播端口 | 9000 | 必须大于1024，且不能为保留端口（9001-9050），默认为9000 | 修改 |
| 2 | Web端口 | 80 | 必须为80或大于1024，且不能为保留端口（9001-9050），默认为80 | 修改 |
| 3 | VOD端口 | 9010 | 必须大于1024，且不能为保留端口（9001-9050），默认为9010 | 修改 |
| 4 | MMS端口 | 9011 | 必须大于1024，且不能为保留端口（9001-9050），默认为9011 | 修改 |
| 5 | 组播端口 | 9018 | 必须大于1024，且不能为保留端口（9001-9050），默认为9018 | 修改 |
| 6 | 组播地址 | 224.1.2.3 | 组播IP地上范围必须为224.1.2.2~224.1.2.254 | 修改 |
| 7 | 流授权类型： | 多流系统 | | 修改 |

<<返回　重启服务器

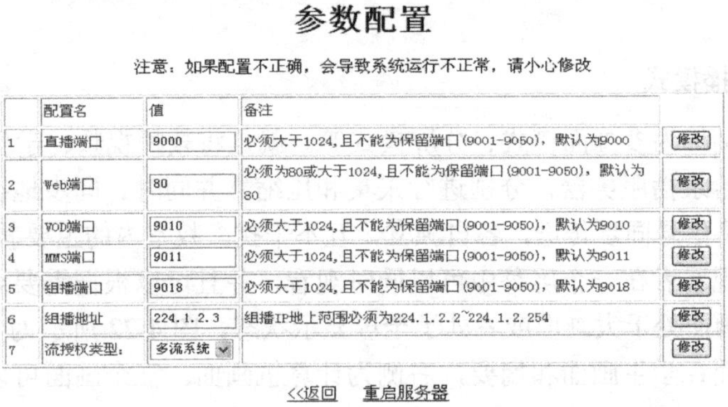

图 4-24　参数配置窗口

系统提供两种录制模式，【多流系统】和【单流系统】，在【流授权类型】下拉列表框中选择【多流系统】选项，然后依次单击【修改】按钮和【重启服务器】链接，系统处于多流模式。

在节目管理窗口中，根据要求对各参数进行设置，如视频制式、视频格式、帧率、码流、云台类型等。单击【启动直播】链接，系统处于直播状态，此时通过网络访问该系统，可以收看实况直播。这时的系统窗口如图 4-25 所示。

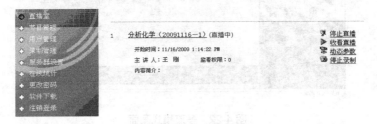

图 4-25　节目管理窗口

在节目管理窗口右上方单击【动态参数】链接打开【云台控制调整】窗口，如图 4-26 所示。窗口包含四个部分，上部分别为摄像机 1、2 的视频监视窗口，下部对应摄像机控制按钮，可以控制摄像机上、下、左、右转动和镜头推拉，云台动作速度可以在 1～20 调节。单击音频控制按钮，可以进行音频控制，用于选择音频输入和调节音频电平。单击按

钮，可以进行摄像机控制，用于调节焦距等。

图 4-26 【云台控制调整】窗口

单击左上角的⊠按钮，关闭【云台控制调整】窗口，回到节目管理窗口。单击【开始录制】链接，系统直播的同时进行录制，单击【停止录制】链接，系统停止录像。单击左侧的【录制管理】选项，打开录制的文件列表，可以进行点播、下载等操作。

将录制的文件下载到本机，启动本机的后期处理软件，可以进行视频裁剪，添加标题、主讲教师等信息，还可以进行视频流分离、合并、追加等后期编辑。

3. 单流录制模式

单流录制模式又称为电影模式，指主讲教师画面、学生画面、板书、计算机屏幕画面等多路视频经过操作人员现场无缝切换，显示在一个画面上，就像我们平时看的电影或电视。该模式录制的视频格式为微软标准格式 WMV 或 ASF，因此，不需要安装专门的播放软件即可收看直播、进行点播等。

在参数配置窗口中选择【单流系统】选项，然后依次单击【修改】和【重启服务器】按钮，系统处于单流模式。

在节目管理窗口中根据要求对各参数进行设置，单击【启动直播】链接，系统处于直播状态，此时通过网络访问该系统，可以收看实况直播。

单击【动态参数】链接打开导播控制窗口，如图 4-27 所示。窗口下方有三个按钮：Video1、Video2 和 VGA，单击其中一个按钮，该按钮所对应的画面就成为合成输出画面。PIP1、PIP2 为画中画选择按钮，如单击 PIP1，输出为 VGA 主画面上叠加教师画面。可以在景别按钮上定义不同景别，单击某个景别按钮，画面自动调整为相应景别。云台和镜头推拉可以通过单击画面侧边的按钮进行，也可以在画面上单击来控制云台，使用鼠标滚轮推拉镜头。

单击【启动录制】按钮，可在系统直播的同时进行录制，单击【停止录制】按钮，系统停止录像。关闭导播控制窗口，单击图 4-25 所示的服务器设置窗口左侧的【录制管理】按钮，打开录制的文件列表，可以在此进行点播、下载等操作。

单流录制的文件为标准的微软流媒体文件，可以使用支持微软文件格式的编辑软件(如 Windows Movie Maker、会声会影等)进行后期编辑。

通过单流或多流模式录制好的文件可以保存在录播服务器上，供点播或下载，也可以经过简单的后期编辑,上传到学校专用的视频服务器上,制作统一的学校教学资源点播网站,或用于学科教学网站。

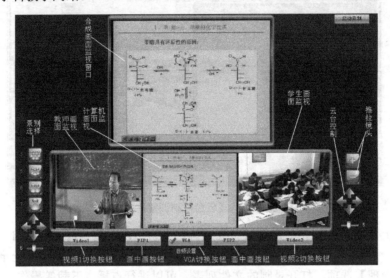

图 4-27 导播控制窗口

### 4.6.5 基于软件的流媒体课件录制系统介绍

上面讨论了多功能多媒体网络录播系统,该系统可以满足学校课堂教学实况的高质量直播和录制,这类系统虽然使用越来越简单、自动化程度也越来越高,但专业性强、投资较大、必须在专用教室才能实现,用于教学资源建设存在周期较长等问题。针对学校课程门类众多、课程内容更新较快等特点,配合使用一些技术成熟、通用性好的基于软件的录制系统,是学校开展教学资源建设的有效途径。

基于软件的录制系统部署方便、对硬件要求较低,教师只要拥有一个普通的摄像头(如用于视频聊天的 USB 摄像头)和计算机话筒,安装该类软件后即可进行教学课件的录制。不受时间的限制,可以在备课的同时进行录制;不受地点的限制,在教研室、在家中均可进行;不受内容的限制,可以录制完整的一节课,也可以录制教学中的一个重点、难点等。

目前该类系统较多,不同厂家的软件系统功能不一,操作不同,不过用于教师自主录制流媒体的功能和操作大同小异。下面以 PowerCreator 课件录制系统为例,简单介绍其操作方法。

**1. 安装硬件**

基于软件的录制系统对摄像机、话筒等硬件的要求较低,只要在制作的计算机上安装普通的 USB 摄像头和普通话筒耳机即可。

**2. 安装软件**

在计算机中安装 PowerCreator 课件录制系统软件。该类软件属于商业软件,安装时或安装后需要进行注册认证。PowerCreator 课件录制系统软件分为单机版和网络版,单机版使用加密狗,网络版通过网络认证。

### 3. 使用操作

安装完成后启动软件，打开如图 4-28 所示的窗口。

选择【操作】菜单中的【选择课件模板】命令，如图 4-29 所示，打开选择课件模板对话框，选择一种模板。PowerCreator 课件录制系统提供了三种工作模式，展开【选项】菜单，将鼠标指针指向【工作模式】子菜单，可以选择【录制模式】【直播模式】或【录播模式】命令。选择【选项】菜单中的【录制选项】命令，打开录制选项对话框，定义屏幕捕获区域、捕获的帧数，添加课件信息等。选择【选择视频采集模板】命令，可以选择或定义视频捕获的参数。如果计算机上安装了多个摄像设备和音频设备，可选择【多媒体设备选项】命令，打开对话框，选择要使用的设备。

图 4-28  课件录制软件窗口

图 4-29  系统菜单

单击 ▶ 按钮，系统开始录制，同时系统窗口自动隐藏，并在任务栏的右边显示一个 图标。单击该图标，在弹出的菜单中选择【停止录制】命令，录制终止，弹出系统窗口。

### 4. 生成课件

选择【操作】菜单中的【合成课件】命令，即可生成课件。合成的课件保存在系统的默认存储目录中，选择【操作】菜单中的【预览课件】命令，可观看课件，如图 4-30 所示。

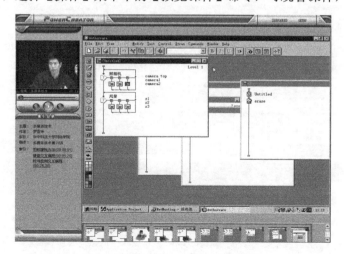

图 4-30  PowerCreator 录制的课件

**5. 课件发布**

将录制好的课件上传到视频点播服务器，即可点播使用。

PowerCreator 课件录制系统版本较多，以上介绍的仅是用于教师自主录制课件的录制系统，PowerCreator 也可以部署为多媒体网络录播系统。

## 复习思考题

1. 谈谈你对多媒体计算机系统的理解，自己设计一套多媒体配置方案。
2. 简述多媒体教室的基本构成和教学功能。
3. 简述网络教学机房的组成和教学功能。
4. 结合专业特点，简述微格教学系统的组成和教学功能。
5. 简述校园网的基本设备和基本功能。
6. 简述多媒体网络录播系统的功能和教育应用。

随着计算机多媒体技术的发展，多媒体计算机在教学中的应用越来越广泛，已逐渐成为教学中一种重要的教学媒体。越来越多的教师在课堂上开始使用多媒体课件，多媒体课件已经成为改革传统教学模式、提高教学效率的一种有效的教学手段，得到越来越广泛的应用。

# 第 5 章　多媒体课件制作技术

**本章学习目标**

➢ 通过本章的学习，可以了解多媒体课件的概念和教学功能、设计原则，掌握多媒体课件制作的一般要求和制作过程。
➢ 了解多媒体素材的分类及特点，掌握多媒体课件素材的采集制作方法。
➢ 掌握 PowerPoint、Authorware、几何画板等课件制作工具的使用方法和技巧，学会运用这些常用的课件制作工具制作多媒体课堂教学课件。

## 5.1　多媒体课件概述

### 5.1.1　多媒体课件的概念

**1. 什么是多媒体课件**

近几年，多媒体课件在教学中的应用越来越广泛，对于多媒体课件的定义，在现代教育技术和计算机辅助教育相关书籍里面都有介绍，例如：

(1) 课件是在一定的学习理论指导下，根据教学目标设计的，反映某种教学内容和教学策略的计算机软件。

(2) 课件是指用于教授某段教材的教学软件包。它是具有明确的教学目的，反映教材内容、教材结构，具有相应的教学策略的程序系统。

(3) 课件是在一定的学习理论指导下，根据教学目标的要求，由教学内容和教学决策组成的计算机软件。

(4) 课件是为进行教学活动，采用计算机语言、写作系统或其他写作工具所产生的计算机软件以及相应的文档资料，包括用于控制和进行教育活动的计算机程序，帮助开发维护程序的文档资料以及与软件配合使用的课本和练习册等。

由以上各种表述中我们可以认为，"多媒体课件是以现代教学思想为指导，以计算机、多媒体和通信技术为支撑，具备一定教学功能的，以学生为中心的多媒体计算机辅助教学

软件。"(李克东，2002 年)

教学软件是指教学中使用的软件。教学软件不等同于课件，它是一个泛指的概念，凡在教学中能为教学目的服务的任何应用软件都可以看作教学软件，这样一来，那些与教学内容无直接关系的工具软件也都包括在教学软件的概念之中，其范围要大于课件。

**2. 多媒体课件的教学功能**

1) 图文声像并茂，优化学习环境

多媒体课件图文并茂、内容丰富多彩，能够更好地构建学生的学习环境，方便学生学习。同时多媒体课件对于教学内容全方位的阐述，更能激发学生的学习兴趣，充分发挥学生的主动性，真正体现学生的认知主体的作用。

2) 友好的交互环境，调动学生积极参与

多媒体课件由文本、图形(图像)、动画、声音、视频等多种媒体信息组成，所以给学生提供的外部刺激不是单一的刺激，而是多种感官的综合刺激，这种刺激能引起学生的学习兴趣和激发学生的学习积极性。

3) 丰富的信息资源，扩大学生知识面

多媒体课件可提供大量的多媒体信息和资料，创设丰富有效的教学情境，不仅利于学生对知识的获取和保持，而且大大地扩充了学生的知识面。

4) 超文本结构组织信息，提供多种学习路径

超文本是按照人的联想思维方式非线性地组织管理信息的一种先进技术。由于超文本结构信息组织的联想性和非线性符合人类的认知规律，所以便于学生进行联想思维。另外，由于超文本信息结构的动态性，学生可以按照自己的目的和认知特点重新组织信息，按照不同的学习路径进行学习。

## 5.1.2 多媒体课件的类型

随着多媒体教学的普及，广大教师、学生、商家开发了大量的多媒体课件，种类很多，可以从多个角度进行分类。

**1. 根据使用环境分类**

根据多媒体课件的使用环境，可将其分为单机环境、网络教室环境和多媒体教室教学投影环境。

**2. 根据使用对象分类**

根据多媒体课件的使用对象，可将其分为助学型、助教型和教学结合型。

(1) 助学型(学生自主学习型)。助学型多媒体课件的主要使用者是学生。此类多媒体课件要充分考虑学生使用的有效性，要具有完整的知识结构，能反映一定的教学过程和教学策略，提供相应的形成性练习，供学生进行学习评价，并设计友好的界面让学习者方便进行人机交互活动。利用个别化交互学习型多媒体教学软件系统，学生可以在个别化的教学环境下进行自主学习。

(2) 助教型。助教型多媒体课件，教师是课件的主要使用对象，课件可以辅助教师更好地完成课堂教学任务。

（3）教学结合型。教学结合型多媒体课件是兼顾教师与学生两者使用的课件。

### 3. 根据多媒体课件的作用与内容分类

根据多媒体课件的内容与作用，可将其分为课堂演示型、学生自主学习型、模拟实验型、训练复习型、教学游戏型和资料工具型。

（1）课堂演示型。这种类型的多媒体课件一般来说是为了解决某一学科的教学重点与教学难点而开发的，注重对学生的启发、提示，反映问题解决的全过程，主要用于呈现教学内容(如教师上课的提纲、教学内容等)和课堂教学演示。通常是在多媒体教室通过投影屏幕展示给学生的，因此课件要直观，文字要清晰，尺寸比例要大，而且要按照教学思路逐步深入地展开教学内容。此类课件通常由学科教师本人完成，多数使用 PowerPoint 工具开发。

（2）学生自主学习型。这种类型的多媒体课件具有完整的知识结构，能反映一定的教学过程和教学策略，提供相应的形成性练习供学生进行学习评价，并设计友好的界面方便让学习者进行人机交互活动。这种课件利用软件工程的设计思想，从某种意义上也可以称之为多媒体教学软件。

（3）模拟实验型。这种类型的多媒体课件借助计算机仿真技术，模拟某种真实的情景，提供可更改参数的指标项，当学生输入不同的参数时，及时给出相应的实验结果供学生进行模拟实验或探究学习。

（4）训练复习型。这种类型的多媒体课件主要是通过提出问题的形式，训练、强化学生某方面的知识和能力。课件的内容在安排上，要分为不同的等级，逐级上升，根据各级目标设计题目的难易程度，使用者可以选定训练等级进行学习。这种类型的课件通常应用在习题测试、英语单词记忆等方面。

（5）教学游戏型。这种类型的多媒体课件与一般的游戏软件不同，它是基于学科的知识内容，寓教于乐，通过游戏的形式，教会学生掌握学科的知识并提高学习能力，引发学生的学习兴趣，是一种非常有前景的多媒体课件。常见的有单词学习等。

（6）资料工具型。资料工具型教学软件包括各种电子工具书、电子字典以及各类图形库、动画库、声音库等，这种类型的教学软件只提供某种教学功能或某类教学资料，并不反映具体的教学过程。

## 5.1.3 多媒体课件的结构

### 1. 课件结构的概念

课件结构是课件中各教学信息的逻辑化和程序化关系及教学控制策略的组合，一般由两个部分组成。一是教学信息单元之间的逻辑关系或先后顺序，它受知识体系的内在关系制约；二是教学控制策略，受学习者认知规律的制约。知识系统的逻辑关系与学习的认知策略之间往往相互影响，只有根据教学任务和需求，将知识信息的呈现顺序与学习者的认知规律结合起来，才能组成相应的课件结构。课件结构可以根据教学的需要进行设计，它们体现着特定的教学思想、学习理论、教学任务和教学内容。任何课件都要根据教与学的需要来组织信息内容的呈现顺序以及教与学的控制策略。因此，可以认为，在教与学控制策略的制约下，信息单元之间形成的特定关系便是课件结构。

2. 与课件结构有关的几个概念

与课件结构相关的概念有"超文本""超媒体""节点"和"链"等。

1) 超文本

超文本(Hypertext)实际上是指超文本结构，它是相对于早期课件内容之间线性链接而言的一种结构。超文本结构就是在一页(屏)文字中插入一些"链"(link)指向其他页(屏)的文字内容，这些"链"之间关联的若干页(屏)之间便形成一个网状的信息组织结构。

2) 超媒体

超媒体(Hypermedia)是在超文本结构的基础上发展起来的，它是一种不仅以文字的形式表示信息，还可以用图形、图像、音频和视频等媒体元素来呈现信息的技术方式。初期的超文本虽然实现了信息节点间的网状链接，但仍以文字为主。后来随着多媒体技术的发展，在计算机上实现了多媒体方式的信息处理和表达，故有人将此称为超媒体。

3) 节点

节点(node)是指课件中表达信息的一个单位。节点中表达信息的媒体可以是文本、图形、图像、音频、视频，甚至可以是一段计算机程序。

4) 链

链(link)是指一个信息节点到另一个信息节点之间的连接。这种连接常被看成超文本结构的本质。若是单从技术层面上讲，课件结构就是节点之间"链"的组合。

3. 多媒体课件的结构

从不同的角度观察，多媒体课件有不同的结构特征。下面就从课件总体结构、内容结构、信息结构以及控制结构四个角度分析多媒体课件的结构。

1) 多媒体课件的总体结构

这里就课件外在表现的结构加以说明。从总体上看，多媒体课件很像一本书或一部带有交互性的电影，由一页一页或一幅一幅的画面组成，在多媒体课件中我们称之为一帧一帧的框面。根据这些帧的表现顺序，可分为封面、扉页、菜单、内容、说明(帮助)和封底六个部分。

(1) 封面：运行课件时出现的第一幅框面，一般呈现制作单位的名称或课件的总名称，常以几秒钟的视频动画形式表现。

(2) 扉页：封面后的下一个框面，常呈现课件的名称，一般由一个框面组成。

(3) 菜单：就像一本书的目录，供学习者选择学习内容之用。可以存在多个菜单。

(4) 内容：这是课件的主要框面部分，呈现教学内容。

(5) 说明(帮助)：为了帮助使用者使用课件，课件中应该设计一些呈现如何使用课件的帮助信息的框面。

(6) 封底：最后是制作课件的人员名单框面。

一个完整的多媒体课件应该由上述六部分框面组成。

2) 多媒体课件的内容结构

多媒体课件是教学内容与教学处理策略两大类信息的有机结合。具体地讲，课件内容应该包括以下内容。

(1) 向学习者展示的各种教学信息。
(2) 用于对学习过程进行诊断、评价、处理和学习引导的各种信息。
(3) 为了提高学习积极性，创造学习动机，用于强化学习刺激和学习评价的信息。
(4) 用于更新学习数据、实现学习过程控制的教学策略和学习过程的控制信息。
课件内容的一种标准化的结构形式由引入、指导和练习三部分构成。

3) 多媒体课件的信息结构

多媒体课件是用于传递信息的工具，在多媒体课件中使用了多种符号表现教学信息，包括文本、声音、图形、图像、动画、视频。有关这些符号的含义和特点将在下一节中介绍。

4) 多媒体课件的控制结构

当前多媒体课件中较常采用的内容控制结构方式可归纳为以下几种，如图 5-1 所示。

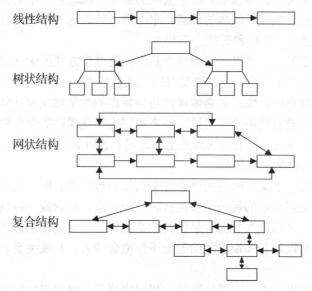

图 5-1　课件组织结构类型示意图

(1) 线性结构：学生按顺序接受信息。从上一帧到下一帧，是一个事先设置好的序列。
(2) 树状结构：学生是以一个树状分支形式开展学习活动的，该树状结构由教学内容的自然逻辑关系形成。
(3) 网状结构：也就是超文本结构，学生的学习活动在内容单元间自由航行，没有预置路径的约束。
(4) 复合结构：学生的学习活动可以在一定范围内自由地进行，但同时又受主流信息的线性引导和分层逻辑组织的影响。

## 5.1.4　多媒体课件设计的基本原则

在多媒体课件的设计过程中，要遵循教育性原则、科学性原则、技术性原则、艺术性原则等。

**1. 教育性原则**

1) 要充分体现教学规律

设计制作多媒体辅助教学课件，必须以教学大纲为依据，并根据教学目的与要求，发挥多媒体图文并茂、形声并举的优势来表达教学内容，最后用多媒体计算机实现交互性的运行来实施教学。多媒体课件能对学生获取知识、发展能力、培养品德和促进健康起到良好的教育作用，有益于学生的个性发展。为了体现教学规律，应注意以下几个方面的问题。

(1) 教学目的要明确。既然多媒体课件是依照教学大纲编制的，就应该首先明确教学目的。为什么要编制这个课件，教学中要解决什么问题，希望实现什么目标，编制者要心中有数，有的放矢。

(2) 重点难点要突出。必须根据教学大纲的要求，围绕教学中的重点、难点或关键性问题设题立意。要充分发挥多媒体的优势，采用恰当的表现方法，将复杂问题或难点问题简单化，并在如何消化、接受和理解上下功夫。

(3) 教学形式要灵活。多媒体辅助教学具有传统教学方式所无法比拟的优势，其课件设计要灵活多样，要用图、文、声、像交替地表现教学内容，突出教学内容的主体。

(4) 教学对象要有针对性。多媒体课件是为特定的教学对象设计制作的，其内容的选择和阅读的难易确定要有明确的针对性。要考虑到应用此课件的学生的年龄特点、知识层次水平和智力的实际情况，切忌追求形式上的时髦和视听感受上的新鲜。

2) 要充分运用认知心理规律

(1) 语义层网络。语义层网络的概念源于认知心理学的长时记忆模型理论，是知识的一种表征方式。语义层网络的每一个节点代表一个对象、概念或一种情景，节点之间的连线表示节点的关系。多媒体课件的信息结构应是类似于语义层网络的树状、网状或复合的非线性结构，它们可以把各知识点之间的上下位概念关系、从属关系、并列关系等层次组成清晰地反映出来。

在多媒体课件的设计中，可以依照语义层网络原理，将知识之间的逻辑层次作为主信息流表示出来，能够对学生的学习起到引导作用。学生也可以任意改变学习顺序，自由选择其中的任意节点进行学习，无须一页一页地查找要学的内容。这种以时间和空间为主要线索反映知识的结构，即形成了联想式的超媒体结构，它非常符合学生联想、跳跃的思维方式。再加上通过文字、图形、图像、声音、动画、视频等多种媒体形式呈现知识信息，创设了情景，提供了丰富的语境信息，既促进了学生对语义信息的理解，又调动了学生的学习积极性，符合学生的认知心理。

总之，以语义层网络来实现多媒体课件的结构，改变了学生逐行阅读的习惯，拓宽了学生的视觉广度和认知广度，语义层网络结构便于学生发现式的主动学习；生动的视觉元素可以启动情绪机制，有利于知识的内化和深化，使学习变得轻松而容易。

(2) 记忆规律。记忆规律表明，学生加工信息时要受到信息特性、学生自身的经验及需求诸因素的影响。

学生记忆的效果与教学内容的性质有关，教学信息如果新奇有趣，易于形成独立而清晰的记忆痕迹，使学生能够轻松地记忆。对于新奇的语义信息，其记忆的效果明显优于一般的语义信息。多媒体课件的设计要充分运用这一规律，一方面突出教学内容中已有的形式新颖的信息；另一方面将重点内容运用色彩、闪烁或动画等技术使之与其他信息区别开来，或用热键、热区等方式，增强其呈现方式的新奇感和趣味性。

学生记忆的效果与学生自身的需要有关，涉及学生自身的利益、荣誉等有关信息和对学生情绪有正面激励作用的信息，学生的关注程度高，投入大，更易于学生轻松地记忆。多媒体课件要精心设计反馈练习，对学生已掌握的内容及时强化，给予强烈的、积极的评价性语言，从而唤起学生的荣誉感；对学生没有掌握的知识点，评价性和提示性语言应是鼓励性的，背景音乐不要太夸张，最好将结论的推理过程呈现出来，以便学生对照检验，充分体现多媒体的优势。

(3) 认知容量与速度。人的短时记忆是以组块为单位的，一个组块内的信息总量是变化的。学生在加工处理信息时，将其重组或再编码，组合为一些有意义的组块单位。美国著名的认识心理学家米勒通过实验证明，个体能够在短时记忆中保留的信息的组块数是7±2，这就是短时记忆的容量。学生的年龄大小、信息媒体的形式都对认知速度有直接影响。

在设计多媒体课件时，要将语义信息、语境信息进行合理的组合，其呈现数目要适合学生的记忆容量。如内容过长，则应该按一定基准进行有目的的组块，如在空间距离上，相邻的、时间先后顺序相接的、外观形状上相似的、语义信息上相关的一些内容，都容易被学生组块为有意义的记忆单位。以文本显示为例，一般有换页式、移动式、滚动式和快速序列视觉呈现式等，显示时间可以自由控制。一般情况下，字数不宜过多，若条件允许可将多而长的文字采用分段、块状、移动、滚动的方式呈现。若采用快速序列视觉呈现，则要考虑窗口或面积的大小，面积过大，阅读速度、记忆效率都会随之下降。

多媒体课件在内容呈现速度上，要考虑学生的年龄特征，低年级的课件的呈现速度应低一些，知识点要少而精，可利用多媒体的优势，用图像、动画、视频等媒体多角度、多重编码呈现教学内容；在知识的广度上延伸，扩大知识面，以产生积极的联想和想象；精心设计视觉信息，为学生提供丰富的视觉表象，形成通过视觉特征直接转换的加工方法，训练学生提高加工速度。

3) 要充分突出启发性教学

多媒体课件的启发性设计以启发式教学原则为指导，其最终目的是获得更好的教学效果，开发学生的创造力。

(1) 兴趣启发。采用易于引起学生兴趣的视听表现形式，激发他们的求知欲望，把他们的注意力和思维活动引导到教学过程中来。例如引导参与，让学生身临其境，积极投入教学过程；设置悬念，刺激学生的好奇心和求知欲等都是比较好的方法。

(2) 比喻启发。作为教学设计中一种常用而有效的表达策略，比喻可以变抽象为具体，化深奥为浅显。多媒体课件设计中要更多地利用视听表现手段的直观形象，使比喻变得更加生动，从而启发学生的联想、分析、综合、抽象、概括等思维活动，促进学生更有效地学习。

(3) 对比启发。通过对比，使学生能在认真思考之后，分清是非，辨明正误，启发学生的思维，加深对知识的理解，使学生获得更好的学习效果。

(4) 设题启发。根据教学内容，在课件中适时地、恰当地设置一些富有启发性的问题，充分调动学生的学习积极性，启发其积极思考，并及时强化。启发性问题的设置，可诱发其创造性思维，培养、锻炼其思维的灵活性、发散性、求异性和独创性。

(5) 留白启发。通过画面留白或解说留白，给学生的思维活动留有必要的空间和时间。画面留白要在画面简洁、主体突出的基础上，在画面组接上产生一个"空白"，可采用画面的虚化、定格、淡入、淡出等手法，给学生思维、回味的余地；解说留白的处理应让解说少而精，在问题的结论处留有足够的时间间隙，让学生思考，升华到此处无声胜有声的境界。

**2. 科学性原则**

教学过程不单单是向学生传授科学知识，更应注重培养学生科学的学习方法。而传授科学知识的每一个过程，也无时不体现出方法的重要性。在多媒体课件的设计中，应根据不同学科的具体情况，准确地阐述科学知识，并将科学的学习方法贯穿始终。

1) 知识的科学性

(1) 体系严谨。首先要制定明确的教学目标，教学内容的深度、广度要与教学目标相适应；课件要把教学内容的概念、原理及应用等按其逻辑顺序合理编排；课件的体系结构要完整，脉络要清晰，层次要分明，思路要流畅；定义的表达、原理的推证、公式的导出、现象的描述要科学严密、无懈可击。

(2) 内容规范。概念、原理、定律要表达准确，阐释、引申正确无误；语言、文字规范；量纲符合国际标准，数据真实可靠；模拟示范要准确，操作程序要规范；图、文、声、像要有较高的真实感和可信度，要反映事物发展的内在规律，不要因片面追求图像的漂亮、辞藻的华丽、声音的动听、色彩的艳丽而破坏其真实感，牺牲其可信度。

(3) 形式新颖。教学内容的表达形式要新颖多样，不落俗套；对本学科的教学内容进行充分的优化，使之更加充实而具体；选用教材的例证和逻辑推理要具有典型性和代表性，利于激发学生的思维，具有举一反三的效果；能用正确的方法解决与本课件相关的实际问题。

(4) 通俗简明。语言、文字应通俗易懂，既不要拗口或晦涩，也不要过于流俗或直白；内容寓意要简明扼要，力求在符合真实感和准确性的前提下，将抽象的问题形象化，深奥的问题浅显化；视听元素要突出其直观性，尽量少用含蓄的手法，使学生易于接受、理解和记忆。

2) 方法的科学性

(1) 比较与分类方法。通过对比找出事物之间的异同及关系的逻辑方法称为比较。人类认识客观事物，大多是通过比较实现的。比较能够帮助学生从事物的本质特征及事物间的相互联系来把握事物，从而在理解的基础上掌握知识；分类则是在比较的基础上把事物分成不同种类或等级的逻辑方法。分类方法可以把大量无序的知识内容系统化、条理化，形成知识的逻辑体系，便于知识的理解和掌握。

(2) 归纳与演绎方法。根据大量已知的事实总结出一般性结论的逻辑推理方法称为归纳，归纳是从特殊到一般的推理方法。归纳的逆向思维方法称为演绎，这种方法在提出假说、预测未知等方面具有很好的功效，应用归纳和演绎方法可以高效率地提炼主题、找出重点、突破难点。

(3) 分析与综合方法。分析是把所研究的事物分解为若干部分，把复杂的问题分解为若干因素，把复杂的过程分解为若干步骤，然后逐次研究并揭示其本质和规律的逻辑方法。分析的逆向过程是综合，它是把所研究的各个相互联系的部分、因素等联系为一个整体进行研究的逻辑方法。

(4) 演示与实验方法。演示和实验是教学过程中不可缺少的重要环节，是一种最有效的教学方式，演示和实验可以使学生获得多方面的能力。在多媒体辅助教学中，学生虽然不能亲自动手实际操作，但通过对现象的观察及操作程序的练习，可以引导其积极思维，激发其创造力。

(5) 模拟与仿真方法。模拟与仿真是一种新型的科学方法和手段。在多媒体教学中，利用多媒体计算机可以构建一种逼真的视听空间，通过直观的形象，帮助学生理解和掌握复杂的概念和原理，从而增强教学效果。当然，真实性是模拟与仿真的前提，它必须符合科学原理及事物的发展规律。

### 3. 技术性原则

多媒体课件设计水平的高低，技术上的因素十分重要。要在课件的视觉表现、听觉表现、运行环境、操作界面等方面充分考虑其技术性要求。

1) 视觉元素的技术性

对视觉元素的具体要求有：画面清晰稳定，构图均衡合理，色彩清新明快，画面播放流畅。

(1) 画面清晰稳定。过渡流畅，既要充分发挥画面组接手段的作用，又不能滥用技巧。要使画面无扭曲、无抖动、无闪烁、无跳跃等。

(2) 构图均衡合理。在充分表达主题内容的前提下，做到主体突出，画面均衡，结构合理，视点明确，虚实得当，动静结合，错落有致，富有节奏。

(3) 色彩清新明快。要充分发挥多媒体色彩丰富的优势，但不可滥用色彩，以免给人眼花缭乱的感觉。色彩搭配既要使主体相对突出，又不要使其对比过于强烈，要给人以清新明快的色彩感受。

(4) 画面播放流畅。由数字摄像系统及相关的制作系统获得的视频动态画面，或由计算机产生的一系列连续画面组成的动画，其播放效果要考虑人的视觉心理和生理规律。一般应达到 25~30 帧/秒，才能获得流畅的视觉感受。

2) 听觉元素的技术性

对听觉元素的具体要求有：解说清晰准确，音响恰当逼真，配乐紧扣主题，声音组合协调。

(1) 解说清晰准确。语言规范，与教学内容同步。语调亲切、语速适中、音色优美的解说能给学生以亲切感和启发性。

(2) 音响恰当逼真。音响效果作为一种声音信息，在课件中起着渲染气氛、创设情景的作用，它可以帮助学生丰富感知，建立表象，增强真实感，扩大表现力，发展想象力。

(3) 配乐紧扣主题。配乐作为一种富有艺术表现力的形象化语言，可以烘托环境、渲染气氛、调节情绪、刻画意境、组接画面。

(4) 声音组合协调。作为听觉元素的有机组成部分，解说、音响、配乐各有其功能，解说词要达意，音响声要写实，音乐声要传情。这里面最主要的是解说，其次是音响，最后才是配乐。配乐一般只是解说的必要补充，当配乐出现在解说之前时，起着渲染气氛、描绘景象的作用；音乐出现在解说之后，则延伸了解说的语意，表达了解说难于表达的意境；配乐与解说同时出现时，配乐音量不要过高，情绪上要与解说协调一致。

3) 运行环境的技术性

多媒体课件运行环境的要求是：运行可靠，适应性强；易于操作，可控性好。

(1) 运行可靠，适应性强。要做到课件的开发环境与运行环境无关。

(2) 易于操作，可控性好。在多媒体课件的运行中，要根据教学内容的需要，通过简单的操作，顺利完成一些控制，如：能连续自动地顺序播放全部教学内容；能针对个别化教学需要，有选择地播放指定的教学内容；对重点和难点，能进行反复循环播放；在教学过程需要暂时中止时，能暂停课件播放，并可按任意键继续；教学过程结束时，能及时返回上一级菜单；展现某一变化过程细节时，能进行逐帧播放；针对某个教学重点逆行重播时，能进行定帧播放等。

4) 操作界面的设计

对多媒体课件操作界面的设计要求是：操作简便，界面合理。

(1) 操作简便。在设计多媒体课件时，要考虑使用课件的师生多是非计算机专业人员，要尽可能把启动和运行设计得简单些。课件的安装程序不要设计得太复杂，最好是程序自动安装，甚至是无须安装、直接运行或自动运行。程序操作时最好能使用鼠标和键盘双重操作且互相兼容。为方便课件各个层面的操作，课件还应设置必要的在线帮助、提示信息。

(2) 界面合理。在课件设计中，操作界面应设计得生动直观、使用方便、易于掌握。应多设计一些图标、按钮、菜单、关键字、热区等交互功能元素，通过键盘、鼠标、触摸屏等实现顺序操作、分支选择、问题解答、翻页及滚屏等交互操作，使操作者能在轻松、愉快的环境下，完成教学过程。

**4. 艺术性原则**

多媒体课件要具有丰富的表现力和感染力，应能激发学生的情感，引发学习动机，提高学生的审美情趣。这就要求课件设计要在科学性的前提下，采用完美的艺术形式表现教学内容。

1) 认知过程与审美心理

审美心理体现在学生的感知、情感、理解、想象等活动之中。

(1) 感知。感知是人类理解和想象的基础，包括感觉和知觉。当学生对某些色彩、画面或声音加以感受时，会不经意地从中获得愉快的感觉，这些便是美感的基础和出发点。

(2) 情感。伴随着人类的知觉活动可以产生知觉情感，在一种自然和谐的状态下得到的知觉情感便有了审美的意义。人类的审美情感其实就是在其意志、思想、想象等各种心理要素活动起来以后达到的兴奋状态。

(3) 理解。审美的理解有三个层面。首先是把生活中的事件、情节、感情与艺术中的事件、情节、感情以及审美态度区别开来；然后是对审美对象的题材、技巧、程式等方面的理解；最后，也是最重要的，是把握形式中融入的"意味"的直观性。

(4) 想象。一般审美活动中首先是知觉的想象，即面对美丽的自然风光或动人的艺术作品，愉快的心境与之融合时所引发的想象活动；审美活动中的更高境界的想象是创造的想象，它是通过大量的观察和丰富的经验，以无数次感知为基础，加上人的情感和才干方能产生的。

2) 课件设计的艺术处理

一个好的教师既是一名"演员",更是一名"导演",其讲课过程和教学方法充满了艺术美,使学生获得充分的艺术享受。对于精心设计的多媒体课件,其艺术美应以形象美、声音美等表现形式贯穿始终。

(1) 形象美。按照审美心理规律和教学原则,把抽象的科学概念、原理等知识,运用艺术手段转化为图文并茂、妙趣横生的教学内容,这便是形象美。形象美包括图形美和色彩美。

图形美表现在画面构图等方面。不论画面构图的主体对象是什么,其准确、规范、鲜明、真实性是第一位的。作为科学内容与艺术形式的完美结合,画面构图必须符合审美规律,应做到画面艺术形象协调完整、主题突出。

色彩美是艺术美的重要组成部分,色彩美可以使学生在学习过程中获得美的享受,在美的陶冶中提高情趣,得到更好的感知和理解。色彩美与教学内容密切相关。根据教学意境,该明快的明快,该低沉的低沉,应用不同色调表现不同的主题和内容,创设不同的意境,塑造不同的形象。

(2) 声音美。声音美包括音乐美和语言美。音乐美最能激发和表现人类的情感,它是运用音响的节奏和旋律来塑造形象的艺术表现手段。在多媒体课件设计中,应充分发挥音乐的艺术魅力,用美妙的音乐陶冶学生的情操,让学生在美的旋律中探求知识的奥秘。同时,恰当地使用音响又能增强画面形象的表现力和真实感,有利于学生认识客观事物的内在规律。

语言美主要体现在解说中。作为一种艺术语言,解说具有形象的思维特征,它可以补充画面的内容。生动形象、准确精练的解说,在让学生正确地理解教学内容的同时,也可以启发他们的想象力。语言美还表现在解说技巧的美,语调抑扬顿挫,声音娓娓动听,使学生受到强烈的感染,在注意力高度集中的前提下获得更多的知识。

## 5.1.5 多媒体课件的制作过程

多媒体课件的设计与开发要符合教学原理,运用教学设计方法进行教学目标与教学内容的确定、学习者特征的分析、媒体信息的选择、知识结构的设计以及诊断评价的设计等工作,以保证多媒体课件的教学性和科学性。最后还要将这些知识内容在计算机上通过灵活多样的形式加以表达,发挥多媒体的优势,突破教学难点,突出教学重点。

由于多媒体课件面向教学,且具有数据量大、交互性强的特点,从而决定了多媒体课件的开发有其独特的方法。多媒体课件的开发过程是先选择课题,接着通过教学设计、系统设计、稿本编写、数据准备、软件编辑等步骤制成多媒体课件,将多媒体课件在教学过程中试用评价,发现不足之处,进行修改,最后形成产品。

### 1. 课题确定

多媒体课件的选题应考虑多方面的因素。首先,多媒体课件的选题应围绕教学的重点和难点内容,对于那些传统教学难以奏效的教学内容,可以通过计算机动画模拟或局部放大、过程演示等手段予以解决,能收到极好的效果。其次,多媒体课件具有运行速度快、信息存储量大的特点,大量练习时也可采用多媒体课件来进行。再有,在需要创设情景的教学(学习)中,也可采用多媒体课件来教学(学习)。总之,多媒体课件的选题一定要以满足教学需要、发挥多媒体特长为前提。

### 2. 多媒体课件的教学设计

多媒体课件的教学设计,就是要应用系统观点和方法,按照教学目标和教学对象的特点,合理地选择和设计教学媒体信息,并在系统中有机地组合,形成优化的教学系统结构。它包括如下基本工作:教学目标与教学内容的确定、学习者特征的分析、媒体信息的选择、知识结构的设计、诊断评价的设计等。关于教学设计的详细内容将在第8章中介绍。

### 3. 多媒体课件的系统设计

多媒体课件的系统设计包括软件结构与功能的设计、屏幕界面的设计、导航策略的设计、交互界面的设计、教学策略的设计等内容。

多媒体课件软件结构是教学软件中各部分教学内容的相互关系及呈现的形式,它反映了教学软件的主要框架及其教学的功能。课件结构与功能的设计一般包括媒体结构的设计、总体风格的设计、主要模块的划分、屏数的确定与各屏之间的关系确定等内容。

屏幕界面设计一般包括屏幕版面、颜色搭配、字体形象和修饰美化等内容。多媒体课件屏幕画面除了追求屏幕的美观、形象、生动之外,还要求屏幕呈现的内容具有较强的教学性。要合理安排多媒体课件屏幕中的各种教学信息、帮助信息和可以进行交互作用的对象的位置及其大小。

交互是计算机与学习者之间进行的信息交换。多媒体课件的使用者存在着丰富的心理世界和社会需要,是一个个活的、时刻处于成长变化之中的个体。多媒体课件中的人机交互方式设计要求考虑视觉和听觉的模式识别问题,考虑人的感知、表象、记忆、思考和情绪等心理活动。目前多媒体创作工具提供的常见交互方式有:按钮;菜单;热字、热区;条件判断;文本输入;移动物体、目标区域;限定时间;限定次数;按键等。

由于超媒体课件信息量大,内部信息之间关系复杂,学习者在学习的过程中很容易迷失方向,往往不知道自己身在何处,怎么来的,应去哪里,常常导致思维混乱。为此设计超媒体课件时,需认真考虑向学习者提供引导措施,这个措施就是我们说的"导航"。导航能为网络状知识结构中的学习者提供即时有效的引导,是超媒体课件设计中的一个重要环节。常见的导航策略有检索、信息网络结构图、联机帮助手册、预置或预演学习路径、记录学习路径并允许回溯、电子书签、关键字和记录、提供学习地图、指示引导学习等。

### 4. 稿本的编写

多媒体课件设计工作完成后,应在此基础上编写出相应的稿本,作为制作多媒体课件的依据。规范的多媒体课件稿本,对保证软件质量水平、提高软件开发效率具有积极的作用。因此,多媒体课件的稿本编写,是多媒体课件研究和开发工作中的一项重要内容。由于多媒体课件的设计主要包括教学设计和软件的系统设计,所以分别用文字稿本和制作稿本两种形式进行描述。文字稿本应在系统分析阶段完成,确定立项以后即由项目负责人和内容专家(有经验的学科教师)联合编写给出,它是今后各步工作的主要依据。通常情况下,对课件进行项目分析和教学设计的过程也就包括了文字稿本的编写过程;或者说,文字稿本是对课件项目分析和教学设计结果的文字表述。

在完成了对课件的教学设计和软件系统结构设计以后，应该由专门的稿本编写人员按照设计阶段的思想和原则并结合计算机的编程技术把由内容专家提供的文字稿本改写成软件制作稿本，即制作稿本，以实现教学思想、教学经验与计算机技术的统一和结合。

5. 多媒体信息编辑加工

多媒体课件的信息编辑加工是技术与艺术结合的过程，需要开发人员大量的创造性劳动，包括多媒体素材准备和多媒体课件集成两项工作。

1) 素材采集

开发人员根据稿本的安排，收集、创作完成多媒体课件所需要的各种媒体素材，如文本编辑、录音、创作乐曲、扫描图像、制作动画、影像采集等，并以一定的格式存储文件。

采集素材时应注意以下几点。

(1) 如果已有多媒体素材库，如光盘素材，或以前自己收集和制作的资料，应尽可能从中寻找，取出所需的素材。如果只有部分满足要求，可借助一些工具软件进行剪辑和修改，这样会加快课件开发速度，提高制作效率。

(2) 如果找不到所需素材，但在某些相片、画册、教科书、录像带、VCD、录音带中包含，则可用扫描仪扫描图片，用视频采集卡采集影像，用声卡采集音频，进而再通过工具软件进行编辑。

(3) 对于无法找到或根本没有的素材，就需要进行创作。多媒体创作包括图像的绘制，声音的录制，动画的制作，影像的拍摄等。要实现这一目标，需要掌握一些多媒体制作工具软件的使用方法。

有关素材采集制作，将在后面介绍。

2) 多媒体课件集成

按照稿本要求，根据多媒体课件表现的内容和形式，选择适当的多媒体创作工具或运用编程的方法，进行多媒体课件编制，对各种媒体素材进行剪辑、加工、合成，并链接各帧，最后在不同型号的计算机上反复运行程序，模拟用户进行调试和试运行，发现问题及时修改。

不同类型的多媒体创作工具有不同的功能特点，根据其创作特点和用途可分为以下几种。

(1) 基于书页式(卡片式)的创作工具。

书页式(Page-Based)编辑工具也称卡片式编辑工具。这类多媒体编辑工具对于各种多媒体信息的管理采用的是类似于书本的一"页"或一叠"卡片"来组织全书的信息。在这里，"页"是"书"中的基本单位，在多媒体软件中，一次只能看一页书。一页书就是显示在屏幕上的一个窗口，它可以是一个前景和一个背景的组合，页中可以包括文本、图像、按钮、声音、视频等对象。

书页式多媒体编辑工具的最大优点是它的开发弹性比较好，简单易学，不用编写复杂的程序就能做出软件，因此，很适用于制作多媒体课件。

微软 Office 系列中的 PowerPoint 是一个最简单的书页式多媒体编辑工具。在这里的一"页"也被称为一张"幻灯片"，由一系列的幻灯片构成多媒体课件(作品)。

此外，Asymetrix Multimedia ToolBook 是一种典型的书页式多媒体编辑工具，它还提供了一种描述性的程序设计语言 OpenScript，因此，ToolBook 也被称为描述语言式的多媒体编辑工具。

方正奥思多媒体制作软件(Founder Author Tool)也是一种典型的书页式多媒体编辑工具，它的基本制作单位是一个具有时间属性的动态页，通过层次结构管理器来安排页之间的逻辑关系。方正奥思是一个国产软件，非常适合国内教师使用。

(2) 基于流程图的制作工具。

流程图式编辑工具也称为图标式编辑工具。在这类制作工具中，多媒体元素的相互作用及数据流程控制都在一个流程图(Flow Chat)中进行安排，即以流程图为主干构造结构框图或过程。基于流程图的制作工具简化了项目的组织，并使整个设计框架通过流程图一目了然，因此这种编辑方式被称为可视化创作，其中最典型的制作工具是 Authorware。

(3) 基于时间序列的制作工具。

在以时间序列为基础的制作工具中，各种多媒体信息是以时间顺序来管理的。这种排列次序以"帧"为单位，犹如一张张连在一起的电影胶片一样，适用于从头到尾顺序播放的影视应用系统制作。组织的图形帧按预定的速度播放，其他媒体元素(如音频、动画等)在时间序列中按给定的时间和位置被激活。这类工具的典型代表是 Adobe 公司的 Flash。

除了上述三类制作软件外，还有以下几种。

(1) 基于程序语言的制作工具。能开发多媒体课件的通用计算机语言有 Visual Basic、Visual C++、Delphi 等。用这些语言开发课件灵活性强，适应范围广，能解决用户提出的几乎所有的问题，但掌握语言较难，编程工作量大，开发周期长。

(2) 基于网络的制作工具，如 Microsoft FrontPage 和 Adobe 公司的 Dreamweaver 等，这类软件制作的多媒体课件是一个多媒体课程教学网站或教学站点，可在校园网或因特网上运行，也可以在单机上运行。近年来，随着教育网络化的发展，多媒体网络课件备受教师和教育行政部门的重视，因此对这类创作工具我们应该予以重视。

(3) 多媒体课件开发专用软件包。这类工具是专门针对专业特点和教学需要而开发的，如针对数学学科的"几何画板"、针对化学学科的 Chemlab 等。专用软件包对所开发的课件针对性强，既考虑到开发效率，又能满足特定的需要。用这类工具制作的课件更能体现学科特点，更适合学科的"教"与"学"，制作工作也相对容易得多。如用"几何画板"可轻松制作各种几何图形，并动态演示其变化关系，特别是在变化过程中能保持其特有的几何关系，这些是其他制作工具无法比拟的。但这种软件包灵活性较差，通常只能开发某一类课件，适应面窄。

在多媒体课件开发中，综合采用以上各种方法，以多媒体制作工具为主，结合其他多媒体工具软件对所需素材进行剪辑、制作，适当采用面向对象和自上而下的程序设计方法，是一种高效、快速制作各种多媒体课件的有效方法。

### 6. 多媒体课件的评价

多媒体课件编制完成后必须将课件投入实际教学进行试用和评价，根据实际使用中发现的问题，反复修改，直到满意为止。最后，根据实际情况，可将数据量小的多媒体课件制成软盘，数据量大的软件刻录成光盘，并设计光盘的封面、封底，提供必要的操作指南等，进行推广应用和发行。

多媒体课件的评价属于学习资源或教学材料的评价范畴。对多媒体课件的评价不仅涉及教学设计思想、教学内容的安排、教学方案的设计意图等教育理论问题，而且涉及课件设计和制作方面的问题，涉及技术性、艺术性等问题，此外还需要考虑到课件制作和使用的经济性问题、课件运行环境问题等。关于多媒体课件的评价，我国学术界总结过所谓"五性"的编制原则，它们实际上也是评价多媒体课件的基本标准。

(1) 教育性。看其是否能用来向学生传递课程标准所规定的教学内容，为实现预期的教学目标服务。

(2) 科学性。看其是否正确地反映了学科的基础知识或先进水平。

(3) 技术性。看其传递的教学信息是否达到了一定的技术质量。

(4) 艺术性。看其是否具有较强的表现力和感染力。

(5) 经济性。看其是否以较小的代价获得了较大的效益。

多媒体课件的评价标准具有一定的相对性。为了更好地了解评价多媒体的标准，表 5-1～表 5-3 提供了几个在不同场合使用的多媒体课件评价指标。

表 5-1　K12 课件的评价标准

| 指　标 | 评价标准 |
| --- | --- |
| 科学性 | 描述概念的科学性：课件的取材适宜，内容科学、正确、规范 |
|  | 问题表述的准确性：课件中所有表述的内容准确无误 |
|  | 引用资料的正确性：课件中引用的资料正确 |
|  | 认知逻辑的合理性：课件的演示符合现代教育理念 |
| 教育性 | 直观性：课件的制作直观、形象，有利于学生理解知识 |
|  | 趣味性：有利于调动学生学习的积极性和主动性 |
|  | 新颖性：课件的设计新颖，能进一步调动学生的学习热情 |
|  | 启发性：课件在课堂教学中具有较大的启发性 |
|  | 针对性：课件的针对性强，内容完整 |
|  | 创新性：能否支持合作学习、自主学习或探究式学习模式 |
| 技术性 | 多媒体效果：在课件的制作和使用上是否恰当地运用了多媒体效果 |
|  | 交互性：课件的交互性较高 |
|  | 稳定性：课件在调试、运行过程中不应出现故障 |
|  | 易操作性：操作简便、快捷 |
|  | 可移植性：移植是否方便，能否在不同配置的计算机上正常运行 |
|  | 易维护性：课件可以被方便地更新，利于交流、提高 |
|  | 合理性：课件是否恰当地选择了软件的类型 |
|  | 实用性：课件是否适用于教师日常教学 |
| 艺术性 | 画面艺术：画面制作应具有较高的艺术性，整体标准相对统一 |
|  | 语言文字：课件所展示的语言文字应规范、简洁、明了 |
|  | 声音效果：声音清晰，无杂音，对课件有充实作用 |

表 5-2  第五届 CIETE 全国多媒体教育软件大奖赛的评价标准

| 指标 | 评价标准 |
|---|---|
| 教育性 | 符合教育方针、政策，紧扣教学大纲 |
| | 选题恰当，适应教学对象需要 |
| | 突出重点，分散难点，深入浅出，易于接受 |
| | 注意启发，促进思维，培养能力 |
| | 作业典型，例题、练习量适当，善于引导 |
| 科学性 | 内容正确，逻辑严谨，层次清楚 |
| | 模拟仿真形象，举例合情合理、准确真实 |
| | 场景设置、素材选取、名词术语、操作示范符合有关规定 |
| 技术性 | 图像、动画、声音、文字设计合理 |
| | 画面清晰，动画连续，色彩逼真，文字醒目 |
| | 配音标准，音量适当，快慢适度 |
| | 交互设计合理，智能性好 |
| 艺术性 | 媒体多样，选材适度，设置恰当，创意新颖，构思巧妙，节奏合理 |
| | 画面简洁，声音悦耳 |
| 实用性 | 界面友好，操作简单、灵活 |
| | 容错能力强 |
| | 文档齐备 |

表 5-3  新课改多媒体教学课件的评价标准

| 指标 | 评价标准 |
|---|---|
| 教育性 | 内容符合大纲要求，符合课改精神，突出新课改理念，体现新教材教学思想 |
| | 选题恰当，适应教学对象需要，突出重点，分散难点，深入浅出，易于接受 |
| | 注意启发，促进思维，培养能力 |
| | 作业典型，例题、练习量适当，善于引导 |
| 科学性 | 内容正确，逻辑严谨，层次清楚 |
| | 模拟仿真形象，举例合情合理，准确真实 |
| | 场景设置、素材选取、名词术语、操作示范符合有关规定 |
| 技术性 | 图像、动画、声音、文字设计合理 |
| | 画面清晰，动画连续，色彩逼真，文字醒目 |
| | 配音标准，音量适当，快慢适度 |
| 艺术性 | 媒体多样，选用适当，设置恰当，节奏合理，设置情景真实 |
| | 画面悦目，声音悦耳 |
| | 有利于提高教学效率，有利于激发学生的学习兴趣 |
| 实用性 | 界面友好，操作简单、灵活，有利于师生互动 |
| | 容错能力强，文档齐备 |
| | 制作的课件形成系列 |

续表

| 指　标 | 评价标准 |
| --- | --- |
| 创新性 | 创意新颖，构思巧妙 |
|  | 有利于培养学生的创新能力 |
|  | 能够充分体现新课程的三个维度 |
| 教学效果 | 有利于完成知识目标 |
|  | 有利于完成能力目标 |
|  | 有利于完成情感目标 |

## 5.2 多媒体课件素材的采集与制作

多媒体课件的开发离不开素材的准备，素材是课件的基础。在课件开发过程中，素材准备是课件目标确定后的一项基础工程。因为素材的种类很多，在采集和制作素材的过程中使用的硬件、软件也很多，所以素材准备是一项工作量极大的任务。如果开发课件的学科教师对素材的采集和制作有了较为全面的了解，那么就可以开发出更多优秀的课件。

### 5.2.1 多媒体素材的种类

多媒体素材是多媒体课件中常用的各种视觉和听觉材料，用以表达一定教学思想的各种元素，如用于板书的文字和文本，用于说明景物的图形和图像，用于渲染气氛的音响和效果，用于阐述物质运动原理的动画和影像等。多媒体素材通常以文件的形式存放在磁盘或光盘上。

多媒体素材可以概括为视觉、听觉和视听觉三类，根据素材的存放方式和在 MCAI 中的不同作用，又可细分为数字、文字、文本、图形、图像、动画、解说、音响、配乐、影像等。

#### 1. 数字、文字和文本

数字以量的形式反映事物的特征，文字以书面语言的形式来表达教学思想，数字和文字的集合构成文本。

在多媒体课件中使用文字，其表达内容的精确、简洁、有力应是首先要考虑的因素。用文本表达诸如概念、原理、事实、方法等学习内容时，不能像书本中那样长篇大论，要考虑屏幕的容量，还要统筹照顾其他媒体元素。

因为多媒体系统通常采用图形化用户界面的方式，所以，除了对文本语义斟酌以外，还需认真考虑字体、式样、大小、颜色、位置等，恰当的文本外观的选择和组合，不但能使文本活泼、美观，更重要的是不同的字体具有不同的感情色彩，从不同的文本外观中可以体验到柔美、阳刚、优雅、诙谐、怪异、滑稽、飘逸以及清新等不同的感觉。

获取文本的途径主要有：通过键盘输入、从其他文件(如电子教材等)粘贴、利用扫描仪进行文字扫描识别等。常用的文本编辑软件有 Word、WPS 等。在运用这些工具软件编辑文本时，一般都要存成非格式化的纯文本文件，以便能够在大多数课件制作软件中使用。

## 2. 图形和图像

图形和图像都是通过一定的画面来表达教学思想的。

图形在计算机中用参数法或矢量来表示，也称为矢量图形。图形文件一般是由绘图软件绘制的诸如直线、弧线、圆、矩形、任意曲线等线条表现的小图形组成。矢量图形具有易于平移、旋转、缩放等变换的优点，另外图形文件数据量小，占用的存储空间不大。图形文件的缺点是其使用范围有限；受制作软件的限制，其通用性相对较差。

凡是用绘画或摄影等方法获得的静态的视觉形象画面，我们一般称之为图像。图像和图形的差别主要是记录画面的方式不同，图形可以是文本、位图，而图像肯定是位图文件，它直接记录画面上每个像素的信息。由于组成画面的像素往往很多，再加上颜色的变化，位图文件通常都比较大。例如，一幅 640×480 像素、色彩深度为 24bit 的位图，所占磁盘空间为 900KB。

为了节省磁盘空间，大多数图像文件都要利用一些特殊的算法对位图信息进行压缩，压缩的比例取决于画面的复杂程度和压缩算法。由于压缩算法的不同，就产生了各种格式的图像文件，目前常用的图像格式有 BMP、GIF、PCX、TIF、JPG、TGA 等。

如同不同类型的文字处理软件所能识别的文本格式不同一样，不同的课件制作软件所能识别的图像格式也不相同，因此，采集或制作图像时，就应根据课件制作工具所允许的格式选择图像制作工具。也有一些图像编辑软件能够对不同格式的图像文件进行格式转换。

常用的图像工具有：Windows 提供的"画图"和应用较广泛的 Adobe Photoshop 等。

## 3. 声音素材

声音本质上是一种机械振动，它通过空气传播到人耳，刺激神经后使大脑产生一种感觉。在一些专业场合，声音通常被称为声波或音频。多媒体课件中的声音按内容可分为解说、音响和配乐三种。

解说是对文字、图形、图像、动画等媒体的解释和说明，在 MCAI 课件中，可分为画外讲解、画中人物讲解和问答讲解等形式。音响即效果声，必要的音响有助于揭示事物的本质，增加画面的真实感，增强图像的表达能力。音响可分为三类：一是自然声，如风、雨、雷、电声，流水声及动物叫声等；二是机械发出的声音，如车辆声、实验仪器声等；三是人声，如哭笑声、脚步声、心脏跳动声等。配乐可以创设情境，烘托气氛等。

众所周知，计算机只能处理数字化的信息。声音也不例外，自然的声音振动或用模拟信号表示的声音，都需经过数字化处理才能在计算机中使用。在一般多媒体计算机中记录的数字音频主要有两种常用形式：波形音频和 MIDI。

波形音频是通过采集各种声音的机械振动而得到的数字文件，是多媒体计算机处理声音最直接、最简便的方式。在该方式中，一般以话筒、录音机或 CD 唱机作为音源输入，通过声卡进行采样、量化及编码，把声音的模拟信号转变成数字信号后，以文件形式存储在磁盘上。存储在计算机中的数字音频重放时，声卡再将声音文件中的数字信号还原成模拟信号，经混音器混合后由扬声器输出。

采样、量化和编码是把模拟声音信号变成数字波形音频过程中的三个步骤，采样频率、量化位数和编码方式可以用来反映波形音频的质量。

采样频率决定的是声音的保真度。具体说来就是一秒钟的声音分成多少个数据去表示。

可以想象，这个频率当然是越高越好。频率以 kHz(千赫兹)衡量。44.1kHz 表示将一秒钟的声音用 44100 个采样样本数据表示。目前最常用的三种采样频率分别为：电话效果(11kHz)、FM 电台效果(22kHz)和 CD 效果(44.1kHz)，市场上非专业声卡的最高采样率为 48kHz，专业声卡可高达 96kHz 或以上。一般人的耳朵能听到的频率范围为 20Hz～20kHz。而将声音数字化之所以需要 44.1kHz 是因为根据采样原理,采样频率至少是播放频率的两倍才足以在播放时正确还原。再考虑到有些乐器发出的高于 20kHz 的声音对人也有一定的刺激作用，所以定在 44.1kHz。

量化位数表示的是声音的振幅，决定的是音乐的动态范围，所谓动态范围是波形的基线与波形上限间的单位。简单地说，位数越多，音质越细腻。量化位数主要有 8 位和 16 位两种。8 位的声音从最低到最高只有 $2^8$=256 个级别，16 位声音有 $2^{16}$= 65 536 个级别。专业级别使用 24 位甚至 32 位。图 5-2 表示声音量化前后的情况。

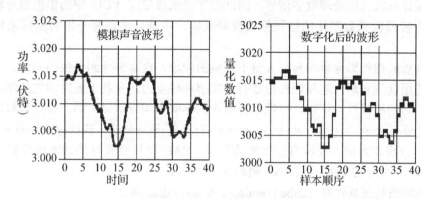

图 5-2  声音的量化

声道数表明在同一时刻声音产生一个波形(单声道)还是产生两个波形(双声道或立体声)。顾名思义，立体声听起来比单声道具有空间感。

采样频率愈高，量化位数愈多，波形音频的音质愈好，但文件数据量愈大。如果采用 44.1kHz 的采样率，量化位数取 16 位，采集 1 分钟的双声道波形文件，大约占用磁盘空间 11MB。在 Windows 中，这种波形音频文件的扩展名通常为"WAV"。

常用的录音编辑软件有：Windows 提供的"录音机"和应用较广泛的 Adobe Audition、Audio Editor 等。

与波形音频有所区别的是，多媒体计算机中广泛使用的另一种声音文件——MIDI 文件并不对音乐进行声音采样，而是将乐器弹奏的每个音符记录为一连串的数字，然后用声卡上的合成器根据这些数字所代表的含义进行合成，再通过扬声器播放出来。MIDI(Musical Instrument Digital Interface)是乐器数字接口的缩写，MIDI 文件实际上是一种表格，它描述了各种音符以及这些音符的播放与延时的乐器。与波形文件相比，MIDI 文件要小得多。例如，同样 10 分钟的音乐，MIDI 文件大小不到 70KB，而波形文件大小约 100MB。

**4. 动画素材**

演示物体运动规律，解释自然现象的有效方法是动画。动画实际上是由一系列静止画面组成的队列，这些静止画面称为帧，画面的每一帧与相邻帧略有不同。当这些画面在计算机屏幕上一幅接一幅地快速播放时，由于人眼的视觉暂留现象，便产生了连续的动态效果，给人的感觉是画中的物体在运动和变化。多媒体课件中常用的动画文件格式有 FLC、FLI、AVI 等。

大多数多媒体课件制作工具中含有简易动画制作功能。要制作比较复杂的动画时，一般需借助专用动画软件。常用的动画制作软件有 Animator Pro、3DS、3ds Max、Flash、Ulead GIF Animator、COOL 3D 等。

**5. 影像素材**

影像素材是指在多媒体课件中播放的一种既有声音、又有活动画面的文件，AVI、MPG、MOV、DAT 是常见格式。当计算机播放一段有声有色的影像文件时，给人的感觉就像欣赏电影，因而多媒体中的影像又有数字电影之称。

影像素材的来源大多数是录像带或 VCD 光盘。由于普通电视所采用的视频信号都是模拟信号，而计算机只能处理数字信号，因此必须将录像带或 VCD 中的模拟信号转化为数字信号。将模拟视频数字化的过程称为视频采集，视频采集需要专用的视频采集卡才能完成。

生动直观的视频影像最容易给人留下深刻的印象，也常常受到学生的偏爱。多媒体课件中恰当选用视频素材，能使课件更富有真实感和感染力，有利于激发学生的学习动机，调动学生学习的积极性。不过，视频素材所占的存储空间也是最大的。视频素材根据制式的不同，主要有 25 帧/秒(PAL 制)和 30 帧/秒(NTSC 制)两种帧速。若以每帧画面为 640×480 像素的中等分辨率为例，在没有压缩的情况下，PAL 制视频素材的动态画面数据量就达 25×900KB，即约为 22MB，而 NTSC 制则达 26.38MB。

常用的编辑处理软件有 Adobe Premiere、Video Editor 等。

多媒体素材的采集与制作涉及的设备、接口、媒体和文件格式众多，耗费的时间较长，是一项十分繁重和细致的工作。对于一些简单的素材如比较简单的几何图形，一般可用多媒体课件自带的图形工具来绘制(如在 PowerPoint 中利用图形工具和自选图形库中的基本图形可以绘制简单图形和常见图形)；有许多素材在其他地方可以找到(如成品课件中、素材光盘中、VCD 中、网络上等)，可以拿来使用，对于广大教师来说这是一条理想的捷径，这样不但可以节省时间，缩短课件制作周期，而且不需要那些昂贵的设备投入；有些素材必须自己制作，这就需要掌握一些常用工具软件的使用和多媒体设备的操作技巧。

在采集制作素材之前首先建议按需要的素材要求建立一系列树形结构的素材文件夹，给每种素材先建个"家"，否则天长日久你的素材库会成为一堆乱麻。

## 5.2.2 从现有光盘库中获取素材

许多常用的背景、材质、山水、风光等图片；各种各样的背景音乐、歌曲选段，许多人、动物、自然、物体等发出的效果声；一些重要史料、科技常识等数字电影，这些可以直接从现有光盘库中选取。而且这些图片、声音、电影一般是经过专业人员精心制作而成的，具有较高的质量，这些数字化素材以文件形式存放在光盘中。经常注意分类收集图片光盘，根据自己所从事的专业和可能制作课件的方向，按需要分类进行收集，并存放在自己的计算机硬盘中，可以收到事半功倍的效果。文件格式如果与要求不符，需要进行格式转换。

具体在学科的课件制作中还需要大量与本学科相关的一些专业素材，通常这些素材在一般的光盘库中找不到。实际上好多成品(市场购买的或网上下载的)课件包中会有大量的相关素材文件，有的还提供了相关课程的素材库，这些素材文件都可以采用上述方法在你的素材库中搜集。需要提醒的是：注意版权。

### 5.2.3 从网络上获取素材

网络是当今较大的一个资源库，我们需要的大量的多媒体素材都可以从网络上搜集。

#### 1. 大海捞针——使用搜索引擎快速查找

网络上资源丰富，各方面的信息应有尽有，要从这个巨大的资源库中寻找自己需要的素材好比是大海捞针，快速寻找信息的办法是使用搜索引擎。目前网络上使用的搜索引擎很多，使用较普遍的有：百度(www.baidu.com)、搜狐(www.sohu.com.cn)、悠游(www.goyoyo.com)。

下面简单介绍百度的使用。

百度的使用方法如下。

(1) 在浏览器地址栏中输入"www.baidu.com"，按 Enter 键，进入百度界面，如图 5-3 所示。

图 5-3 百度界面

(2) 输入几个说明性的关键词，单击【百度一下】按钮，即可得到相关资料的列表。

(3) 选择、进入、查找：资料的列表是包含有关键词的所有网站(已经登记过的)，需要有选择地单击相关条目进入网站，进一步查找。注意单击相关条目的同时按住 Shift 键可以在新窗口中打开条目对应的网站而保留资料的列表页。

(4) 缩小搜索范围：当完成步骤(2)后，找到的资料可能很多，其中多数是不需要的，此时可以添加搜索词缩小搜索范围。

例如查找小学语文《海底世界》的课件。

操作：在浏览器地址栏中输入"www.baidu.com"，按 Enter 键，进入百度界面；输入"海底世界"后单击【百度一下】按钮，得到与"海底世界"相关资料的列表；在"海底世界"后加空格，输入"小学语文"，再加空格并输入"课件"，单击【百度一下】按钮，此时相关资料的列表就少得多了，可以有选择地依次单击相关条目进入网站去找。

#### 2. 下载——把需要的素材拿到自己的素材文件夹中

单击相关条目进入网站找到需要的素材后可以采用以下方法下载。

1) 使用剪贴板下载文本、图片

**例 5-1** 从网上下载一段文本。

操作：

(1) 按上面的方法搜索，并打开包含需要的文本的页面。

(2) 用拖动法选中所需要的文本，然后右击，在弹出的快捷菜单中选择【复制】命令。

(3) 打开【记事本】程序(可选择【开始】|【程序】|【附件】|【记事本】命令)。

(4) 选择【编辑】|【粘贴】命令粘贴文本。

(5) 选择【文件】|【保存】命令，在弹出的【另存为】对话框中指定路径、文件夹和名字，单击【保存】按钮，保存到自己的素材库中。

**例 5-2** 下载一张图片。

操作：

(1) 找到并打开包含需要的图片的页面。

(2) 在要下载的图片上右击，在弹出的快捷菜单中选择【复制】命令。

(3) 打开图像编辑工具，如 Photoshop (可选择【开始】|【程序】| Adobe | Photoshop X 命令)，打开 Photoshop 软件操作窗口，选择【文件】|【新建】命令，然后在打开的对话框中单击【好】按钮，新建一块画布，选择【编辑】|【粘贴】命令粘贴文本。

(4) 选择【文件】|【存储为】命令，在弹出的【存储为】对话框中指定路径、文件夹和名字，选择格式，单击【保存】按钮，保存到自己的素材库中。注意文件格式(类型)最好选择 bmp、jpg 等，不要选择 psd。

2) 直接下载法，下载软件、课件、素材包

操作：在要下载的素材名称上单击，然后跟随向导操作即可。

注意在下载前的【怎样处理文件】对话框中有两个选项：【在文件的当前位置打开】选项指素材包被下载到计算机中的临时位置后立刻打开供查看或使用，如果不想保存，计算机会自动删除；【将该文件保存到磁盘】选项指素材包被下载保存到计算机中指定的位置。

3) 目标另存法，下载软件、课件、素材包

操作：在要下载的素材名称上右击，然后在弹出的快捷菜单中选择【目标另存为】命令，在弹出的对话框指定路径、文件夹，单击【保存】按钮。

**例 5-3** 从"http://www.english.ac.cn/songs/index.htm"下载音乐"友谊地久天长"。

操作：

(1) 打开包含要下载的音乐的页面，在音乐下载列表中的"友谊地久天长"右侧的【收听】图标上右击，在弹出的快捷菜单中选择【目标另存为】命令。

(2) 在弹出的对话框中指定路径、文件夹，单击【保存】按钮，保存到自己的素材库中。

4) 图片另存法，下载图片

操作：在要下载的图片上右击，在弹出的快捷菜单中选择【图片另存为】命令，在弹出的对话框中指定路径、文件夹，单击【保存】按钮。

### 3. 工具下载

如果素材包较大或网络带宽太窄，使用"直接下载"或"目标另存法"就难以完成，

此时可使用网络下载工具下载，如"网际快车""迅雷"等，这些工具的使用可以参考软件使用说明，这里不再介绍。

## 5.2.4 使用屏幕抓图工具

### 1. Print Screen 工具的使用方法

Print Screen 是 Windows 提供的一个最简单的抓屏工具，利用该工具可以把当前屏幕信息保存到剪贴板中，然后将其粘贴到图像处理工具的画布上，进行处理后保存成图片文件或粘贴到图文编辑软件中编辑处理。

1) 截获屏幕图像

(1) 将所要截取的画面窗口置于 Windows 窗口的最前方(当前编辑窗口)。

(2) 按键盘上的 Print Screen 键，系统将会截取全屏幕画面并保存到剪贴板中。

(3) 打开图片处理软件(如"画图"、Photoshop)，选择【编辑】|【粘贴】命令，图片被粘贴到该软件编辑窗口中(画布上)，编辑图片，保存文件。

或打开(切换到)图文编辑软件(如 WPS、Word、PowerPoint 等)，选择【编辑】|【粘贴】命令，图片被粘贴到编辑窗口中，也可以使用该类软件的图片工具进行编辑。

注意：当粘贴到"画图"中时，可能会弹出一个"剪贴板中的图像比位图大，是否扩大位图？"提示对话框，此时单击【是】按钮即可。

2) 抓取当前活动窗口

通常我们不需要整个屏幕，而只需要屏幕中的一个窗口。比如，我们要抓取 Word 窗口的图片。此时使用 Print Screen 的"抓取当前活动窗口"功能即可。

(1) 将所要截取的窗口置于 Windows 窗口的最前方(即当前活动窗口)。

(2) 按 Alt+Print Screen 组合键，系统将会截取当前窗口画面并保存到剪贴板中。

(3) 粘贴到图像处理软件或图文编辑软件中进行编辑处理。

3) 抓取电影画面

用 Print Screen 键可以方便地抓取当前屏幕中的内容，但是对于视频画面，比如 Windows Media Player 播放的视频、Real Player 播放的视频等，直接使用 Print Screen 就不行。例如在看电影时，遇有精彩的视频画面想抓下来时，却发现抓下来的只是播放器的边框，中间的播放界面存盘后就会变成漆黑一团(在没有存盘的情况下会随同播放器一起动态播放当前视频)。这时使用下面两种方法之一，就可以通过 Print Screen 抓取视频中的画面了。

(1) 取消硬件加速法。

用 Print Screen 键截取 DivX 影片，VCD 等的格式的视频在截图时都会出现截取到黑屏的现象。其实可以通过禁用显示属性中的硬件加速设置来实现 Print Screen 抓取视频画面的功能，具体步骤为如下。

① 双击【控制面板】中的【显示】图标，打开显示属性设置窗口。或在桌面空白位置右击，在弹出的快捷菜单中选择【属性】命令，打开显示属性设置窗口。切换到【设置】选项卡，并单击窗口中的【高级】按钮，打开高级属性设置窗口。

② 在高级属性设置窗口中切换到【疑难解答】选项卡，如图 5-4 所示。拖动【硬件加速】滑块至【无】，单击【确定】按钮退出。

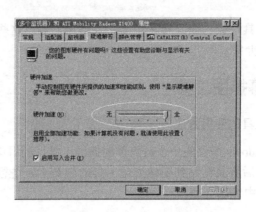

图 5-4  显示属性设置

③ 启动视频播放软件(比如 Real Player)，播放视频文件，找到需要截取的画面，按 Print Screen 键截取整个屏幕，或按 Alt+Print Screen 组合键截取播放器窗口。

④ 粘贴、编辑、保存。

可以看到，此时已经成功截取视频图像，不过，较之启用硬件加速功能，此时的视频图像质量会有一定程度的损失。

(2) 抢用 DirectDraw 法。

在播放视频时，系统会调用 DirectDraw 加速视频的播放，不过 DirectDraw 本身不支持使用 Print Screen 抓屏，因此默认情况下，Print Screen 抓取不到视频画面。不过，DirectDraw 有一个特点，就是其不能在系统中加载两次，也就是说如果 DirectDraw 已经被一个播放器(如 Windows Media Player)调用了，再打开另一个播放器(如 Real Player)就不会调用到 DirectDraw，此时该播放器播放的画面就可被 Print Screen 抓取了。利用这一特点，只要先用一个播放器任意播放一段视频，然后再用另一个播放器播放需要截取视频的画面，就可以使用 Print Screen 来进行抓取，具体步骤如下。

① 打开一个播放器，比如 Windows Media Player，任意播放一段视频文件。

② 打开另一个播放器，如 Real Player，播放准备截取画面的视频文件。

③ 播放或拖动播放进度滑块至需要截取画面的地方，按 Print Screen 键截取整个屏幕，或按 Alt+Print Screen 组合键截取播放器窗口。

④ 粘贴、编辑并保存。

多开一个播放器会占用计算机更多的系统资源。其实，在打开两个播放器后，再将第一个使用 DirectDraw 加速的播放器关闭，此时仍然可以使用 Print Screen 截取第二个播放器中的视频画面，因为第二个播放器已经打开，在不重新打开其他视频文件时不会再重新调用 DirectDraw。

**2. 动态抓屏工具**

Print Screen 可以抓取整个屏幕的图片或当前窗口的图片，如果需要直接抓取显示在屏幕上的一张图片(如软件的图标)或正在播放的动画画面或我们在讲解应用软件操作时的动态画面等，Print Screen 就无能为力了。使用动态抓屏工具可以轻松完成这些工作。动态抓屏方面的工具软件较多，如快手 SnagIt、屏幕录像专家 V3.5 等。下面简单介绍快手 SnagIt 的使用方法。

SnagIt 是一款功能强大、容易上手的抓图软件。它可以进行屏幕图像的多种方案抓取、屏幕上的文本抓取、屏幕动态(可包含声音、鼠标操作)抓取等，同时它还可以对抓取后的图片进行编辑和处理。

1) SnagIt 界面简介

SnagIt 软件的版本较多，各版本的操作略有不同。下面以 SnagIt 6.0 为例介绍该软件的使用方法。如图 5-5 所示为 SnagIt 6.0 的窗口。

图 5-5　SnagIt 窗口

窗口左侧是功能选择按钮，如【捕获】、【图像捕获】、【文字捕获】等，上方是菜单栏，SnagIt 的菜单栏中共有六个菜单。

(1) 输入。主要是选择图片抓取的范围。可以在其中选择捕获全屏、窗口、特定区域、菜单等。选择不同的捕获功能，输入菜单中的选项内容会相应变化。

(2) 输出。主要是把抓取的图片传送到指定的地方，如打印机、剪贴板、文件夹、电子邮件等。选择不同的捕获功能，输出菜单中的选项内容会相应变化。

(3) 过滤。它可以对图片进行一些特效处理，如旋转、变形、调整色彩、亮度等。

(4) 选项。这里用来设置 SnagIt 的属性。

(5) 工具。它实际上就是主界面左侧列出的一些快捷按钮。

(6) 帮助。提供软件使用方法和软件相关信息。

2) 抓取图像

要抓取图像，首先单击主界面左侧的【图像捕获】按钮，然后在【输入】菜单下选择要抓取的图像类型，打上"√"标记。再将要抓取的画面切换到前台，按下抓图的热键(默认为 Ctrl+Shift+P，可选择【选项】|【程序参数选择】命令修改)，所选画面就会被 SnagIt 捕获。选择的类型不同，抓取时的操作方法也略有差别。

(1) 输入设置。

在【输入】菜单可以设置抓取的范围。在图像捕获状态下，【输入】菜单如图 5-6 所示。其中的命令及子菜单说明如下。

① 屏幕：选择此命令，按 Ctrl+Shift+P 组合键或单击【立即捕获】按钮时将抓取全屏画面。

② 窗口：选择此命令，按下热键时，鼠标指针将变为"手"形，

图 5-6　【输入】菜单

同时出现一个大小会自动变化的红线方框,移动鼠标指针位置,方框就会套住不同的区域,再单击,方框内的区域就会被抓取。用该命令来抓取程序界面的一部分非常方便。

③ 活动窗口:选择此命令,按下热键时,将抓取活动窗口。

④ 区域:选择此命令,按下热键时,再拖动鼠标指针画一个框,所画方框内的区域就会被抓取。

⑤ 固定区域:选择此命令,按下热键时,会出现一个固定大小的方框,移动方框到合适的位置后再单击,框内的区域就会被抓取。方框的大小、起始位置可通过选择【输入】|【属性】命令,打开【输入属性】对话框,然后单击【固定区域】按钮,进行设置。

⑥ 物体:该命令设定捕获的区域为用户指定的任意屏幕对象。按下热键时,单击屏幕对象(如桌面图标、文件中的图片等),所单击的对象就会被抓取。

⑦ 菜单:选择此命令,可抓取程序的下拉菜单或快捷菜单。选择【输入】|【属性】命令,打开【输入属性】对话框,单击【菜单】按钮,还可进一步设置抓取时是否"包括菜单栏",是否"捕获层叠菜单"(即是否包括已展开的子菜单)。

⑧ 外形:选择该子菜单中的命令可设定捕获的区域为其他规则区域或用户任意描绘的区域。该子菜单包括【不规则】、【椭圆】、【三角形】等命令。

⑨ 高级:选择该命令设定捕获的区域为其他更高级的捕获区域。该子菜单包括【自定义滚屏】、【图形文件】、【剪贴板】、【全屏幕 DOS】等命令。

⑩ 图形文件:选择此命令,按下热键选择一个图形文件后,文件中的图形就会显示在预览窗口中。

⑪ 剪贴板:选择此命令,抓取剪贴板中的内容。

⑫ 全屏幕 DOS:选择此命令,可按 Print Screen 键抓取全屏幕 DOS 窗口中的内容,注意此时【输出】不能设为"剪贴板"。

在抓取图像时,SnagIt 还可以在【输入】菜单下设定是否包括光标,是否自动滚动(用于抓取一屏在窗口中不能完全显示的图片),非常方便。

(2) 输出设置。

在【输出】菜单中设置捕获的图片输出到什么地方,比如打印机、剪贴板、文件等。

(3) 捕获过程。

当需要的信息显示在当前屏幕上时,单击【捕获】按钮或是按快捷键(默认为 Ctrl+Alt+P),按照程序要求选择捕获的对象。

➤ 选择【输入】|【区域】命令,单击【捕获】按钮,这时屏幕上将出现一个手的形状,手上拿着一个十字坐标,将鼠标指针移到捕获区域的左上角,按住鼠标左键,沿对角线拖动到右下角,松开鼠标左键,图形就被抓了下来。

➤ 选择【输入】|【菜单】命令,展开要捕获的菜单,单击【捕获】按钮,菜单图形就被抓了下来。

➤ 选择【输入】|【物体】命令,单击【捕获】按钮,这时屏幕上将出现一个红色矩形框,内有手形鼠标指针,移动鼠标指针到要捕获的对象上,矩形框随物体变化,单击图形就被抓了下来。

3) 文本捕获

SnagIt 可以抓取屏幕上显示的文字,可应用在任何 Windows 文字编辑器中,如记事本、写字板、Word、WPS 等。

单击【文本捕获】按钮，进行输入设置和输出设置，单击【捕获】按钮，按要求选择，文字便被捕获下来。这时捕获下来的是文本，在随后出现的【预览】窗口中可对文字进行编辑，保存文本。

4) 捕获视频

SnagIt 可以捕获屏幕上的动态变化影像，如播放的动画、鼠标操作、程序运行等。利用 SnagIt 的捕获视频功能可以制作自己的多媒体素材，如抓取动画，制作自己操作讲解的多媒体教学视频等。

(1) 单击【视频捕获】按钮，进行输入和输出的设置，单击【区域】按钮，可以任意定义屏幕上的捕获区域。

(2) 按下热键(或【立即捕获】按钮)，若在输入选择时选择【区域】按钮，这时屏幕上将出现一个"手"的形状，手上拿着一个十字坐标，将鼠标指针移到捕获区域的左上角，按住鼠标左键，沿对角线拖动到右下角，松开鼠标，这时会发现选中的部分被一个白线框包围，标出你选中的部分，同时会弹出【SnagIt 视频捕获】对话框，如图 5-7 所示。

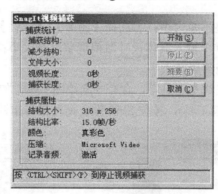

图 5-7 【SnagIt 视频捕获】对话框

(3) 准备好后单击【开始】按钮或按热键，白框开始闪动，表示正在捕获。

(4) 要停止时，按 Ctrl+Shift+P 组合键，弹出【SnagIt 视频捕获】对话框，单击【停止】按钮，弹出 SnagIt 的预览窗口，单击【完成输出】按钮，弹出【另存为】对话框，保存视频文件。SnagIt 6.0 只能保存为 AVI 格式的影像文件。

在【输入】菜单中如果复选【包括光标】命令和【记录音频】命令，则将同时捕获光标的变化和从话筒输入的声音或计算机内其他播放器播放的声音(关于录音选项的设置请参看 5.2.6 节"录音机"中的设置)。

如果觉得快捷键 Ctrl+Shift+P 用起来比较麻烦，可以通过 SnagIt 窗口中的【选项】菜单定义自己的热键。

## 5.2.5 最简单的图像工具——"画图"

在多媒体课件的制作过程中，图形和图像是使用最多的元素，我们常常需要绘制一些图像，或加工处理从不同途径采集的图像。对于复杂图像的艺术化处理、编辑制作等，需要采用专业的图像编辑软件，如 Photoshop 等。Windows 中提供了一个简单实用的图像编辑制作工具——"画图",该软件很容易上手,使用方便,可以完成简单的图像制作、编辑等工作。

Windows 中的画图程序是一个位图绘制程序,有一整套画图工具和范围较宽的颜色。可以使用画图程序查看素材图片,创建简单的几何图、示意图、结构图等;也可用画图程序实现图像的简单编辑,比如,改变图像的大小,变换图像的文件格式,降低图像分辨率,增删图像局部画面,给图像添加文字说明,或将两幅或两幅以上的图像进行合并等。可以将画图程序中的图片粘贴到已创建的另一个文档中,或者将其用作桌面背景等。

### 1. 画图窗口

选择【开始】|【程序】|【附件】|【画图】命令,即可启动画图程序,打开画图窗口,如图 5-8 所示。

(1) 菜单栏。画图窗口的上方,与其他 Windows 程序一样,有一套完整的下拉式菜单,用以实现系统的全部功能。

(2) 绘图区。画图窗口中间区域为绘图区,称为画布或画纸,在此可以绘制图形或打开图像。

可以通过两条途径调整画布大小:①选择【图像】|【属性】命令打开属性对话框,在【宽度】和【高度】文本框中输入具体尺寸数值调整画布大小;②用鼠标指针拖动画布边上的调整手柄,根据需要调整画布大小。

(3) 工具箱:画布的左边是工具箱,含有一套绘图工具,如图 5-9 所示。

如:选择矩形工具(椭圆工具),按住 Shift 键,拖动鼠标指针可以绘制正方形(正圆)。

图 5-8  画图窗口

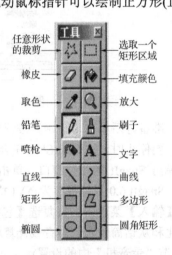

图 5-9  工具箱

(4) 样式栏:工具箱的下面是样式栏。样式可以配合工具使用,如画线时通过样式定义线的粗细、添加文字时通过样式定义背景是否透明等。选择不同的工具,样式栏中显示的样式不同,这里不再一一描述。

如选择矩形、椭圆等工具时,通过样式可定义实心还是空心、是否填充等。需要注意的是,绘制类似矩形、椭圆等闭合图形,如果要改变其边线的粗细,需要在"画线"状态中进行定义。

(5) 调色盘：画布底部是颜色调色盘，可以从这里选择颜色进行图像绘制或编辑。
调色板左边的两个矩形表示当前使用的前景色和背景色。
选择颜色的方法：在颜色块上单击选择前景色；在颜色块上单击鼠标右键选择背景色。

2. "画图"软件的使用

下面通过两个例子介绍"画图"软件的使用方法。

**例 5-4** 制作一幅小鸡的图片，如图 5-10 所示。

操作步骤如下。

(1) 启动画图程序，新建一块适当大小的画布。

(2) 绘制第一只小鸡。操作顺序为：选择椭圆工具、无填充样式画鸡身；选择椭圆工具、填充白色背景色画鸡头；选择椭圆工具、实心样式画鸡眼；选择直线工具画鸡爪、鸡嘴；选择填充颜色工具、黄色进行染色，如图 5-11 所示。

图 5-10 小鸡的图片

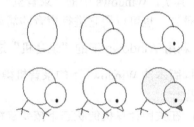
图 5-11 绘制小鸡的步骤

(3) 绘制其他小鸡。单击【选定工具】按钮，使用鼠标拖动法选择第一只小鸡，选择【编辑】|【复制】命令，再选择【编辑】|【粘贴】命令(或采用拖动复制法)，复制小鸡，并拖动到适当位置。选择【图像】|【翻转/旋转】命令或【图像】|【拉伸/扭曲】命令，以及通过鼠标拖动缩放等操作，改变小鸡的方向、大小和形状。

💡 **注意**

当画布上出现选择框，此时，鼠标不能在选择框(虚线框)之外单击或选择其他工具，否则选择框将消失，需要重新选取。

(4) 绘制地上的食物。使用椭圆工具、实心样式绘制，或使用喷枪工具绘制。

(5) 绘制完成后，选择【文件】|【另存为】命令，在【另存为】对话框中设置存放图像的路径、文件名和文件类型，单击【确定】按钮即可。

**例 5-5** 制作一幅讲解画图软件使用方法的图片。

操作步骤如下。

(1) 启动画图程序，按 Alt+Print Screen 组合键，将当前窗口复制到剪贴板。

(2) 选择【编辑】|【粘贴】命令，此时图像(画图窗口)被粘贴到画图窗口中的画布上。若出现【是否希望扩大位图】对话框则单击【是】按钮。若粘贴前画布太大，粘贴后会出现空白画布，此时将鼠标指针移到拖动手柄上拖动，可将多余的画布裁剪掉。小技巧：粘贴前先将画布缩小(将鼠标指针移到拖动手柄上拖动，或选择【图像】|【属性】命令，在对话框中将【宽度】和【高度】均设置为一个较小的数值，如"1")，粘贴时软件会根据剪贴板中图像的大小扩展画布。

(3) 用鼠标选择工具箱中的文字工具，在图像上的适当位置单击并拖动鼠标指针，出现文本输入框，在框中输入文字"菜单栏"，并使用【文字】工具栏对文字进行编辑(如果没有显示【文字】工具栏，可选择【查看】|【文字工具栏】命令将其打开)。选择直线工具，绘制一条直线，将文字与菜单栏连接。可用同样的方法制作其他说明文字。

(4) 编辑完成后，选择【文件】|【另存为】命令，在【保存】对话框中输入存放图像的路径、文件名和文件类型，单击【确定】按钮即可。

### 5.2.6 最简单的音频工具——"录音机"

要将来自音源的模拟声音转录为数字音频文件，必须在计算机上配置声卡，另外还需要专用软件的支持。如果要对数字音频文件进行编辑处理，同样也需要专用软件，这类软件被称为声音录制编辑软件。常用的专业声音编辑工具有 Gold Wave、Audio Editor、Cool Edit Pro 等。其实，Windows 中的"录音机"就是一个相当不错的声音编辑软件，它可以很方便地完成录音，也可以用它进行声音的简单编辑。

#### 1. 利用 Windows 下的"录音机"进行现场录音

不同版本的 Windows 下的录音机操作略有不同，下面以 Windows XP 为例简单介绍录音机的操作。

(1) 在关闭计算机的状态下按要求将声源设备与声卡正确连接，然后启动计算机。

录音前，必须仔细做好准备工作。如果从话筒录音，则应将话筒插头插入声卡的 MIC 插孔，备好讲话稿。如果是从卡座录音，则应将卡座线路输出插孔通过连线与声卡的线路输入插孔相连，把录音带插入放音机，并倒带到需要录制的起始处，按下放音键和暂停键。

(2) 启动 Windows 录音程序。选择【开始】|【程序】|【附件】|【娱乐】|【录音机】命令，打开录音机程序窗口，如图 5-12 所示。

(3) 设置录音属性。选择【编辑】|【音频属性】命令，打开【声音属性】对话框(也可以单击【控制面板】中的【声音和音频设备】选项，打开【声音和音频设备 属性】设置对话框，再选择【音频】选项卡，或在桌面右下角扬声器图标 上右击，在弹出的快捷菜单中选择【调整音频属性】命令，打开【声音属性】设置对话框，再选择【音频设备】选项卡)，如图 5-13 所示。

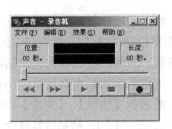

图 5-12　录音机窗口

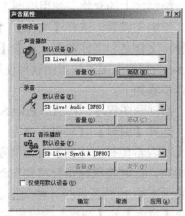

图 5-13　【声音属性】对话框

单击图中的【音量】按钮，打开【录音控制】对话框，如图 5-14 所示，选中要使用的输入设备下的【选择】复选框(如使用话筒录音时选择麦克风、使用录制卡座时选择线路-输入等)。然后关闭对话框，回到【声音属性】对话框。

如果计算机装有多个声卡设备，则在图 5-13 中录音选项组中显示的默认设备可能不是本次使用的设备，此时单击右侧的下拉箭头，可以选择正确的声卡设备。

在图 5-14 所示对话框中，如果没有显示要使用的输入设备(如没有麦克风)，可选择【选项】|【属性】命令，打开【属性】对话框，如图 5-15 所示，选择【显示下列音量控制】列表框中的输入设备，然后单击【确定】按钮，回到【录音控制】对话框，此时就可看到选择的设备了。

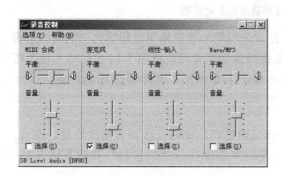

图 5-14 【录音控制】对话框

图 5-15 【属性】对话框

需要说明的是，几个对话框中显示的信息随安装的声卡的不同而不同，但操作方法一样。

(4) 试录音。适当调节图 5-14 所示对话框中麦克风下的音量滑块，关闭计算机音箱或将音箱音量调到最小。打开话筒开关，单击录音机窗口中的录音按钮●开始录音，对着话筒讲话，此时波形显示窗口中会出现波形，调图 5-14 所示对话框中的【麦克风】音量滑块，使波形最大又无明显失真，录音完毕，按停止键结束。

关闭话筒，打开计算机音箱，单击录音机窗口中的放音键，回放录制的声音，观察音量、失真等情况，如果不满意，重复上面的试录音操作，直到回放的声音强弱适中、没有明显的失真。

(5) 正式录音。录音准备工作完成后，选择【文件】|【新建】命令，新建一个文件，单击录音按钮开始正式录音，录音完毕，单击【停止】按钮■结束录音。

录音时请正确使用话筒，录音开始后不要再调节音量滑块。

"录音机"软件的一个不足之处是在录音时，每单击一次录音键只能录制 60 秒，到 60 秒后就会停止录制。其实这个缺陷不会给录音带来太大的影响，只会增加工作量。解决的办法是：在录制接近 60 秒时单击一次录音按钮，就又会增加 60 秒，只要在讲话的间隙时操作，就不会对录制的声音产生影响，我们讲话总会有停顿的，这种间隙很好找。

(6) 保存文件。有两种保存方式：①选择【文件】|【保存】命令，弹出【另存为】对

话框，输入路径、文件名，则以默认录音质量(如 22.050Hz、8 位、单声道)保存为 WAV 文件；②选择【文件】|【另存为】命令，在弹出的【另存为】对话框中单击【更改】按钮，弹出如图 5-16 所示的【声音选定】对话框。在【名称】下拉列表框中提供了"CD 质量""电话质量""收音质量"三种声音质量，若不适合，可以选择【格式】和【属性】下拉列表框中的选项，重新定义声音质量。单击【另存为】按钮可另存为选定的格式，单击【确定】按钮，回到【另存为】对话框。

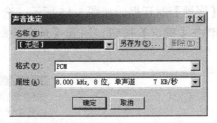

图 5-16 【声音选定】对话框

建议采用"另存为"方式保存文件，此时录制的声音质量可以根据自己的要求选择。

录音机的其他录制操作与此类似，只要根据录制的音源选择图 5-14 中的输入设备即可。大家可以自己练习录制卡座和计算机中的其他软件(如网络、课件等)发出的声音。

### 2. 声音的简单编辑

利用声音编辑软件可以对数字音频进行编辑处理，如将几段声音依次连接、混合，还可以进行改变音量、为声音添加回音、改变频率等操作。"录音机"具有下述各种编辑功能。

1) 声音素材的裁剪

录音时难免会在头尾处留下空白或在录制过程中遇到不满意的情况。在制作多媒体作品时，经常需要引用一个声音文件，但可能只要其中部分声音，这就需要对声音文件进行裁剪操作。其操作的步骤如下。

(1) 选择录音机窗口中的【文件】|【打开】命令，弹出【打开文件】对话框，找到准备编辑的声音文件，选择后单击【打开】按钮。

(2) 用【播放】按钮和【停止】按钮或拖动滑块来定位要删除点的位置。

(3) 选择【编辑】|【删除当前位置之后的内容】命令(或选择【编辑】|【删除当前位置之前的内容】命令)，在随后出现的对话框中确认删除，则相应内容就被剪除了。

(4) 删除声音的编辑工作完成后，选择【文件】|【另存为】命令，输入文件名后单击【确定】按钮。

若需要删除的部分不在前面或后面，而在中间某个区域，就要采用两次裁剪操作，然后用下面的【插入其他声音】操作进行重新组合。

2) 声音文件连接

在编辑声音时，常常需要将几个声音素材文件连接成一个声音文件，或者在一个声音文件中间插入另一个声音文件，使用录音机中的【插入文件】命令可以完成该编辑工作。具体操作步骤如下。

(1) 选择【文件】|【打开】命令，打开第一个声音文件。

(2) 用【播放】和【停止】按钮或拖动滑块，定位第二个声音文件的开始位置(如果是连接编辑，则第一个声音文件的结束点是第二个声音文件的开始位置)。

(3) 选择【编辑】|【插入文件】命令，在弹出的【插入文件】对话框中选择欲插入的另一个声音文件的路径和文件名，单击【打开】按钮，完成插入。

(4) 重复操作，直至完成。

(5) 单击【文件】|【另存为】命令，输入文件名后单击【确定】按钮。

3) 声音效果编辑

在编辑声音时，需要调整声音的强弱，即音量大小；像录制英语、普通话等的词句、课文朗读时，为了让学生辨别发音，需要对声音降调等，这时就需要对声音进行效果编辑。录音机中的效果编辑使用【效果】菜单中的命令。

(1) 调整音量：选择【效果】|【加大音量】命令或【效果】|【降低音量】命令，可以调整整个声音文件的音量，每次调整的幅度是25%。

(2) 调整速度：选择【效果】|【加速】命令或【效果】|【减速】命令，可以改变声音的播放速度，相当于改变升降调，每次调整的幅度是100%。

(3) 添加回音：选择【效果】|【添加回音】命令，可以使声音增加空间感。

(4) 反向：选择【效果】|【反向】命令，可以改变声音的起始方向。

4) 声音混合编辑

混合声音就是将不同的声音文件混合到一起，构成一种特殊的效果。例如将解说声与背景音乐混合，在播放时，则可同时听到解说和音乐，形成配乐解说；将雨声与风声、雷声混合产生特殊的效果等。具体操作步骤如下。

(1) 打开一个声音文件。

(2) 用【播放】按钮和【停止】按钮来定位要混入声音文件的起点位置。

(3) 选择【编辑】|【与文件混合】命令，在弹出的【与文件混合】对话框中选择混入的声音文件名，单击【打开】按钮，即可完成混合。

(4) 混合声音完成后，选择【文件】|【另存为】命令，输入文件名后单击【确定】按钮。

混合编辑时要注意各声音混合后的音量比例，比如，给解说声加背景音乐时，背景声不能太大，否则解说声会听不清。在录音机中进行混合编辑时没有调整混合比例的选项，如果要改变混入文件的音量，可先按调整音量的办法调整好后再混合。

5) 调整声音文件的质量

声音质量太高会使声音文件太大，有时为了减小多媒体课件文件的大小、同时使播放时更加流畅(比如网络多媒体课件)，需要降低声音质量。

打开声音文件，选择【文件】|【另存为】命令，通过改变如图5-16所示的参数可以改变声音文件的质量。

## 5.2.7 Photoshop 的使用

Photoshop 软件是由 Adobe 公司开发的具有强大图像处理功能的平面设计软件。使用 Photoshop，可以将任何图片修改得截然不同，也可以将我们所能想象到的效果制作出来。例如，可以将图像由彩色变为灰度、黑白效果，改变图像的亮度、对比度，以及图像的颜色、饱和度；也可以运用强大的滤镜改变图像，处理成各种各样的效果；还可以将若干图像加以合成，制作成一幅天衣无缝、以假乱真的作品。Photoshop 的强大功能不仅仅体现在对现成图像的处理上，而且还可以徒手绘制出各式各样的图片效果。因此，Photoshop 为图像素材制作提供了强有力的支持。Photoshop 版本很多，这里以 Photoshop 6.0(中文版)为例简单介绍窗口中的工具、菜单、调色板等，并结合制作多媒体素材的基本需要，通过几个典型的实例介绍 Photoshop 的使用。

### 1. Photoshop 窗口简介

Photoshop 操作界面如图 5-17 所示，主要包括标题栏、图像编辑窗口、工具箱、菜单栏、面板组、状态栏等。Photoshop 采用浮动图层技术，窗口中的工具箱、面板组等可以自己布置，任意摆放位置、任意打开和关闭，为编辑制作获得较大的操作空间。

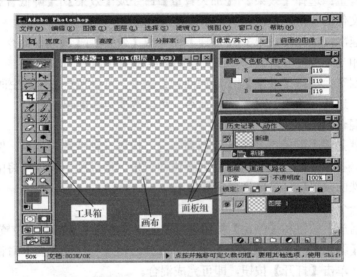

图 5-17  Photoshop 操作界面

1) 菜单栏

菜单栏包括文件、编辑、图像、图层、选择、滤镜、视图、窗口以及帮助等菜单，其中每一项菜单又包含若干个子菜单。菜单栏的使用与其他 Windows 中的应用程序一样，这里不一一作介绍。

2) 工具箱的使用

Photoshop 提供了一个集画图、编辑、颜色选择、屏幕视图等操作于一体的工具箱，如图 5-18 所示。灵活利用工具箱是提高 Photoshop 操作效率的捷径。

选择默认工具的方法是，用鼠标左键直接在工具箱上单击所需工具图标。

在工具箱中，如果工具图标右下方有一个小三角，则表示该工具图标中还隐藏着其他工具图标。选择隐藏工具的方法是：将鼠标指针移到隐藏工具所在的图标上，按下鼠标左键不放，将会出现隐藏工具选项，然后将鼠标指针移到所需工具图标上松开鼠标左键，就可以选择该工具。

选择工具后，图像上的鼠标指针将变为工具状。

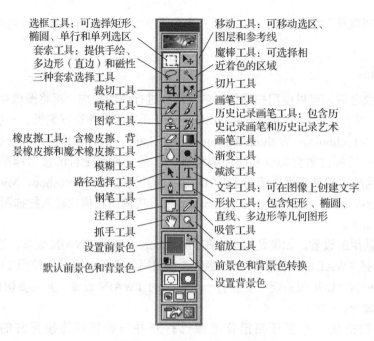

图 5-18 Photoshop 的工具箱

## 注意

双击工具图标可调出该工具的选项调色板,在该调色板中可对该工具进行设置,以增强其功能。

3) 面板组的显示与控制

在默认状态下,Photoshop 提供了三个面板组供我们在操作中编辑、查询,每一组都包含三个以上的面板,它们是【导航器】/【信息】/【选项】面板组、【颜色】/【色板】/【样式】面板组和【图层】/【通道】/【路径】/【历史记录】/【动作】面板组,如图 5-19 所示。

使用下述方法之一可以选择面板。

➢ 在打开的面板组中,单击所选面板的标签。

➢ 在【窗口】菜单中选择显示或隐藏某面板项。

使用下述方法之一可以控制显示或隐藏面板组。

➢ 反复按 Tab 键,可以控制显示或隐藏面板组及工具箱。

➢ 反复按 Shift+Tab 组合键,可以控制显示或隐藏面板组。

每个面板组右上角都有一个三角图标,单击它可以打开面板菜单,从而调整面板选项;而通过拖曳面板组右下角的边框,可以改变面板组的大小。

图 5-19 Photoshop 的面板组

4) 状态栏的使用

当 Photoshop 屏幕上出现图像编辑窗口时,状态栏将主要显示三个部分的内容:左侧部分显示当前图像缩放的百分比，中间部分为图像文件信息，右侧部分为当前使用工具的说明。

### 2. 图像扫描

安装扫描仪之后，可以使用扫描仪附带的软件进行图像扫描，再将图像存储为 TIFF、BMP 或 PICT 文件，然后在 Adobe Photoshop 中打开这些文件进行编辑。一般扫描仪都支持 TWAIN 接口(Technology Without An Interesting Name，是为软件应用和图像采集设备间的通信定义的一种标准软件协议和应用编程接口，是一种跨平台的接口标准)。凡是支持 TWAIN 接口的应用软件都可以调用 TWAIN 接口的设备，如 Photoshop、Microsoft Word、Microsoft PowerPoint 等。因此可以在 Photoshop 中直接调用扫描仪输入扫描图像。

操作方法如下。

(1) 选择使用的设备。如果是第一次在 Photoshop 上使用 TWAIN 设备，选择【文件】|【输入】|【选择 TWAIN_32 源】命令，然后选择使用的设备，而以后使用 TWAIN 模块则不需要重复此步骤。如果在系统中安装有一个以上的 TWAIN 设备，并且要切换设备，可使用【选择源】命令。

(2) 启动扫描仪。在保证扫描仪电源已打开并与计算机连接正常的情况下，在 Photoshop 窗口中选择【文件】|【输入】命令中的扫描仪名称，即可启动扫描仪，打开扫描对话框。

(3) 将要扫描的图片图像面朝下放在扫描仪玻璃上，图片的一角请对齐基点。

(4) 在扫描仪窗口中进行必要的设置。
- 扫描仪选择——选择【平板扫描仪】。
- 图像类型选择——有【彩色】、【灰度】、【黑白】三种选择。
- 扫描模式选择——有【高速度】、【高质量】两种选择。
- 分辨率设置——分辨率决定扫描仪具体记录的图像质量。图像的质量随着分辨率的提高而提高，但是超过扫描仪的"光学分辨率"标准后，即使再提高分辨率，图像质量也不会有明显的提高。

(5) 在扫描仪窗口的底部单击【预览】按钮进行扫描预览(如果在【设置】菜单里选择了【自动预览】命令，启动扫描仪后会自动进行预览)。

(6) 选择要扫描的区域范围：将鼠标指针移至预览窗内需要扫描的区域的左上方，按住鼠标将其拖至要扫描区域的右下方，出现一个矩形选择区域。用鼠标拖动矩形框或拖动矩形框上的手柄，让矩形框框住需要扫描的部分，进行精确选择。

(7) 单击【扫描】按钮，进行图像扫描，扫描完成后则成为一个新图像文件出现在 Photoshop 窗口中，文件名为"未标题 1"。关闭扫描仪窗口，然后可对此图像进行编辑处理。

(8) 如果还要扫描另一张图片，可重复步骤(2)至步骤(7)。

### 3. 图像编辑

1) 选择范围工具

选择范围工具用于在被编辑的图像中或单独的层中选择各种区域。有两类选择图像的工具：第一类选择图像范围的是标准形状，包括矩形、椭圆、单行、单列和剪切 5 类选择工具，用此类工具选择的区域形状与选择工具的形状相同；另一类选择工具要由操作者在图像中绘制一个封闭的形状，该形状就是被选取的范围，包括套索、多边形和磁性套索三个选择工具，这一类工具统称为套索工具。

(1) 标准形状选取工具包括以下 5 种。

- 矩形选择工具：直接使用该按钮工具选择的区域为矩形，按住 Shift 键选择的区域为正方形。
- 椭圆选择工具：直接使用该按钮工具选择的区域为椭圆形，按住 Shift 键选择的区域为圆形。
- 单行选择工具：选择一行(即一个像素宽)的横线区域。
- 单列选择工具：选择一列(即一个像素宽)的竖线区域。
- 裁剪选择工具：用于切除选中区域以外的图像，以重新设置图像的大小。当把区域选定之后，将有 8 个处理点出现，可以拖动这些处理点以改变选择区域的大小。当鼠标指针处于处理点以外时，鼠标指针将变为弧形，拖动鼠标指针可以旋转选择框。

使用裁剪选择工具进行裁剪有 4 种方法：一是在选择区域内双击指针即可进行裁剪；二是在选择后直接按 Enter 键也可进行裁剪；三是在工具栏中任意工具上单击，系统将弹出一个对话框，提示你是否进行裁切，确定后即可进行裁剪；四是在选择区域内右击，在弹出的快捷菜单中选择【裁切】命令。

(2) 套索选择工具包括以下 3 种。

- 套索选择工具：这个工具在有些书中也称为手控套索工具，可以自由地用手控方式进行选择，主要用于不规则形状的选择。
- 多边形套索选择工具：该工具也是用手控方式选择图像，但它可以选择出极其不规则的多边形形状，主要用于选择一些复杂的、棱角分明的、边缘呈直线的图形。
- 磁性套索选择工具：此工具用于选择外形极其不规则的图形，所选图形与背景的反差越大，选择的精确度越高。该工具既有套索工具的使用方便性，又有路径选择的精确度。

除此之外还有一种选择工具称为魔棒选择工具，魔棒选择工具选择的范围非常广泛，是属于灵活性较强的选择工具。必须注意的是：魔棒选择工具不能应用在位图模式的图像上。

单击工具箱中的工具图标时，就会打开该工具的选项面板，根据具体图像进行选项的设置可使选择做到快速、准确。如设置为【添加到选区】、【从选区减去】等，可以完成不同形状的选择，在使用魔棒选择工具时，设置不同的容差值，可以控制选择区域的相关程度。

2) 改变图像大小

通过各种途径获得的图像在大小方面不一定满足使用要求，比如尺寸过大或分辨率过高等，此时需要改变图像的大小。操作方法如下。

(1) 选择【图像】|【图像大小】命令，打开【图像大小】对话框，如图 5-20 所示。该对话框分为三个部分：【像素大小】选项组、【文档大小】选项组和比例变化设置选项。

(2) 选择【约束比例】复选框时，可以看见【宽度】与【高度】右侧有锁定符号，此时如果直接在【宽度】或【高度】文本框内填写数据，图像的高与宽将按比例发生变化。如果该复选框没有被选中，则在宽度和高度框内可以分别填写数据，图像的高与宽可以不按比例发生变化。

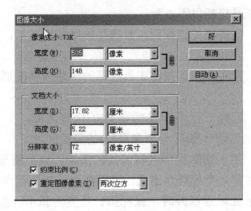

图 5-20　【图像大小】对话框

(3) 选中【重定图像像素】复选框，可根据所选择的图像插补方式进行比例变化，因此图像文件的大小也将发生变化。

(4) 在【像素大小】选项组中输入数据可以改变图像大小。

(5) 在【文档大小】选项组中输入所需打印出的图像的高与宽，这时图像像素大小按比例变化，图像分辨率不变。如果改变打印输出图像的分辨率，图像的像素大小将按比例变化，而图像打印尺寸不变。

3) 其他操作

在 Photoshop 中还可对图像进行更多的编辑操作，比如旋转图像、亮度/对比度调整、色彩调整、改变模式以及各种特殊效果(滤镜)等，这里不再一一讨论，如果要进一步学习，可以查看相关手册或其他参考书进行操作。如果操作出现错误或不满意，可以从【历史记录】面板中恢复到操作过程中的任一状态。

**例 5-6**　扫描一幅"雁塔"图片，并进行简单编辑。

(1) 扫描：具体按"图像扫描"的步骤操作。其中扫描仪窗口中图像类型选择 24 位彩色、分辨率设置为 400dpi。

(2) 剪切图像：通常用扫描仪获取的图像、印刷品或照片，在扫描仪内不可能放置得十分端正，因此扫描获得的图像通常是歪的而且带有黑边，如图 5-21 所示。这里要运用 Photoshop 的裁切工具把图像剪切、调整放正，只留下需要的图像部分。操作步骤如下。

① 选择【裁切】工具，按住鼠标左键从图像的左上角拉出一个虚线剪切框，如图 5-22 所示。

② 将鼠标指针移到剪切框外，鼠标指针变成弧形箭头，按住鼠标左键并旋转剪切框，使与图像的倾斜方向一致。

③ 将鼠标指针移到虚线剪切框的拖动手柄(边框线中间小四方形)上，按住鼠标左键拖动，调整剪切框，使之与图像的四边均重合。

④ 将鼠标指针移到剪切框内，双击或按 Enter 键即可将图像裁剪、放正，如图 5-23 所示。

4) 改变图像大小

(1) 分辨率：原图采用 400dpi 进行扫描，这样的分辨率会使图像文件过大，而且放到课件中也显得分辨率过高，因此将分辨率框中的 400 改为 200 像素/英寸。

图 5-21　扫描获得的图像　　　　图 5-22　图像的裁剪　　　　图 5-23　裁剪好的图像

(2) 图像尺寸：在约束比例的情况下，将【像素大小】的【宽度】文本框改为 800 像素，单击【确定】按钮。

5) 保存

在【文件】菜单下面有三种保存的命令：【存储】、【存储为】、【存储为副本】，其中第三种保存后原文件不变。每一命令下的保存对话框中有多种保存格式，可根据要求选择一种合适的格式保存。这里选择【存储为】命令，保存格式为 PSD，文件名为"例 1"。

值得一提的是，利用 Photoshop 的这种具有多种保存格式的特点，可以方便地完成图像格式的转换。方法是在 Photoshop 中打开欲进行格式转换的文件(如 bmp)，再保存成新的格式(如 jpg)即可。

4．图层编辑

1) 图层的概念

图层(Layers)是 Photoshop 为了方便图像编辑、处理而设计的一种独立的操作界面，它能够透明地覆盖在背景图像上，每一层都可以布置图像、图形、文字等，每一层又都独立于其他层，所有的层合成最后的图像。利用 Photoshop 的图层功能可以方便地进行图像合成、叠加等操作，使图像编辑操作更加方便，效率大大提高。

Photoshop 中的图层类似于复合投影片。从物理的角度来说，图层就好比是一张透明纸，透过这层纸，人们可以看到纸后面的东西，而且无论在这层纸上如何涂抹，都不会影响其他层中的图像。但是，由于图层是以层叠方式堆放的，所以，当在图层中填入颜色或绘制图形后，图层的图像就会遮盖住它下面层中的图像，如果用橡皮擦工具将该层图像擦除，则又会显露出其下面层的图像内容。此外，Photoshop 还提供了层色彩混合模式和透明度的功能，可以将两层图像融合在一起，从而获得许多特殊效果，这些特效是用手工绘画无法表现出来的。

2) 图层面板的组成

启动 Photoshop 后，一般可以在屏幕右侧直接看到【图层】面板。倘若没看见，可以通

过选择【窗口】|【显示图层】命令打开【图层】面板。【图层】面板各部分的组成如图 5-24 所示。

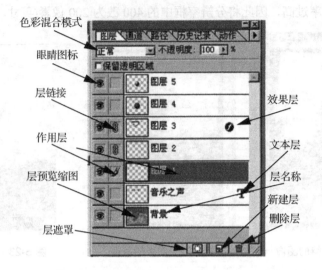

图 5-24　【图层】面板的组成

【图层】面板各部分的功能如下。

> 层的名称：每一层都可以定义不同的名称以便区分，如果在建立层时没有命名，Photoshop 会自动依顺序起名为 Layer 1、Layer2、……

> 层预览缩图：在层名的左侧有一个预览缩图，其中显示的是该层图像内容，它可以迅速识别每一个图层，当对层中图像进行编辑修改时，预览缩图的内容也会随着改变。注意预览缩图的大小可以改变，单击面板右上侧的三角按钮，将会弹出面板菜单，选择【调板选项】命令，会弹出【图层调板选项】对话框，在此对话框中可以设定层预览缩图的大小。

> 眼睛图标：用于显示或隐藏层，当不显示眼睛图标时表示这一层图像被隐藏，反之表示显示这一层图像。单击眼睛图标就可以切换显示或隐藏状态。注意当层隐藏时，将不能对它进行任何编辑操作。

> 作用层：当选定某图层时，在面板上将以蓝色显示此层，此层这时称为作用层。作用层左侧有一个笔刷图标。一个图像中只有一个作用层，并且绝大部分编辑命令都只对当前作用层有效。当要切换作用层时，只需单击层名称或预览图像即可。

> 层链接：当框中出现链条形图标时，表示这一层与作用层连接在一起，因此可以与作用层一起移动。

> 层遮罩：单击此按钮可以建立一个遮罩。

> 建立新层：单击此按钮可以建立一个新图层，如果用鼠标拖曳某层到该按钮上可以复制该层。

> 删除层：单击此按钮可以将当前选中的层删除，用鼠标拖曳某层到该按钮上也可以删除此层。

> 不透明度：用于设定每一层的不透明度，当切换作用层时，不透明度显示也会随着切换为该层的设定值。

➢ 色彩混合模式：在此下拉列表框中可以选择不同色彩混合模式以决定此层图像与其他层叠合在一起的效果。要注意的是，倘若选中的是背景层，则色彩混合模式和不透明度列表框不可以使用。

➢ 保护透明：选中这个复选框时，Photoshop 会将透明部分保留起来。

3) 图层编辑实例

在图 5-23 所示的天空上添加飞翔的小鸟，并添加文字"雁塔春色"。

操作步骤如下。

(1) 打开例 5-6 保存的文件"例 1.psd"和小鸟的图像文件，如图 5-25 中 a、b 所示。

(2) 将小鸟叠加到图 5-25a 上：由于小鸟的图像(图 b)为白色背景，因此不能连背景一起粘贴。处理方法是：单击图 5-25b，使之处于当前编辑状态，用魔棒工具选中全部背景，再选择【选择】|【反选】命令，使当前选择部分变成"小鸟"(或选择磁性套绳工具，按住鼠标左键围绕"小鸟"外边缘拖出一闭合圈后双击直接选中"小鸟")，如图 5-25 中 c 所示。选择【编辑】|【拷贝】命令，将"小鸟"复制到剪切贴板。单击图 5-25a，使之处于当前编辑状态，选择【编辑】|【粘贴】命令，将"小鸟"粘贴到雁塔图片上。

(3) 调整"小鸟"的位置。选择移动工具，按住 Ctrl 键，单击图中的小鸟，使小鸟图层处于当前作用层(或单击小鸟的层名称或预览图像)，拖动鼠标指针，即可将小鸟放到适当的位置，如图 5-26 所示。

(4) 选择工具箱中的文字工具，出现文本工具栏，在图上拖动鼠标指针，出现文本输入框，输入"雁塔春色"，并进行字体、字号、颜色等格式化操作。选择移动工具，文字被加到图像上，拖动鼠标指针，即可将文字放到适当的位置，如图 5-27 所示。

图 5-25　图层操作之一　　　图 5-26　图层操作之二　　　图 5-27　图层操作之三

(5) 合并图层。在一个图像中，建立的图层越多，则该文件所占用的磁盘空间就越大，因此，在图像处理结束时，对一些不必要分开的层可以将它们合并，以减少文件所占用的磁盘空间，也可以提高操作速度。

合并图层的操作方法：打开【图层】菜单，执行相应的命令即可。

➢ 合并链接图层：执行此命令，可将作用层与所有链接层合并。

➢ 合并可见图层：执行此命令，可将所有可以看见的图层合并。

➢ 拼合图层：执行此命令，可将图像中所有的层合并，并在合并过程中丢弃隐藏的层。

(6) 保存文件。

选择【文件】|【存储为】命令，选择存放位置，输入文件名"雁塔春色"，格式选择 JPEG，单击【保存】按钮，弹出【JPEG 选项】对话框，根据要求设置品质参数，单击【好】按钮完成操作。

### 5.2.8 Windows Movie Maker 的使用

前面介绍了使用超级解霸进行简单的视频编辑，包括裁剪视频和将处理的素材连接生成视频作品(为了叙述方便，这里将这种视频作品称为电影)等操作。这里再介绍一款 Windows 自带的、适合家庭和个人视频制作的完整视频编辑工具——Windows Movie Maker(下面有时缩写为 WMM)。

在 Windows 2000 版本中，WMM 的功能还比较简单，到了 Windows XP 版本时，WMM 已经可以完成捕获视频、编辑制作、添加特效、字幕和音效等操作，直到最后输出成影片。

**1. 认识 WMM 的窗口**

选择【开始】|【所有程序】|Windows Movie Maker 命令启动 WMM。WMM 的界面如图 5-30 所示。

1) 菜单栏和工具栏

与 Windows 的其他应用软件类似，菜单栏中包含了所有的 WMM 命令，工具栏中包含了一些经常使用的命令按钮。

2) 【电影任务】窗格

根据所选视图(【收藏】视图或【电影任务】视图)的不同，WMM 的窗口左侧会显示出不同的窗格。单击工具栏上的【任务】按钮，左侧显示【电影任务】窗格，如图 5-28 所示。

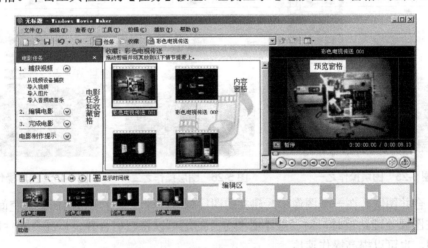

图 5-28 Windows Movie Maker 的窗口

【电影任务】窗格列出了制作电影时可能需要执行的常见任务，单击其右侧向下的双箭头可展开具体任务选项，根据在编辑制作过程中的需要，可在该窗格中执行下列任务。

(1) 捕获视频：提供了导入素材的选项，如捕获视频、导入现有视频、图片或音频。

(2) 编辑电影：提供了制作电影的选项，如查看已有视频、图片、音频、视频效果或添加电影片头与片尾等。

(3) 完成电影：提供了保存最终电影的选项，如保存到计算机、保存到可写入的 CD、以电子邮件附件的形式发送、发送到 Web 或保存到 DV 摄像机的磁带上。

(4) 电影制作提示：提供了在 Windows Movie Maker 中完成常见任务的帮助信息。

3) 【收藏】窗格

单击工具栏中的【收藏】按钮，左侧显示【收藏】窗格，如图 5-29 所示。【收藏】窗格显示了所收藏的内容，即已经导入 WMM 中的素材。收藏按名称排列在左侧的【收藏】窗格中，选定的收藏内容显示在【收藏】窗格右侧的内容窗格中。

图 5-29　【收藏】窗格

4) 内容窗格

内容窗格用于显示【收藏】窗格中选定的内容，包括视频、音频、图片、视频过渡和视频效果，可将它们拖动添加到情节提要/时间线中(编辑制作区)进行编辑制作。

在内容窗格中，通过查看菜单或在该窗格中右击，可以选择两种显示方式：详细信息和缩略图。

5) 预览窗格

预览窗格位于 WMM 窗口中间的右侧，如图 5-28 所示。预览窗格是一个特殊的播放器，用于预览素材和编辑的项目片段，还可以将一个视频或音频剪辑拆分为两个较小的剪辑，或对预览中当前显示的帧拍照。

6) 编辑区

在 WMM 窗口的底部为情节提要和时间线，制作和编辑电影项目主要在这个地方进行，称为编辑区。

该区域有两个视图：情节提要视图和时间线视图。编辑制作时，可以在这两个视图间切换。

在情节提要视图(见图 5-28)中可以查看项目中剪辑的排列顺序、重新排列，也可以添加视频过渡等。

在时间线视图中可以查看或修改项目中剪辑的计时。时间以小时:分钟:秒.百分秒 (h:mm:ss.hs) 的格式显示。使用剪裁手柄，可以剪裁剪辑中不需要的部分。

时间线视图可以显示视频轨道、过渡轨道、音频轨道、音频/音乐轨道和片头重叠轨道，在不同的轨道上可进行查看和编辑操作，如图 5-30 所示。

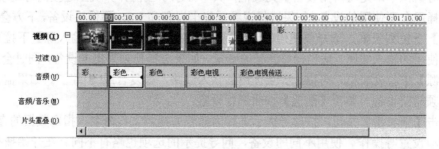

图 5-30　时间线

## 2. 视频采集

在进行电影编辑制作之前，需要将视频素材采集到计算机中。我们的视频素材可能来自录像带，也可能是现场拍摄。使用 WMM 可以将摄像机、录像机输出的视频信号采集到计算机上，也可以直接从数码摄像机上采集 DV 信号，还可以实时采集来自 USB 摄像头的现场实况视频。

进行捕获之前，需要在计算机上安装采集卡和正确连接视频设备，并确认 WMM 可以检测到该设备。

如果采集数码摄像机上的 DV 信号，计算机必须安装 1394 接口卡，通过专用的 1394 电缆将数码摄像机与 IEEE 1394 接口连接，采集前打开数码摄像机电源，并处于放像状态。

如果采集摄像机或录像机的视频信号，计算机必须安装视频采集卡，通过音视频电缆或 S 端子电缆与摄像机或录像机的音视频输出端口连接。当摄像机处于放像状态时，可采集录像带上的信号，当摄像机处于摄像状态时，可采集现场实况的音视频。

如果采集 USB 摄像头，必须安装摄像头驱动，并且将麦克风与声卡连接，录制现场声音。

单击【电影任务】窗格中的【捕获视频】选择，在展开的菜单中单击【从视频设备捕获】链接，弹出视频捕获向导对话框，如图 5-31 所示。

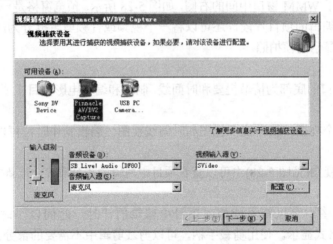

图 5-31　视频捕获向导对话框

该对话框中部是【可用设备】列表框，其中显示了当前计算机上连接的可用视频设备，单击选择现在要使用的设备。如果选择视频采集卡设备和 USB 摄像头设备，下方会出现【音频设备】下拉列表框，选择要使用的音频捕获设备，然后在【音频输入源】下拉列表框中选择要使用的输入线路，适当调整音频的音量。如果选择视频采集卡设备，同时会出现【视频输入源】下拉列表框，可以选择要使用的输入线路，如复合或 S 端子。如果需要调整和配置视频捕获设备，单击【配置】按钮进行设置。

单击【下一步】按钮，按向导提示进行为捕获的视频文件命名、指定数据的存放位置、视频选项设置等操作。使用不同的设备，向导提示的选项也略有不同。在开始捕捉视频文件之前，建议选中【完成向导后创建剪辑】复选框，这样在捕获期间剪辑的视频片段都将会作为一个单独的文件保存下来，便于识别和下一步的编辑制作。停止捕获后单击【完成】

按钮，视频文件自动将保存到计算机中，并出现在【收藏】窗格和内容窗格中。

### 3. 导入多媒体素材

使用 WMM 进行电影编辑和制作前，需要将多媒体素材导入 WMM 的【收藏】窗格中。通过采集得到的视频同时会自动导入【收藏】窗格，对于已经保存在计算机或光盘等其他存储介质中的视频、图片、声音等多媒体素材需要执行导入操作。

选择【捕获视频】|【导入视频】命令(或【导入图片】、【导入音频或音乐】命令)，打开【导入文件】对话框，选择路径和文件名后单击【导入】按钮，即可将相应的多媒体素材导入【收藏】窗格中。

### 4. 编辑电影

素材准备完成后，就可以编辑制作电影了。制作电影大致要经历"项目规划""素材编辑""项目集成""制作片头片尾""输出电影"等几个过程。

1) 项目规划

电影作品是由若干个视频片段、图片、声音和效果等多媒体元素构成的项目，我们拍摄了大量的镜头、准备了大量的图片等素材，选择哪些素材、怎样使用这些素材，如何使制作的电影作品能更好地表现主题，这就需要进行项目设计和规划，最好编写出电影编辑稿本。

2) 素材编辑

在制作电影时，并不是采用整个镜头，只是使用其中的一部分，或者一个镜头的不同部分要使用在电影的不同地方，等等，这就需要进行素材裁剪的操作，步骤如下。

(1) 在【收藏】窗格中选择要处理或使用的素材，使其显示在内容窗格中。

(2) 在内容窗格中选择要裁剪的视频剪辑，该剪辑被调入预览窗格中的播放器，如图 5-32 所示。

图 5-32　预览窗格中的播放器

(3) 在播放器上使用播放、下一帧、上一帧、暂停等按钮(或拖动播放进度条上的滑块)，找到拆分点并暂停。

(4) 单击右下角的拆分按钮(或选择【剪辑】|【拆分】命令)，此时在内容窗格中可以看到剪辑文件被拆分为两个剪辑，在不需要的剪辑上右击，在弹出的快捷菜单中选择【删除】命令(或选择【编辑】|【删除】命令)即可将该剪辑删去。

在【收藏】窗格的素材中，我们常常需要将几个剪辑合并为一个剪辑，进行合并剪辑的操作。

(1) 在内容窗格中，按住 Ctrl 键，选择要合并的连续剪辑。
(2) 选择【剪辑】|【合并】命令。
素材的裁剪和合并操作也可以在时间线上完成。

3) 项目集成

WMM 是一个非线性编辑工具，因此，在编辑过程中我们可以不按时间顺序任意组织电影素材。

在电影编辑中，需要按项目规划在编辑区组织素材，即将一个个视频剪辑和图片、声音等素材拖放到编辑区中，并按规划顺序和时间进行摆放，然后设计视频效果、在相邻素材之间添加过渡效果等。

项目集成可以在编辑区的【情节提要】视图中操作，也可以在时间线视图中操作。采取先在情节提要视图中组织素材，再在时间线视图中进行精细操作可以大大提高编辑的效率和质量。具体操作步骤如下。

(1) 将素材拖放到编辑区：切换到情节提要视图，从【收藏】窗格中打开素材，在内容窗格中找到第一段素材剪辑，标拖到情节提要视图中。用同样的方法，将其他素材剪辑依次拖到视图中。

(2) 设置视频效果：设置视频效果可以改变视频剪辑、图片或片头在项目及最终电影中的显示方式，比如缓慢放大、慢放、快放、旋转等。切换到【收藏】窗格，单击【视频效果】选项，内容窗格中将显示出各种视频效果，选择一种合适的效果，拖放到需要的素材剪辑上，该剪辑左下角的五角星变成深色，这种效果被应用到该剪辑。用同样的方法，对其他素材剪辑应用效果。同一素材剪辑可以应用几种不同的效果。

(3) 添加过渡效果：过渡效果是指相邻两段素材之间播放时的过渡方式。在情节提要视图中的相邻剪辑之间存在一个左白右灰的方框，箭头表示播放方向，这是 WMM 预留的视频过渡区。单击【收藏】窗格中的【视频过渡】选项，内容窗格中将显示出各种过渡效果，选择一种合适的过渡方式拖放到过渡区，该过渡区的方框将变成深色，这种效果被应用到该过渡区。用同样的方法，对其他剪辑之间应用过渡方式，如图 5-33 所示。

图 5-33 情节提要视图

(4) 切换到时间线视图，如图 5-34 所示。在该视图中可以进行各种剪辑长度的编辑、更改视频过渡的播放持续时间、调节音频的音量、添加音频效果、录制旁白、添加音乐等操作。

在【视频】轨中的视频剪辑上右击，打开快捷菜单，可以进行属性查看、效果设置等操作。单击视频剪辑，该剪辑两端会出现剪裁手柄，拖动剪裁手柄，可将剪辑中多余的部分剪裁掉，即可进行素材裁剪。此时，时间线的时间会跟随变化。如果视频剪辑为插入的图片，通过拖动剪裁手柄可以改变播放该图片的持续时间。

在【过渡】轨上可以查看过渡效果，单击【过渡】轨上的剪辑，该剪辑左端会出现剪裁手柄，拖动剪裁手柄，可以调整过渡持续时间的长度。

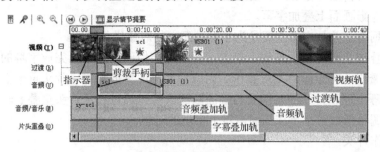

图 5-34 时间线视图

右击音频剪辑打开快捷菜单，可以进行属性查看、音频效果设置、音量调整等操作。

在【音频/音乐】轨上可以放置其他声音，比如配乐、背景音乐、画外音等，通过拖动方式可以将内容窗格中的声音剪辑拖到该轨上。将时间线上的指示器拖到该轨的空白处，单击图 5-34 左上方的麦克风图标(或选择【工具】|【旁白时间线】命令)，打开旁白时间线窗格，按操作提示可以录制旁白，录制完成后自动放入该轨。

在【片头重叠】轨上可以叠加字幕，详见下面的制作片头片尾。

4) 制作片头片尾

一部电影除了前面编辑的视频、图片、过渡、声音等元素外，还包含片名、影片文字说明等片头部分，制作日期、演职人员的名单等片尾部分，以及电影中必要的文字说明，如介绍故事发展的成段文字、叠加在画面上的字幕等。WMM 可以轻松地完成这些制作工作。

单击任务窗格中的【制作片头或片尾】命令(或选择【工具】|【片头或片尾】命令)，打开片头或片尾窗格，如图 5-35 所示。

(1) 在电影中添加文字。

下面在图 5-35 中第一、二段剪辑之间(即视频轨中第一张图片与视频"sc1"之间)添加"可爱的小天使 2009 年 6 月 1 日，……表演"一段文字。

图 5-35 片头片尾窗格

操作过程：在视频"sc1"上单击；然后单击图 5-35 中的【在时间线中的选定剪辑之前添加片头】链接，弹出输入片头文本的对话框。默认情况下输入框为上下两栏，在第一栏中输入"可爱的小天使"，在第二栏中输入"2009 年 6 月 1 日，……表演"；选择【其他选项】|【更改文本的字体和颜色】链接，弹出【选择片头字体和颜色】对话框，在该对话框中可以进行字体、文本颜色、背景颜色、字号(大小)、透明度，以及修饰、对齐方式等的设置；选择【其他选项】|【更改片头动画效果】链接，弹出【选择片头动画】列表框，从列表框中选择一种动画效果；单击【完成，为电影添加片头】链接，该段字幕插入到"sc1"之前，"sc1"后移。在整个过程中，从预览窗格可以实时进行预览。把文字分别输入两栏中，运行动画时作为两个动画对象。如果整屏文本使用一种连续的动画效果，可以全部输入第一个栏中，或先在【选择片头动画】列表框中选择【片头，一行】组中的一种动画，然后再单击【编辑片头文本】链接，此时弹出的输入框就为一栏了。

与调整图片剪辑的方法一样，在视频轨中可以改变该屏字幕播放时的持续时间。在时间线中的选定剪辑之后添加片头的用法与此类似。

(2) 在电影画面上叠加字幕。

在电影画面上叠加字幕主要是为了对画面中的对象进行说明。

在需要叠加字幕的画面剪辑上单击，按上述类似的方法可以完成字幕的叠加。叠加字幕时背景为透明，背景颜色不可操作。完成后字幕剪辑放置在【片头重叠】轨中。叠加字幕时要求字幕出现和持续的时间要与画面匹配。可以通过在【片头重叠】轨中拖动字幕剪辑的位置来调整播放时字幕在画面剪辑上出现的时机。

(3) 制作片头。

单击图 5-35 所示窗格中的【在电影开头添加片头】链接，弹出输入片头文本的对话框，在此可输入片头文字。其他操作与在电影中添加文字相同，单击【完成，为电影添加片头】按钮，片头剪辑将被插入到视频轨的开始处。

(4) 制作片尾。

单击图 5-35 所示窗格中的【在电影结尾添加片尾】链接，弹出输入片尾文本的对话框，该对话框为一个表格，在此可输入片尾文字。表格的每一行文本运行动画时是作为一个整体显示。其他操作与在电影中添加文字相同，单击【完成，为电影添加片头】按钮，片尾剪辑被插入到视频轨的结尾处。

5) 输出电影

单击【情节提要/时间线】窗格左上方的 按钮(倒回情节提要/时间线)，回到电影的开始处，单击 按钮，在预览窗格中播放自己的电影作品，并进一步修改完善。选择【文件】|【保存项目文件】命令，可以打开保存对话框，选择路径并输入文件名，进行项目文件的保存。制作电影是一项复杂而耗时的工作，为了减少因断电、死机等带来的损失，编辑过程中需要经常进行项目保存操作。

至此，编辑工作就完成了，但此时得到的还不是可以与别人分享的电影。WMM 作为一个非线性编辑工具，以上完成的只是一个项目文件，即一个描述各剪辑的关联、裁剪信息、排列顺序、效果等的文件，还需要生成视频文件。

选择【文件】|【保存电影】命令，打开【保存电影】对话框，该对话框中提供了【我的电脑】、【可写入的 CD】、【电子邮件】、WEB、【DV 摄像机】等选项，也就是选择要将电影保存到什么地方。根据自己的需要，选择一种方式，比如【我的电脑】，按操作向导提示操作即可。

需要注意的是，在【保存电影向导】的【电影设置】对话框中，如果对默认的保存质量不满意，可单击【显示更多选项】选项，展开更多选项，在【其他设置】下拉列表框中选择电影的质量。当然，质量越高，文件就越大。

可以在电影中添加一些说明信息，在播放电影时显示出来。在输出电影前，选择【文件】|【属性】命令，打开【项目属性】对话框，在其中可输入电影的标题、作者、日期、分级及影片说明，单击【确定】按钮，这些信息将被加入项目中。此时，执行【输出电影】操作，生成电影。在一些播放器(如 Windows Media Player)播放这个电影时就会显示这些信息。

## 5.2.9　Ulead GIF Animator 的使用

GIF 的全称为 Graphics Interchange Format(可交换的文件格式)，它是 CompuServe 公司推出的一种图形文件格式，主要应用于互联网。GIF 格式是一种压缩比较高的高质量位图，但 GIF 文件的一帧中只能有 256 种颜色。GIF 格式的图片文件的扩展名是".gif"。

一个 GIF 文件中可以储存多幅图片，图片可以像播放幻灯片一样轮流显示，这样就形成了一段动画。

GIF 文件的背景可以是透明的，也就是说，GIF 图片的轮廓不再是矩形的，而可以是任意的形状，就好像用剪刀裁剪过一样。GIF 格式还支持图像交织，在网页上浏览 GIF 文件时，图片先是很模糊地出现，然后才逐渐变得很清晰，这就是图像交织效果。

很多软件都可以制作 GIF 格式的文件，如 Macromedia Flash、Microsoft PowerPoint、Ulead GIF Animator 等，其中 Ulead GIF Animator 的使用更方便，功能也很强大。使用 Ulead GIF Animator 不但可以制作静态的 GIF 文件，还可以制作 GIF 动画，这个软件内部还提供了二十多种动态效果，可使制作出的 GIF 动画栩栩如生。

**1. Ulead GIF Animator 简介**

Ulead GIF Animator 是一个为网页、报告、多媒体字幕等制作 GIF 动画的工具，利用该工具在创作 GIF 动画的过程中可运用图层组合、编辑和特效等手段来提高 GIF 动画的效果，GIF Animator 也可以在保持图像质量的前提下对动画进行最优化。Ulead GIF Animator 在产生最终动画时，可将动画生成多种文件格式，包括：GIF 动画、Windows AVI、QuickTime、Autodesk 动画、图像序列、Flash 动画。

**2. Ulead GIF Animator 的特点**

1) 动画和最优化向导

GIF Animator 包含"向导"功能，可轻松创建动画，"动画向导"仅通过四个简单的步骤就可迅速完成创建过程，使用"最优化向导"可自动对创建的动画进行优化以缩短在 Internet 上下载的时间。

2) 简单、易用的界面

GIF Animator 拥有简洁的、选项卡式的界面，无论在制作、编辑、最优化和动画预览时都能快速切换不同的工作模式；帧面板使创建动画非常方便，在帧面板中可以增加、移动或重新组织帧，还可以为单独的帧定制播放选项；也可以方便地在对象管理器面板中管理动画中的对象。

3) 基于对象的编辑

GIF Animator 作为一个后期制作工具，能方便地操作对象。在工具面板中，能方便地添加文本对象。还可以将帧直接送入图像编辑工具以实现一些高级的图像编辑功能或一些特效。Ulead PhotoImpact 创建的文字或文字效果也可用 GIF Animator 进行编辑。

4) 动画条幅文本

利用 GIF Animator 能够在动画中创建动态的和令人关注的条幅文本。可以添加不同的效果，例如增加氖辉光效果或应用放大缩小效果。GIF Animator 的条幅文本也可提供字体、对齐和基线调整等控制。

5) 插件过滤和视频特效

GIF Animator 能够将 Photoshop 的插件过滤器用于图片对象。GIF Animator 自带多种视频过滤器和特效，可以在帧切换时创建令人印象深刻的动画。

下面，通过几个例子简要说明如何用 Ulead GIF Animator 制作 GIF 动画，所使用的软件版本为 Ulead GIF Animator V 5.05 汉化版。

### 3．制作动画条幅文本

用 Ulead GIF Animator 制作动画条幅文本的操作非常简单。

(1) 启动 Ulead GIF Animator，选择【文件】|【打开图像】命令，在弹出的【添加图像】对话框中选择打开背景图片。

(2) 选择【帧】|【添加条幅文本】命令，打开【添加文本条】对话框，输入文字，选择字体、字号，并根据需要进行字符修饰，如图 5-36 所示。

(3) 切换到【效果】选项卡，设置进入场景和退出场景时的特效，如图 5-37 所示。

图 5-36 【添加文本条】对话框

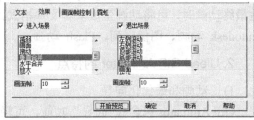
图 5-37 条幅文本效果设置

(4) 单击【确定】按钮，在弹出的菜单中选择【创建为文本条(推荐)】命令，完成制作。

(5) 切换到【预览】选项卡，可预览动画播放的效果。

(6) 选择【文件】|【另存为】|【GIF 文件】命令，保存成 GIF 文件。

### 4．制作移动的小车

(1) 准备一张小车图片。

(2) 启动 Ulead GIF Animator，选择【文件】|【新建】命令，设置【画布尺寸】为 234×60 像素(画布尺寸应比小车图片大)，背景色为绿色。

(3) 选择【文件】|【添加图像】命令，在弹出的对话框中选择小车图片，然后将小车图片用鼠标移动到右侧，如图 5-38 所示。

(4) 在帧面板中右击第 1 帧，在弹出的快捷菜单中选择【相同的帧】命令创建相同的帧。

(5) 单击新产生的帧，将编辑窗口中的小车图片向左移动一个位置。

(6) 重复第(4)、第(5)步，产生多个帧图像，将小车逐渐从右边移动到左边。

(7) 切换到【预览】选项卡预览动画效果，如图 5-39 所示。

图 5-38 移动小车图片

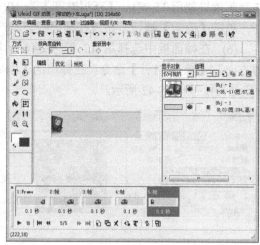
图 5-39 预览动画效果

(8) 选择【文件】|【另存为】|【GIF 文件】命令保存 GIF 文件。

### 5．制作图片切换动画

(1) 准备 4 张尺寸大小相同的图片(128×128 像素)。启动 Ulead GIF Animator，选择【文件】|【新建】命令，设置【画布尺寸】为 128×128 像素(和图片大小相同)。

(2) 选择【文件】|【添加图像】命令，在弹出的对话框中选择第一张图片。

(3) 选择【帧】|【添加帧】命令，增加一个帧，选择【文件】|【添加图像】命令，在弹出的对话框中选择第二张图片。

(4) 重复第(3)步的操作将剩下的两张图片添加进来，如图 5-40 所示。

图 5-40 添加图片

(5) 在帧面板中选择第 1 帧，选择【视频 F/X】|【电影】|【翻转页面-电影】命令，在弹出的【添加效果】对话框中设置效果参数，如图 5-41 所示。其中【画面帧】为 15(完成该动画效果使用 15 帧)；【延迟时间】为 10(每帧播放的时间)。

单击【确定】按钮，系统在帧面板自动产生 15 帧不同的图像用于实现该动画。

(6) 在帧面板中选择第 17 帧(完整显示第二幅图片的帧)，再选择【视频 F/X】|【时钟方向】|【掠过-时针】命令，在弹出的【添加效果】对话框中设置效果参数(参数设置和第 5 步相同)，如图 5-42 所示。

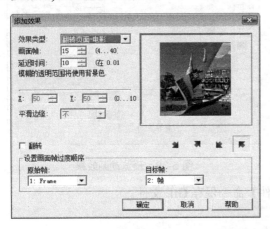 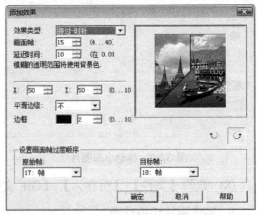

图 5-41 【翻转页面-电影】参数设置　　图 5-42 【掠过-时针】参数设置

(7) 在帧面板中选择第 33 帧(完整显示第三幅图片的帧)，再选择【视频 F/X】下【擦除】|【星形-擦除】命令，在弹出的【添加效果】窗口中设置效果参数(设置和第 5 步相同)。

(8) 切换到【预览】选项卡预览动画效果。

(9) 选择【文件】|【另存为】|【GIF 文件】命令保存 GIF 文件。

### 6．制作文字动画

(1) 启动 Ulead GIF Animator，选择【文件】|【新建】命令，在弹出的【新建】对话框中，根据文本情况选择画布大小(468×60 像素)，画布外表选择透明。

(2) 选择工具箱中的字体工具，接着将鼠标指针移到画布上单击，弹出【文字输入】对话框，输入文字，选择字体、字号，并根据需要进行字符修饰，单击【确定】按钮，返回画布。若需要修改文本，在字体工具状态下，在画布文本外单击，重新打开【文字输入】对话框。

(3) 在画布文字上单击，选择文本，再选择【对象】|【文字】|【拆分文字】命令，文本被拆分为一个个的字符，如图 5-43 所示。

(4) 在对象管理面板中单击眼睛图标，使画布上显示的文字全部消失。在画布空白处单击，退出全选状态。

(5) 在对象管理面板中"楚"字后的第一个框中单击，眼睛图标打开，画布上显示"楚"字。

(6) 选择【帧】|【复制帧】命令(或单击帧面板上的【复制帧】按钮)，产生第 2 帧。在对象管理面板中"雄"字后的第一个框中单击，眼睛图标打开，画布上显示出"楚雄"两

个字。重复该操作，直至全部显示，如图 5-44 所示。

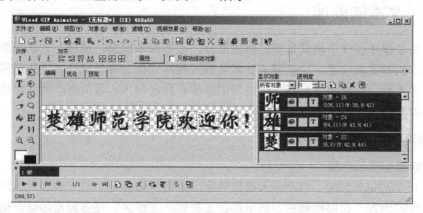

图 5-43　制作文字动画——拆分文字

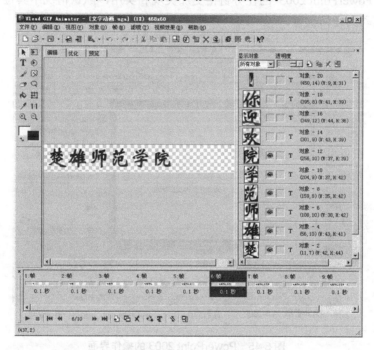

图 5-44　制作文字动画

(7) 单击【播放动画】按钮，预览动画效果。如果要更改显示速度，选择该帧(或全部帧)，然后选择【帧】|【帧属性】命令，在对话框中更改即可。

(8) 选择【文件】|【另存为】|【GIF 文件】命令，保存成 GIF 文件。

## 5.3　利用 PowerPoint 制作多媒体课件

　　PowerPoint 是 Microsoft 公司开发的 Office 软件包中的一个模块，PowerPoint 2003 与以往的版本相比，用户界面更加友好，功能更加强大。这里以 PowerPoint 2003 为例简要介绍用 PowerPoint 制作多媒体课件的方法。

## 5.3.1 文本的处理

文本是多媒体课件中极其重要的组成部分,很多基本概念、原理、方法等学习内容均需使用文本的形式来表述,这就要求文本从输入到格式化、背景设计、效果设置、动画效果等具有艺术性,符合教学目标,形成简洁精练、取舍得当、言简意赅的文字描述,否则就成了"黑板搬家",甚至"书本搬家"。

**1. 利用空白文稿创建演示文稿**

1) 新建空演示文稿

启动 PowerPoint 2003,自动进入操作界面,如图 5-45 所示。这个窗口就是用来制作和编辑幻灯片的地方,它由标题栏、菜单栏、工具栏、工作区、任务窗格等部分构成。与以往版本相比,PowerPoint 2003 的任务窗格更加美观和实用,默认情况下其位于操作界面的右侧,可以拖动到任何位置。

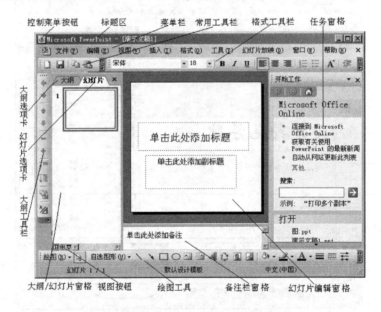

图 5-45　PowerPoint 2003 的操作界面

选择【文件】|【新建】命令,右侧任务窗格会自动变成【新建演示文稿】窗格,单击【空演示文稿】链接,任务窗格变成【幻灯片版式】窗格,同时弹出【应用幻灯片版式】列表框,包括【文字版式】、【内容版式】、【文字和内容版式】和【其他版式】4 种类型。这里选择【文字版式】类中的【标题和文本】版式,在编辑窗口中显示第一张空白幻灯片,接下来就可以在该幻灯片中输入和处理文本及其他对象了。

2) 输入文本

幻灯片编辑窗口中有两个虚线框:"单击此处添加标题"和"单击此处添加副标题",称为文本占位符。

在 PowerPoint 2003 的幻灯片中,可以添加三种类型的文本:占位符文本、文本框中的文本和自选图形中的文本。

单击"单击此处添加标题"占位符，虚线框中提示文字消失，光标闪烁，在光标处输入"1. 利用空白文稿创建演示文稿"文本，用同样操作，在文本占位符处输入"(1)新建空演示文稿……"文本，如图 5-46 所示。

图 5-46　输入文本

有关文本框和自选图形的使用将在后面介绍。

3)　文本编辑

PowerPoint 中文本的修改、删除、复制及段落设置等操作与 Word 中类似，这里主要讨论文本的格式化操作。

幻灯片中文本格式化操作可以采取以下两种方式。

(1)　在文本占位符内单击，用拖动方式选中文本，然后选择【格式】|【字体】命令，设置文本的"字体""字型""字号""颜色""效果"等。

(2)　在文本占位符内单击，占位符边框变成斜线框，在斜线框上单击，选中占位符中的所有文本，然后选择【格式】|【字体】命令，设置文本格式。

4)　幻灯片的美化

经过上面的操作，可以得到白背景黑字的幻灯片，接下来还需要对幻灯片进行美化。

选择【格式】|【幻灯片设计】或【格式】|【背景】命令可以对幻灯片进行美化工作，这里主要讨论【背景】命令的使用。

选择【格式】|【背景】命令，弹出【背景】对话框，如图 5-47(a)所示。

展开【背景填充】下拉列表框，如图 5-47(b)所示。其中，【自动】选项为使用默认背景颜色，下方的色块为当前配色方案，如果色块中没有需要的颜色，可选择【其他颜色】选项，从弹出的【颜色】对话框中选择更多的颜色。

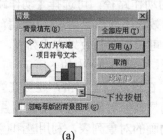
(a)

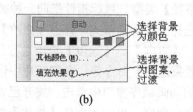
(b)

图 5-47　背景设置

单击【填充效果】按钮，弹出【填充效果】对话框，如图 5-48 所示。该对话框中提供了【渐变】、【纹理】、【图案】、【图片】四个选项卡，每个选项卡中有不同效果供选择，选择效果后单击【确定】按钮，则该效果被应用。在【图片】选项卡中可选择图片作为幻灯片的背景。

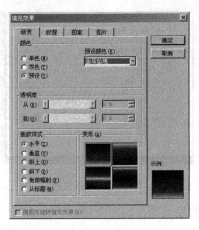

图 5-48　【填充效果】对话框

5) 设置简单动画

在 PowerPoint 2003 的操作界面中，单击视图按钮，观看放映效果，可以看到幻灯片上的所有文本同时显示出来了。但是，在教学中要求文本显示与讲授进度同步，这可以通过动画设置来实现。设置动画的目的是在放映时让特定的对象按教学顺序显示出来，避免像放投影片或幻灯片一样整屏出现。

选择【幻灯片放映】|【自定义动画】命令，右侧任务窗格自动变成【自定义动画】窗格。

在幻灯片中选择要设置的对象(如标题)，在【自定义动画】窗格中的【添加效果】下拉列表框中可以选择【进入】、【强调】、【退出】和【动作路径】四种动画类型，每种动画类型又包含很多动画效果，当选择一种效果后，会弹出对应动作的详细设置，如图 5-49 中的 a 所示。如果希望放映演示文稿时幻灯片中的文本或对象通过某种效果进入幻灯片，可选择【进入】，然后再选择其中的一种效果；如果希望放映演示文稿时为幻灯片中的文本或对象添加强调，可选择【强调】类型，然后再选择其中的一种效果；如果希望放映演示文稿时幻灯片中的文本或对象通过某种效果退出幻灯片，可选择【退出】类型，然后再选择其中的一种效果；如果要指定幻灯片中对象的动作路径，可选择【动作路径】类型，然后再选择其中的一种效果。如果该动画类型中的效果不能满足要求，可选择【其他效果】中的【动作路径】类型。鼠标指针指向一种类型，可弹出动画效果方式列表，如图 5-49 中的 b 所示。选择一种动画模式，弹出【修改】面板，如图 5-49 中的 c 所示，可对当前动画的【开始】、【方向】、【速度】选项进行设置，在该动画上右击，还可在弹出的快捷菜单中选择【效果选项】命令等。在幻灯片中依次选择其他对象，进行动画设置。在图 5-49 中的 d 所示的动画顺序窗口中单击，展开已设置动画的对象列表，利用和按钮，可以调整对象出现的顺序。单击下面的【播放】按钮可以预览设置的效果，如果某对象的动画效果或顺序不符合要求，可任意进行更改。对同一对象可设置多种动画，播放时产生组合效果。

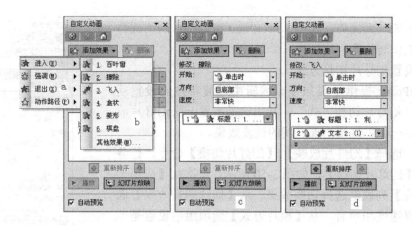

图 5-49  动画效果设置

设置动画要注意【效果】、【方式】、【方向】、【速度】等选项的选择，请尽量遵循阅读习惯，不当的选择容易造成视觉干扰，切忌画蛇添足。幻灯片上的主标题一般可考虑不设置动画，这样可避免刚放映(换页)时出现"白板"现象。

有关自定义动画的进一步设置将在"简单动画制作"中介绍。

6) 制作下一张幻灯片

到此制作了第一张幻灯片，教学课件一般由多张幻灯片构成，制作下一张幻灯片可以采用以下两种方法。

方法一：插入新幻灯片。选择【插入】|【新幻灯片】命令(或在左侧【幻灯片】窗格中的幻灯片缩图上右击，在弹出的快捷菜单中选择【新幻灯片】命令)，任务窗格变成【幻灯片版式】窗格，选择一种版式，重复上面 1)~5)步的操作。其中，在第 4)步中，如果在图 5-47(a)中单击【全部应用】按钮，则所设背景会应用到整个演示文稿，此时，后续幻灯片制作操作时可跳过该步骤。

方法二：插入幻灯片副本。选择【插入】|【幻灯片副本】命令，将得到上一张幻灯片的复制品，上面 3)至 5)步的操作全部被复制，因此，只要将文本内容更改即可完成该幻灯片的制作。

作为一个教学课件，最好风格一致，并且我们也希望提高课件制作的效率，方法二是一种常用的方法。

7) 文件保存

演示文稿的保存操作与 Word 类似，也有"保存"(快速保存)、"另存为…"(完整保存)和"保存为网页"三种方式，这里不再详述。

PowerPoint 可以采用多种文件格式保存文件，在这些保存类型中，常用的有如下几种。

(1) "*.PPT"——典型的 PowerPoint 演示文稿保存类型。

(2) "*.PPS"——以幻灯片放映形式保存演示文稿，保存后双击该文件名可以直接进入幻灯片放映状态。

(3) "*.POT"——以演示文稿模板形式保存演示文稿，保存后将成为自己制作的模板。

(4) "*.htm 或*.html"——以 WEB 方式保存演示文稿。保存后在保存位置出现一个文件和相同名字的文件夹，上传到服务器即可通过网络基于浏览器播放。保存为 WEB 格式是

PowerPoint 的一大优势，利用 PowerPoint 可以制作网络课件或将演示文稿转化为网络课件。

8) 设置幻灯片切换方式

PowerPoint 提供了类似视频编辑中过渡特技的设置功能，称为"幻灯片切换方式"，其用途是设置一张幻灯片放映结束到下一张幻灯片出现之间的过渡效果。

操作：选择【幻灯片放映】|【幻灯片切换】命令，任务窗格变成【幻灯片切换】，如图 5-50 所示。依次从【应用于所选幻灯片】列表框选择切换效果、从【修改切换效果】选项组中设置速度和声音、从【换片方式】选项组中设置是单击鼠标换片还是每隔多少时间换片，单击【应用于所有幻灯片】按钮，则该切换效果可应用到整个演示文稿中。

在【幻灯片切换】窗格中，【声音】为切换时的效果声音，应视情况而定，避免干扰教学。

图 5-50 【幻灯片切换】窗格

在【换片方式】选项组中如果选中【每隔】复选框，则会按设置的时间自动换片。课堂使用的课件最好选中【单击鼠标时】复选框。

如果不单击【应用于所有幻灯片】按钮，切换效果仅应用于当前幻灯片。

9) 放映方式设置

放映方式可以通过设置【放映类型】、【放映选项】、从第几张幻灯片放映到第几张、【换片方式】等进行设置。

操作方法：选择【幻灯片放映】|【设置放映方式】命令，弹出【设置放映方式】对话框，可视具体要求依次设置。

## 2. 以 Word 文档为基础建立演示文稿

教学中使用的 PPT 课件通常是基于教案制作，如果我们已经在 Word 中编写好教案(或讲稿)，那么制作 PPT 课件就会简单快速。只需要在 Word 中对教案或讲稿进行编辑、删减整理，并将其发送到 PowerPoint 中进行加工处理，就可创作出制作精美的多媒体课件。以下两种方法可根据具体情况选择使用。

1) 基于普通 Word 文档制作 PPT 课件

首先启动 Word，打开教案或讲课提纲，并进行删减整理，然后选择【文件】|【发送】| Microsoft Office PowerPoint 命令，则自动启动 PowerPoint 并生成若干张幻灯片，在 PowerPoint 中进行编辑和美化。

**例 5-7** 制作讲解上面"1. 利用空白文稿创建演示文稿"教学内容的演示文稿，要求制作成如图 5-51(c)所示的 PPT。

具体操作如下。

(1) 在 Word 中编辑文件。在 Word 中打开该部分文件，删除小标题(1)～(9)下的描述文字，只保留大标题"1. 利用空白…"和 9 个小标题。选择【文件】|【发送】| Microsoft Office PowerPoint 命令，发送到 PowerPoint 中。

(2) 在 PowerPoint 的大纲视图中规划幻灯片并初步编辑。切换到大纲视图，如图 5-51(a)

所示(如果看不到大纲工具,可选择【视图】|【工具栏】|【大纲】命令,打开大纲工具栏)。将光标移到"6."前,按 Enter 键,出现一张空白幻灯片,将标题"1. 利用空白文稿创建演示文稿"复制到该空白幻灯片处。依次将光标移到"(1)"~"(9)"前面,单击大纲工具栏中的降级按钮 ,完成幻灯片的规划和初步编辑,如图 5-51(b)所示。

(3) 幻灯片的美化。可按前面介绍的方法依次设置字体、字号、颜色、背景、动画等。快速设置方法:选择【视图】|【母版】|【幻灯片母版】命令,打开幻灯片母版视图,在该视图设置大标题、标题文本的字体、字号、颜色、动画和幻灯片背景等,然后切换到普通视图,则母版中的设置被应用到整个演示文稿,如图 5-51(c)所示。

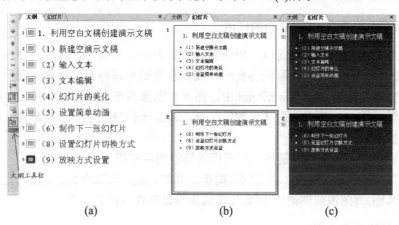

图 5-51 以 Word 文档为基础建立演示文稿

2) 基于样式的 Word 文档制作 PPT 课件

如果先在 Word 中定义各级标题样式,再发送到 PowerPoint 中,则可快速制作出层次分明、美观实用的 PPT 课件。

**例 5-8** 制作"2. 以 Word 文档为基础建立演示文稿"的 PPT。

(1) 在 Word 中定义各级标题样式。将光标移到"2. 以 Word 文档为基础建立演示文稿"上,在【样式】下拉列表框中选择【标题 1】选项,将光标移到"(1)基于普通 Word 文档制作 PPT 课件"文字上,在【样式】下拉列表框中选择【标题 2】选项,依次将光标移到"①…""②…""③…"上,在【样式】下拉列表框中选择【标题 3】。

(2) 发送。选择【文件】|【发送】| Microsoft Office PowerPoint 命令,自动启动 PowerPoint 并生成幻灯片,如图 5-52 所示。

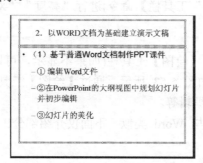

图 5-52 基于样式 Word 文档制作 PPT 课件

在 Word 中定义样式后，Word 中的一级标题出现在幻灯片的标题占位符中，二级及以下标题出现在幻灯片文本占位符中，并自动缩进。Word 中的正文部分不会在幻灯片中出现，因此，我们在 Word 中编写教案、讲稿时，只要将需要在幻灯片上出现的文本定义为相应的标题，编写完成后再发送到 PowerPoint，即可生成 PPT，这可大大简化我们的备课和准备工作。

(3) 美化幻灯片。

### 5.3.2 图形和图像的使用

#### 1. 图形图像在 PowerPoint 中的作用

图形一般由绘图工具绘制而成，用矢量或参数表示，文件小，显示速度快；而图像是通过采集外部图片或拍摄外部事物得到的，或截获复制屏幕得到，用像素表示，图像文件相对图形文件要大得多。在 PowerPoint 中，图形和图像的作用概括起来有三大功能。

(1) 教学功能：以静态画面呈现教学信息，相当于传统教学中的投影片、幻灯片和照片、图片、挂图等。

(2) 图标功能：作为超级链接、交互操作等的图标按钮。

(3) 制作动画：PowerPoint 具有制作简单动画的功能，动画的本质是按一定顺序和规律显示的一系列图片(图像或图形)，因此图像或图形是制作动画的素材。

#### 2. 在幻灯片中插入图片

在 PowerPoint 中插入图片有三条途径。

(1) 插入剪贴画。通过 Office 提供的图片库，可以选择符合教学需要的图片插入幻灯片中。

(2) 插入来自文件的图片。插入来自文件的图片实际上是插入已经准备好的放在本机(或可在本机读取)的图片。

(3) 插入来自剪贴板的图片。插入来自剪贴板的图片就是将其他文档(如 Word、图像编辑软件、其他演示文稿、网络的 Web 文件)正在显示的图片复制到剪贴板，然后切换回当前演示文稿，再粘贴到幻灯片上。

通过以上方法插入幻灯片中的图片(包括剪贴画)可以进行移动、缩放等编辑，并根据需要设置动画效果，也可以打开 PowerPoint 中的【图片】工具栏(在图片上右击，在弹出的快捷菜单中选择【显示"图片"工具栏】命令)进行"亮度""对比度""裁剪"等操作。

#### 3. 绘制图形

PowerPoint 窗口下方有【绘图】工具栏(如果不显示，可以通过选择【视图】|【工具栏】|【绘图】命令打开)，如图 5-53 所示。通过【绘图】工具栏可以绘制简单图形，插入文本框、艺术字，进行图形编辑等。

绘图工具栏的使用方法与 Word 类似，下面仅介绍部分工具的使用，其他工具请参考 Word 中的操作。

1) 绘制简单图形

PowerPoint 带有简单图形绘制工具。单击相应的图形按钮，然后把鼠标指针移动到幻灯片中拖动即可完成。需要说明的是单击工具按钮后按住 Shift 键可以绘制正图形，如选择椭圆工具后，按住 Shift 键可画正圆；选择矩形工具后，按住 Shift 键可画正方形。

图 5-53 【绘图】工具栏及按钮作用

2) 使用自选图形库

PowerPoint【绘图】工具栏上的【自选图形】下拉列表框中包含多种图形工具和简单图形，如图 5-54 所示。

有些自选图形是可以填充文字的，如图中的【标注】类自选图形；有些可以作为动作图标，如图中的【动作按钮】类自选图形。

3) 图形的编辑

图形的编辑包括：填充效果、线条颜色、粗细、虚实、箭头、图形阴影、三维变化、旋转、对齐方式、叠放次序、编辑顶点等。首先要选中图形，然后采用相应的工具即可对图形进行相应的编辑处理。

4) 插入组织结构图

单击 PowerPoint【绘图】工具栏上的 按钮，在弹出的对话框中包含了组织结构图、循环图等六种图形，如图 5-55 所示。选择任一图形后单击【确定】按钮，则可在幻灯片上插入该图形，可在相应占位符处输入文本、编辑文本、编辑图形等。

该工具制作的图形是将若干基本图形和文本框集中起来，表达某方面的信息，使用方便，但在动画设置时被作为一个对象处理，不能交互地演示动态性的变化情况。

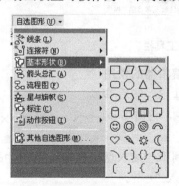

图 5-54 【自选图形】工具

图 5-55 组织结构图和其他图示

5) 插入图片

单击 PowerPoint【绘图】工具栏上的 按钮相当于选择【插入】|【图片】|【来自文件】命令，可以插入现成的图片。

4. 插入公式

在制作课件时，常常会用到公式，和 Word 一样，在 PowerPoint 中也可以使用公式编

辑器插入公式。选择【插入】|【对象】命令，弹出【插入对象】对话框，在【对象类型】列表框中选择【Microsoft 公式 3.0】选项，然后单击【确定】按钮，将出现公式编辑器窗口，如图 5-56 所示。

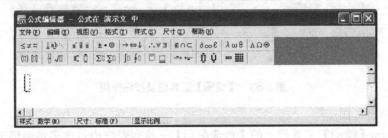

图 5-56　公式编辑器窗口

菜单栏下面是公式编辑器的工具栏，共有 10 类符号和 9 类模板，如图 5-57 所示。将鼠标箭头停留在分类按钮上，会自动显示各类符号或模板的名称信息，单击则显示该类符号或模板中的各种符号或模板元素的缩略图标，在符号图标上单击，则该符号输入到编辑窗口中的光标处，在模板图标上单击，则该模板被选中，在编辑窗口中显示该模板并等待输入。公式输入完毕后，选择【菜单】|【退出并返回到演示文稿】命令(或单击窗口右上角的关闭按钮)退出公式编辑环境，返回到 PowerPoint 中，这时公式对象被插入幻灯片中，该公式就像图形一样可以进行各种编辑操作。

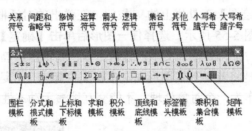

图 5-57　公式编辑器的工具栏

下面通过建立如图 5-58 所示的公式来说明公式编辑器的使用。

(1) 在公式编辑器窗口中的光标处输入大写字母 S，然后单击工具栏上上标和下标模板中带右下标的模板图标，这时 S 的右侧出现下标框，输入"ij"。

$$S_{ij} = \sum_{k}^{n} \alpha_{ik} \times \beta_{jk}$$

图 5-58　实例中的公式

(2) 单击键盘上的 Tab 键退出下标，光标移动到下一插入点(或应用光标右移键，或直接用鼠标定位插入点)，输入"="。

(3) 在工具栏上单击求和模板中的上下带虚框的求和符号，然后将光标置于相应的位置框上，分别输入"n"和"k"。

(4) 将光标定位到右边的虚框中，单击工具栏上小写希腊字母符号中的 α，在虚框中输入 α。

(5) 单击工具栏上上标和下标模板中带右下标的模板图标，这时 α 的右侧出现下标框，输入"ik"。

(6) 单击键盘上的 Tab 键退出下标，将光标移动到下一插入点，单击工具栏上运算符号中的乘号图标，在虚框中输入乘号。

(7) 用类似方法，再插入β及其下标，公式输入完毕。

(8) 单击窗口右上方的【关闭】按钮退出公式编辑环境，返回到 PowerPoint 中，完成公式的插入。

如果要修改公式，只要双击该公式，即可进入公式编辑器，对公式进行编辑修改操作。

### 5.3.3 声音和电影的使用

前面章节中我们已经学习了音频和视频文件的制作和编辑，在 PowerPoint 中可以直接插入声音文件和视频文件，使课件具有传统教学中录(放)音机、录(放)像机的功能。

#### 1. 插入声音

选择【插入】|【影片和声音】|【文件中的声音】命令，打开【插入声音】对话框，选择计算机中的声音文件，单击【确定】按钮，弹出如图 5-59 所示的对话框，单击【自动】按钮则在该幻灯片(或该对象)放映时自动播放声音。如果希望在需要时再播放，单击【在单击时】按钮，对话框消失后在幻灯片上出现一个扬声器图标 ，可以把该图标移动到适当位置。

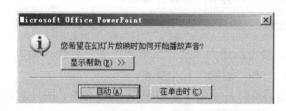

图 5-59　设置播放条件

播放该幻灯片，自动播放声音(或需要声音时单击扬声器图标播放声音)，再单击时声音停止，后面的对象出现。如果希望声音继续播放，即为课件制作背景音乐，给课件创造一种轻松愉快的气氛，可以右击扬声器图标，在弹出的快捷菜单中选择【自定义动画】命令，打开【自定义动画】窗格，在动画对象列表中单击声音对象右侧的下拉箭头，展开动画选项，选择【效果选项】命令，打开【播放 声音】设置对话框，并在【停止播放】选项组中指定在第几张幻灯片后，单击【确定】按钮完成设置。

#### 2. 插入电影

选择【插入】|【影片和声音】|【来自文件的影片】命令，打开【插入影片】对话框，选择影片文件，单击【确定】按钮，弹出类似图 5-59 所示的对话框。单击【自动】或【在单击时】按钮，影片插入幻灯片中，并在幻灯片中显示该影片的第一帧画面图片，如图 5-60 所示。

图片尺寸就是播放时画面的相对尺寸，可在幻灯片中缩放图片的大小，以得到适合的画面窗口，也可以打

图 5-60　插入视频

开【自定义动画】窗格为影片设置动画效果。

放映幻灯片时,在画面上单击,影片开始播放,再单击则暂停,再次单击又进行播放,在画面外单击则停止播放并出现下一对象。

插入声音和影片要注意以下几点。

(1) 插入的声音、视频文件必须保存在本机或活动存储盘上。

(2) 插入只是插入关联,不是文件本身,因此,课件中用到的声音和视频文件必须同时复制或传送,并且保持相对路径不变。最好的习惯是制作课件前先建好文件夹,把课件和相关的媒体文件保存在该文件夹中,包括此处的声音视频文件及后面要讨论的超级链接时的链接目标文件等。

(3) 不是所有格式的声音视频文件都可以插入,在准备素材时要注意,最好将声音文件的格式转为 WAV、MID、MP3,视频文件转换为 AVI、MPG 等通用格式。

### 5.3.4 超级链接

超级链接是 PowerPoint 的一个重要功能,它可以使原始的线性结构的多媒体课件以非线性结构出现,由表及里,由此及彼,调用其他应用软件或程序,更适合人们的思维习惯,也可使多媒体课件能整合更多类型的多媒体素材。

#### 1. 超级链接的构成

一个闭合的超级链接可描述为"从什么地方出去,到什么地方,再返回来",因此通常包含"出点""目标"和"返回"几个要素。

(1) "出点"是当前幻灯片上的一个按钮(可以是文本、图片或其他对象),在放映时单击此按钮链接动作,可跳转到目标。

(2) "目标"是链接指定要到达的地方(或要调用的文件名称,包含路径)。

(3) "返回"是目标上的一个按钮,单击该按钮,结束目标,可返回到"出点"位置。

#### 2. 超级链接的制作

下面以《春天》课件的导航制作为例来讲解超级链接的使用。

《春天》课件的封面如图 5-61 所示,该课件有七张幻灯片,其中"课文学习"包括第二张幻灯片至第三张幻灯片,"生字学习"包括第四张幻灯片至第七张幻灯片,第八张幻灯片对应"练习",如图 5-62 所示。

图 5-61 《春天》封面页

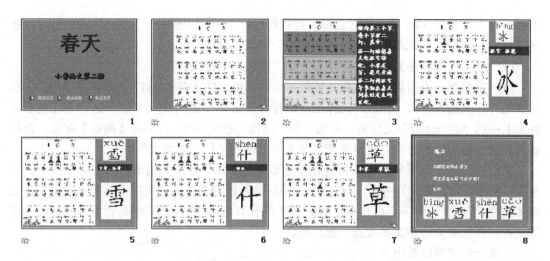

图 5-62 课件《春天》的构成

制作过程大致可以分为以下几个步骤。

(1) 选中"课文学习"文本框，然后选择【插入】|【超级链接】命令，打开【插入超链接】对话框，如图 5-63 所示。单击对话框左侧的【本文档中的位置】按钮，对话框变成如图 5-64 所示。单击【请选择文档中的位置】列表框中的"幻灯片 2"，在【幻灯片预览】框中显示该幻灯片的缩图，单击【确定】按钮即可。

图 5-63 【插入超链接】对话框(1)

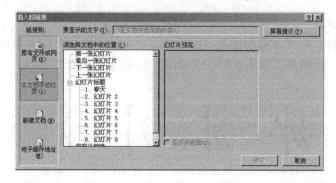

图 5-64 【插入超链接】对话框(2)

(2) 在第三张幻灯片的右下角制作一个返回的图标(如自选图像中的返回箭头)，选择该图标,再次打开图 5-64 所示的对话框,选择幻灯片 1,即标题为 "1.春天"的幻灯片,单击【确定】按钮,至此即可完成"课文学习"导航的链接。

(3) 用同样的方法完成"生字学习"和"练习"的链接。

(4) 在封面上再增加一个按钮,链接到一个动画文件"春天.swf"。具体方法为:①在封面幻灯片上插入一张小图片,选择图片,打开如图 5-63 所示的对话框。②单击【当前文件夹】中的"春天.swf"文件名,在地址框中出现"春天.swf",单击【确定】按钮,链接制作完成。用同样的方法,可以链接声音文件、图片文件、视频文件等。

需要说明的是,采用该方法可链接任意多媒体文件,在需要播放时单击幻灯片上的图标即可播放,与 5.3.3 节中插入声音或影片不同的是该方法是通过调用本机的播放器来播放媒体文件,因此使用时务必确认用于播放 PPT 的计算机(如教室计算机)是否可播放该类多媒体文件,否则必须将相关播放器一起打包。

从这个例子可以看出:

(1) 在同一演示文稿中链接时单击【本文档中的位置】按钮(或【书签】按钮)可以显示演示文稿中的所有幻灯片的标题,快速找到目标幻灯片。

(2) 目录式的链接必须包含"从什么地方出去""到什么地方""返回"这三个要素才是完整的链接。

(3) 用文本框做链接按钮时,选择框中文字和选中整个文本框链接后按钮文本变化不同,前者文字会变色且有下划线,后者不变。

### 5.3.5 简单动画制作

动画的本质是一系列内容接近的图片,合理地利用【自定义动画】中的选项,如动画效果、开始方式、方向、速度、效果选项、计时等的设置和"放映方式"中的放映类型设置,可以在一张(或少数几张)幻灯片上实现一个(段)简单的动画。

**例 5-9** 制作"冰"字笔顺动画。

教学中讲解"冰"字的笔顺时,若能辅于笔顺动画,将收到良好的效果。方法是把"冰"字的笔画分开,按教学顺序和方向显示。如果把每一笔做出一张图片,一方面素材制作困难,另一方面合成时对精度要求高,因此快捷的办法是用每书写完一笔时的稿纸图片代替笔画图片。

具体过程如下。

(1) 制作素材:在文本框中输入"冰"字,字体设为楷体,字号尽可能大。将其复制到"画图"软件,用擦除工具依次制作出如图 5-65 所示的图片并保存。

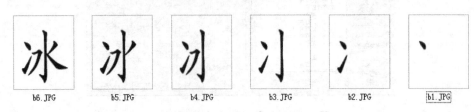

图 5-65 "冰"字笔顺的动画

(2) 插入图片:选择【插入】|【图片】|【来自文件】命令,依次按图片文件名顺序插

入同一张幻灯片中。

(3) 设置动画：用框选法选中所有图片，打开【自定义动画】设置窗格，将所有对象的动画动作设置为【进入】|【擦除】，开始为【单击时】，方向为【自顶部】，单击【播放】按钮，预览效果。在【自定义动画】窗格的对象列表中，选择图片 2(b2.JPG)，将动画方向改为【自底部】，单击【确定】按钮，制作完成，放映查看效果。

注意在制作过程中插入图片的顺序不能错，否则动画播放顺序将是错误的，虽然可以通过【重排顺序】和【叠放次序】调整，但工作烦琐耗时。特别要注意的是不可单独移动或缩放其中的图片，如果需要操作必须全部选中(推荐用框选法)，然后同时操作。

**例 5-10** 制作抛物线动画。

通过飞机投弹，演示平抛物体的运动。

新建一张幻灯片，依次插入"天空""飞机"和"炸弹"等图片，并对图片进行调整设置。

选中飞机，然后选择【幻灯片放映】|【自定义动画】命令，在【自定义动画】窗格中选择【添加效果】|【动作路径】|【向左】命令，自动生成一条以绿色、红色三角形为端点的水平虚线。如果默认的"动作路径"长度不合适，可以通过红色三角形上的控点调整长度。

选中炸弹，在【自定义动画】窗格中选择【添加效果】|【动作路径】|【绘制自定义路径】|【曲线】命令，将鼠标移至炸弹上单击，移动鼠标，在拐点处单击，在终点处双击，绘制抛物线路径。单击【自定义动画】窗格中炸弹后的下拉箭头，选择下拉列表中的【从上一项开始】选项，实现飞机和炸弹同时运动。如果感觉绘制出来的曲线不够平滑，可以右击曲线，在弹出的快捷菜单中选择【编辑顶点】命令，此后曲线上就会出现许多小黑点，拖动各顶点，可让曲线变得更加平滑，如图 5-66 所示。

图 5-66　飞机投弹动画制作

如果需要，可以在【效果选项】中插入爆炸声音，也可以通过插入菜单插入自己准备好的声音，并设置动画，在炸弹落地时播放。

**例 5-11** 制作电子贺卡。

PowerPoint 2003 允许多个对象同时执行不同的动画，也允许一个对象连续执行不同的动画，合理利用该功能，可以制作类似多轨叠加的简单视频动画。

下面制作一份"圣诞快乐！"电子贺卡。

新建一张幻灯片，依次插入"背景""圣诞老人"图片，和艺术字"圣诞快乐！""Merry Christmas！"，插入声音"圣诞快乐"，并对各对象进行调整设置，如图 5-67 所示。

选择"圣诞老人"，依次设置为【强调】|【放大/缩小】、【动作路径】|【向左】；选择"圣诞快乐！"，依次设置为【进入】|【飞入】、【强调】|【放大/缩小】、【强调】|【陀螺旋】；选择"Merry Christmas！"，依次设置为【渐变】、【放大/缩小】、【陀螺旋】；选择🔊，设置为【声音操作】|【播放】。在对象列表框中，同时选中 2～8 项动画，右击，在弹出的快捷菜单中选择【从上一项开始】命令，如图 5-68 所示。播放查看效果。

图 5-67 圣诞快乐电子贺卡效果　　　　图 5-68 动画设置

### 5.3.6 控件工具的应用

PowerPoint 2003 具有强大的程序开发功能，在 PowerPoint 2003 中提供了一类特殊的开发工具——ActiveX 控件。ActiveX 控件就是指滚动条、用于设置数字的数值调节钮、命令按钮、选项按钮、切换钮，以及其他用于创建自定义程序、对话框和表格的项目。而 PowerPoint 2003 的"控件工具箱"中提供的 ActiveX 控件，同 Visual Basic for Application(VBA)之类的程序语言中的控件完全相同，因而也可以用相应的程序语言进行控制。使用 ActiveX 控件的强大功能，可以在 PowerPoint 2003 中实现多种特殊目标，以及实现对其他程序的调用，并且可以自定义 ActiveX 控件。

PowerPoint 2003 中的控件工具功能强大，可以实现较多的目标，但是它的操作并非特别简单，如果要实现一些特殊目标，就需要熟练掌握 Visual Basic 语言。因此，这里只是介绍控件工具箱中的一些简单功能的使用。

**1. 控件工具箱的操作**

在 PowerPoint 中使用控件的操作步骤如下。

1) 在幻灯片中插入控件

选择需要插入控件的幻灯片，然后选择【视图】|【工具栏】|【控件工具箱】命令，打开【控件工具箱】窗格，如图 5-69 所示。控件工具箱中常用按钮的名称和功能如下。

- 属性按钮：用于打开选中控件的属性对话框。
- 查看代码：用于打开选中控件的【代码】窗口，对选中的控件进行代码编辑。
- 复选框(CheckBox)：用于选择或者取消选择相应的选项。可以同时选择多个，比如用于设计多选题。
- 文本框(TextBox)：用于输入文本的框。在幻灯片放映中，允许在其中输入文本，可用于设计填空题或在讲解中需要输入文本的情况等。
- 命令按钮(CommandButton)：单击时可执行某个操作的按钮。一般给它添加一些代码，单击时执行代码而得出一定结果。
- 选项按钮(单选)(OptionButton)：用来从一组选项中选择一个选项的按钮。常用来设计单选题或判断题。
- 列表框(Listbox)：包含项目列表的框。
- 组合框(Combobox)：具有组合框的文本框。可以在框中输入文本，或者选择列表中显示的选项。
- 切换按钮(Togglebutton)：单击这类按钮时，它会保持按下状态，再次单击时还原。
- 数值调节钮(Spinbutton)：单击相应的箭头可增加或者减少数值。
- 滚动条(Scrollbar)：单击滚动箭头或者拖动滚动框时，可以滚动数值列表的控件。
- 标签(Label)：用于显示文本，不同于普通文本框，它是可以动态变化的。
- 图像(Image)：嵌入图片或图形的控件，可以动态地改变它的图片对象。
- 其他控件：可打开其他控件的列表框，选择其他控件，或注册其他控件等。

在控件工具箱中选择一种控件后，鼠标指针变成十字，在幻灯片上相应位置按下鼠标左键，拖动鼠标指针，即可画出大小适当的控件框，如图 5-69 所示。

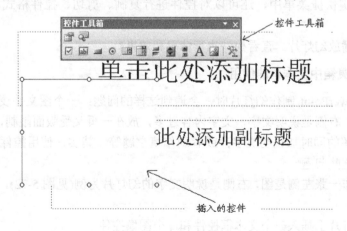

图 5-69　插入控件

2) 设置控件的属性

选中相应的控件,单击控件工具箱中的【属性】按钮,或者直接在控件上右击,在弹出的快捷菜单中选择【属性】命令,即可在打开的【属性】对话框中对控件的相关属性进行设置。各种控件的【属性】对话框不完全相同,如图 5-70 所示为文本框的【属性】对话框。在【属性】对话框中对控件的属性进行设置,比如在文本框的【属性】对话框中可设置文本框尺寸、背景颜色、字体和颜色、单行多行、滚动条等。

3) 编辑查看代码

选中相应的控件,单击控件工具箱中的【查看代码】按钮,或者直接在控件上右击,在弹出的快捷菜单选择【查看代码】命令,或双击控件,就可打开演示文稿代码窗口,如图 5-71 所示。在该窗口中即可进行 Visual Basic

图 5-70 【属性】对话框

的编辑。完成编辑后关闭演示文稿代码窗口,代码将被保存。在放映幻灯片中,如果使用该控件,这些代码命令会被自动执行,对选中的控件添加代码。

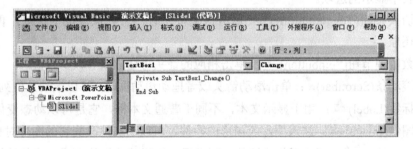

图 5-71 演示文稿代码窗口

4) 其他设置

在控件右键快捷菜单中,还可以对控件进行复制、剪切、控件格式、自定义动画等设置。

设置完后播放幻灯片,查看控件执行情况和效果。

**2. 控件工具箱中文本框的使用**

在使用 PowerPoint 制作幻灯片时,会遇到这样的问题:一个图文并茂的幻灯片,左侧是图片等对象,右侧是说明文字,文字内容过多,放在一页又受版面限制,不能全部展示;或者希望在讲解的同时加说明文字;或者制作填空题等。其实,使用控件工具箱中的文本框很容易解决这些问题。

下面以制作一张左侧是图,右侧是说明文字的幻灯片为例(见图 5-72),介绍文本框的使用方法。

(1) 在幻灯片上插入一个文本框控件和一个图像控件。

(2) 设置图像控件的属性:打开图像控件的【属性】对话框,单击 Picture 右侧的"…"按钮,弹出【加载图片】对话框,选择路径,找到要插入的图片,选择后单击【打开】按钮，图片被插入控件中。单击【属性】对话框中的 AutoSize 右侧的下拉箭头，选择 True 选项，其他属性可试着修改。关闭【属性】对话框。将幻灯片上的图像控件调整到适当位置(也可以使用 PowerPoint 中的【插入】菜单命令插入图片)。

图 5-72　幻灯片效果

(3) 设置文本框控件的属性：打开文本框【属性】对话框，如图 5-70 所示，在【属性】对话框中对文本框的属性进行设置。

➢ EnterKeyBehavior 属性：设为 True 时允许使用 Enter 键换行。

➢ MultiLine 属性：设为 True 时允许输入多行文字。

➢ ScrollBars 属性：设置滚动条。1-fmScrollBarsHorizontal 为水平滚动条；2-fmScrollBarsVertical 为垂直滚动条；3-fmScrollBarsBoth 为水平滚动条与垂直滚动条均存在。当文字不超出文字框时，滚动条设置无效，当文字超出文字框时，则出现一个可拖动的滚动条。

其他属性可根据需要进行设置，比如 BackColor/Style 用来设置文字框的背景，BorderColor/Style 用来设置文字框的边框，Font/ Font Color 用来设置字体和颜色，TextAlign 用来设置文字对齐方式等。

要实现滚动条对文本的控制，必须设置 EnterKeyBehavior 属性为 True，MultiLine 属性为 True，并按需设置 ScrollBars 属性。

(4) 输入文字内容：右击【文本框】，在弹出的快捷菜单中选择【文字框对象】|【编辑】命令，即可进行文字内容的输入，或按 Ctrl+V 快捷键把剪贴板上的文字复制到文字框中。文本编辑完之后，在文字框外任意处单击退出编辑状态。

至此，一张左边是图片，右边是文字可以随滚动条上下拖动而移动的文本框的幻灯片就完成了。

在放映幻灯片时，将鼠标指针移到文本框中单击，可输入文字，或对文字进行修改。

### 3. 用控件插入 Flash 动画

Flash 动画是目前多媒体素材中较活跃的一种素材，我们可以采用前面介绍的超级链接功能在幻灯片上插入 Flash 动画的链接，播放时 PowerPoint 会自动调用本机的 Flash 播放器在新窗口中播放 Flash 动画，但使用中的关联设置错误会导致不能正常播放。用 PowerPoint 中的控件插入 Flash 动画可以避免这些问题，并且可以直接在幻灯片播放 Flash 动画，操作步骤如下：

(1) 插入 Flash 控件：打开需要插入动画的幻灯片，打开【控件工具箱】窗格，单击【其他控件】图标，打开其他控件的列表框，在列表框中找到 Shockwave Flash Object 选项并单击，列表框自动关闭，鼠标指针变为十字，在幻灯片上按住鼠标左键拖动，画出一个矩形框，这个区域就是放置和播放 Flash 动画的区域。如果需要调节控件以适应动画的尺寸，则可以用鼠标拖动尺寸柄调节控件区域的大小。

(2) 设置控件属性：打开 Flash 控件的【属性】对话框，单击【属性】对话框 Movie 行中 Movie 后边的空白单元格，输入要播放的 Flash 文件的完整路径(如 C:\Documents and Settings\Administrator\My Documents/飞机投弹.swf)，如图 5-73 所示。关闭【属性】对话框退出属性设置。

图 5-73 【属性】对话框

因 Office 2003 版本等原因，一些版本中 Flash 控件的属性设置稍有不同，这里不再详述。

(3) 观看效果、修改：放映幻灯片，就可以看到演示效果。如果 Flash 动画的大小不合适，可以在 PowerPoint 编辑状态下先选中 Flash 动画框，其四周会出现八个拖动尺寸柄，当鼠标指针变成十字箭头时，拖动鼠标指针可调整动画在幻灯片上的位置；当鼠标指针放在控制点上时，鼠标指针形状变成双箭头，拖动鼠标指针可调整动画的大小。

需注意以下几个问题。

(1) 运行该幻灯片的计算机必须注册 Shockwave Flash Object 控件。安装了 IE Flash Player 的计算机(可在浏览器中播放 Flash 动画)中该控件已经注册，若没有，从网上下载一个 Flash Player 9 或以上版本安装即可。

(2) 控件属性设置中，如果 Flash 文件内置有【开始/倒带】按钮，Playing 属性可设为 False，否则 Playing 属性必须设为 True，以保证幻灯片显示时自动播放动画文件。

(3) 如果不想让动画反复播放，可在 Loop 属性中选择 False(单击单元格以显示向下的箭头，然后单击该箭头并选择 False)。

(4) 要将 Flash 文件嵌入演示文稿以便传递到其他计算机中播放，请在 EmbedMovie 属性中单击 True，否则保存 Flash 文件时盘符将发生变化，必须修改 Movie 属性中的文件路径才能正常播放。

#### 4. 用控件插入视频

前面已经讨论过，可以将视频文件(avi、mpeg、wmv 等)作为"影片"直接插入幻灯片中，在放映幻灯片时通过鼠标控制播放和暂停，也可以利用超级链接插入，放映幻灯片时调用本机视频播放器播放视频。如果使用控件播放视频，可以完全控制播放进程，更加灵活方便。

用控件插入视频的方法与用控件插入 Flash 动画的方法类似，如果插入的视频文件是微软格式的，选择 Windows Media Player 控件；如果插入的是 rm 或 rmvb 格式的，选择 RealPlayer G2 Control 控件。

## 5.4 交互式多媒体课件的制作

### 5.4.1 Authorware 概述

#### 1. Authorware 的特点

Authorware 是由 Macromedia 公司推出的适合于专业人员以及普通用户开发多媒体软件的制作工具。它采用面向对象的设计思想，基于图标(Icon)和流线(Line)进行多媒体开发，具有丰富的函数和程序控制功能，将编辑系统和编程语言很好地融合到一起，允许开发者使用文字、图片、动画、声音以及数字电影等信息来制作交互式多媒体应用程序，其特点如下。

(1) 简单地面向对象的可视化设计，提供直观的图标流程控制界面。
(2) 具有丰富的人机交互方式，适合制作交互能力较强的多媒体课件。
(3) 具有丰富的媒体素材使用方法，能直接使用其他软件制作的文字、图形、图像、声音和数字电影等多媒体信息。
(4) 强大的数据处理能力，提供了丰富的函数和变量。
(5) 程序调试和修改方便直观。
(6) 编译输出应用广泛。

#### 2. Authorware 的操作界面

Authorware 具有良好的用户界面，如图 5-74 所示，用户的操作就处于该窗口中。它由菜单栏、常用工具栏、图标工具栏、程序设计窗口等几大部分组成。

1) 菜单栏

菜单栏包含 Authorware 的所有命令。

2) 常用工具栏

常用工具栏是 Authorware 窗口的组成部分，每个按钮实质上是菜单栏中的一个命令，由于使用频率较高，一般被放在常用工具栏中，熟练使用常用工具栏中的按钮，可以使工作收到事半功倍的效果。

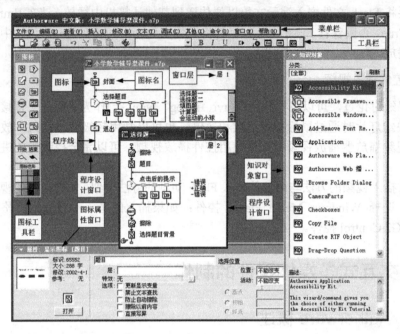

图 5-74　Authorware 7.02 窗口

3) 图标工具栏

图标工具栏又称为设计图标栏，位于窗口的左侧，包括 17 个图标，各图标的名称如图 5-75 所示，其功能如下所述。

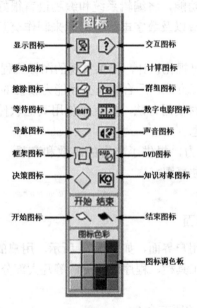

图 5-75　【图标】工具栏

➤ 显示图标：是 Authorware 中最重要、最基本的图标，可用来制作课件的静态画面、文字，还可用来显示变量、函数值的即时变化。

- 移动图标：可以移动显示对象以产生特殊的动画效果，与显示图标等相配合，可制作出简单的二维动画效果。
- 擦除图标：可以擦除显示在展示窗口中的任何对象。
- 等待图标：其作用是暂停程序的运行，直到用户按键、单击鼠标左键或者经过一段时间的等待之后，程序再继续运行。
- 导航图标：其作用是控制程序从一个图标跳转到另一个图标去执行，常与框架图标配合使用。
- 框架图标：用于建立页面系统、超文本和超媒体。
- 决策图标：或称为判断图标，其作用是控制程序流程的走向，完成程序的条件设置、判断处理和循环操作等功能。
- 交互图标：用于设置交互作用的结构，以实现人机交互的目的。
- 计算图标：用于计算函数、变量和表达式的值以及编写 Authorware 的命令程序，以辅助程序的运行。
- 群组图标：是一个特殊的逻辑功能图标，其作用是将一部分程序图标组合起来，实现模块化子程序的设计。
- 数字电影图标：用于加载和播放外部各种不同格式的活动影像和动画文件。
- 声音图标：用于加载和播放音乐及录制的各种外部声音文件。
- DVD 图标：用于控制 DVD 设备的播放。
- 知识对象图标：知识对象图标是 Authorware 7.0 新增的图标，用于添加知识对象。知识对象是一些预先编写好的、逻辑上意义完整的模块，使用知识对象可以轻松完成某一特定的程序。
- 开始图标：用于设置调试程序的开始位置。
- 结束图标：用于设置调试程序的结束位置。
- 图标调色板：用来为图标着色。在程序的设计过程中，可以使用该图标为流程线上的图标着色。单击流程线要着色的图标，使其处在被选中状态，然后单击该图标中相应的颜色块，则可以将该颜色加到图标上。

4) 程序设计窗口

程序设计窗口是开发人员的主要操作窗口，Authorware 面向对象的可视化设计功能主要体现在程序设计窗口的风格上。在设计过程中，一个打开的程序可以拥有一个或多个设计窗口。程序设计窗口如图 5-76 所示。

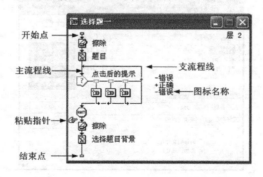

图 5-76 Authorware 7.02 程序设计窗口

设计窗口标题栏与其他 Windows 应用程序窗口标题栏类似,显示被编辑的程序文件名,这里最大化按钮永远是灰色(不可用)的。

设计窗口最左侧的一条被两个小矩形标记封闭的直线为程序的流程线,主流程线两端的两个小矩形标记分别为文件的起始和结尾标记。流程线用来放置设计图标,程序执行时,沿主流程线依次实现各个设计图标功能。

主流程线上有一个手形的标志,该标志为粘贴指针,指示下一步设计图标在流程线上的位置。单击程序设计窗口的任意空白处,粘贴指针就会跳至相应的位置。设计窗口右上角的数字表示当前窗口所处的层次。

Authorware 的启动、文件的打开和保存、退出这些基本操作都和其他 Windows 应用程序类似,这里不再赘述。

### 5.4.2 Authorware 中多媒体素材的使用和处理

文本、图片、视频等多媒体对象是多媒体作品中不可缺少的部分,在 Authorware 中也可以输入和编辑文本,绘制简单图形,插入图片、声音、视频、动画等多媒体素材,并进行相应的处理和设置。

在 Authorware 中,不同的媒体对象要放入不同的图标中,如文本和图形图像一般放置到显示图标中使用,声音媒体放置到声音图标中使用,活动视频放置到电影图标中使用。

#### 1. 插入图片

在 Authorware 中插入图片有两条途径,插入图片文件和插入来自剪贴板的图片。

1) 插入图片文件

插入图片文件即插入由其他图像编辑工具编辑处理好的图片文件。与 PowerPoint 制作多媒体课件一样,在使用 Authorware 制作多媒体作品之前建议也先建立一个文件夹,把相关素材文件放入其中,便于管理和使用。

(1) 启动 Authorware,新建一个文件,将一个显示图标拖到流程线上,命名为"背景"。

(2) 双击这个显示图标,打开一个空白的演示窗口。选择【文件】|【导入】命令,打开【导入哪个文件】对话框,如图 5-77 所示。在对话框中选择所需的图形文件,选中【显示预览】复选框,可在对话框的右侧看到图像的缩略图;选中【链接到文件】复选框,则导入的图像以外部文件方式链接到程序文件中,图像并没有真正嵌入到程序中,一般使【链接到文件】复选框处于非选中状态。使用右下角的"+"按钮可以同时导入多张图片。

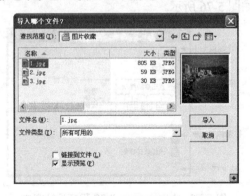

图 5-77 【导入哪个文件】对话框

(3) 选择对话框中想要插入的图形文件，单击【导入】按钮，就可将该图片文件导入演示窗口中，如图 5-78 所示。

图 5-78 演示窗口

2) 插入来自剪贴板的图片

插入来自剪贴板的图片就是插入在其他文件窗口中(如 Word、Web 及 Authorware 内部其他显示图标中)显示的图片。先将该图片复制到剪贴板，然后打开显示图标，再使用粘贴命令即可将该图片插入演示窗口中。

2. 绘图工具的使用

Authorware 提供了绘制简单图形的功能，利用显示工具盒，可以绘制简单图形。

在流程线上拖入一个显示图标，双击打开演示窗口，同时打开绘图工具箱，如图 5-79 所示。选择绘图工具箱中的工具按钮(如椭圆工具)，在演示窗中单击并拖动，在想要停止的地方松开鼠标左键，即可绘制图形，拖动四周的小方框进行调整。

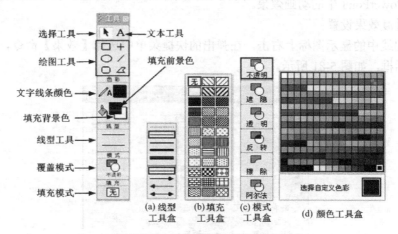

图 5-79 显示工具盒的组成模块

选择【窗口】|【显示工具盒】菜单中的【线】、【填充】、【模式】、【颜色】命令

可打开线型工具盒、填充工具盒、模式工具盒、颜色工具盒，如图 5-79 中的(a)、(b)、(c)、(d)所示。利用这些工具可以对绘制的图形进行编辑处理。

### 3. 文本编辑

1) 创建文本

在流程线上拖入一个显示图标，并双击显示图标，从弹出的绘图工具栏中选择文本工具，然后单击演示窗中想插入文字的地方，出现编辑文本的标尺，在此标尺下就可以输入文本，如图 5-80 所示。

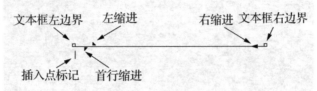

图 5-80 段落标记

2) 文本编辑

文本输入完毕后，选择绘图工具栏中的【选择/移动】工具，文本标尺消失，周围出现编辑点，进入文本编辑状态。利用菜单中的命令，可以对文本的字体、字号、风格以及对齐方式等多种属性进行设置。文本颜色要通过单击颜色工具盒中左下方的【文字和线条颜色】按钮进行设置。

选择【窗口】|【显示工具盒】|【填充模式】命令，打开模式窗口，在该窗口中可以设置文本的背景模式，如设置为透明背景，可以获得文字浮在背景图片上的效果。

### 4. 动画效果设置

在 PowerPoint 中我们可以让对象按需要的时刻和方式显示，Authorware 运行时是按流程线上的图标顺序依次显示，如果不进行处理，前面显示图标中的信息将会快速地被后面的信息覆盖。其实，合理使用 Authorware 中的效果设置、等待图标、擦除图标等，可以获得类似于 PowerPoint 中的动画效果。

1) 过渡效果设置

在流程线中的显示图标上右击，在弹出的快捷菜单中选择【效果】命令，弹出【特效方式】对话框，如图 5-81 所示。

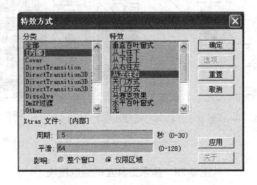

图 5-81 【特效方式】对话框

选择想要的特效后单击【确定】按钮关闭对话框，则该效果将被应用于该显示图标中的所有对象。单击工具栏上的【运行】按钮，运行程序即可看到设置的特效。

2) 运行等待

在流程线上拖入等待图标，并进行设置，则程序运行到此处时将按设置的选项处理。

在流程线上的显示图标"背景"下拖入一个名为"文本"的显示图标，双击打开后输入一段文本，并按上面设置过渡效果，运行程序，看到背景和文本按设置的过渡效果显示，但立刻显示为背景图片上叠加文本的画面。

在"背景"和"文本"显示图标间拖入一个等待图标，命名为"单击鼠标"，如图 5-82 所示，双击"等待图标"，打开等待图标属性对话框，如图 5-83 所示。

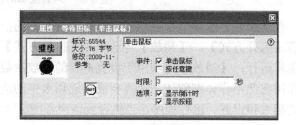

图 5-82　等待图标程序　　　　　　　图 5-83　等待图标的设置

动作方式有单击鼠标、按任意键和时限三种，三种方式可复选，如选中【单击鼠标】复选框和设置【时限】为 3 秒，则单击或达到 3 秒时执行显示文本。

选中【显示倒计时】复选框，则等待过程中画面上同时将显示倒计时小钟；选中【显示按钮】复选框，则等待过程中画面上同时会显示【继续】按钮。

3) 对象擦除

在等待图标下拖入一个擦除图标，双击擦除图标，可打开擦除图标属性对话框，如图 5-84 所示。

图 5-84　擦除图标的设置

单击显示窗中的背景图片，完成擦除对象选择。单击【特效】右侧的"…"按钮，打开类似于图 5-81 所示的对话框，选择一种特效，单击【确定】按钮，返回属性对话框，再单击【确定】按钮，则设置了按该特效擦除背景图片。运行程序，查看效果。

5. 在课件中使用声音

Authorware 通过声音图标可以导入多种格式的声音。如 WAVE、AIFF、PCM、SWA、VOX 等格式的声音文件。

在流程线上拖入一个声音图标，双击该图标，屏幕上就会弹出一个声音图标属性对话框,单击左下角的【导入】按钮,打开【导入哪个文件】对话框,选择要导入的声音文件,单击【导入】按钮,返回属性对话框,如图5-85所示。

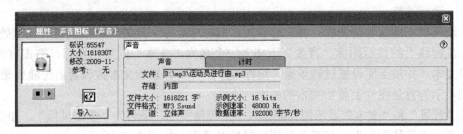

图 5-85 声音图标的设置

在【声音】选项卡中显示了所插入声音文件的信息。切换到【计时】选项卡,对话框中有【执行方式】、【播放】等选项,【执行方式】选项用于设置执行声音图标时,程序将怎样运行;【播放】选项用于设置声音的播放次数和播放条件;两个选项中的详细设置和作用在此不作详细叙述。按需要设置选项卡中的选项,然后单击【确定】按钮,完成声音的插入和设置。运行程序,当执行到该声音图标时,则按预定的设置播放插入的声音。

### 6. 在课件中使用数字电影

Authorware 支持多种数字化电影格式,如 AVI、MPEG、BMP、MOV 等格式。

使用数字电影和使用声音的方法类似,先在流程线上拖入一个数字电影图标,双击该图标,打开电影图标属性对话框,单击左下角的【导入】按钮,打开【导入哪个文件】的对话框,选择路径和文件名,单击【导入】按钮,返回属性对话框。在属性对话框中有【电影】、【计时】和【版面布局】三个选项卡,【版面布局】选项卡用于设置电影播放窗口的位置和状态。三个选项卡的详细设置这里不再赘述,按需要设置选项卡中的选项后单击【确定】按钮,电影文件就可被导入多媒体作品中。

### 7. 在课件中使用动画素材

动画和数字电影有着相似之处,它们都是活动的影像,因为动画文件和电影文件相比文件较小,动画是制作多媒体作品较受欢迎的素材。在后面的内容中将讨论 Authorware 的动画制作,但它只能制作简单动画。使用 Authorware 的插入媒体等功能,可以将由其他动画制作软件制作的或从因特网、素材光盘等途径获得的 swf、gif 等格式的动画文件导入多媒体作品中使用。

新建文件,选择【插入】|【媒体】命令,打开【媒体】子菜单,其中有三个命令:Animated GIF、Flash Movie、QuickTime,选择不同的命令便可导入不同类型的媒体素材。下面以插入 Flash 动画为例进行说明。

选择 Flash Movie 命令,打开【Flash Asset 属性】对话框,同时在流程线上的【粘贴指针】处插入一个 Flash Movie 图标。单击【浏览】按钮,打开【Flash Movie 动画】对话框,选择 Flash 动画文件所在的路径和文件名,单击【打开】按钮,返回属性对话框,如图 5-86 所示。

单击属性对话框中的【确定】按钮,完成动画的导入。运行程序,Flash 动画在演示窗口中播放,如图 5-87 所示。在演示窗口中同样可以进行 Flash 动画中的控制和交互操作。

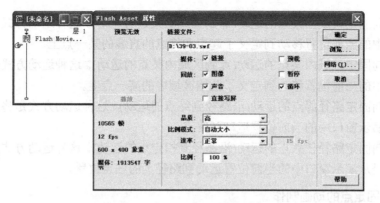

图 5-86 【Flash Asset 属性】对话框

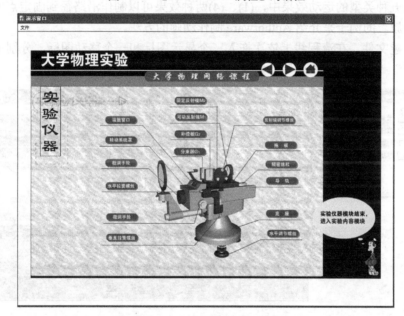

图 5-87 Flash 动画播放效果

同理可导入其他类型的动画文件。

### 5.4.3 制作动画

使用 Authorware 提供的移动图标可以制作简单的二维动画。

**1．移动图标的功能**

使用移动图标可以把一个显示图标中显示的对象从演示窗口的一个位置移动到另一个位置。使用移动图标一次移动的是一个设计图标中的所有对象，而不能移动该图标中的单个对象。如果想移动单个对象，必须将该对象单独放到一个设计图标中，并为此设计图标创建一个移动图标。利用移动图标，可以实现五种类型的运动效果。

（1）指向固定点的运动(两点间的运动)。这种运动方式是在演示窗口中将显示对象从当前位置沿直线移动到指定的终点位置。

(2) 指向固定直线上某点的运动(点到直线上某点的运动)。这种运动方式是将显示对象从演示窗口中的当前位置移动到定义了起点和终点的直线的某一点上。

(3) 指向固定区域内某点的运动(点到区域内某点的运动)。这种运动方式是将显示对象从演示窗口中的当前位置移动到定义了范围区域中的某一点上。

(4) 指向固定路径终点的运动(沿路径到终点的运动)。这种运动方式是将显示对象沿定义的路径从演示窗口中的当前位置运动到终点。

(5) 指向固定路径任意点的运动(沿路径到指定点的运动)。这种运动方式是将显示对象沿定义的路径从演示窗口中的当前位置运动到路径上的任意位置。

2. 指向固定点的动画制作

在上述五种类型的运动效果中，(1)、(4)两种效果可以制作沿路径到固定点的动画。下面结合"升旗"的例子来介绍 Authorware 制作动画的方法。

(1) 新建文件，在流程线上依次拖入三个显示图标和一个移动图标，分别命名为"背景""旗杆""红旗""移动"，如图 5-88 程序窗口所示。

图 5-88 到固定目标终点的动画制作示例

(2) 双击"背景"显示图标，导入背景图片；按住 Shift 键的同时双击"旗杆"显示图标，用直线工具绘制一条直线并编辑后作为旗杆，调整到适当位置；在按住 Shift 键的同时双击"红旗"显示图标，用矩形工具绘制一个矩形，编辑后作为红旗，调整位置到旗杆下部。如图 5-88 显示窗口所示。

(3) 双击移动图标，弹出移动图标属性对话框，在【类型】下拉列表框中选择【指向固定点】选项，单击演示窗口中的红旗，将其作为移动对象，用鼠标指针将红旗拖到旗杆顶部，在【定时】下拉列表框下面的文本框中输入时间值(完成红旗从旗杆下部升到顶部所需要的时间)，如图 5-89 所示。单击【确定】按钮，完成制作。运行程序观看效果。

如果在"红旗"显示图标下方插入等待图标，命名为"单击鼠标"，插入声音图标，导入"国歌"声音文件，调整好声音播放长度，运行程序后单击，红旗将在国歌声中冉冉升起。

本实例是最简单的动画效果，用户还可以尝试制作曲线路径的动画。

图 5-89 移动图标的参数设置

### 3. 动画控制

在上述例子中，移动图标属性对话框的【定时】文本框中输入的时间值(或速度值)用于控制对象的运动速度，输入不同的值，动画速度不一样。如果在该框中填入一个参数名称，该参数由前面的程序执行后获得(如交互输入、计算图标等)，则动画速度将随参数值而变化。用户可以自行尝试去制作参数可变化的动画。

## 5.4.4 交互类型课件的制作

人机交互，是课件的一项基本功能，交互功能是否强大，也是评价一个课件开发软件的重要指标。利用 Authorware 提供的交互响应功能，可以轻松地创作出交互性很强的多媒体作品。

### 1. 交互响应的类型

在 Authorware 中，通过交互图标可以实现多媒体作品的人机交互。交互图标本身具有显示图标的作用，双击可以输入提示信息等内容；一个交互图标可以允许有多个分支，放置于交互图标右侧所有分支图标的运行将由所提供的交互方式去控制运行。

先在流程线上拖入一个交互图标，再在交互图标右侧拖入一个显示图标，此时便可形成一个分支，同时弹出【交互类型】对话框，如图 5-90 所示。对话框中提供了 11 种交互类型。

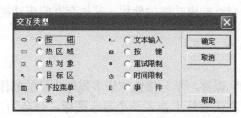

图 5-90 【交互类型】对话框

1) 按钮交互响应

可以在交互图标中创建按钮，用此按钮与计算机进行交互，当用户单击该按钮时，计算机会根据用户的指令，沿指定的流程线(响应分支)执行。按钮的大小和位置以及名称都可以改变，并且还可以加上伴音。Authorware 提供了一些标准按钮可供选用，用户还可以制作自己的按钮。

2) 热区域交互响应

可在显示窗中创建一个不可见的矩形区域，采用交互的方法，在区域内单击、双击或把鼠标指针放在区域内，程序就会沿该响应分支的流程线执行，区域的大小和位置可以根据需要在显示窗中任意调整。

3) 热对象交互响应

以显示图标中的一个对象作为响应的对象。对象是一个实实在在的"物"，可以是任意形状。与热区域交互响应可以互为补充，可大大提高多媒体作品交互的可靠性和准确性。

4) 目标区交互响应

用来移动对象，把对象移动到指定的目标区域，程序就会沿着指定的流程线执行，否则执行其他分支。该功能适合制作类似拼图之类的课件，制作时除需要确定要移动的对象外，还要指定其目标区域的位置。

5) 下拉菜单交互响应

创建下拉菜单，通过操作下拉菜单来确定课件的分支流向。

6) 条件交互响应

对条件进行判断，当指定条件满足时，程序沿着指定的分支流程线执行。

7) 文本输入交互响应

用它来创建一个用户可以输入字符的区域，当用户输入结束，按 Enter 键时，该响应控制程序将沿着指定的分支流程线执行。该功能常用于输入密码、回答问题等。

8) 按键交互响应

接收键盘输入的信息，对用户敲击键盘的事件进行响应，控制程序的分支流向。

9) 尝试限制交互响应

限制用户与当前程序交互的尝试次数，当达到规定的交互次数时，就会执行规定的分支。该功能常用来制作测试题或登录输入，如果在规定次数内不能正确回答，即退出交互。

10) 时间限制交互响应

当用户在规定时间内未能实现特定的交互，则该响应可使程序按指定的流程执行。

11) 事件交互响应

用于对程序流程中使用的 ActiveX 控件的触发事件进行响应。

下面讨论几种常用的交互响应功能的使用，其他交互响应功能的使用方法可参考操作，触类旁通。

### 2. 按钮交互型课件

下面通过制作《春天》课件，学习按钮响应多媒体作品的制作。

(1) 新建一个文件，在流程线上拖入一个显示图标，命名为"背景"，双击打开，制作课件封面背景图形。

(2) 拖入一个交互图标，命名为"按钮"，再向交互图标的右侧拖入一个群组图标，在弹出的对话框中选择【按钮】选项，单击【确定】按钮。

(3) 将群组图标命名为"课文朗读"。双击群组图标，在分支流程线上拖入一个显示图标，导入课文图片，再拖入一个声音图标，导入朗读课文的声音文件。回到主流程线，依次拖入三个显示图标，并命名为"生字学习""课文分析""练习"，完成相应分支的制作，流程结构如图 5-91 所示。

(4) 双击响应类型符号(即群组图标上方的符号)，弹出交互图标属性对话框，如图 5-92 所示。单击【按钮】按钮，弹出【按钮】对话框，如图 5-93 所示，选择一种适合的按钮后单击【确定】按钮(如果不满意，可单击【编辑】或【添加】按钮，在弹出的对话框中自己制作)。单击【鼠标】选项右侧的"…"按钮，弹出【鼠标指针】对话框，如图 5-94 所示，选择一种适合的指针后单击【确定】按钮。

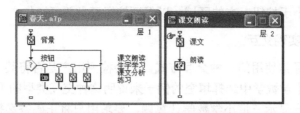

图 5-91　课件《春天》的流程结构图

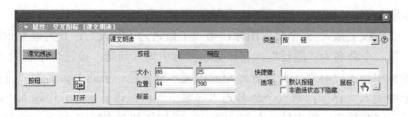

图 5-92　交互图标属性对话框

图 5-93　【按钮】对话框

图 5-94　【鼠标指针】对话框

(5)　双击"背景"显示图标，然后按住 Shift 键的同时再双击交互图标，调整好按钮位置，如图 5-95 所示。

图 5-95　课件封面

运行课件，当鼠标指针运动到按钮上时变成手形，单击该按钮转到对应的内容，该分支执行完成后再单击其他按钮，又转到相应内容。

制作交互程序时，如果在分支中一个图标不能容纳分支内容，应该使用群组图标。每一分支的画面要稍小于按钮上方的区域，以保证按钮可见并可操作。

### 3. 通过目标区实现交互

目标区域也是经常使用的一种交互方式，它会检测用户是否将某个对象拖动到指定位置，下面通过一个小学数学中选择填空的例子来说明这种交互类型的用法。

该例子将为用户显示三道小学数学计算题，要求用户将正确答案拖到正确的方框内，如果没有拖对，则答案自动回到原位。

具体步骤如下。

(1) 在流程线上拖入 5 个显示图标，第一个命名为"背景"，并为该显示图标加上一幅背景图；第二个命名为"题目"，在该显示图标中输入问题；第三个命名为"答案一"，在该显示图标中输入"41"，并设置好相应的文字背景色；第四个命名为"答案二"，在该显示图标中输入"15"；第五个命名为"答案三"，在该显示图标中输入"45"，并设置好相应的文字背景色。单击第一个显示图标，再按住 Shift 键双击最后一个显示图标，打开显示结果，双击要调整位置的对象进行位置调整，如图 5-96 所示。

(2) 向流程线上拖入一个交互图标，命名为"交互"。向其右侧拖入一个群组图标，弹出【交互类型】对话框，在对话框中选择"目标区域"，将该群组图标命名为"正确的答案一"。

(3) 选择【调试】|【播放】命令，将会出现一个目标区域的虚线框，如图 5-97 所示。单击第一题的正确答案"41"，虚线框会自动移到答案"41"上，用鼠标指针将"41"移动到该答案应该放置的位置，然后调整虚线框的大小。

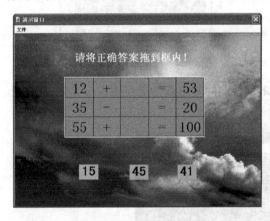

图 5-96　制作选择填空题

图 5-97　设置目标区域

(4) 关闭如图 5-97 所示的窗口，双击"正确的答案一"目标区标志(向左指的小箭头)，打开前交互图标属性设置对话框，在【目标区】选项卡的【放下】下拉列表框中选择【在中心定位】选项，如图 5-98 所示。

(5) 重复第(2)~(4)步，设置其他两个题目的答案，程序界面如图 5-99 所示。

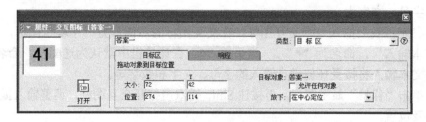

图 5-98 交互图标属性设置对话框

(6) 在交互图标的右侧拖入一个群组图标，将该群组图标命名为"错误的位置"，其作用是：如果正确答案没有被拖到目的位置，那么还会回到原来位置。

(7) 选择【调度】|【播放】命令，将会出现一个目标区域的虚线框，如图 5-97 所示，调整虚线框覆盖整个窗口，如图 5-100 所示。

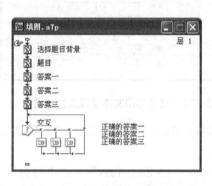

图 5-99 设置答案的程序界面

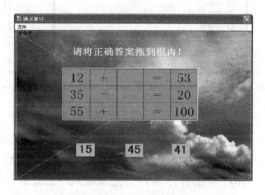

图 5-100 调整虚线框

(8) 关闭如图 5-98 所示的对话框，双击"错误的答案一"目标区标志(向左指的小箭头)，打开前交互图标属性设置对话框，在【目标区】选项卡的【放下】下拉列表框中选择【返回】选项，并选中【允许任何对象】复选框，如图 5-101 所示。

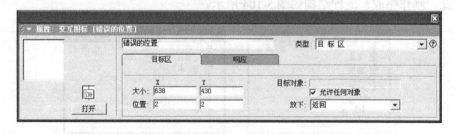

图 5-101 交互图标属性设置对话框

制作完成的程序如图 5-102 所示。

### 4．通过文本输入响应实现交互

文本交互可以直接响应来自键盘上的内容，这种响应方式往往被用于接受用户的输入。下面制作一个输入文本的小片段。

(1) 建立一个新文件，拖入一个显示图标，命名为"背景"，导入一幅图片做背景，再拖入一个显示图标，命名为"提示"，在该显示图标中输入文字"请输入"，接着设置好字体、字号、文字大小。

(2) 在流程线上拖入一个交互图标，在交互图标的右侧放置一个群组图标，交互类型选择"文本输入"，命名为"*"。这里的"*"在计算机中默认为通配符，命名为"*"的目的是文本输入将接受任何键盘输入的字母、文字和数字等。

(3) 单击"背景"显示图标，再按住 Shift 键双击打开交互图标，调整输入提示、输入框的大小及位置。

(4) 双击输入框，弹出交互作用文本字段属性对话框，在【文本】选项卡中设置输入字符的颜色、字体、字号等，如图 5-103 所示。

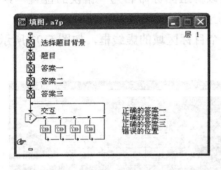
图 5-102　制作完成的交互程序界面

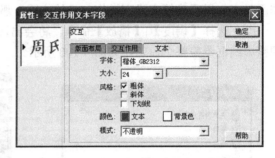
图 5-103　交互作用文本字段属性对话框

(5) 双击名为"*"的群组图标，打开二级流程线，拖入一个计算图标，命名为"记录输入"，拖入一个显示图标，命名为"显示输入"。

(6) 双击打开名为"记录输入"的计算图标，输入"x:=EntryText"，该语句的作用是定义一个变量"x"，用于记录用户输入内容，"EntryText"为一系统变量，它将记录用户通过键盘所输入的内容。

(7) 双击打开名为"显示记录"的显示图标，在恰当的位置输入如下内容："输入内容：{x}"：作用是将用户通过键盘所输入的内容显示出来。

至此，制作完成，流程结构如图 5-104 所示。

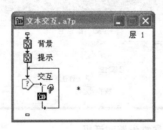 

图 5-104　流程结构

(8) 运行程序，输入文字后按 Enter 键，程序将会显示所输入的内容。

### 5. 尝试响应交互

尝试响应也叫限制次数响应，用来限制用户响应的次数。比如程序设定密码后，不允许用户无数次无限制地输入密码来尝试，这时就可以利用尝试响应功能限制尝试的次数。下面通过一个输入密码的例子说明其使用方法。

(1) 建立一个新文件，拖入一个显示图标，命名为"背景"，导入一幅图片，并输入文字"请输入密码"设置好字体各属性。

(2) 拖入一个交互图标，在交互图标右侧拖入一个群组图标，交互类型为"文本输入"，命名为"abcd"。再在右侧依次拖入显示图标、群组图标，分别命名为"*"和"尝试"。注意：三个图标的顺序不能颠倒，"abcd"是正确的密码，必须在"*"的前面。

(3) 单击"背景"图标后按住 Shift 键双击交互图标，将文本输入框放在适当位置。

(4) 双击"abcd"群组图标，打开二级流程线，拖入一个显示图标，命名为"正确"，双击打开，在适当位置输入"密码正确，按任意键继续！"的字样。再拖入一个等待图标，采用默认设置。双击"abcd"群组图标上方的标志，打开交互图标属性对话框，在【响应】选项卡中的【分支】下拉列表框中选择【退出交互】选项，然后单击【确定】按钮。

(5) 在"*"的显示图标内输入"密码错误，重新输入！"的字样。

(6) 打开"尝试"群组图标，在二级流程线上面拖入一个显示图标、一个 10 秒的等待图标和一个"退出"的计算图标。在显示图标中的适当位置输入"你已经输入超过 3 次，退出程序！"的文字。在"退出"的计算图标中加入命令"quit()"。

(7) 两个二级流程线上的等待图标设置："abcd"中的为"按任意键"；"尝试"中的为 10 秒。取消两个等待图标中的"显示按钮"。

至此，制作完成，程序流程结构如图 5-105 所示。运行程序，当输入为"abcd"时，显示"密码正确，按任意键继续！"，按任意键程序往下运行。当输入不是"abcd"时，显示"密码错误，重新输入！"，若输入三次仍不正确，显示"你已经输入超过 3 次，退出程序！"，等待 10 秒后退出程序。

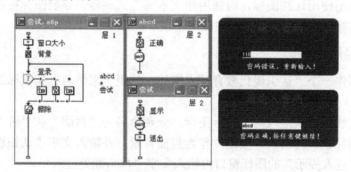

图 5-105　尝试响应交互程序的示例和运行结果

用类似方法可制作限制时间响应的交互课件。

## 5.4.5　框架型课件

框架型课件使用非常方便，在其中不仅可以自由跳转，还可以通过检索、列表或热字等方式跳到某一特定的页面。使用 Authorware 制作框架型课件也很方便。

### 1. 框架图标

框架图标实际上就是由多个图标组成的一个小的功能模块，具有特殊的功能。在流程线上拖入一个框架图标，双击打开，其内部结构如图 5-106 所示。

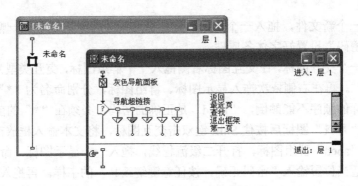

图 5-106 框架图标的结构

框架图标内部可分为两部分，上面是"进入框架"部分，这里的图标是在进入框架就被执行的，下面是"退出框架"部分，是在上面设置的退出框架后要执行的内容，执行完成后，跳出框架页，执行框架图标后面的内容。

框架图标可以包含许多其他设计图标，每一个设计图标被称作一页。页面并不仅仅局限于使用显示图标来显示文本和图像，同样可以使用数字电影图标、声音图标或者动画图标。实际上，用户可以使用一个群组图标，在群组图标中可以设计比较复杂的内容，甚至可以放入交互图标、判断图标以及其他框架图标。

由图 5-106 可以看出，框架图标内部已放置了【返回】、【查找】、【退出】等一系列用于用户交互控制的导航图标，框架图标中的交互方式是通过按钮实现在框架结构中跳转的。我们可以使用它的全部按钮，也可以从中挑选用户需要的选项，组合成不同的控制按钮面板。也可以不使用这些图标，而使用超文本等方式跳转。导航图标可以方便地链接到其他任何一个图标，因此在页式课件中应用得很广泛。

**2．框架型课件的制作**

下面通过制作一个"认识现代教育技术媒体"的例子来学习框架图标的使用。具体制作步骤如下。

（1）向流程线上依次拖入两个显示图标，分别命名为"封面"和"进入提示"。在名为"封面"的图标窗口内引入一幅图片作为封面背景，并输入文字"认识现代教育技术媒体"；在名为"进入提示"的图标窗口内输入文字"单击此处进入"。

（2）拖入一个交互图标，再向交互图标的右侧拖入一个群组图标，选择交互响应类型为【热对象】。双击响应类型符号，打开响应属性对话框，单击【显示】窗口中的【单击此处进入】，在出现的对话框中选择"单击此处进入"文字，使其为热对象，在【热对象】选项卡中单击【鼠标指针】右方的按钮，弹出鼠标指针选择对话框，选中手形指针；在【响应】选项卡中的【分支】下拉列表框里选择【退出交互】选项。单击【确定】按钮回到设计窗口。

（3）在流程线上拖入一个框架图标，框架图标的右侧拖入 6 个显示图标，依次命名为"幻灯机""投影仪""录音机""扩音机""电视机""语言实验室"。在各个显示图标内分别引入图片。

（4）运行程序，单击"单击此处进入"文字，进入框架结构。

在显示窗口中由一群按钮组成灰色的按钮面板，这是框架图标中内置的导航按钮，单击相应按钮可在框架结构中跳转。各个按钮的含义如图5-107所示。

(5) 在主流程线的末端拖入一个计算图标，命名为"擦除"。双击打开计算图标，输入"EraseAll()"，关闭。该步的目的是擦除前面所有内容。

(6) 在下方拖入一个交互图标，命名为"结束"，在其右侧拖入两个计算图标，命名为"退出"和"返回"，用于指示程序走向。

(7) 双击"结束"交互图标，导入一幅图片。

(8) 双击名为"退出"的计算图标，输入文字"Quit()"，定义如执行本分支按钮则程序退出。

(9) 双击名为"返回"的计算图标，输入"GoTo(IconID@"媒体展示")"，定义如执行本分支按钮，则程序返回，再次执行框架。

运行程序，查看效果。课件流程结构如图5-108所示。

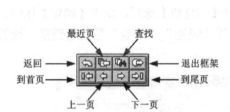

图5-107 框架图标面板按钮的含义

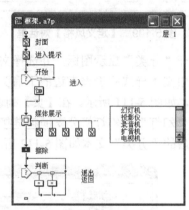

图5-108 课件流程结构

## 5.4.6 超文本的使用

超文本链接在课件制作中非常有用。在Authorware中除了提供导航图标跳转链接，还提供了一种基于用户设置热字的超文本跳转链接方式。这种方式与导航图标跳转链接的相同之处在于，它也只是对框架图标中的内容起作用。下面仍以制作"认识现代教育技术媒体"课件为例简单介绍超文本的设置过程。

打开如图5-108所示的程序文件。首先定义文本样式：选择【文本】|【定义风格】命令，弹出【定义风格】对话框，如图5-109所示。单击左下角的【添加】按钮，将其更改为自己的样式名称(如my02)，选择字体、字号、颜色、修饰等；在【交互性】选项组中选择【指针】复选框。单击【完成】按钮，回到程序主流程。定义自己需要的一些文本样式，在编辑文本时使用，可以减少单独设置字体、字号等的麻烦。【交互性】设置针对超文本的，对于普通文本不需要设置该选项组。

在框架图标右侧(原幻灯机前)拖入一个显示图标，命名为"分类"。双击打开，用绘图工具设置背景颜色，输入"按教学媒体作用于人的不同感官……"等文本，并编辑(可以使用定义的样式)，如图5-110所示。在"分类"显示图标上右击，在弹出的快捷菜单中选择【属性】命令，接着在打开的对话框中选择【防止自动擦除】复选框，目的是使该画面不被后面的擦除图标擦除。

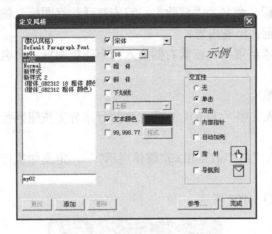

图 5-109 【定义风格】对话框

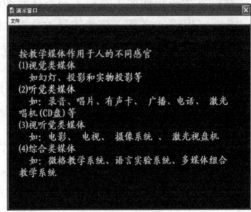

图 5-110 输入文本

打开"分类"显示图标，并选择文本工具。用鼠标选中文本中的"幻灯"，单击常用工具栏中文本样式列表框右边的下箭头，选择刚才定义的样式按钮(my02)，弹出导航属性对话框，如图 5-111 所示。在【页】列表框中选择【幻灯机】选项，单击【确定】按钮，完成文本"幻灯"到幻灯机分支的超链接。同理设置"投影""录音"等的超链接。设置完超链接后的"分类"文本如图 5-112 所示。

图 5-111 导航属性对话框

运行课件，进入后出现如图 5-112 所示画面，当鼠标指针移到有超链接的文本(红色、斜体)时变成手形，单击到达相应分支，再次单击又可返回图 5-112 所示的画面。

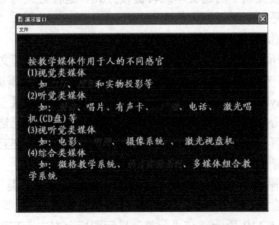

图 5-112 设置完超链接后的效果

### 5.4.7 课件发布

为了使我们制作的课件可脱离 Authorware 环境单独使用，还必须进行课件发布操作。Authorware 的文件发布功能可以将我们制作的作品打包为可执行文件，或发布到网络上。在发布之前，Authorware 将对程序中所有的图标进行扫描，找到其中用到的外部支持文件，如 Xtras、Dll 和 UCD 文件，还有 AVI、SWF 等文件，并将这些文件复制到发布后的目录下。所以，课件制作者根本不需要担心用户在网上使用你的课件时会出现找不到文件的错误。

选择【文件】|【发布】|【发布设置】命令，打开【一键发布】对话框，如图 5-113 所示，其各部分的功能介绍如下。

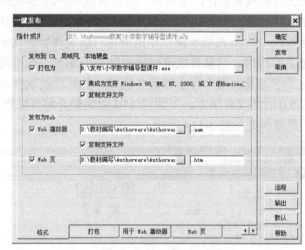

图 5-113　【一键发布】对话框

(1)【格式】选项卡：包含发布文件类型的一些设置，通过该选项卡的设置可以将程序发布为多种形式的文件。

(2)【打包】选项卡：包含打包文件的一些设置。如是否将库文件一同打包、是否将链接文件嵌入等。

(3)【用于 Web 播放器】选项卡：可以设置发布后每一块文件的大小，根据不同的网络连接速度，可将文件分为不同大小的多个文件，使其在网速较慢时也能流畅播放。

(4)【Web 页】选项卡：包含发布 HTM 文件的一些选项。你的 Authorware 程序将被链接到这个 HTM 文件中，但是需要用户安装 Authorware Web Player 才能正确浏览，如果用户机器上没有 Authorware Web Player，将提示用户下载，这一点和 Flash 的 SWF 插入网页是相似的。

(5)【文件】选项卡：在此可以看到当前应用程序的一些支持文件，如 Xtras、Dll 和 UCD 等，文件发布时必须将这些文件同时发布才能保证不会出现错误。当然也可以通过【加入文件】手动添加一些文件，如使用说明书，帮助文档等。以上的设置一般不需要特别设定，如果有特殊要求，设置好的各选项还可以单击【输出】按钮保存为注册表文件(REG 文件)，以方便下次使用同样的设置。

当设置好以上内容后单击【发布】按钮即可完成发布工作。

## 5.5 几何画板

除了上面介绍的课件制作平台外，在现实的学习和教学过程中，一些特殊专业还需要使用和专业相关的一些软件，如用于数学、物理等专业的几何画板，用于化学专业的化学画板等，这些画报都有其特殊的用途。本节将结合几何画板介绍其在专业教学中的应用。

### 5.5.1 几何画板概述

几何画板是一款优秀的教育软件，全名为"几何画板——21 世纪的动态几何"。1996 年我国教育部全国中小学计算机教育研究中心开始大力推广几何画板软件，以几何画板软件为教学平台，开始组织"CAI 在数学课堂中的应用"研究课题。几年来，几何画板软件在教学中得到越来越多的应用。它具有能准确地绘制几何图形、在运动中保持给定的几何关系、使用简便、易于学习及占用内存小等诸多优点。几何画板软件可以从网上下载其试用版本，国内已经有 5.0 版的汉化版本。下面以 4.04 版为例介绍其操作及教学应用。

启动几何画板后屏幕画面如图 5-114 所示。

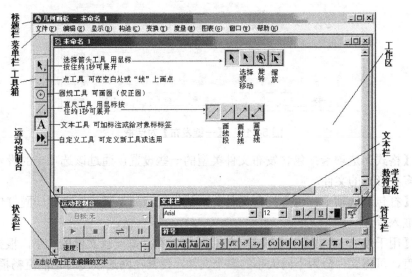

图 5-114　几何画板的窗口

几何画板的窗口和其他 Windows 应用程序窗口十分类似，有标题栏、菜单栏、工具箱、工作区、状态栏等。从【显示】菜单中可打开运动控制台、文本栏，在文本输入和编辑状态，单击文本栏上的【数学符号面板】按钮可打开数学符号面板。

工具箱、运动控制台、文本栏等采用了浮动设计，可根据需要用鼠标将其摆放到合适位置。

### 5.5.2 基本操作

几何画板的工具箱中提供了【选择箭头工具】、【点工具】、【圆规工具】、【直尺工具】、【文本工具】和【自定义工具】，和一般的绘图软件相比，是否感觉它的工具少了点？几何画板的主要用途之一是绘制几何图形，而通常绘制几何图形的工具是直尺和圆规，它们相互配合几乎可以画出所有的欧氏几何图形。因为任何欧氏几何图形最后都可归结为"点""线""圆"。从某种意义上讲，几何画板绘图是欧氏几何"尺规作图"的一种现代延伸，因为这种把所有绘图建立在基本元素上的做法和数学作图思维中公理化思想是一脉相承的。

### 1. 线、圆的绘制

(1) 画点。单击【点工具】按钮，然后在几何画板窗口的某个位置单击，就会出现一个点，如图 5-115 所示。

(2) 画线。单击【直尺工具】按钮，然后拖动鼠标，将鼠标指针移动到画板窗口中单击一下，再拖动鼠标指针到另一位置单击后松开鼠标按键，就会出现一条线段，如图 5-115 所示。单击【选择箭头工具】(或按 Esc 键退出画线状态)，把鼠标指针放在端点 B 或 C 上拖动，可改变线段的长度或方向，把鼠标指针放在线段上拖动可移动线段的位置。

(3) 画圆。单击【圆规工具】按钮，然后拖动鼠标，将鼠标指针移动到画板窗口中单击(确定圆心)，并按住鼠标左键拖动到另一位置(起点是圆心，起点和终点间的距离就是半径，终点是圆上点)松开鼠标左键，就会出现一个圆，如图 5-115 所示。单击【选择箭头工具】(或按 Esc 键退出画圆状态)，把鼠标指针放在圆心 D 点或圆上 E 点按住拖动，可进行缩放，把鼠标指针放在圆周上按住拖动可移动位置。

(4) 将鼠标指针指向【直尺工具】按钮，按下左键不放，可看到该工具包括三个工具选项，分别是【线段】、【射线】、【直线】。射线、直线和线段的画法类似，如图 5-115 所示。

(5) 画交点。单击【选择箭头工具】按钮，然后拖动鼠标将鼠标指针移动到线段和圆(线段和线段)相交处(鼠标指针由 ↖ 变成 ←，状态栏显示的是"点击构造交点")单击，就会出现交点，如图 5-115 所示。

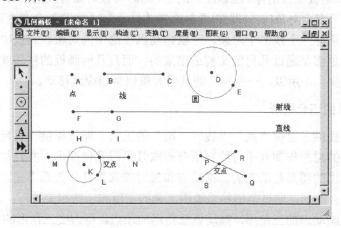

图 5-115 简单图形的绘制

### 2. 对象的选取、删除、释放和移动

在几何画板中选择、删除对象等的方式和一般的 Windows 软件有所不同，希望引起

注意。

单击工具箱中的【选择箭头工具】按钮，将鼠标指针置于选择状态。

(1) 选择：用鼠标指针对准画板中的一个点、一条线、一个圆或其他图形对象，单击就可以选中这个对象。图形对象被选中时，会加重表示出来，如表 5-4 所示。

表 5-4 对象的选择

| 选择对象 | 过程描述 | 选前状态 | 选后状态 |
| --- | --- | --- | --- |
| 点 | 用鼠标指针对准要选中的点，待鼠标指针由 ▶ 变成 ◀ 时，单击鼠标左键 | • | ● |
| 线段 | 用鼠标指针对准线段的端点之间部分(而不是线段的端点)，待鼠标指针变成横向的黑箭头 ◀ 时，单击鼠标左键 | •        • | ══════ |
| 圆 | 用鼠标指针对准圆周(而不是圆心或圆上的点)，待鼠标指针变成横向的黑箭头 ◀ 时，单击鼠标左键 | ○ | ◎ |

需要注意的是，单击选择的线段并不包含端点，单击选择的圆并不包含圆心和圆上的点。

(2) 框选：按住鼠标左键不放，在工作区中画虚线框框住要选择的对象后释放鼠标左键，则框内对象全部被选中。

(3) 取消：当选中多个对象后，如果想要取消某个对象，只需单击这个对象即可。如果在画板的空白处单击(或按 Esc 键)，那么所有选中的标记就都没有了，所有对象都处于未选中状态。

(4) 删除：先选中要删除的对象(点、线或圆)，然后选择【编辑】|【清除】命令，或按 Delete 键，对象从画板上被清除。应该注意的是，这时与该对象有关的所有对象均会被删除，因此要慎用。对于多余对象(如辅助线)通常选择【显示】|【隐藏】命令进行隐藏。

(5) 移动：选择一个或多个对象，可以拖动已经选中的对象在画板中移动。由于几何面板中的几何对象都是通过几何定义构造出来的，而且几何画板的精髓就在于"在运动中保持几何关系不变"，所以，一些相关的几何对象也会相应地移动。

### 3. 绘制简单的组合图形

几何画板只提供了绘制"点""线""圆"的工具，即只提供"直尺"和"圆规"，但利用"尺规"的思想作图几乎可绘制所有的欧几里得几何图形，并且与传统的尺规作图最大的区别是作出的图形是动态的，拖动点和线时能保持几何关系不变。下面我们用绘图工具来画一些组合图形，通过范例熟悉绘图工具的使用和一些相关技巧。

**例 5-12** 绘制动态的三角形，拖动该三角形的顶点，可改变三角形的形状、大小。

操作步骤：①建立新画板；②单击【直尺工具】按钮，将鼠标指针移动到绘图区，单击并按住鼠标左键拖动，画一条线段 AB，松开鼠标左键；③在 B 点处单击并按住鼠标左键拖动到 C 点，松开鼠标左键，画出另一条线段 BC；④在 C 点处单击并按住鼠标左键拖动到 A 点，松开鼠标，画出第三条线段，完成三角形，如图 5-116 所示；⑤保存文件。

单击【选择工具】按钮(或按 Esc 键)，将鼠标指针放在三角形边线或顶点上拖动，可以改变三角形的形状和大小，由此可见，三角形的三条线段中两两首尾端点应重合，这就是三角形必须遵循的"几何关系"，如果不满足该关系，拖动时三角形就会"散架"。

**例 5-13** 绘制三角形，用于讲解三角形的外角。与上例不同的是，三角形三边所在的线分别是直线、射线和线段。

操作步骤：①建立新画板；②在【直尺工具】中选择【直线】，松开鼠标选择【直线】工具。将鼠标移到绘图区，单击并按住鼠标左键拖动，画一条直线 AB；③选择画射线工具，在 A 点处单击并按住鼠标左键拖动到 C 点，松开鼠标左键，画出另一条射线 AC；④选择【线段】工具，在 B 点处单击并按住鼠标左键拖动到 C 点，松开鼠标，画出第三条线段，完成三角形，如图 5-117 所示；⑤保存文件。

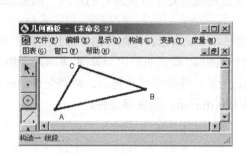
图 5-116 三角形的绘制(1)

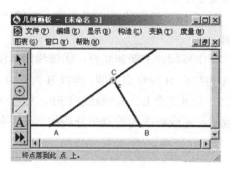
图 5-117 三角形的绘制(2)

拖动三角形的顶点可以改变三角形的大小和形状。

**例 5-14** 绘制等腰三角形。主要利用"同圆半径相等"的思想来构造等腰。

操作步骤：①新建画板；②画圆；③画三角形：选择画线段工具，然后移动鼠标指针到圆周的点上，单击并按住鼠标左键向右移动到圆周上松开鼠标左键，再在此处单击并按住鼠标左键向左上方移动到圆的圆心处松开鼠标左键，继续在此处单击并按住鼠标向左下方移动到起点处松开鼠标左键，如图 5-118(a)所示；④隐藏圆：按 Esc 键(取消画线段状态)，选择圆周和圆上点后，选择【显示】|【隐藏对象】命令，如图 5-118(b)所示；⑤保存文件。

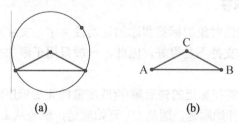
图 5-118 等腰三角形的绘制

拖动顶点或边，会改变三角形的形状和位置，但可以保证永远是等腰三角形。

**例 5-15** 绘制直角三角形。利用"直径所对的圆周角是直角"的思想来构造直角三角形。

操作步骤：①新建画板；②画射线 AB；③以 B 为圆心，AB 为半径画圆，并确定交点 C；④画线段 AD 和 CD，如图 5-119(a)所示；⑤隐藏 AC，如图 5-119(b)所示；⑥画线段 AC，如图 5-119(c)所示；⑦隐藏圆和圆心，并选中三条边线，接着选择【显示】|【线型】|【加

粗】命令，完成直角三角形的制作，如图5-119(d)所示；⑧保存文件。

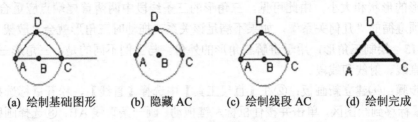

(a) 绘制基础图形　　(b) 隐藏AC　　(c) 绘制线段AC　　(d) 绘制完成

图5-119　直角三角形的绘制

拖动顶点或边，可以改变三角形的形状和位置，但可以保证永远是直角三角形。同理可绘制矩形等。

**例5-16**　线段的垂直平分线。利用"等圆交点连线垂直平分两圆心的连线"的思想来绘制。

操作步骤：①新建画板；②画线段AB，如图5-120(a)所示；③画等圆：选择圆规工具，以A为起点B为终点画圆，再以B为起点A为终点画圆，得到的圆称为等圆，如图5-120(b)所示；④画交点E、F，画线段EF，如图5-120(c)所示；⑤隐藏圆和圆心、两圆交点，画垂足点C，完成线段的垂直平分线的制作，如图5-120(d)所示；⑥保存文件。

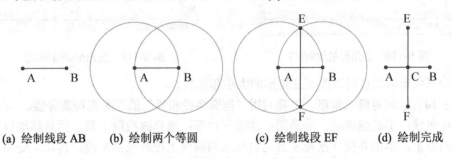

(a) 绘制线段AB　　(b) 绘制两个等圆　　(c) 绘制线段EF　　(d) 绘制完成

图5-120　线段的垂直平分线的绘制

同理可绘制等边三角形等。

### 4. 文本工具和对象标签

文本工具的作用是标注对象的标签和添加说明性文字。文字对于课件的重要性不言而喻，但几何画板对中文的支持不是很好，因此，一般只用于添加少量文字。这里主要介绍对象标签的使用。

一般情况下，点的标签按标记的先后顺序(或度量的先后顺序)从大写字母A开始顺延，直线型对象从小写字母j开始顺延，圆从C1开始顺延，轨迹从L1开始顺延。在具体使用中可根据要求更改。

(1) 对象标签的显示和隐藏：单击画板工具箱中的【文本工具】按钮，用鼠标指针(空心小手形状 ✋ )对准某个对象待其变成黑色小手形状 ✋ 后单击，可以显示或隐藏该对象的标签。也可以选中对象，然后选择【显示】|【显示标签】(或选择【显示】|【隐藏标签】)命令，实现对象标签的显示和隐藏。

(2) 标签位置的移动：在选择文本工具或选择工具状态，用鼠标指针对准某个对象的标签，待其变成带字母 A 的小手形状后，按下鼠标左键拖动，可以适当改变标签的位置。

(3) 改变标签的样式：在显示标签的情况下，选择文本工具，在标签上双击，弹出如图 5-121(a)所示的属性对话框，选中【显示标签】复选框，在【标签】文本框中输入标签的名称，单击【样式】按钮，弹出如图 5-121(b)所示的【标签样式】对话框，按要求设置字体、字号、颜色、修饰等，单击【确定】按钮，回到属性对话框，再单击【确定】按钮，完成设置。

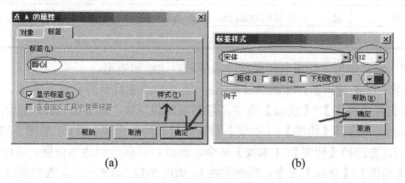

图 5-121 标签样式的设置

其他对象标签的设置与此类似，需要注意的是，如果想显示下标，如 $A_1$，在标签框中要输入 A[1]。

### 5.5.3 用构造菜单作图

使用工具箱中的工具作图，虽然几乎可以作出所有的欧几里得图形，但作图速度太慢。为了减少作图时不必要的重复，并使作图准确、合理，几何画板中设置了一个【构造】菜单(不同版本汉化有所不同)。【构造】菜单中的命令如表 5-5 所示。下面通过几个例子学习用【构造】菜单作图。

表 5-5 【构造】菜单的使用

| 【构造】菜单命令 | 使用说明 |
| --- | --- |
| 对象上的点 | 选中一个或多个同类对象，执行该命令后在每个对象上产生一个点 |
| 交点　Ctrl+I | 选中两个相交的对象，执行该命令后画出一个交点 |
| 中点　Ctrl+M | 选中一条或多条线段，执行该命令后画出线段的中点 |
| 线段　Ctrl+L | 选中两个或多个点，执行该命令后依次画出两点之间的线段 |
| 射线 | 选中两个或多个点，执行该命令后依次画出两点之间的射线 |
| 直线 | 选中两个或多个点，执行该命令后依次画出两点之间的直线 |
| 垂线 | 选中一条线(线段、射线或直线)和一点，执行该命令后画出过该点的垂线 |
| 平行线 | 选中一条线(线段、射线或直线)和一点，执行该命令后画出过该点的平行线 |
| 角平分线 | 选中三个点，执行该命令后画出以第二点为顶点的角平分线 |
| 以圆心和圆周上的点画圆 | 选中两个点，执行该命令后画出以第一点为圆心，第二点为圆上点的圆 |

| 【构造】菜单命令 | 使用说明 |
| --- | --- |
| 以圆心和半径画圆 | 选中一个(或多个)点和一条(或多条)线段,执行该命令后画出以点为圆心,线段长度为半径的圆。也可以选中点(作圆心)和参数(作半径)画圆 |
| 圆上的弧 | 依次选中圆心和圆上的两点,执行该命令后画出圆上两点之间的弧 |
| 过三点的弧 | 依次选中三点,执行该命令后画出从第一点开始过第二点到第三点之间的弧 |
| 内部　Ctrl+P | 选中一组特殊的对象(点、线),执行该命令后对其围成的闭合区域进行填充 |
| 轨迹 | 选中一个对象和路径上的点,执行该命令后绘制轨迹 |

**例 5-17** 绘制矩形。这里利用作线段垂线的办法绘制矩形。

操作步骤:①新建画板;②画出线段 AB,再选择点工具画两个点 A 和 B,然后选中这两个点,再选择【构图】|【线段】命令,绘制出线段 AB,如图 5-122(a)所示;③同时选中线段和端点,再选择【构图】|【垂线】命令,绘制两条垂线 j 和 k,如图 5-122(b)所示;④选中垂线 j,再选择【构图】|【垂线】命令,画点 C 并移动到适当位置。选中垂线 j 和点 C,再选择【构图】|【垂线】命令,绘制垂线 l,如图 5-122(c)所示;⑤选中垂线 l 和垂线 k,再选择【构图】|【交点】命令,绘制 D 点。隐藏垂线 j、k、l,如图 5-122(d)所示;⑥依次选中点 A、C、D、B,再选择构【构图】|【线段】命令,绘制矩形的另三条边,如图 5-122(e)所示;⑦保存。

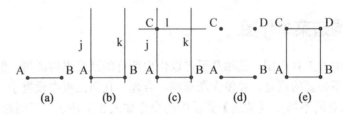

图 5-122　矩形的绘制

**例 5-18** 绘制等圆。使用【构图】菜单的命令绘制等圆很简单,先绘制一条线段,然后选中线段和两个端点,再选择【构图】|【以圆心和半径画圆】命令即可。

**例 5-19** 绘制同心圆。选中一点和一系列长度不同的线段,再选择【构图】|【以圆心和半径画圆】菜单命令即可。

方法一:①新建画板;②画点 C 和若干线段 j、k、l、m……,如图 5-123(a)所示;③选中所有线段和 C 点,然后再选择【构图】|【以圆心和半径画圆】命令,绘制出一系列同心圆,如图 5-123(b)所示。用鼠标指针拖动任一线段,对应的圆发生变化;④保存。

方法二:①新建画板;②画点 C,选择【图表】|【新建参数】命令,在弹出的对话框中的【值】文本框中输入 0.5,单位选择厘米,单击【确定】按钮,在画板上产生参数"t1=0.5 厘米",用同样操作产生其他参数,如图 5-123(c)所示;③选中所有参数和 C 点,再选择【构图】|【以圆心和半径画圆】命令,绘制出一系列同心圆,如图 5-123(d)所示。改变参数的值,对应的圆发生变化;④保存。

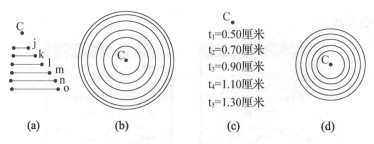

图 5-123 同心圆的绘制

**例 5-20** 演示"重心到三角形顶点的距离等于它到对边中点距离的二倍",根据三角形三条中线的交点为重心的原理来绘制重心,利用"度量"和"计算"功能显示相关长度值和比值,改变三角形的形状,观察各数量之间的变化。

操作步骤:①新建画板;②绘制三角形,如图 5-124(a)所示;③同时选中三角形的三条边,然后选择【构图】|【中点】命令,绘制出三条边的中点 E、F、G,如图 5-124(b)所示;④选中 A、F 两点,然后选择【构图】|【线段】命令,画中线 AF,同理绘制中线 BG 和 CE,如图 5-124(c)所示;⑤绘制交点 O,如图 5-124(d)所示,保存;⑥选择点 A、B,然后选择【度量】|【距离】命令,量出 AB 长度,同理量 AE、EB、AO、OF、CO、OE 的长度,如图 5-124(e)所示;⑦选择【度量】|【计算】命令,弹出计算器,依次单击"AO=……""÷""OF=……",再单击【确定】按钮,计算 AO 与 OF 的比值,同理计算 CO 与 OE 的比值;拖动三角形顶点,相应长度发生变化,但比值不变,由此可演示"重心到三角形顶点的距离等于它到对边中点距离的二倍"。

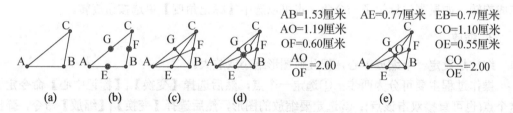

图 5-124 绘制三角形的重心

## 5.5.4 用变换菜单作图

数学中所谓"变换",是指从一个图形(或表达式)到另一个图形(或表达式)的演变。在几何画板中有"平移""旋转""缩放""反射""迭代"等变换方式。在几何画板中可以运用【变换】工具和【变换】菜单实现变换。

【变换】菜单包含【平移】、【旋转】、【缩放】、【标记】等命令。下面先简单介绍主要命令的操作。

### 1. 平移

所有的几何对象都可以平移,但轨迹、文字、表格、操作类按钮不能平移。当选定了要平移的图形后,选择【变换】|【平移】命令,会弹出如图 5-125 所示的对话框,其中有三种平移的方式:按直角坐标向量平移、按极坐标向量平移、按标记的向量平移(只有在事先标记了向量之后,按标记的向量平移才有效)。选择平移方式,并填写下面的参数栏,单

击【平移】按钮完成。

图 5-125 【平移】对话框

用变换菜单进行平移，可以准确地平移对象，如果事先我们标记了向量，则对话框首先显示的是按标记的向量平移。

### 2. 旋转

利用旋转变换可以把一个几何图形绕一个中心旋转一定的角度，这个角度可以是指定的角，如 45°、180°等，也可以是一个事先标记过的角。

操作方法可以分为两步：①选中一个点，再选择【变换】|【标记中心】命令，将该点定义为旋转中心(也可直接双击该点)；②选定要旋转的图形，再选择【变换】|【旋转】命令，弹出如图 5-126 所示的对话框，填入需要旋转的角度(按逆时针方向)后单击【旋转】按钮，完成旋转。如果事先标记了一个角，也可以选中【标记角度】单选按钮旋转。

### 3. 缩放

缩放是设定一个缩放中心，把几何图形缩小或放大。

操作过程主要可分为两步：①选定一个点，然后选择【变换】|【标记中心】命令定义这个点(也可直接双击该点)；②选定要缩放的图形，然后选择【变换】|【缩放】命令，弹出如图 5-127 所示的对话框，在对话框中填入缩放比例，单击【缩放】按钮完成缩放。

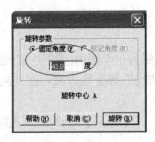 

图 5-126 【旋转】对话框　　　　图 5-127 【缩放】对话框

在缩放时也可以事先定义一个缩放的比例。即先后选定两条线段，再选择【变换】|【标记比】命令定义这个比例，然后打开对话框按标记的比进行缩放。注意，在标记比时，先选短线段，后选长线段，得到的比是缩小，反之则是放大。

## 4. 反射

反射变换需要事先标记一个镜面。先选中一条直线、射线或线段，然后选择【变换】|【标记镜面】命令定义这条线(也可直接双击线条)，再选定需要反射的几何图形，然后选择【变换】|【反射】命令，得到反射后的图形。

**例 5-21** 绘制如图 5-128(a)所示的图形。

操作步骤：①作线段 AB，如图 5-128(b)所示；②双击点 A，把点 A 标记为旋转中心，选择点 B 和线段 AB，再选择【变换】|【旋转】命令，在弹出的对话框中输入"90"后单击【旋转】按钮，如图 5-128(c)所示；③选择点 A、点 C，然后选择【变换】|【标记向量】命令，选择点 B 和线段 AB，选择【变换】|【平移】命令，弹出【平移】对话框，在【平移变换】选项中选择【标记】，单击【平移】按钮，如图 5-128(d)所示；④连接线段 BD、AD，并依次选择点 B、D、A，再选择【构图】|【圆上的弧】命令，绘制出以点 B 为圆心的弧 AD，如图 5-128(e)所示；⑤选择线段 AD，再选择【变换】|【标记镜面】命令(或双击线段 AD)，选择弧 AD，再选择【变换】|【反射】命令，效果如图 5-128(f)所示；⑥选中两弧 AD，再选择【构图】|【弧内部/弓形内部】命令，作出两个弓形的内部，如图 5-128(a)所示；⑦保存文件。

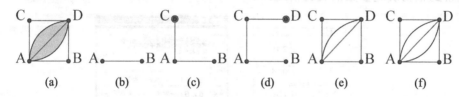

**图 5-128 用变换菜单绘制图形**

**例 5-22** 绘制一个三棱台，使上底面边长与下底面边长的比为 2：5。

操作步骤：①新建画板，制作△ABC 作为三棱台的下底面，制作点 P 作为棱锥的顶点，如图 5-129(a)所示；②双击点 P，把点 P 标记为旋转中心，用框选法选中△ABC，再选择【变换】|【缩放】命令，在弹出的对话框中输入"2"和"5"，如图 5-129(b)所示，单击【缩放】按钮，得到△A′B′C′，如图 5-129(c)所示；③连接 AA′、BB′、CC′，隐藏 P 点，完成制作，如图 5-129(d)所示，保存文件。

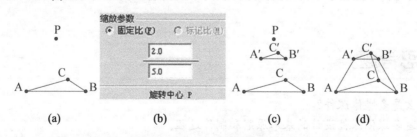

**图 5-129 三棱台的绘制**

同理，结合使用标记向量与平移、缩放、旋转、反射等命令，可以制作出几何学中相似、重合、对称等图形动态交互变化的课件。

## 5.5.5 绘制函数图像

使用几何画板中的【图表】菜单，可制作各种动态的函数图像。

**例 5-23** 制作二次函数 $y=ax^2+bx+c(a\neq 0$，下同$)$的图像，并演示图像随常数 a、b、c 的变化情况。

制作的思想是在坐标系中 X 轴上画两个点，度量坐标值分别表征 a、b，在 Y 轴上画一个点，度量坐标值表征 c，建立函数 $y(x)=ax^2+bx+c$，绘制函数图像。

操作步骤：①新建画板，选择【图表】|【定义坐标系】命令，绘制坐标系。②在 X 轴上画两个点 A、B，选中点 A、B，然后选择【度量】|【横坐标】命令，度量出两点的坐标值 $X_A$ 和 $X_B$，将鼠标移到 $X_A$ 标签上右击，在弹出的快捷菜单中选择【属性】命令，打开【度量结果#1 的属性】对话框，在【标签(L)】输入框中输入"a"，单击【确定】按钮，将 $X_A$ 改为 a，同样将 $X_B$ 改为 b。在 Y 轴上画一个点 C，度量纵坐标值 $Y_C$，将 $Y_C$ 改为 c，如图 5-130(a)所示。③选择【图表】|【新建函数】命令，弹出如图 5-130(b)所示的【新建函数】对话框，输入函数表达式"$y=ax^2+bx+c$"；选中 $y(x)=ax^2+bx+c$，再选择【图表】|【绘制函数】命令，完成图像绘制，如图 5-130(a)所示，保存文件。分别拖动点 A、B、C，可以观察到抛物线随参数的变化情况。

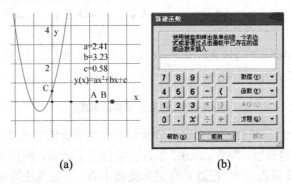

图 5-130  二次函数图像

总之，几何画板是一个数学类专业常用的教学软件，它可以绘制在数学教学过程中，甚至是相关理科专业教学中常用的图形，从简单到复杂，从直线到曲线，都可以由几何画板实现。

## 复习思考题

1. 什么是多媒体课件？
2. 简述多媒体课件设计的基本原则和制作过程。
3. 简述多媒体素材的种类和特点。
4. 简述 PowerPoint 软件在教学中的应用。
5. 结合自己的专业，选择一个教学内容，用 PowerPoint 制作多媒体课件。
6. Authorware 具有什么特点？请制作一个简单的交互型课件。
7. 结合自己的专业，辩证地论述几何画板在教学中的作用。

在当今的信息社会中，Internet是获取知识和交流信息的强有力的工具，它以一股前所未有的汹涌浪潮冲击着世界，正深刻地改变着人们的学习、工作和生活方式。基于Internet的网络教育是Internet技术在教育领域的新兴应用，随着我国教育信息化步伐的加快，基于Internet的网络教育正日益被人们所重视并发挥着越来越大的作用。

# 第6章 Internet与网络教育

**本章学习目标**

- ➢ 通过本章的学习，了解Internet的基本概念，掌握Internet接入的方法。
- ➢ 掌握IE浏览器、FTP、信息检索工具Google的使用，了解常用的流媒体。
- ➢ 了解网络在教学中的应用方式，学会用Dreamweaver制作网站。

## 6.1 Internet概述

### 6.1.1 计算机网络概述

**1. 计算机网络的定义**

计算机网络是指把分处在不同地理位置的、具有相互独立功能的多个计算机系统，通过通信线路和设备连接起来，按一定的网络协议互相通信，实现资源(硬件、软件、数据等)共享的计算机互联系统。

**2. 计算机网络的分类**

网络中计算机设备之间的距离可近可远，即网络覆盖面积可大可小。按照联网计算机之间的距离和网络覆盖面积的不同，一般可分为局域网、城域网和广域网，如表6-1所示。

表6-1 计算机网络的分类

| 网　络 | 覆盖范围/km | 计算机分布空间范围 |
| --- | --- | --- |
| 局域网(LAN) | 10 | 房间、建筑物内、校园 |
| 城域网(MAN) | 10～100 | 城市 |
| 广域网(WAN) | 100～10000 | 中小国家、洲、大国 |

1) 局域网

局域网(Local Area Network，LAN)是一种覆盖一座或几座大楼、一个校园或者一个厂区等地理区域的小范围的计算机网。网络内部的通信基于基带传输，无须借助公共通信线路。

2) 广域网

广域网(Wide Area Network，WAN)是一个地域广阔的网络，范围可超几十千米，网络之间的通信需要利用原有的公共通信线路，例如，公共交换电话线路、宽带载波线路、卫星通信线路等。

3) 城域网

城域网(Metropolitan Area Network，MAN)介于局域网和广域网之间，地理覆盖范围在10~100千米。

**3. 计算机网络的功能**

计算机网络最重要的三个功能是数据通信、资源共享和分布处理。

1) 数据通信

数据通信是计算机网络最基本、最重要的功能。它可用来快速传送计算机与终端、计算机与计算机之间的各种信息，包括文字信息、新闻消息、图片资料、报纸版面等。利用这一特点，可将分散在各个地区的计算机网络连接起来，进行统一的调配、控制和管理。

2) 资源共享

"资源"指的是网络中所有的软件、硬件和数据。"共享"指的是网络中的用户能够部分或全部地享有这些资源。例如，某些单位的数据库(如飞机机票、饭店客房等)可供全网使用；某些软件可供需要的用户有偿调用或办理一定手续后调用；一些外部设备如打印机，可面向用户，使没有这些设备的用户也能使用这些硬件设备。如果没有资源共享，各地区都需要有完整的一套软、硬件及数据资源，将大大地增加投资费用。

3) 分布处理

当某台计算机负担过重时，或该计算机正在处理某项工作时，网络可将新任务转交给空闲的计算机来完成，这样就能均衡各计算机的负载，提高处理问题的实时性；对大型综合性问题，可将问题各部分交给不同的计算机分头处理，充分利用网络资源，扩大计算机的处理能力，增强了实用性。对解决复杂问题来讲，多台计算机集群成高性能的计算机系统，这种协同工作、并行处理要比单独购置高性能的大型计算机便宜得多。

### 6.1.2 Internet 简介

**1. Internet 的概念**

不同的 Internet 用户对 Internet 有不同的认识，使用 Internet 来阅读新闻或者搜索信息的普通用户一般通过万维网(WWW)访问 Internet，他们所见的是简单的网页，对他们来说，Internet 上的一切都很简单，只需输入网址，用鼠标单击即可。对工程师或研究人员来说，他们常谈起的是"远程登录"或 FTP 文件传输。对一个有丰富编程经验的网络大师来说，他会用大量的网络术语和技术理论来阐明对 Internet 的认识。

很难给 Internet 下一个总结性的定义。对于一些人来说，Internet 仅仅是给其他人发送电子邮件的一种途径；而对另一些人来说，Internet 则是他们会友、娱乐、阅读、工作甚至环游世界的工具。

从网络通信技术的角度来看，Internet 是一个以 TCP/IP 网络协议连接各个国家、各个地区以及各个机构的计算机数据通信网。从信息资源的角度来看，Internet 是一个集各个部门、各个领域的各种信息资源为一体，供网上用户共享的信息资源网。今天的 Internet 已远远超过了网络的含义，它是一个社会。虽然至今还没有一个准确的定义概括 Internet，但是这个定义应从通信协议、物理连接、资源共享、相互联系、相互通信的角度综合考虑。一般认为 Internet 的定义应包含以下三个方面的内容。

(1) Internet 是一个基于 TCP/IP 协议的网络。

(2) Internet 是一个网络用户的集团，用户使用网络资源，同时也为该网络的发展壮大贡献力量。

(3) Internet 是所有可被访问和利用的信息资源的集合。

### 2. Internet 的发展

1) Internet 的发展史

自 20 世纪 40 年代第一台计算机问世以来，计算机的发展已走过了半个多世纪的历程，而 Internet 的建立和发展使计算机这项 20 世纪最为卓越的科技成就在 90 年代又一次达到高潮。

Internet 起源于美国的 ARPANET 计划，该计划的目的是建立分布式的、存活力强的全国性信息网络。ARPANET 基于分组交换的概念，在网络建设和应用发展的过程中，逐步产生了 TCP/IP 这一广泛应用的网络标准。以 ARPANET 作为主干网的 Internet 产生于 1983 年，随着 TCP/IP 协议被人们广泛接受，越来越多的计算机连接到 Internet 上。目前，Internet 已经成为全世界最大的计算机互联网。

2) 我国 Internet 的发展

Internet 的迅速崛起，引起了全世界的瞩目，我国也非常重视信息基础设施的建设，注重与 Internet 的连接。目前，已经建成和正在建设的信息网络，对我国科技、经济、社会的发展以及与国际社会的信息交流具有深远的影响。

1987 年至 1993 年是 Internet 在中国的起步阶段，国内的科技工作者开始接触 Internet 资源。在此期间，以中科院高能物理所为首的一批科研院所与国外机构合作开展一些与 Internet 联网的科研课题，通过拨号方式使用 Internet 的 E-mail 电子邮件系统，并为国内一些重点院校和科研机构提供国际 Internet 电子邮件服务。

1986 年，由北京计算机应用技术研究所(即当时的国家机械委计算机应用技术研究所)和德国卡尔斯鲁厄大学合作，启动了名为 CANET 的国际互联网项目。

1987 年 9 月，在北京计算机应用技术研究所正式建成我国第一个 Internet 电子邮件节点，通过拨号 X.25 线路，连通了 Internet 的电子邮件系统。随后，在国家科委的支持下，CANET 开始向我国的科研、学术、教育界提供 Internet 电子邮件服务。

1989 年，中国科学院高能物理所通过其国际合作伙伴——美国斯坦福加速器中心主机的转换，实现了国际电子邮件的转发。由于有了专线，通信能力大大提高，费用明显降低，促进了互联网在国内的应用和传播。

1990 年，由原电子部十五所、中国科学院、上海复旦大学、上海交通大学等单位和德国 GMD 合作，实施了基于 X.400 的 MHS 系统 CRN 项目，通过拨号 X.25 线路，连通了 Internet

电子邮件系统；清华大学校园网 TUNET 也和加拿大 UBC 合作，实现了基于 X.400 的国际 MHS 系统。因而，国内科技教育工作者可以通过公用电话网或公用分组交换网使用 Internet 的电子邮件服务。

1990 年 10 月，中国正式向国际互联网信息中心(InterNIC)登记注册了最高域名"CN"，从而开通了使用自己域名的 Internet 电子邮件。继 CANET 之后，国内其他一些大学和研究所也相继开通了 Internet 电子邮件连接。

从 1994 年开始至今，中国实现了和 Internet 的 TCP/IP 连接，从而逐步开通了 Internet 的全功能服务，大型计算机网络项目正式启动，Internet 在我国进入飞速发展时期。

### 6.1.3 网络互联

#### 1. 网络互联的方式

网络必须通过中间设备才能互联，这些中间设备被称为中继系统。在两个网络的连接路径中，中继系统可以有一个或多个。通常将信息转发时与其他网络共享第 n 层协议的中继系统被称为第 n 层中继系统。从这个角度，可以把中继系统分为以下几个类型。

- 物理层中继系统：即人们通常说的中继器或转发器。该类中继系统用于同种网络的物理层，对所接收的信号进行再生和发送，以便扩大网络的作用范围。
- 数据链路层中继系统：即通常所说的网桥或桥接器。它在数据链路层对帧信息进行存储和转发。
- 网络层中继系统：即路由器，它在网络层存储与转发分组数据。

比网络层更高层次的中继系统即网关，也称网间连接器。网关是中继系统中最为复杂的一种，由于它是对网络传输层及其上层的协议进行双向或单向的转换，所以网关实际上是一个协议转换器。对各种类型的网络进行互联，其基本方式有两种：通过中继系统实现网络互联，通过互联网实现网络互联。

1) 通过中继系统实现网络互联

主机和节点是组成一个网络的基本部分，可以分别对它们采用中继系统进行连接，有如下两种方式。

(1) 节点级互联。

节点级互联是指中继系统连接到两个网络的不同节点上，这时两个网络都把中继系统看成是本网络中的一台主机网络，并采用与本网络主机通信的相同方式与之通信。这两个网络及中继系统便构成了一个互联的网络，它们可在网络层或数据链路层实现互联。

(2) 主机级互联。

主机级互联也称 DTE 级互联。中继系统连接到两个网络的不同主机上，由于该方式是在网络传输层或传输层以上的层次进行互联，中继系统必须能够实现相应层次上的协议转换，因此必须使用网关。一般来说，主机级互联方式主要适用于不同类型网络的互联。

2) 通过互联网实现网络互联

先用网关构成一个互联网，为该互联网制定一个大家共同认可的数据格式，然后再把各个网络连接到网关上。这样，当两个不同的网络之间进行通信时，源网络先将数据发送到互联网上，再由互联网把数据传送给目的网络。数据在从源到目的网络的传输过程中，仅需进行两次协议转换：一次是把源网络协议转换为互联网协议，另一次是当数据到达目的网络时，再把互联网协议转换为目的网络协议。

**2. 网络互联常用设备**

1) 服务器

服务器是一台高性能计算机，用于网络管理、运行应用程序、处理各网络工作站成员的信息请示等，并连接一些外部设备，如打印机、CD-ROM、调制解调器等。根据其作用的不同可分为文件服务器、应用程序服务器和数据库服务器等。

广义上的服务器是指向运行在其他计算机上的客户端程序提供某种特定服务的计算机或是软件包。一台服务器计算机上同时可以有多个服务器软件包在运行，也就是说，它们可以向网络上的客户提供多种不同的服务。

2) 路由器

路由器是实现不同类型网络，即异构型网络互联的重要设备，它在网络层实现包的存储与转发，从而可把众多的网络连接成一个大型网络。

路由器最大的特点是具有选择信息包的传送路径功能，即路由选择功能，路由器可以根据其内部的路由表选择最佳的传送路径，将信息包传送到目的地。路由器除了路由选择以及协议转换功能以外，还具有网络分段、流量控制、网络管理等功能。

3) 网关

网关也是用于异构型网络互联的设备。在网络互联过程中，当连接不同类型而协议差别又较大的网络时，则要选用网关设备。网关的主要功能是将 OSI 模型的高层协议进行转换，将数据重新分组，从而实现两个不同类型网络之间的通信。

4) 网卡

网卡也称网络适配器、网络接口卡，在局域网中用于将用户计算机与网络相连，大多数局域网采用以太网卡。

5) 转发器

转发器是在数字传输中扩展媒体传输距离的设备。信号在媒体上传输将产生衰减，对于双绞线、同轴电缆、光缆，其衰减与距离呈对数关系，因此，为了保证信号的传输质量，规定了各种媒体的最大传输距离，如果要增加距离，必须加大信号。在模拟传输中，采用放大器放大信号的幅度，但是放大器同时也将噪音放大；在数字传输中采用转发器，转发器将接收的数字信号，恢复为 1.0 的组合序列，再重新发送出去。这样，既克服了衰减，又剔除了信道叠加在数字信号上的噪音，因此，转发器提高了链路传输的可靠性。

6) 集线器

集线器实际上为网络端口的复用器，通过内部的总线或背板实现不同端口数据的交换。目前，集线器已很少使用。

7) 交换机

交换机是目前构建网络非常重要的设备。交换机是一个多端口的设备，从其物理性能上来看，它与集线器类似。交换机与集线器的主要区别在于前者的并行性：集线器是在共享带宽的方式下工作的，多台计算机通过集线器的各个端口连接到集线器上时，它们只能共享一个信道的带宽；而交换机是模拟用网桥连接各个网络的方式工作的，交换机每一个端口连接一台计算机,都相当于一个网段,用交换机取代集线器,会使网络的性能得到明显提高。

### 3. 网络协议

1) 网络协议与 OSI 模型

计算机网络是多种计算机和各类终端由通信线路连接组成的一个复杂系统。为了使网络中相互通信的两台计算机系统高度协调地交换数据,每台计算机都必须在有关信息内容、格式和传输顺序等方面遵守一些事先约定的规则。网络中为进行数据通信而建立的规则、标准或约定,称为网络协议。网络协议实质上是计算机间通信时所使用的一种语言,它是计算机网络不可缺少的组成部分。

由于计算机网络协议十分复杂,需要将其划分成层次结构。国际标准化组织(ISO)早在 30 多年前就提出了开放系统互联(OSI)参考模型。OSI 模型提出后的 30 多年来,有关网络协议设计的思想已经有了很大发展,许多现代的网络协议也不完全依照 OSI 模型,但是 OSI 的概念与思想仍然被保留了下来。

OSI 模型采用如图 6-1 所示的层次结构。它为网络中复杂的硬件和协议组之间的关系提供了一个简单明了的解释。当根据分层模型来设计一个网络协议时,协议软件将按照层次组织,即计算机上的协议软件被划分成若干模块,每个模块分别对应着分层模型中的一层。一般来说,当协议软件发送或接收数据时,每个模块仅同它紧邻的上一层或下一层模块进行通信。

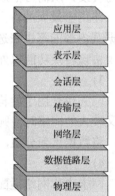

图 6-1　OSI 参考模型

OSI 参考模型中各层的主要作用介绍如下。

(1) 物理层:为数据链路层提供物理连接,所传送数据的单位是比特。此外,该层中还具有确定连接设备的电气特性和物理特性等功能。

(2) 数据链路层:负责在网络节点间的线路上通过检测、流量控制和重发等手段,无差错地传送以帧为单位的数据。为做到这一点,在每一帧中必须同时带有同步、地址、差错控制及流量控制等控制信息。

(3) 网络层:为了将数据分组从源送到目的地,网络层的任务就是选择合适的路由和交换节点,使源的传输层传下来的分组信息能够正确无误地按照地址找到目的地,并交付给相应的传输层,即完成网络的寻址功能。

(4) 传输层:传输层是高低层之间衔接的接口层。数据传输的单位是报文,当报文较长时将它分割成若干分组,然后交给网络层进行传输。传输层是计算机网络协议分层中最关键的一层,该层以上各层将不再管理信息传输问题。

(5) 会话层:该层对传输的报文提供同步管理服务。在两个不同系统互相通信的应用进程之间建立、组织和协调交互。

(6) 表示层:该层的主要任务是把所传送数据的抽象语法变换为传送语法,即把不同计算机内部的不同表示形式转换成网络通信中的标准表示形式。此外,对传送的数据加密(或解密)、正文压缩(或还原)也是表示层的任务。

(7) 应用层:该层直接面向用户,是 OSI 中的最高层。它的主要任务是为用户提供应用的接口，即提供计算机间的文件传送、访问与管理，电子邮件的内容处理，不同计算机交互访问的虚拟终端功能等。

2) TCP/IP 协议

TCP 和 IP 是 Internet 所采用的协议组中最重要的两个协议，因此 TCP/IP 就成为这个协议组的代名词。TCP 称为传输控制协议，负责数据从端到端的传输；IP 称为网际协议，负责网络互联。

TCP/IP 最大的优点之一是它与所有可采用的方法无关，它不依赖于网络模型，与传输媒体无关，它不取决于操作系统和计算机硬件。

TCP/IP 协议的基本传输单位是数据包，TCP 协议负责把数据分成若干个数据包，并给每个数据包加上包头，包头上有相应的编号，以保证在数据接收端能将数据还原为原来的格式，IP 协议在每个包头上再加上接收端主机地址，这样数据才可以找到自己要去的地方。如果传输过程中出现数据丢失、数据失真等情况，TCP 协议会自动要求数据重新传输，并重新组包。IP 协议保证数据的传输，TCP 协议保证数据传输的质量。

TCP/IP 也是一个分层的网络协议，不过它与 OSI 模型所分的层次有所不同。TCP/IP 由底至顶分为网络接口层、网际层、传输层和应用层 4 个层次。数据在传输时每通过一层就要在数据上加个包头，其中的数据供接收端同一层协议使用，而在接收端，每经过一层要把用过的包头去掉，这样可以保证传输数据的格式完全一致。

3) 网络地址与域名

(1) IP 地址。

为了正常有序地在 Internet 上传输信息，每台连接到 Internet 的计算机都必须由授权单位指定一个唯一的地址，称之为网络地址，也称 IP 地址。IP 地址由 32 位二进制数组成，即 IP 地址占 4 个字节。为了方便书写，习惯上采用所谓的"点分十进制"表示法，即每 8 位二进制数为一组，用十进制数表示，并用小数点"."隔开。

例如，二进制数表示的 IP 地址：11010011 01010011 10110000 00011111 用"点分十进制"表示即为：211.83.176.31。

从 IP 地址的定义可以看出，IP 地址中每个十进制数值的取值范围是 0～255。

(2) IP 地址的分类。

IP 地址可分为 A、B、C 等几个等级。

A 类 IP 地址一般用于主机数多达 160 余万台的大型网络，高 8 位代表网络号，后 3 个 8 位代表主机号。32 位的前 3 位为 000；十进制的第 1 组数值范围为 0～127。IP 地址范围为：1.x.y.z～126.x.y.z。

B 类 IP 地址一般用于中等规模的各地区网管中心，前两个 8 位代表网络号，后两个 8 位代表主机号。32 位的前 3 位为 100；十进制的第 1 组数值范围为 128～191。IP 地址范围为 128.x.y.z～191.x.y.z。

C 类地址一般用于规模较小的本地网络，如校园网等。前 3 个 8 位代表网络号，低 8 位代表主机号。32 位的前 3 位为 110，十进制第 1 组数值范围为 192～223。IP 地址范围为 192.x.y.z～223.x.y.z。一个 C 类地址可连接 256 台主机。

每个地址中，0 和 255 保留作广播等用途。

(3) IPv4 和 IPv6。

上面所讲到的 IP 地址是指 IPv4，是目前广泛应用的标准，IPv4 的地址位数为 32 位，也就是最多有 4 294 967 296 台电脑可以联到 Internet 上。近十年来由于互联网的蓬勃发展，IP 地址的需求量愈来愈大，IPv4 的地址已无法满足实际需求。

IPv6 是新一版本的互联网协议，也可以说是新一代互联网协议，它的提出最初是为了解决随着互联网的迅速发展 IPv4 定义的有限地址空间将被耗尽的问题。为了扩大地址空间，拟通过 IPv6 重新定义地址空间。IPv6 采用 128 位地址长度，几乎可以不受限制地提供地址。IPv6 的使用解决了地址短缺问题，还考虑了在 IPv4 中解决不好的其他问题，主要有端到端 IP 连接、服务质量、安全性、多播、移动性、即插即用等。

(4) 子网掩码。

为了提高 IP 地址的使用效率，常常将一个网络划分为多个子网，此时，将会导致网络通信过程中 IP 寻址困难，为解决 IP 地址的寻址问题，将每个 IP 地址都分割成网络地址和主机地址两部分，在实际的网络通信过程中，网络地址相同的 IP 之间的通信可直接进行，网络地址不同的 IP 之间的通信要通过网关转发。子网掩码的主要功能就是用来区分 IP 地址的网络地址和主机地址，从而为网络设备提供路由寻址决策。

子网掩码使用与 IP 相同的编址格式，将子网掩码和 IP 地址做二进制"与"运算后，IP 地址的主机部分将被丢弃，剩余的是网络地址。例如，IP 地址为：192.168.0.4，子网掩码为：255.255.255.0，将 IP 地址和子网掩码作二进制"与"运算，运算结果转换成十进制后得：192.168.0.0，该结果就是网络地址。

(5) 域名与域名体系。

在 Internet 中，可以使用 IP 地址直接访问网络中的主机资源。但是由于 IP 地址不容易记忆，所以又为每台主机起一个与 IP 地址对应又便于记忆的名字——域名，访问资源时既可使用 IP 地址，也可使用域名。例如，IP 地址：166.111.4.100；域名：www.tsinghua.edu.cn；对应：清华大学网站。

为了使域名能够反映出网络层次结构及网络管理机构的性质，Internet 采用分层结构来表示域名，域名从右到左依次为：顶级域名、二级域名、三级域名，等等。最左边的一段常常是主机名，域名与 IP 地址之间的转换则由域名服务器来完成。

从域名上可以知道主机所属机构的性质。例如，楚雄师范学院的域名 www.cxtc.edu.cn 中，其顶级域名 cn 代表中国，二级域名 edu 代表教育和科研计算机网络，三级域名代表楚雄师范学院，www 表示该主机是 Web 服务器。

顶级域名表示的是机构类型的范畴和属性。表 6-2 是各种机构类别的域名。

表 6-2 顶级域名机构属性对照表

| 域 名 | 类 型 | 全 称 |
| --- | --- | --- |
| com | 商业机构 | commercial organization |
| edu | 教育机构 | educational institution |
| gov | 政府部门 | Government |
| int | 国际性机构 | international organization |
| Mil | 军队 | Military |

续表

| 域 名 | 类 型 | 全 称 |
|---|---|---|
| net | 网络机构 | networking organization |
| org | 非营利机构 | non-profit organization |

当 Internet 扩大成国际性网络后,它就需要新的、更加专有的顶级域名。为了满足这种需要,就编制了新的地区域名系统,在该系统中有许多这样的以两个字母的缩写代表一个国家的高级域。表 6-3 是具有代表性的主要国家的域名。

表 6-3 顶级域名对照表

| 域 名 | 国家或地区 | 全 称 |
|---|---|---|
| au | 澳大利亚 | Australia |
| ca | 加拿大 | Canada |
| ch | 瑞士 | Switzerland |
| cn | 中国 | China |
| de | 德国 | Germany |
| es | 西班牙 | Spain |
| fr | 法国 | France |
| hk | 中国香港 | Hong Kong |
| jp | 日本 | Japan |
| tw | 中国台湾 | Taiwan |
| uk | 英国 | United Kingdom |
| us | 美国 | United States |

## 6.1.4 ISP 与 Internet 接入

### 1. Internet 服务提供商

接入 Internet 必须通过 Internet 服务提供商进行接入,以下是我国主要 ISP 提供商。

- 中国电信:拨号上网、ADSL。
- 中国铁通:拨号上网、ADSL。
- 中国移动:GPRS 及 EDGE 无线上网、FTTx。
- 中国联通:GPRS 及 CDMA 无线上网。
- 中国教育和科研计算机网。
- 中国科技网。

用户若想成为 Internet 的长期固定用户,就需向 ISP 提出申请。不同的 ISP 所提供的 Internet 服务及收费标准均不同。

### 2. 接入 Internet 的方法

目前国内常见的接入 Internet 的方法有以下几种。

1) 通过局域网接入

将一个局域网连接到 Internet 主机可以有两种方法。一种是通过局域网的服务器、一个高速调制解调器和电话线路把局域网与 Internet 主机连接起来，局域网上的所有微机共享服务器的一个 IP 地址。另一种是通过路由器把局域网与 Internet 主机连接起来。局域网上的所有主机都可以连接 X.25 网、DDN 专线或帧中继等。使用这种方式的用户将有自己的 IP 地址，最适用于教育科研机构、政府机构及企事业单位中已装有局域网的用户，或是希望多台主机都加入 Internet 的用户。

2) ADSL

ADSL 接入方式是目前大部分主要 ISP 提供商提供或推荐接入 Internet 的方式，也是目前大多家庭接入 Internet 的最佳选择。ADSL 中文名字叫非对称数字用户线路，是一种新兴的高速通信技术。上网速率比普通 Modem(56Kbps)高数十倍到上百倍。上行(指从用户电脑端向网络传送信息)速率最高可达 1Mbps，下行(指浏览 WWW 网页、下载文件)速率最高可达 8Mbps。使用该网络上网同时可以打电话，互不影响。ADSL 对网络的需求仅仅是一对普通的电话双绞线，这对网络提供者和用户来说都极为简单且方便。

3) DDN 专线

这种方式适合对带宽要求比较高的应用，如企业网站。它的特点也是速率比较高，范围从 64Kbps～2Mbps。但是，由于整个链路被企业独占，所以费用很高，因此中小企业较少选择。这种线路优点很多：有固定的 IP 地址，可靠的线路运行，永久的连接等。但是性能价格比太低，除非用户资金充足，否则不推荐使用这种方法。

4) 卫星接入

目前，国内一些 Internet 服务提供商开展了卫星接入 Internet 的业务。适合偏远地方又需要较高带宽的用户。卫星用户一般需要安装一个甚小口径的终端，包括天线和其他接收设备，下行数据的传输速率一般为 1Mbps 左右，上行通过 PSTN 或者 ISDN 接入 ISP。终端设备和通信费用都比较低。

5) 光纤接入

在一些城市开始兴建高速城域网，主干网速率可达几万兆，并且推广宽带接入。光纤可以铺设到用户的路边或者大楼，可以以 100Mbps 以上的速率接入，适合大型企业使用。

6) 无线接入

由于铺设光纤的费用很高，对于需要宽带接入的用户，一些城市提供无线接入。用户通过高频天线和 ISP 连接，距离在 10km 左右，带宽为 2～11Mbps，费用低廉，但是受地形和距离的限制，适合城市里距离 ISP 不远的用户。

7) Cable Modem 接入

目前，我国有线电视网遍布全国，很多城市提供了 Cable Modem(电缆调制解调器)接入 Internet 方式，速率可以达到 10Mbps 以上，但是 Cable Modem 的工作方式是共享带宽的，所以有可能在某个时间段出现速率下降的情况。

### 6.1.5　Internet 提供的主要服务

Internet 提供的主要服务有以下几种。

### 1. 电子邮件

电子邮件又叫电子信箱，它利用计算机的存储、转发原理，克服时间、地理上的差距，通过计算机终端和通信网络进行文字、声音、图像等信息的传递。它是 Internet 的一项重要功能。Internet 电子邮件地址格式为：用户名+域名。例如：yxb@cxtc.edu.cn。

### 2. 远程登录

在 Internet 中，用户可以通过远程登录使自己成为远程计算机的终端，然后在它上面运行程序，或使用它的软件和硬件资源。

### 3. 文件传输服务

文件传输服务器允许 Internet 上的客户将一台计算机上的文件传送至另一台计算机上。它可以传送所有类型的文件：文本文件、二进制可执行文件、图像文件、声音文件、数据压缩文件等。FTP 比任何其他方式交换数据都要快得多。

### 4. 信息浏览服务

1) WWW 服务

WWW 是目前最受欢迎的一种服务。它是基于超文本的信息查询工具，把 Internet 上不同地点的相关数据信息有机地组织起来，供用户查询。WWW 的用户界面非常友好，著名的 WWW 浏览器有 Internet Explore、Firefox、Safari、Chrome 等。

2) Gopher 服务

Gopher 是 Internet 上非常有名的信息查找系统，它将 Internet 上的文件组织成某种索引，很方便地将用户从 Internet 的一处带到另一处。允许用户使用层叠结构的菜单与文件，以发现和检索信息，它拥有世界上最大、最神奇的编目。在 WWW 出现之前，Gopher 软件是 Internet 上最主要的信息检索工具，Gopher 站点也是最主要的站点。

### 5. 网络新闻

网络新闻(USENET)又称电子新闻或新闻组，它提供了一个场所，让对某个问题感兴趣的各个用户之间进行提问、回答、评论以及其他信息交流。

### 6. 其他信息服务

(1) Talk。与日常生活中使用的电话相似，Talk 在 Internet 上为用户提供以计算机网络为媒介的实时对话服务，可以与一个千里之遥的 Internet 用户进行"面对面"的文字对话。

(2) IRC。IRC 是 Internet 中一对多的交互式通信方式。它同 Talk 一样，通过终端和键盘，帮助用户与世界各地的朋友进行交谈、互通消息、讨论问题、交流思想。所不同的是 Talk 只允许一对一的俩人谈话，而 IRC 允许多人进行对话。

(3) MUD。MUD 是一种为用户提供虚拟现实的程序，它可以把用户带入一个幻想的王国中，MUD 是生动地扮演角色的游戏，向用户显示一些虚拟的场景，扮演一些生动的角色，并给人以真实感。

## 6.2 Internet 资源及利用

### 6.2.1 WWW 简介

**1. WWW 与超媒体**

WWW(World Wide Web)即万维网，WWW 的发明人 Tim Berners-Lee 的最初动机，就是想让几千名经常访问 CERN 的科学家坐在世界上任何地方的一台计算机前都可以用同一种方式共享信息资源。为了利用 Internet 实现这个目标，Berners-Lee 于 1984 年提出了超文本数据结构的概念。

所谓超文本，是一种用计算机来实现连接相关文档的结构，该连接以高亮单词或图像形式嵌入文档中。当其被激活时，便立即检索连接的文档并显示出来，在被连接的文档中又可以嵌套其他连接，如此多重嵌套，以至无穷。

随着多媒体技术的发展，在超文本结构中，除文字外还可以链接图形、视频、声音等多媒体信息，因此人们引出了超媒体概念。换言之，超媒体=超文本+多媒体。

综上所述，WWW 就是建立在 Internet 上的信息组织方式与表现形式，是一组分布式通信应用程序和系统软件。WWW 并不等于 Internet，但是两者之间的关系又相当密切。对一些刚上网的用户，WWW 几乎成了 Internet 的代名词，这是因为万维网的发展非常迅速，它以其独特的超文本"链接"方式、方便的交互式图形界面和丰富多彩的内容，在整个 Internet 活动中占据了重要位置。

**2. 网页地址**

在 WWW 上获取信息时，需要在浏览器中输入信息资源所在地的标识，它通过 URL(统一资源定位符)来描述。在使用时，URL 也可理解为 Web 网页的地址。

一个 URL 由 3 部分构成：协议、主机名(域名或 IP)、路径及文件名，具体格式为：

协议://主机名[:端口号]/[路径名/……/文件名]　（"[ ]"中的内容可根据具体情况省略）

例如：

http://www.cxtc.edu.cn：表示使用超文本传输协议 HTTP 访问超文本信息资源。

ftp://xdjy.cxtc.edu.cn：表示使用文件传输协议 FTP 访问信息资源。

### 6.2.2 浏览器的使用

要浏览网上信息，必须使用 Web 浏览器，Internet Explorer 是一个常用的 Web 浏览器，简称 IE 浏览器。

**1. Internet Explorer 窗口简介**

双击 IE 浏览器图标，启动 IE 浏览器，同时在浏览窗口显示默认主页。IE 窗口如图 6-2 所示，主要由以下几部分组成。

- 标题栏：显示网页的主题。
- 菜单栏：提供各种菜单。

> 常用工具栏：为菜单中的一些重要的命令提供快捷按钮。
> 地址栏：输入和显示网页的地址。
> 浏览窗口：显示访问的 Web 页面。
> 链接栏：链接到其他的网页。
> 状态栏：显示网页下载的状态。

图 6-2　Internet Explorer 8.0 窗口

2．访问网站

1）直接输入网址

在"地址"栏中输入要打开的网站地址，例如：http://www.cxtc.edu.cn，然后按 Enter 键。

2）使用超级链接

移动鼠标指针在网页上寻找链接点，当鼠标指针变成小手形状时单击可显示链接的网页。

3．收藏夹的使用

1）收藏自己需要的网址

在 IE 浏览器中打开要收藏的网址，然后选择【收藏】|【添加到收藏夹】命令，修改要收藏网址的名称和创建位置，单击【添加】按钮。

2）规划收藏夹

选择【收藏夹】|【整理收藏夹】命令，打开整理收藏夹窗口。可进行创建新文件夹、删除多余网页和对网页分门别类进行存放等操作。操作方法和对文件夹的操作相同。

3）使用收藏夹

启动浏览器，单击【收藏夹】按钮，单击收藏夹中要访问的网址即可。

4．Internet 选项的设置

Internet 选项的设置可影响 IE 浏览器的使用；在 IE 浏览器中选择【工具】|【Internet 选项】命令打开【Internet 选项】对话框。

1) 浏览器默认主页设置

所谓默认主页是指 Internet Explorer 每次启动后自动访问的网页。若要重新设置默认主页，可切换到【Internet 选项】对话框的【常规】选项卡，在【主页】选项组中进行以下设置。

(1) 若在地址框中输入一个 URL 地址，则该 URL 地址即成为默认主页。
(2) 若单击【使用当前页】按钮，则将以当前正在浏览的网页作为默认主页。
(3) 若单击【使用默认值】按钮，则通常以 Microsoft 公司的主页作为默认主页。
(4) 若单击【使用空白页】按钮，则使用空白页作为默认主页。

2) 连接方式

切换到【连接】选项卡，如果用户使用电话线上网，则要在此添加拨号设置；如果用户是通过局域网上网，并且局域网提供代理服务器地址，可单击【局域网设置】按钮进行添加。

### 6.2.3 网络信息检索

Internet 是一个广阔的信息海洋，如何快速准确地在网上找到需要的信息已变得越来越重要。搜索引擎是一种网上信息检索工具，在浩瀚的网络资源中，它能帮助你迅速而全面地找到所需要的信息。目前最常用的中文搜索工具有 Google 和百度。

**1. 搜索引擎的定义**

搜索引擎是一种能够通过 Internet 接受用户的查询指令，并向用户提供符合其查询要求的信息资源网址的系统。它是一种在 Web 中主动搜索信息(网页上的单词和特定的描述内容)并将其自动索引的 Web 网站，其索引内容存储在可供检索的大型数据库中，并可提供索引和目录服务。当用户输入关键词查询时，该搜索引擎会告诉用户包含该关键词信息的所有网址，并提供通向该网络的链接。搜索引擎既是用于检索的软件又是提供查询、检索的网站。所以，搜索引擎也可称为 Internet 上具有检索功能的网页。

**2. 搜索引擎的主要任务**

各种搜索引擎的主要任务都包括以下三个方面。

(1) 信息搜集。各个搜索引擎都派出绰号为蜘蛛(Spider) 或机器人(Robots )的"网页搜索软件"，在各网页中爬行，访问网络中公开区域的每一个站点并记录其网址，将它们带回搜索引擎，从而创建出一个详尽的网络目录。由于网络文档的不断变化，机器人也会不断地把以前已经分类组织的目录更新。

(2) 信息处理。将"网页搜索软件"带回的信息进行分类整理，建立搜索引擎数据库，并定时更新数据库内容。

(3) 信息查询。每个搜索引擎都必须向用户提供一个良好的信息查询界面，一般包括分类目录及关键词两种信息查询途径。分类目录查询是以资源结构为线索，将网上的信息资源按内容进行层次分类，使用户能依线性结构逐层逐类检索信息。关键词查询是利用建立的网络资源索引数据库向网上用户提供查询"引擎"。只要把想要查找的关键词或短语输入查询框中，单击【搜索】按钮，搜索引擎就会根据输入的关键词，在索引数据库中查找相应的词语，并进行必要的逻辑运算，最后给出查询的搜索结果(均为超文本链接形式)。用户只要通过搜索引擎提供的链接，就可以立刻查询到相关信息。

## 6.2.4 Internet 资源下载

### 1. 保存网页

在浏览网页时，对于有用的内容可以保存起来使用，保存时可以保存整个网页，也可以仅保存其中感兴趣的文字和图片。

1) 保存整个网页

将整个网页保存起来的方法如下。

(1) 选择【文件】|【另存为】命令，弹出【保存 Web 页】对话框。

(2) 在该对话框中指定要存放的文件夹与文件名，还可指定所保存的类型和所用的编码。

(3) 单击【保存】按钮。

2) 保存文本

对于网页中有用的文章或段落，可用鼠标将其选定，利用剪贴板功能将其复制和粘贴到需要的地方。以下介绍用"记事本"保存的方法。

(1) 在当前网页中选择要保存的信息，即按住鼠标左键从要保存信息的开始拖动到结尾，被选中的内容将呈反白显示。

(2) 选择【编辑】|【复制】菜单命令。

(3) 启动附件中的【记事本】程序，打开【记事本】窗口。

(4) 选择【记事本】窗口中的【编辑】|【粘贴】菜单命令，将剪贴板内容粘贴到记事本窗口。

(5) 选择【记事本】窗口内的【文件】|【保存】菜单命令，将该文件存盘。

3) 保存图片

用户在浏览网页时，将需要的图片保存起来可采用以下方法。

(1) 右击要保存的图片，在弹出的快捷菜单中选择【图片另存为】命令。

(2) 在弹出的【保存图片】对话框中指定要存放的路径名与文件名，单击【保存】按钮。

### 2. 下载文件

用户可以通过网页的超级链接下载网页上已经链接好的文件，同时 Internet 上有很多 FTP 站点提供大量下载的文件，用户可直接连接到这些站点下载自己需要的文件。

常用的下载文件的方法如下。

(1) 单击要下载的文件名链接，弹出【文件下载】对话框。

(2) 在【文件下载】对话框中单击【保存】按钮，在弹出的【另存为】对话框中选择要将文件保存的位置，输入文件名再单击【保存】按钮，系统开始下载并提示下载进度。

文件下载过程中如果网络中断或不稳定，将会导致下载文件失败，这时就必须重新下载文件，为解决该问题，可使用"迅雷""网际快车"等下载工具下载文件。"迅雷""网际快车"是我国开发的软件，它支持断点续传、多任务、多进程下载，而且下载速度较快。

### 6.2.5 FTP 应用

#### 1. FTP 概述

文件传送协议 FTP(File Transfer Protocol)是 Internet 文件传送的基础。通过该协议，用户可以在主机和 FTP 服务器之间复制文件。

FTP 曾经是 Internet 中的一种重要的交流形式。目前，常常用它来从远程主机中复制所需的各类软件。与大多数 Internet 服务一样，FTP 也是一个客户机/服务器系统。用户通过一个支持 FTP 协议的客户机程序，可连接到在远程主机上的 FTP 服务器程序。用户只要通过客户机程序向服务器程序发出命令，服务器程序就会执行用户所发出的命令，并将执行的结果返回到客户机。

在 FTP 的使用中要弄清两个概念："下载"和"上传"。"下载"就是从 FTP 服务器复制文件至自己的计算机上；"上传"就是将文件从自己的计算机复制到 FTP 服务器。

#### 2. FTP 的主要功能

(1) 把本地计算机上的一个或多个文件复制到远程计算机，或从远程计算机上复制一个或多个文件。FTP 能够传输多种类型、多种结构、多种格式的文件，允许用户选择文本文件(ASCII)、二进制文件(Binary)两种文件类型，和文件(File)、记录(Record)、页(Page)3 种文件结构，还可以选择文件的格式控制以及文件传输的模式等。

(2) 提供对本地计算机和远程计算机的目录操作功能。可在本地计算机或远程计算机上建立或删除目录，改变当前工作目录，打印目录和文件的列表等。

(3) 对文件进行改名、删除和显示文件内容等。

#### 3. 匿名 FTP

用户在使用 FTP 时必须先登录，登录后从 FTP 服务器上获得相应的权限以后，方可上传或下载文件。也就是说，使用 FTP 时要验证用户名和密码，否则便无法传送文件。这种特性违背了 Internet 的开放性，匿名 FTP 就是为解决这个问题而产生的。

匿名 FTP 是指允许用户名为 anonymous 的用户登录使用 FTP，这是 FTP 管理员建立的一个特殊的用户，对于允许匿名登录的 FTP 服务器，Internet 上的任何人在任何地方都可使用该用户名登录使用 FTP。

#### 4. FTP 客户端

与浏览器相比较，专用的 FTP 客户程序可以方便快捷地上传与下载文件，还可以对服务器与客户机上的目录和文件进行管理。

目前使用的 FTP 客户端软件有许多，如 CuteFTP、FlashFXP 等，每种客户端软件其操作界面、功能和使用基本类似。下面以 CuteFTP 8 Professional 软件为例，简单介绍典型的 FTP 客户端软件的使用方法。

启动 CuteFTP 8 Professional，打开软件界面窗口，如图 6-3 所示。

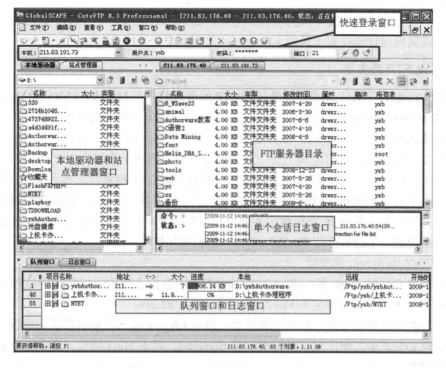

图 6-3　CuteFTP 8 Professional 窗口

CuteFTP 窗口是一个典型的应用程序窗口，主窗口分五个工作区。

(1) 快速登录窗口(上窗格)。供用户临时登录 FTP 时使用。

(2) 本地驱动器和站点管理器窗口(左窗格)。本地驱动器窗口用于显示本地主机文件目录，窗口显示的是当前所在位置路径；站点管理器窗口提供用户保存的 FTP 站点或对 FTP 站点进行编辑。可以通过双击要登录的 FTP 站点打开远程 FTP 目录。

(3) FTP 服务器目录窗口(右窗格)。用于显示远程服务器文件目录信息，在列表中可以看到文件名称、大小、类型、最后更改日期等信息。窗口上面显示的是当前路径。

(4) 队列窗口和日志窗口。队列窗口显示"队列"的处理状态，可以查看准备上传的目录或文件；日志窗口显示用户登录 FTP 时所有操作的记录。

(5) 单个会话日志窗口。显示命令执行、工作状态、服务器响应等有关运行情况的信息。

为了方便地登录各个 FTP 站点，CuteFTP 提供"FTP 站点管理"功能，供用户预置经常登录的 FTP 站点，以及预置对同一站点的多种登录方式。该功能在本地驱动器和站点管理器窗口的【站点管理器】选项卡中。

当用 CuteFTP 连接到相应的服务器后，就可以进行上传和下载文件的操作。

在本地目录窗口中找到要上传到服务器的文件或目录，在服务器目录窗口中打开相应的目录，采用下面两种方法之一可完成上传。

(1) 将鼠标指针放在要上传的文件上右击，选择快捷菜单中的【上传】命令。

(2) 将鼠标指针放在要上传的文件上，直接拖动文件到相应目录下。

在服务器目录窗口中找到要下载到本机的文件或目录，在本地目录窗口中打开相应的目录，采用下面两种方法之一可将服务器上的文件或文件夹下载到本机相应目录中。

(1) 将鼠标指针放在要下载的文件上右击，在弹出的快捷菜单中选择【下载】命令。
(2) 将鼠标指针放在要上传的文件上，直接拖动文件到相应目录下。

### 5. 架设 FTP 服务器

目前 Windows 平台上应用的较流行的 FTP 服务器软件有 MS FTP SERVER、Serv-U FTP Server、FileZilla Server 等，其中 FileZilla Server 是一款免费的开放源代码软件，该软件耗用的系统资源相当小，架设 FTP 服务器很容易。其具有以下特点：可自定义欢迎消息，可选择是否显示软件版本；可限制上传下载速度，并可以限定某个特定时间段的速度；具有组设置及用户设置新增封闭 IP 和允许特定 IP 访问的功能，支持将日志写入文件，并可定义是否在日志中显示密码和欢迎消息；支持虚拟目录，可以映射不同盘符的文件到根目录下；可以限制总用户数、单个 IP 连接数，不同用户可以设置不同的用户数以及不同的速度，也可以应用组设置。下面将介绍 FileZilla Server 的安装和使用方法。

1) FileZilla Server 的安装

(1) 到官方网站 http://filezilla-project.org/下载适合自己操作系统平台的软件，目前，Windows 平台下载后的文件名是 FileZilla_Server-0_9_33.exe。

(2) 双击下载好的文件，启动安装界面，单击 I Agree 按钮同意软件使用协议，下一个窗口会询问安装类型，使用默认的标准安装 Standard，单击 Next 按钮，在下一个窗口中选择软件的安装目录。

(3) 单击 Next 按钮，在本窗口中选择 FTP 服务的启动方式和超级用户远程管理的端口，其中 FTP 服务的启动方式有以下三种。

- ➢ Install as service, started with Windows(default)：将 FileZilla Server 作为服务安装，并随 Windows 系统启动(默认)。
- ➢ Install as service, started manually：将 FileZilla Server 作为服务安装，但需手动启动。
- ➢ Do not install as service, start server automatically(not recommended)：不将 FileZilla Server 作为服务安装，自动启动(不推荐)。

中间的端口号是管理员登录配置服务器的连接端口号，默认为 14147。这个设置还关系到远程登录配置。可以根据自己的情况修改，当然也可以在安装完成之后再修改。

(4) 单击 Next 按钮，在本窗口可选择 FTP 管理界面如何启动，使用默认选项即可。

(5) 单击 Install 按钮进行安装，安装完成之后单击 Close 按钮关闭安装程序。

2) FileZilla Server 的设置

(1) 软件安装完成之后，桌面上会多出一个名为 FileZilla Server Interface 的图标，双击该图标可启动管理程序。

(2) 单击 OK 按钮打开管理页面，选择 Edit | Users 命令，打开 Users 对话框，在对话框中可以创建 FTP 用户，为 FTP 用户指定可使用的目录及相应权限。

3) 创建用户

单击 Users 选项组中的 Add 按钮，在弹出的对话框中输入要创建的用户名，单击 OK 按钮，在 Account settings 选项组单击 Password 文本框并输入该用户的登录密码，如图 6-4 所示。

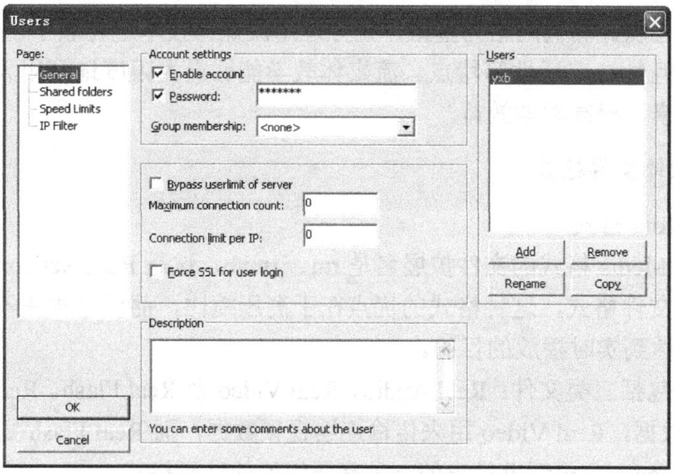

图 6-4　FTP 用户设置

4) 为用户设置可操作的目录

选择 Page 列表中的 Shared folders 选项，在对话框右边选择要设置目录的用户名，在对话框中间的 Shared folders 列表框中单击 Add 按钮，在弹出的【浏览文件夹】对话框中选择该用户登录后可操作的目录，单击【确定】按钮，然后在 Files 和 Directories 选项组中设置用户对文件和文件夹的操作权限，单击 OK 按钮完成设置，如图 6-5 所示。

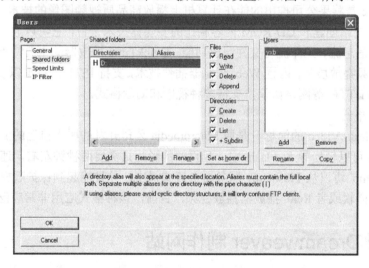

图 6-5　FTP 用户目录设置

## 6.2.6　流媒体简介

### 1．流媒体概述

流媒体是指采用流式传输的方式在 Internet 上播放的媒体格式。流媒体简单来说就是应用流技术在网络上传输的多媒体文件，可以让用户边看边下载，而不需要等整个压缩文件下载后才可以观看。

随着网络技术、多媒体技术的发展，利用流媒体进行教学已经成为一种重要的教学方式和教学手段。它以计算机网络为基础，充分运用流媒体技术进行教学，与传统教学相比，具有实时性、交互性、广泛性等特点。流媒体教学能够最大限度地利用人力、物力资源，实现教育资源共享，提高教学效益。

#### 2. 常用流媒体文件格式

1) Real Media 格式

常见的 Real Media 格式的文件扩展名是.rm、.rmvb，这是 Real Networks 公司开发的一种新型流式视频文件格式，这种格式的优点在于高压缩比，而质量损失不大，这样有利于在网络上传输以达到实时播放的目的。

Real Media 包括三类文件：Real Audio、Real Video 及 Real Flash。Real Audio 用来传输 CD 音质的音频数据，Real Video 用来传输连续视频数据，而 Real Flash 则是 Real Networks 公司与原 Macromedia 公司新近推出的一种高压缩比的动画格式。

2) Windows Media 格式

微软公司 Windows Media 的核心是 ASF。ASF 是一种数据格式，音频、视频、图像以及控制命令脚本等多媒体信息通过这种格式，以网络数据包的形式传输，实现流式多媒体内容发布。其中，在网络上传输的内容就称为 ASF Stream。ASF 支持任意的压缩/解压/编码方式，并可以使用任何一种底层网络传输协议，具有很大的灵活性。

3) QuickTime 格式

QuickTime 是苹果公司推出的能在计算机上播放高品质视频图像的技术，是面向专业视频编辑、Web 网站创建和 CD-ROM 内容制作的多媒体技术平台，它可以通过 Internet 提供实时的数字化信息流、工作流与文件回放功能。QuickTime 播放器的主要特点是：具有目前最高音频和视频播放质量，内置 Web 浏览器插件技术，支持 IETF 流标准以及 RTP、RTSP、SDP、FTP 和 HTTP 等网络协议，支持多种视频和动画格式。

4) FLV 格式

FLV 是 Flash Video 的简称，是原 Macromedia 公司开发的属于自己的流式视频格式。FLV 格式不仅可以轻松导入 Flash 中，几百帧的影片只需要两秒钟左右，速度极快，同时也可以通过 rtmp 协议从 Flashcom 服务器上流式播出，并且能起到保护版权的作用，可以不通过本机的微软或者 Real 播放器播放视频，目前，该种格式应用非常广泛。

## 6.3 用 Dreamweaver 制作网站

### 6.3.1 网页制作概述

计算机网络的飞速发展正在改变着我们的生活方式、工作方式、学习方式，甚至思维方式，在社会生活中感受最深的就是随之而来的各种技术理念：银行的网络化、电子商务、电子政务、远程教育、网上协同工作等。而 Web 就是其中一个非常重要的技术，可以说当今信息技术的飞速发展主要是由于 Web 的飞速发展，随之带来的是令我们眼花缭乱的网络世界：网上新闻、聊天室、BBS、电子邮件、网上图书、杂志，网上的信息正在以飞快的速度不断地膨胀。

网页制作是 Web 技术的基础，也是网络技术中非常重要的内容，网页制作是一个系统化的、综合性的技术，不能把它理解为只是几个工具的简单应用，而应该把其理解为综合了网站创意策划、平面设计、网页制作工具的使用以及网站结构设计等多方面的知识。

网页制作的技术并不复杂，但是要制作出结构、内容、色彩设计、页面布局都统一、协调的网站，还是要经过比较系统的学习，遵循循序渐进的原则。

**1. 网页制作的几个概念**

首先，必须掌握网页设计中的几个概念，这些概念对于网页制作和网站开发都是非常重要的，也是进行网页制作的基础。

1) 网页、网站及主页

理解网页的概念必须注意其本质，网页是一个文件，既然是一个文件，当然有一定的类型，它是一个 HTML(超文本标记语言)文件，而浏览器(如 IE 等)就是用来解释 HTML 文件并把它显示在页面中的软件。

而网站是网页的集合，也就是说一个网站是由若干个网页组成的，当然网页之间不是杂乱无章地组合在一起，而是有一定的组织规则，它必须由网站的结构来决定。因此，规划网站其实就是设计网站的结构图，并且设计网站内网页的链接关系。

网站是网页的集合，访问一个网站时首先看到的就是网站的主页(HomePage)了，主页是一个网站的入口。

2) URL(统一资源定位器)

URL 可用来定位网络中计算机上的文件，如果在网络上要找到某一台计算机上的某一个文件，必须提供以下信息：传输协议(通常是 HTTP)、远程主机名称、目标文件在远程主机上的路径及文件名以及两台计算机连接时使用的端口号。如：http://www.cxtc.edu.cn:80/news/a1.html。

其中 http 是传输协议，网页浏览通常就使用这个协议，www.cxtc.edu.cn 指远程主机的名称，通常称之为域名，80 为端口号，一般 Web 服务都使用这个端口，输入时可以省略，News/a1.html 是文件在远程主机上的路径和文件名。通过 URL，可以找到 Internet 上任何一台主机上的任何一个资源，所以才把 URL 称为统一资源定位器。

3) HTML 及 HTTP

HTML 是超文本标记语言的缩写，它是一系列标记的集合，这些标记告诉浏览器如何显示网页上的各种对象(包括文字、图片、动画等)。HTML 文件是文本文件，它有相对固定的格式，可以直接使用编写 HTML 代码的方法来制作网页。

HTTP 是超文本传输协议的缩写，使用浏览器访问网页时，几乎都使用这个协议，所以在地址栏上每个 URL 的开头都是"HTTP"。

4) 网页制作的工具

网页制作可以有两种方法：一是直接编写 HTML 代码，二是使用一些"所见即所得"的网页开发工具来制作网页，其中以网页制作"三剑客"最为流行，就是 Flash、Dreamweaver、Fireworks 三个工具的集合，其中 Flash 主要用于网页动画的制作，Dreamweaver 主要用于网页页面的制作，Fireworks 主要用于网页图片的制作。

## 2. 网页的组成要素

通过上面的内容，已经知道了一个网站其实也就是许多网页的集合，那么做网站归根到底还是要制作出每个页面。而一个网页包括两个方面的内容，一是页面布局的结构，二是页面上的内容，页面上的内容也就是组成网页的各种元素对象，而页面结构其实就是用来布局各种各样的对象。图 6-6 所示为一张典型的网页，观察图 6-6，可以发现网页的组成元素有以下几种。

图 6-6 网页组成元素例子

> 文字：文字是网页上用得最多的对象，是网页发布信息的主要形式，由文字制作出的网页占用空间小，因此，当用户浏览时，可以很快地展现在用户面前。文字对象一般包括标题、文字信息、文字链接。

> 图片：使用图片可以表达更丰富的内容，因此图片也是网页上用得很多的元素，通过文字和图片的结合，可以制作出界面美观的精美网页。图片在网页中可以用来作为网页的标志、背景、链接按钮。

> 表格：用户在浏览网页时很少看到表格，实际上几乎每一个网页都使用了表格，表格除了用来显示表格内容之外，更多的是用来对网页页面进行排版，用表格进行排版的时候，一般都把它的边框粗细设为 0，所以在浏览网页时看不到表格线。

> 多媒体元素：为了使制作出的网页具有动态效果，需要在网页中加入多媒体元素，多媒体元素主要包括音频、视频、动画等，使用多媒体元素，可以制作出富于动感的网页。

> 表单：表单是用于网页和用户之间的交互，当用户要提交一些信息给 WWW 服务器时，就可以通过表单的形式，例如：注册用户、登录用户、申请邮箱等，用来填写资料的网页几乎都是用表单来制作的。

> 超链接：超链接是 WWW 中最重要的元素，正是由于有超链接，才把 WWW 上成千上万的网页连接在一起，因此制作网页时，对于超链接必须有一个很好的设计。

> 其他元素：除了以上比较常用的元素之外，在网页上还有组件、脚本程序等对象。

制作网页的过程就是在网页页面上把所要用到的元素添加进去的过程，当然所有的元素并不是杂乱无章地放在上面，必须有很好的布局，才能制作出高质量的网页。

### 3. 网站制作流程

网站开发是一个系统化的工程，其过程可分为以下五个步骤。

(1) 网站规划阶段。进行网站的规划也就是组织网站的内容，网页制作者在明确网页制作的目的及要包括的内容之后，接下来就应该对网站进行规划，以确保文件内容条理清晰、结构合理，这样不仅可以很好地体现设计者的意图，也可以增强网站的可维护性与可扩展性。

(2) 网站设计阶段。编写脚本，制定页面的结构，确定链接，安排网页元素的组织结构。

(3) 网站素材采集阶段。通过各种方式收集所需的素材，素材的来源很多，可以在网上查找、使用专门的资源光盘或者使用数码设备拍摄等。

(4) 网页制作阶段。根据设计的脚本，使用相应工具软件制作出主页及各分页。

(5) 网站的测试、发布和维护阶段。尽量用不同的浏览器测试网页文档的效果和正确性，保证网页在各种浏览器中都能正确显示，然后就可以通过一些上传网页的工具把它传到 WEB 服务器上了。最后，如果网页有变动，要对网页进行定期的维护、更新和修改。

## 6.3.2 用 Dreamweaver 制作网页

通过前面的学习，已经对网页制作有了基本的了解，接下来可以用网页制作工具，根据设计好的网页脚本，制作出让自己满意的网页作品。本书介绍的网页制作工具是 Adobe Dreamweaver CS4。Dreamweaver 是一个"所见即所得"的网页制作软件。使用 Dreamweaver 不但可以制作网页，而且可以建设和维护整个网站。

### 1. Dreamweaver CS4 的主界面

Dreamweaver CS4 的窗口如图 6-7 所示。

图 6-7　Dreamweaver CS4 窗口

在 Dreamweaver 的主界面中，主要包括如下几部分。
- ➢ 菜单栏。菜单栏排列着【文件】、【编辑】、【查看】、【插入】、【修改】、【格式】、【命令】、【站点】、【窗口】和【帮助】共 10 组菜单，包括了 Dreamweaver 的全部功能。
- ➢ 工具栏。工具栏位于菜单栏下面，它以图形按钮的形式将菜单中常用的部分功能表现出来。在 Dreamweaver CS4 中有很多工具栏，可以通过选择【查看】|【工具栏】|【文档】命令打开或者关闭它们。
- ➢ 文档窗口。文档窗口是网页设计的主要工作窗口，在该窗口中设计者可以编辑、排列文字、图片和网页构成部件。该窗口提供了三种网页视图方式：代码视图方式、设计视图方式和拆分视图方式，这三种视图方式可供网页设计人员从不同的角度来设计网页。
- ➢ 插入面板。插入面板供网页设计人员方便地插入网页部件，设计人员可根据自己所需的网页部件选择不同的网页插入面板。
- ➢ 面板。提供了设计、代码、应用程序、标签、文件、层和历史面板供设计人员使用。

下面讨论使用 Dreamweaver CS4 制作网页的方法，首先介绍如何建立站点，然后再学习如何编辑、添加所需的对象到网页中。

### 2. 使用 Dreamweaver CS4 建立网站

1) 建立站点

启动 Dreamweaver CS4 程序，选择【站点】|【新建站点】命令，打开【新建站点】对话框，输入站点名称，选择站点存放到本地的目录，单击【确定】按钮完成站点的创建，如图 6-8 所示。

2) 在站点中添加新的文件

(1) 选择【文件】|【新建】命令，打开【新建文档】对话框，在该窗口中选择要创建的文档类型，单击【创建】按钮完成新文件的创建。

(2) 在新创建文档的文档窗口进行网页设计，完成之后选择【文件】|【保存】命令，在打开的对话框中输入要保存的文件名(不能用中文文件名)，单击【保存】按钮。

3) 查看和管理站点内的文件

设计人员所创建的站点和站点内的文件可通过面板窗口查看，如图 6-9 所示。

在该面板窗口可以进行新建文件夹、新建文件、删除文件、文件改名等操作，双击文件还可以在 Dreamweaver CS4 中打开进行编辑，非常方便。

### 3. 编辑网页

1) 设置文本格式

Dreamweaver CS4 是一个可视化的网页开发工具，在文档窗口中输入文字非常方便，和 Word 中的操作基本相同，但在对 Dreamweaver CS4 的文字进行格式设置时和其他网页开发工具有所不同，甚至和 Dreamweaver 以前的版本都有不同，Dreamweaver CS4 的文字格式设置要先在属性检查器面板中单击 CSS 按钮后才能设置，如图 6-10 所示。

当第一次为文字进行格式设置时(字体、字号、颜色、对齐方式等)会跳出一个【新建

CSS 规则】对话框，如图 6-11 所示。CSS 是层叠样式表的简称，在标准网页设计中，CSS 负责网页内容的表现，网页设计人员可以通过简单更改 CSS 文件来改变网页的整体表现形式，使用 CSS 可以减少网页设计人员的工作量，在此，可简单地把 CSS 理解为 Microsoft Word 中的样式，但 CSS 功能非常强大，读者如果感兴趣可找有关 CSS 的书籍来学习。

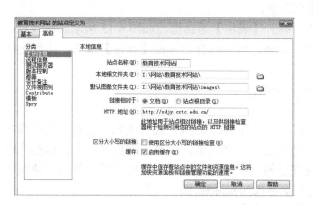

图 6-8　Dreamweaver CS4 新建站点窗口

图 6-9　站点所含文件面板

图 6-10　Dreamweaver CS4 属性检查器面板

在此窗口中输入选择器名称就可创建一个新的 CSS 规则，在后续的网页编辑中对网页对象选择该 CSS 规则，可应用相应的格式。

2) 插入图片

选择【插入】|【图像】命令，在弹出的【选择源文件】对话框中选择要插入的图片，单击【确定】按钮。如果要插入的文件没在站点文件夹内，Dreamweaver 会自动将图片复制到创建站点时指定的默认图像文件夹内，如果在创建站点时没有指定默认图像文件夹，则 Dreamweaver 会询问是否将图片复制到站点中，如图 6-12 所示。

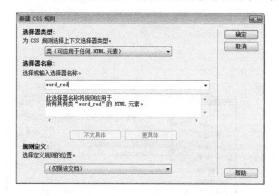

图 6-11　【新建 CSS 规则】对话框

图 6-12　插入的图片不在站点内的提示

为了减轻网页制作的工作量，规范网页文件的管理，建议在创建站点时就设置好站点

的默认图像文件夹，如果创建站点时没有设置该文件夹，可选择【站点】|【管理站点】命令进行修改。

3) 表格的使用

在网页制作过程中，为了使网页美观，对文字和图片的排版要求很高，要使文字和图片精美地对齐，大多数情况下都要用到表格。

选择【表格】|【插入表格】命令，打开【表格】对话框，如图 6-13 所示。在该对话框中输入需要的行数和列数、表格宽度、表格边框等内容后单击【确定】按钮。边框粗细设置为 0 表示在浏览器中不显示表格线。

在 Dreamweaver 中编辑表格和 Word 相似。

4) 超级链接

超级链接是指站点内不同网页之间、站点与 Web 之间的连接关系，它可以使站点内的网页成为有机的整体，还能够使不同站点之间建立联系。在浏览网页时，当鼠标指针移到某些图片或文字上时，若鼠标指针变成手的形状，此时按一下鼠标左键，就会自动跳转到相应的网站或相关的页面上，这就是超级链接的实际应用。

在网页设计过程中通常有以下几种超级链接。

(1) 链接站点内的网页：选择要制作超级链接的文字或图片，单击属性检查器面板中的【浏览文件】按钮打开【选择文件】对话框，选择要链接的网页(也就是单击后打开的网页)，单击【确定】按钮。

(2) 链接其他站点：选择要制作超级链接的文字或图片，在属性检查器面板中的【链接】文本框内输入要链接的站点地址。

(3) 链接命名锚记：命名锚记的作用是为网页设置特定的多个点，然后通过链接可以跳转到相应的位置，本功能只限于在同一个网页之间跳转。

具体操作方法：在网页中单击要插入命名锚记的位置，选择【插入】|【命名锚记】命令，在弹出的【命名锚记】对话框中输入锚记名称(仅用于制作链接时使用，相当于一个标识符)，此时输入的锚记名称只能为数字或英文，单击【确定】按钮就可在网页中插入一个【命名锚记】图标，单击此图标可在属性检查器面板中将锚记名称改成中文；按此方法在网页中插入多个命名锚记，然后选择要制作链接到命名锚记的文字或图片，选择【插入】|【超级链接】命令，在打开的【超级链接】对话框的【链接】下拉列表框中选择你要跳转的标识，如图 6-14 所示。

图 6-13 【表格】对话框

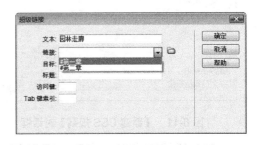

图 6-14 【超级链接】对话框

(4) 链接其他文件：选择要制作超级链接的文字或图片，单击属性检查器面板中链接右边的【浏览文件】图标打开【选择文件】对话框，选择要链接的文件，单击【确定】按钮，网页制作完成后，当单击该链接时浏览器将根据操作系统的设置来处理该链接文件(直接打开或下载)。

(5) 链接电子邮件：选择要制作超级链接的文字或图片，选择【插入】|【电子邮件链接】命令，在弹出的【电子邮件链接】对话框中的 E-Mail 文本框中输入要链接的电子邮件地址，单击【确定】按钮。

4. 使用框架

框架型网页可以把网页分成多个组成部分，可以在框架的不同组成部分显示不同的内容；框架型网页最常见的应用是在框架的一个组成部分(通常在左边)有一组由文字或小图片制作而成的超级链接，单击相应的超级链接，在右边较大的框架组成部分显示相应的内容。

选择【文件】|【新建文档】命令，打开【新建文档】对话框，选择【示例中的页】选项，在对话框中间的【示例文件夹】列表框中选择【框架页】文件夹，在【示例页】列表框中就有多种框架型网页供选择，对话框右侧则显示各种示例页的效果，如图 6-15 所示。

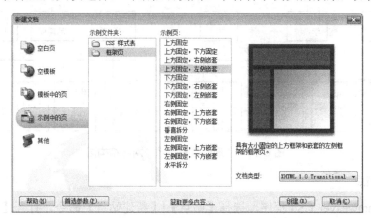

图 6-15 【新建文档】对话框

在框架型网页的设计过程中，保存框架型网页时会有多个文件，而很多人都弄不清楚是什么意思。其实，框架型网页的每一个组成部分就是一个网页，你可以使用已经设计好的网页，也可在创建框架型网页时进行设计，而框架型网页有一个总的文件(网页)用来保存框架的构成，因此，如果创建一个由三个部分组成的框架型网页时，总共需要保存四个网页文件。在保存框架型网页时。最好能用比较容易区分的文件名来保存网页，比如：上端的网页保存成 top.htm，左侧的网页保存成 left.htm 等。这样，在框架网页的设计过程中就不会混淆。

5. 表单的使用

表单在网站的制作过程中是比较常见的，例如：在申请免费电子信箱时，需要填写一些个人信息，比如用户名、密码、密码提示信息等，收集这些信息的工具就是表单。常用的表单类型包括联系信息表单、请求表单、发货和付费方式的订购表单、反馈表单、搜索查询表单等。这一部分内容大家可以在学习了基本的网页制作技术后自学。

### 6.3.3 综合实例：用 Dreamweaver 制作"教育技术"网站

进行网站开发之前要有一个很好的设计，也就是必须设计出网站的结构图。具体地说，每个网站里面包括的内容都是不一样的，在网站开发之前，必须设计好网站的组织结构。下面以"现代教育技术"网站的设计为例，阐述制作网站的基本过程。

#### 1. 设计网站结构图

无论做什么事，都必须有规划，制作网站也不例外，一个好的网站规划(结构图)可以减少以后调整网站结构带来的麻烦。图6-16展示的是楚雄师范学院现代教育技术网站的结构规划图。

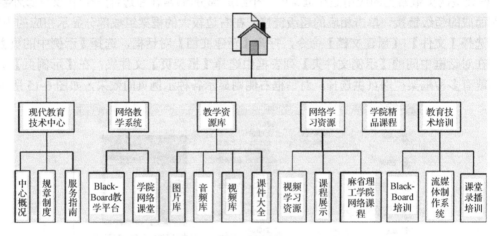

图6-16  "现代教育技术"网站结构图

#### 2. 创建站点

启动 Dreamweaver CS4 程序，选择【站点】|【新建站点】命令，打开【新建站点】对话框，输入站点名称"现代教育技术网站"，选择站点存放到本地的目录，单击【确定】按钮完成站点的创建。

#### 3. 创建所需的文件夹

根据"现代教育技术"网站结构图，"现代教育技术"网站共包含六个板块，因此，在"现代教育技术"站点内创建六个文件夹，具体创建方法可以采用在站点存放目录的方式创建，也可在站点面板中创建，文件夹与网站板块的对应关系是：现代教育技术中心(introduce)，网络教学系统(network_teach)，教学资源库(resourse_stor)，网络学习资源(network_study)，学院精品课程(best_course)，教育技术培训(e_learning)；创建完成之后，在站点根目录下新建一个网页，文件名为：index.htm，该文件就是站点的首页(访问该网站所打开的第一个页面，网站首页的文件名一般都用 index.htm 或 default.htm 等，这和 Web 服务器的设置有关)，设计完成的效果如图6-17所示。

#### 4. 设计制作网站首页

打开在站点根目录下创建的网页 index.htm，根据前面介绍的知识对首页进行设计与制作，同时要设置好超级链接。最终设计效果如图 6-18 所示。

图 6-17 "现代教育技术"网站目录　　　　图 6-18 "现代教育技术"网站首页

### 5. 制作其他页面

在"现代教育技术"站点目录下可以创建所需的网页文件并进行设计，文件命名时一定要用英文或数字，文件名不能用中文。

### 6. 制作超级链接

制作超级链接是一个非常重要的工作，因为制作了超级链接才能将整个网站的文件组织成为一个整体；在首页可以看到导航栏(网页上部分)包含有网站的六大板块，选择每一个板块的文字创建超级链接(链接到相应目录下的文件)，首页的内容区是根据具体要访问的页面制作的超级链接。

在网站所包含的六大板块网页中也要制作相互链接的超级链接，比如：在"网络教学系统"板块下的网页中要制作"返回首页"(单击后返回到现代教育技术首页)、"现代教育技术中心"(单击后打开现代教育技术中心页面)等超级链接。也就是制作超级链接将所有板块连成一个整体，在任何一个板块之下都能方便地访问到其他板块的内容。

### 7. 发布网站

一般来说，可将站点下的所有文件上传到 Web 服务器，这时可申请 Web 服务器管理员为所制作的站点分配一个域名，例如：http://xdjy.cxtc.edu.cn。这样，就可以通过 Internet 访问所制作的网页了。

## 6.4　网络在教学中的应用

随着计算机技术和 Internet 网络技术的发展，利用网络强大的功能为教学服务越来越受到教师的欢迎。教师利用网络进行教学的常用方法有：网络课件、网上讨论、作业上交、流媒体。

## 6.4.1 网络课件

### 1. PowerPoint 课件

PowerPoint 是一个功能强大的用于制作多媒体演示文稿的优秀软件。使用 PowerPoint 制作的课件可以发布成网页，然后放置到 Web 服务器上供学生观看使用，具体操作如下。

(1) 打开要发布的演示文稿，选择【文件】|【另存为网页】命令；输入网页的名称(输入英文文件名)；设置网页的标题。

(2) 单击【发布】按钮，在打开的对话框中根据需要进行设置，最后单击【发布】按钮即可。

发布成功后，会在指定目录下生成一个网页文件和一个文件夹，将文件和文件夹上传到 Web 服务器，学生就可通过浏览器打开观看课件。

### 2. Authorware 课件

Authorware 是一个优秀的多媒体软件制作系统，其开发的多媒体课件具有较强的交互性。Authorware 具有 Web 打包功能，可将课件打包之后放在 Web 服务器上供学生使用，具体步骤如下。

(1) 在 Authorware 中选择【文件】|【发布】|【发布设置】命令，在打开的对话框的【格式】选项卡中设置 Web 页保存的路径等内容。

(2) 单击【发布】按钮就可在指定的路径下生成文件夹 Published Files，在该文件夹内有一个 Web 文件夹，里面包含发布成网页后的所有文件；学生在网页中观看 Web 文件必须正确安装 Authorware Web Player，该软件可在 Macromedia 公司官网免费下载，但是该文件较大，学生下载要花大量的时间，为了节约学生的时间，可先将该文件放置到 Web 文件夹中，并修改 Web 打包后生成的网页文件，将文件中的代码 "codebase="http://download.macromedia.com/pub/shockwave/cabs/authorware/awswax70.cab#version=7,0,0,69""，修改成 "codebase=" awswax70.cab""。然后将 Web 文件夹放置到 Web 服务器上，学生就可通过浏览器观看使用课件。

### 3. Flash 课件

Flash 是一款动画编辑软件，用 Flash 制作的课件生动、表现力强，具有简单的交互功能，用 Flash 制作的课件保存成 swf 文件后可以直接放置到 Web 服务器中供学生使用。

## 6.4.2 网上讨论

通过建立网上辅导站、使用 QQ 或 E-mail 等方法进行师生之间的讨论，可弥补在传统的课堂教学中辅导答疑时间不足的问题。

### 1. 建立网上辅导站

通过使用类似于网络论坛的方式，教师可建立网上辅导站。通过辅导站，学生与教师或学生与学生之间可展开讨论，教师还可在辅导站中布置作业，放置上课使用的课件及需要学生阅读的材料。

建立网上辅导站要使用动态网页的制作方法，我们可以在学习本章第三节的基础上选择一门动态语言进行制作，常用的动态语言有 ASP.net、PHP、JSP 等。

论坛代码编写过程中要考虑安全性，登录论坛及在论坛中的每一步操作都要经过身份验证，并且记录下使用者登录的时间、IP 地址等内容，以便日后查证。

### 2. 利用 QQ 进行讨论

QQ 是一个即时通信平台，可以传输文本信息、图像、视频、音频及电子邮件。师生之间利用 QQ 交流具有很好的即时性，学生与教师可进行长时间细致的讨论，也是网络在教学中的一种应用。

使用 QQ 进行交流，最实用的功能就是建立"群"，创建了"群"，教师和学生之间就可进行讨论，教师还可发布公告等，具体步骤如下。

(1) 在"群/校友录"中右击，在弹出的快捷键菜单中选择【创建一个群】命令，根据向导填写你的群组名称、公告，设置群组成员。

(2) 在已建立的群中可以建立特色讨论组发布群公告等。

### 3. 利用 E-mail 进行讨论

E-mail 是 Internet 中的一个重要运用，教学中可使用 E-mail 进行讨论，学生有什么问题、建议等，都可通过 E-mail 发送给教师，而教师也可将对问题的答复、作业的布置等通过 E-mail 发送给学生，因为教师面对的人数较多，所以最好使用 Microsoft Office Outlook 2007 进行邮件的收发管理，在 Microsoft Office Outlook 2007 中建立通信组可大大减轻教师的工作量，具体步骤如下。

(1) 将所有学生的邮件地址放置到"联系人"中。

(2) 选择【文件】【新建】|【通信组列表】命令，输入名称并选择要加入通信组列表的电子邮件地址，这样一个通信组就建立了。

(3) 教师发信时选择通信组为收件人，就可将邮件发送到每一位通信组成员。

在 Microsoft Office Outlook 2007 中创建"电子邮件规则"可将收到的邮件按规则处理，这是在教学中使用 Microsoft Office Outlook 2007 的一个重要技巧，具体步骤如下。

(1) 在 Microsoft Office Outlook 2007 的导航窗格中单击【邮件】按钮，选择【工具】|【规则和通知】，单击【新建规则】。

(2) 选择【开始由模板创建规则】，教师可根据邮件标题、正文、大小等多种条件创建规则。规则创建完成之后，当学生的邮件被收取时便会按教师创建的规则进行处理。

## 6.4.3 作业上交

### 1. 利用 FTP 服务器上交作业

FTP 服务是通过网络进行文件传送的服务。在教学中，教师可要求学生将作业上传至 FTP 服务器，教师可通过 FTP 服务器下载并检查学生的作业情况，教师还可将教学资源放置在 FTP 服务器中供学生下载使用。

建立 FTP 服务器和 FTP 客户端的使用方法在本章第二节中已经详细介绍，在教学应用过程中，教师根据班级使用情况为每班创建一个用户，设置该用户只有上传文件的权限，没有删除文件的权限，这样就不会出现学生因误操作而删除其他同学作业的情况；再创建一个教师用户，对学生上传的文件具有所有权限。

### 2. 利用 E-mail 上交作业

E-mail 除了能够和教师进行讨论之外，还可以将作业上交，利用 E-mail 的附件功能，学生可以把作业发至教师的邮箱，教师必须注意自己的邮箱能够接收附件的大小及邮箱容量，如果学生要交的作业容量大，最好还是通过 FTP 上交。

## 6.4.4 流媒体教学

### 1. 流媒体课件点播

通过将教师的教学过程、课件使用等进行录像，学习者通过网络随时可点播教师的课程进行自主学习，并且可以控制开始、暂停、前进和后退等，播放过程不仅可以根据其兴趣爱好及实际需要选择重点学习内容，也可以根据自身的实际情况安排学习进度，与传统授课方式相比，学习者的学习更加灵活、自由。

### 2. 实时同步授课

基于流媒体技术的实时授课也是网络在教学中的一种重要应用形式，它借助网络将教师现场授课的语音、数据、图像等以流的方式实时地传送到远端教室或学生的桌面系统，这样不在现场的学生就可以同正在听课的学生一样听老师的授课，这样既能实现教学资源的共享又能获得较好的教学效果，也是解决学校热门课程师资紧缺的重要手段。

### 3. 建立交互式协作学习环境

利用流媒体系统的音视频交互功能，不同地点的教师、学习者可以通过终端的摄像头、麦克风进行交流、讨论等活动，进行协作式学习。

## 复习思考题

1. 什么是 Internet？Internet 主要提供哪些服务？

2. 什么是搜索引擎？在 Internet Explorer 中利用信息检索工具 Google 搜索和自己专业相关的网站，并下载所需资源。

3. 下载 FileZilla Server 软件并安装到计算机上，创建多个 FTP 用户并分配不同的权限，使用 CuteFTP 或 FlashFXP 登录使用 FTP。

4. 利用 Dreamweaver 制作一个和自己专业相关的网站，制作过程尽量运用本章所讲到的各种功能。

5. 网络在教学中有哪些应用？观察你的老师在教学中运用了哪些网络手段？效果如何？

远程教育(Distance Education)也称"远程学习"(Distance Learning)，又被人们称为远距离教育，是指师生借助媒体所进行的时空分离的教育。随着信息时代的到来，人类知识更新的周期越来越短，如何使教学、培训满足不同地点和不同学习时间的人的需要，特别是在职人士的进一步学习，传统的面对面教育模式在这方面已经力不从心。为了适应形势的变化，远程教育应运而生，它能解决时间和空间并不统一的学习者与教师进行交互并完成学习任务的问题。计算机辅助教学(CAI)与 Internet 技术的有机结合，使基于网络的现代远程教育成为现代教育发展的新趋势。

# 第7章 现代远程教育概述

本章学习目标

通过本章的学习，了解远程教育的发展，掌握远程教育的概念，了解现代远程教育的基本形式。

## 7.1 远程教育概述

### 7.1.1 远程教育的定义及特点

#### 1. 国外几个有代表性的定义

远程教育作为一种新的教育形式(与传统的面授教育相比较)，从它一诞生就受到了人们的广泛关注。一些国际组织和个人都曾对远程教育做过界定。在这些界定中，比较有影响和具有学术理论价值的是彼得斯、穆尔、霍姆伯格这三人关于远程教育的定义，见表 7-1，表中还列出了世界著名远程教育专家德斯蒙德·基更归纳的每个定义所体现的远程教育的特征。

表 7-1 早期国外三个有代表性的远程教育定义

| 学 者 | 定 义 | 主要特征 |
| --- | --- | --- |
| 彼得斯<br>(Peters) | 远程教学/远程教育是一种传授知识、技能和态度的方法，通过劳动分工与组织原则的应用以及技术媒体的广泛应用而合理化。特别是复制高质量教学材料的目的，使在同一时间学生生活的地方教导大量学生成为可能。这是一种教与学的工业化形式(彼得斯，1973) | 1. 使用技术媒体。<br>2. 处在远距离的大规模的学生。<br>3. 教的过程工业化 |

续表

| 学　者 | 定　义 | 主要特征 |
|---|---|---|
| 穆尔<br>(Moore) | 远程教学可以定义成教学方法大全。在这个教学方法家庭中，教学行为与学习行为是分开实施的，也包括有学生在场进行接触的情况。结果在学生和教师之间的交流必须通过印刷的、电子的、机械的或其他手段来促进(穆尔，1973) | 1. 教师与学生分离。<br>2. 使用技术媒体 |
| 霍姆伯格<br>(Holmberg) | 术语"远程教育"包括所有层次的各种学习形式。在这些形式中，学生、教师并不在同一教室或住在同一楼内，因而学生不处于教师连续监督管理之下，但是他们仍然从教学组织的计划、指导和教诲中受益(霍姆伯格，1977) | 1. 教师与学生分离。<br>2. 教育组织的计划 |

目前，国际上比较公认的是基更的定义。远程教育是具有以下特征的教育形态。
(1) 教师与学生的地理位置相互分离。
(2) 受到某个教育机构的指导和影响。
(3) 应用各种通信媒体来传播教育内容。
(4) 提供教师与学生的双向通信交流。
(5) 对学生的教学很少集体进行，没有或基本没有学习团体。

这一定义也概括了远程教育的三大特征：

➢ 准永久性分离。教师与学生、学生与学生之间在时间、空间和社会文化心理上的分离是远程教育最突出的特征。在教与学的过程中，师生处于物理空间相对分离同时通过信息传递又相互联系的状态；教与学的过程是以特定的技术环境、教育资源和教育媒体为基础的。分离并不是完全永久性的，也就是说远程教育并不完全排斥面对面交流。

➢ 媒体与技术的作用。媒体与技术是远程教育的又一个重要特征。远程教育的本质是实现跨越时间、空间和社会文化心理的教学活动，在这一过程中，媒体与技术是关键因素，是远程教育赖以存在的基础。

➢ 双向通信。教学活动的本质是教育信息在教师与学生、学生与学生之间的传递，远程教育也是如此。因此，通信是远程教育教学活动的基础。传统课堂教学中的双向通信机制和多向通信机制是面对面的，而远程教学中的双向通信机制主要是非面对面的，是基于一定的通信技术和网络技术基础之上的。

我国学者自 20 世纪 90 年代以来，也在远程教育界定方面做了大量工作，有影响的如丁兴富和谢新观提出的定义。

狭义的远程教育(学校远程教育、机构远程教育)是对教师与学生在时空上相对分离，学生自学为主、教师助学为辅，教与学的行为通过各种教育技术和媒体资源实现联系、交互和整合的各类学校或社会机构组织的教育的总称(丁兴富，2001 年)。

所谓远程教育就是为了解决师生双方由于物理上的距离而导致的、表现在时空两个维度上的教与学行为间的分离而采取的、重新整合教学行为的一种教育模式。随着社会的发展，这种教育模式将具有实践上的和理论上的不同表现形式(谢新观，2000 年)。

另外，远程教育在实践中呈现如下一些基本趋势：教师的角色将逐渐淡化，教师更多地以教育资源的形式或学习帮助者的身份出现；出于教学或社会交往需要而组织的非面对面方式，或现代电子方式的集体会议交流活动将增多；从强调媒体与技术的作用转向注重以技术为基础的教育环境建构和教育资源的建设与利用，这种术语的转变体现了以学习者为中心、建构主义、系统科学和后现代主义等现代教育理念，复杂性科学和哲学思想在远程教育中的渗透；远程教育中不可或缺的重要角色是实施远程教育的组织机构，远程教育中的远程学习具有系统性、严肃性与社会确认性的特点，而一般远程学习则不具有这些特点；教育信息传递的通信机制多样化，单向通信、双向通信、多向通信并存，同步传输与异步传输共现。

### 2. 远程教育的特点

与常规的学校教育相比，远程教育有如下特点。

1) 开放性

这是远程教育最基本的特征。常规的学校教育是封闭式的，其表现是教育资源被封闭在校园内，教育的门槛被抬高，接受教育的人始终是社会中的少数精英。远程教育则是面向社会大众的，对学习者来说，教育的门槛被降低，接受教育的机会大幅度地增加，教育信息资源得以共享。远程教育就是应社会大众的教育需求而诞生的，远程教育的根本目的就是为一切有意愿的人提供受教育的机会。

2) 延伸性

这是远程教育的功能特征。常规的学校教育把学习者从四面八方汇集在特定的校园中，在一定的制度安排下，由教育者对其实施教育活动。这是一种教育资源与功能收缩和集中应用的教育形式。远程教育正好相反，它把教育信息传送给四面八方的学习者，借助各种媒体技术把教育信息向外传输，实际上就是把教育资源和教育功能向外扩散。远程教育就是通过这种扩散，将自己的教育功能向整个社会延伸。这种延伸性符合现代教育的终生学习的理念。

3) 灵活性

从各个国家的情况看，远程教育一般面向成人，承担了在职教育、成人教育的工作。因此，远程教育在高等教育、成人教育领域得到迅速发展。这样一来，远程教育在课程设置、学籍管理、教育管理等方面要比常规的学校教育更灵活多样，充分适应了成人学习者的特点。

4) 中介性

与常规的学校教育相比，远程教育是基于媒体技术和各种教育信息资源进行活动的，只有借助信息工具才能构成远距离的教育活动。所以，远程教育的各个环节，如注册报到、教学活动、作业的布置与提交、评价和信息的交流与反馈等，都离不开有关媒体的中介作用。尽管常规的学校教育也需要媒体技术，但它不像远程教育那样对媒体工具、对传输手段有着高度的依赖性。没有媒体手段的中介作用，远程教育就难以实现。

5) 制度性

尽管远程教育是具有开放性、延伸性和灵活性的教育形式，但它依然是在一定制度下，有目标、有管理、有评价、有反馈、有调控的教育活动。远程教育的开放性、延伸性和灵活性,并不意味着随意性和盲目性,它依然以特有的方式和制度调控教育活动的运行。不能把大众传播的信息接收方式——随意点击网页、随意调换电视频道等行为理解成远程教育,这种行为不是远程教育,而是广义的个人化"学习"。

## 7.1.2 远程教育的发展

至今,远程教育已经历了由19世纪中叶兴起的函授教育、20世纪初兴起的广播电视教育,直到20世纪末期出现的双向交互网络教育三个发展阶段。上述发展过程如表7-2所示,需要指出的是,新的远程教育形态的出现并不意味着否定和抛弃原有的远程教育形态。

表7-2 远程教育的发展过程

| 发展阶段 | 兴起时间 | 技术基础 | 教育形态 |
| --- | --- | --- | --- |
| 第一代 | 19世纪中叶 | 适合自学的函授印刷材料 | 函授教育 |
| 第二代 | 20世纪初期 | 广播、电视、录音、录像等视听手段 | 广播电视大学 |
| 第三代 | 20世纪末期 | 多媒体技术、网络技术、虚拟技术 | 网上大学、虚拟大学 |

"现代远程教育"是一个发展的概念,通常指的是上述远程教育形态中的第三代。换言之,现代远程教育是计算机信息技术和Internet在远程教育领域的新兴应用。目前,世界各国都积极地研究、应用和发展它的技术,希望能够将它应用到学校教育、继续教育与职业培训中。

现代远程教育将分布在不同地点的教师、学生和多媒体CAI课件连接在一起,学生可以个别学习,也可以在"虚拟教室"中进行讨论或与老师交流。它具有超空间性、交互性、共享性、时效性、独立性等优点。这些优点使其能在学校教学、职业培训和继续教育方面发挥很大的作用。传统的远程教育一般采取函授或电视授课等形式,在时效性、交互性等各方面都远远不及现代远程教育。现代远程教育自身的特点决定了它会对教育领域发挥革命性的影响,具有广阔的发展前景。

现代远程教育作为一种新兴的教育思想和教育技术,能提供公平、广泛和廉价的教育方式,使教育效率大大提高,学习者不再受地理位置和上课时间等因素的制约。最有价值的教育资源和最优秀的网站可以被世界上任何地方的学习者在任何时间所拥有,学习者可以自由选择学习时间,克服了工作与学习之间的矛盾。

传统方式下的教育采用的是在教室里集中授课,这种整齐划一的呆板教育方式严重影响了学习者的个性特点,而在网络上进行的多媒体教育方式则可有效地克服该缺陷。一个高质量的CAI软件,能够在与学习者交互的过程中,根据学习者联机答题的正确与否,自动调节教学进度和难度以适应不同学习者的需求。伴随着教学内容而出现的声音、图形和影像,在增强教学效果的同时,还能激发学习者的学习兴趣,使其在学习过程中始终充满活力,更加富有创造性。现代远程教育对于我们这样一个地域辽阔、人口众多、师资力量不足、教育发展水平不平衡的大国来说,意义十分重大。

到1998年为止,美国已有800多所大学在Internet上提供了网上学位课程。Western Governors大学收集了美国西部18个州最好的大学教材,供世界各地的学生通过网络查阅。我国大陆1994年正式加入Internet以来,已在基于网络的教育应用方面取得了长足的发展。

在中国台湾，有关方面投入了相当大的人力和物力来开发在线(OnLine)教育的技术和资源，并在 Internet 网上开通了"终身学习网"站点，旨在实验各种在线教育的新原理、新技术和新教案。该网站自运行以来，仅仅 3 个月中就有 2000 多人参与七门课程以及两个读书会的学习。在这里，学员不仅可以获取自己有兴趣或被指定的教材与习题，还可以上网自学，加班加点或通过"讨论区"在学员之间进行交流，更可通过"电子邮件"得到从未见过面的教师的"有问有答式"的辅导。实践证明，在 Internet 网上进行终生学习的主要价值在于它的"交互性"，若只是进行单纯的资料传递，靠传统的"函授"就可实现。

### 7.1.3 现代远程教育

现代远程教育是当代社会经济和科技发展到相当程度而出现的一种新的远距离教育模式。早期的远距离教育主要以函件方式进行教学，同时辅之以少量的面授。20 世纪 70 年代以后，远距离教育引进电话、广播电视、录音录像、卫星、双向电话、语音信箱等现代通信技术，出现了电视大学等新的远距离教育形式。伴随计算机科学的迅速发展，20 世纪 90 年代以后，发达国家通过多媒体课件、多媒体教学软件包的开发，利用计算机网络进行远距离教育，实现了传统远程教育可望而不可即的目标，即在计算机和网络、卫星系统的支持下，实现了异地同步的图像、声音以及教学双方的交流互动教学，促使远距离教育进入了一个全新的发展阶段。

远程教育的诞生是工业社会技术应用的结果，蒸汽机和铁路的发明极大地扩展了人类活动的地理空间。为了让异地的学生能继续学习，教师自然地想到把学习材料(书籍和教材)通过邮政系统由铁路运输传递到学生手中，这便是最早的远程教育形式——函授教育。从此，每一次新技术在教育媒体和教育传播领域中的应用就产生出一种新型的远程教育形式，从基于印刷、录音录像媒体和无线电广播技术的广播电视教育，到基于印刷、模拟视音频及数字化媒体和计算机网络、卫星传输和通信技术的网络教育，再到基于新型移动数字化教育媒体和移动通信网络技术的移动教育，莫不如此。远程教育在教学媒体和技术环境两个方面都表现出愈加丰富、愈加复杂的特点，这种丰富性和复杂性赋予了远程教育较高的学术研究价值。知识经济社会的来临凸显出学习的重要性和远程教育无穷的市场潜力，一大批企业被吸引并介入远程教育研究领域，由此带来了远程教育的跨越式发展和远程教育研究的繁荣。

### 7.1.4 中国远程教育的发展

我国的远程教育开始于 20 世纪 50 年代，主要办学形式是函授教育。20 世纪 80 年代以后，电视大学、自学考试、夜大学等开放式办学形式相应兴起。几十年来，远程教育为国家培养了大批合格人才。目前以函授、电视大学、夜大学和自学考试为主体的远程教育已经成为我国高等教育的重要组成部分，从学历层次、人才培养类型等方面补充完善了我国高等教育制度。20 世纪 90 年代以后，随着现代科学技术的发展，在沿海发达地区，以计算机和网络技术为核心的现代远程教育开始萌芽，传统的函授教育、电视大学和自学考试等远程教育的办学形式受到挑战，在国家的"21 世纪教育振兴行动计划"中，也提出发展和构建现代远程教育的行动计划。但现状是，报刊宣传得多，而办学实体仍然我行我素，传统的函授、电大、夜大和自学考试仍然方兴未艾，早已引进声像、图文的电视大学等反而通过招收全日制班，用正规的学校教育模式进行教学，出现"函授不函，电大不电"的办学局面。因此，如何正确对待现代远程教育，就值得认真研究了。

我国远程教育的发展与发达国家相比还存在以下几个方面的问题。

1) 计算机普及率偏低是阻碍现代远程教育发展的最主要因素

计算机在家庭、学校及社会的普及率非常低，社会上没有广泛的计算机应用基础，更谈不上进入 Internet。而上网又是远程教育赖以生存发展的基础，这也就是远程教育很难进一步向家庭、学校和社会发展的原因。目前，一些远程教育主要还是集中在各个学校的多媒体机房中，使教学对象受到了一定地域和时间的限制。只有当计算机真正达到社会普及时，才是现代远程教育的黄金发展时期。

2) 现代远程教育的发展缺乏系统的理论指导

由于现代远程教育发展时间不长，基本上还处于探索与实验阶段，在信息处理技术、网络传输、招生管理等很多方面还缺乏系统的理论指导。

3) 各自为政阻碍了现代远程教育的进一步规模化、大众化发展

许多学校和企业为了自己的"名声"和"品牌"而故步自封，严重的本位主义与现代远程教育的目标背道而驰，造成了众多网校各自为政、无法形成规模这一现实。众所周知，现代远程教育的核心和精髓是教育资源的共享，这种资源包括师资、教学内容和教学思想等。而目前多数网校只是把自己所拥有的小部分资源向社会开放，虽然在一定程度上做到了部分资源共享，但这种共享的广度和深度还远远不够，充其量只达到单向的资源共享，因此造成现代远程教育运作模式的僵化和一成不变。

4) 社会宣传做得不够

许多人还不知道或不清楚这一教学模式的先进性。这一方面具体如何发展，还有待于人们在实践中去探索。

5) 现代远程教育工程建设要对经济欠发达地区实施倾斜政策

从中国网络总体水平来看，远程教育似乎陷入了一种两难境地：远程教育的对象是欠发达地区的人群，而这些地区的网络设施还不够完善，人们难以得到便利的上网条件，更谈不上远程教育了。

中国政府对现代远程教育高度重视。党中央在第三次全国教育工作会议上就明确提出："要以远程教育网络为依托，形成覆盖全国城乡的开放教育体系。为各类社会成员提供多层次、多样化的教育服务。"在国务院转发的《面向21世纪教育振兴行动计划》中，决定实施现代远程教育工程，利用中国教育和科研网及卫星电视教育网，构筑中国现代远程教育的专业平台，软件开发和资源建设并重，并组织一批重大的现代远程教育应用项目。在未来的几年中，中央政府将集中投入相当数量的资金，并广泛吸取地方、企业、个人的资金和力量，共同完成现代远程教育框架的构造。在实施现代远程教育中，要实现三个"两手抓"，即硬件、软件建设两手抓，网络、卫星两手抓，教育软件开发和产业化两手抓。重视发挥高等学校在信息化发展中的作用。

根据我国的具体情况，结合发达国家的先进经验，我国发展现代远程教育要在以下几方面采取有力措施。

1. 政府和学校要加大力度实施现代远程教育工程

我国政府已经意识到现代远程教育建设的重要性，并在政策上大力支持。可以说，我国在网络教育意识上并不比美国逊色。关键是政策能否得到彻底实施，并对中国现代远程教育建设起到真正的推动作用。要制定加速发展高校远程教育的政策和措施，在人力、物力、课程建设诸方面加大投入力度。制定建设规划，明确教学信息资源建设开发的目标、思路和步骤，确定建设标准和要求。尽快建立行业标准，只有这样才能让学生在不同的地方用相同的方式使用 Internet 学习。

2. 建设宽带高速的广域网络

现代远程教育需要大量的数据传输处理，必须由高速的网络平台来实现。在目前 Internet 总体速率还不是太高的条件下，如何使信息的传输获得令人满意的效果，也是一个重要的问题。这个问题包括两个方面：一是提高网络实际传输效率；二是降低传输成本，尽量利用目前较低的速率传输最重要的信息。

3. 重点抓好多媒体教学信息库的建设和开发

这种建设和开发包括教学内容信息和教学课件的开发。网络多媒体课件的内容及形式是现代远程教育教学质量的重要保证，必须投入足够的资金与人力，制作一批内容新颖、形式生动、界面友好的网络多媒体课件。

4. 创造方便的上网学习条件

在网络上建设各类多媒体教室、多媒体阅览室，供学生学习使用。对学生在网上的访问和信息下载权限应予以保障，使学生可以根据自己的基础和特点选择学习内容。

根据我们国家的实际情况，大力发展现代远程教育，提高全民的文化素质，变我国沉重的人口负担为人力资源优势，是实现科教兴国战略、提高综合国力、保持社会经济持续稳定发展的重大举措，也是在经济、科技和教育全球化趋势中提高国际竞争力的必由之路。

## 7.2 现代远程教育的基本形式

教育教学过程是教育信息传递的过程，由于现代信息技术日新月异，因此以现代信息技术为基础的现代远程教育始终处于动态发展之中，分析我国现阶段远程教育状况，研究我国现代远程教育信息传递的模式，对探寻现代远程教育规律，促进我国现代远程教育事业的健康发展具有重要意义。

对于以现代信息网络技术与多媒体为主要技术手段的现代远程教育，人们通常从实现技术、信息传输通道、教学形式、传输时效等角度划分类型。但是，这些划分只是相对的。

### 7.2.1 按信息传递模式分类

现阶段我国现代远程教育中的信息传递模式大致有四类，即基于 Internet 的网络传递模式、卫星宽带多媒体传递模式、视频会议传递模式、光盘传递模式。

### 1. 基于 Internet 的网络传递模式

由于 Internet 网络日益普及，以宽带、高速、智能为主要特征的新型网络技术飞速发展，现代远程教育越来越普遍采用 Internet 网络传递教学和教学管理信息。在许多场合，网络教育几乎成了现代远程教育的代名词。基于 Internet 的网络传递模式的基本形式是：教育的提供者在 Internet 平台上建立可供任何人访问的教育网站，向学习者提供课件、作业、答疑、参考资料、练习、考核、评分等教学服务。同时，网站还具有注册、资料查验、录取、选课、缴费、编班、教学计划安排等学籍管理和教务管理的功能。

基于 Internet 网络的教学信息传递模式具体可分为下列 7 种。

1) Web 网页传输模式

Web 浏览采用超文本链接方式，具有统一的协议标准、良好的跨平台性、易用性和广泛性。在远程教学中应用 Web 技术，学习者可以在任何时间、任何 Internet 网络站点下载 Web 课件自主学习，使学习异步进行。Web 网页传输模式具有交互性，但交互是有限交互，由学习者发出的上传信息一般为选择性信息，上传信息的符号形式比较单一，依靠它虽可以建立网上考试系统和练习测试系统，并可根据测试结果调整教学策略，但学习者难以上传文本、声音、图形、图像等形式的信息，因此 Web 网页传输仍属单向传输为主的模式，或称不完全双向传输模式。

由于受网络带宽、传输速率、平台兼容性、软件技术水平等因素的影响，Web 远程教学仍采用 HTML 编写静态网页，采用脚本语言进行动态控制，以传递文本信息为主，几乎无法传递视音频教学信息，教学反馈信息亦传递困难。在基础设施没有彻底改善以前，Web 教学应当注意优化，比如去除不必要的文本多媒体化元素，减少和优化表格，压缩和优化图形等。还应采用 Web 新技术，比如 ASP(Active Server Pages，Web 服务器端动态网页开发技术)、XML(Extensible Markup Language，可扩展的标记语言)、VRML (Virtual Reality Modeling Language，虚拟现实造型语言)、IRTS(Intelligent Remote Distance Teaching System，智能化远程教学系统)来构造 Web 远程教学系统，提高 Web 教学的多媒体化、智能化以及交互性程度，改善教学效果。

2) VOD 视频点播模式

VOD(Video On Demand)是以"选择控制权在用户"为主要特征的双向视音频传输技术。基于 IP 网络的 VOD 可由用户自主选择收视资源库中的视音频节目，从而改变了传统广播电视强制信息传播的格局，又弥补了 Web 模式处理视频信息功能的不足。

用 VOD 构建的教学系统，由学习者非实时地自主选择视音频教学节目收视，我们可以把它看成是广播电视教学模式的改进，它将学习者被动式接受改为主动式选择接收。但由于目前网络传输指标不高，VOD 只在局域网上显示出它的优越性，对大多数 Internet 网上的学习者来说，VOD 的实际效果很不理想。

3) 在线交流传输模式

在线交流包括 BBS(电子公告板)和聊天室。这两个技术手段的特点是实现了实时点对点、点对多点或多点对多点的网上交流。教育网站可以在自建的 BBS 和聊天室上设立各个专题讨论区，就教学内容答疑、考前辅导、学习方法指导、教学安排等方面与学习者交流沟通。这种传输模式是目前网络教育中师生在线实时交流的主要方式，为讨论式教学、分组教学、学习提问等提供了技术手段。这种传输模式的主要缺点之一是只能以文字语言交流,使交流的范围、深度、速度受到限制,尤其对于理工类课程的学习,各种图形、公式、符号无法通过 BBS 或聊天室交流。

4) E-mail 电子邮件传输模式

E-mail 用于远程教学实质上是函授教学的电子化,只不过它比邮政信函快捷、方便、灵活。与 BBS 和聊天室比较,它既可传输文本符号,也可传输图形、表格、图像、声音、视频、程序等信息。所以 E-mail 传输模式已成为网络教学的作业提交与批改、提问与答疑等的主要方式。

5) FTP 文件传输模式

FTP(File Transfer Protocol,文件传输协议)是 Internet 以文件传输的方式进行信息传递的重要的信息浏览手段。远程教学网站建立 FTP 服务系统后,就可以将教学课件、辅导材料、练习、教学管理等资料以文本、图表、图像、声音、程序等文件的形式存放在 FTP 服务器上,学习者则像浏览 Web 网页一样访问 FTP 站点,将自己所需的文件下载到本地计算机使用,学习者还可以将作业、疑难问题上传到 FTP 服务器上,实现师生非实时双向交流。FTP 方式教学信息的有序化程度不高,学习者访问 FTP 站点,得不到有效信息导航,常常面对浩瀚的文件无从下手。因此 FTP 方式在远程教学中的应用并不普遍。

6) ASF 流式媒体传输模式

ASF(Advanced Stream Format)是一种将音频、视频、图像、文本等多媒体信息及控制命令脚本组合成网络数据包通过 ASF 数据格式以流式多媒体的形式进行传输的模式。ASF 又称为流技术,它的特征是能够将普通视音频多媒体文件重新编码,将之"流化",即像水流一样。在网络中,流式媒体不必全部下载到本地用户,可以在传送的同时随时播放,使用户在当前网络速率条件下,避免用数小时、甚至数十小时难以忍受的漫长时间下载文件。这一新技术 1995 年由美国 Real Network 公司首创以来,迅速发展,微软公司在 Windows 2000 中内置 Windows Media Server 4.0,使流媒体的制作、发布、播放、管理一体化,使用更为方便并得到普及。

将 ASF 运用于远程教学具有两个显著特点:其一是可以将教师课堂教学的电视画面与超媒体文本板书组合,制作成一种新型的流式教学课件,学习者运用这种课件学习,既能观看到教师课堂教学的课堂实景,聆听到教师的现场教导,又能在同一屏幕左窗口(或右窗口)清晰地观看到教学内容的超媒体文本板书。其二是编辑 ASF 课件时,运用 ASF 编辑工具可以在 ASF 流中添加标记(Marker)和描述(Script)。标记可用于对 ASF 流的快速搜索和定位,课件制作者可使用每个标记对应的名称说明该标记对应的内容,当 ASF 流开始播放前,远程教学客户端的播放器可以显示与全部标记相关的信息,通过标记浏览器快速跳转到指定的位置播放,为学习者选择学习内容提供了方便。描述用于播放 ASF 文件时的链接,若制作课件时在 ASF 文件中添加若干个类型为 URL 或 TEXT、EVENT、OPENE、VENT 等的描述,则客户端播放内容到达某个描述时,ASF 播放器会自动启动 Web 浏览器或其他应用软件在窗口显示与教师声音同步的网页、文档、电子幻灯、图片、声音、图像等教学内容,这十分类似于传统课堂中教师运用挂图、幻灯、投影、实验演示等多种直观教学手段来提高教学效果,所以 ASF 课件是一种多媒体组合的优秀教学课件形式。

7) CSCL 教学信息传输模式

CSCL(Computer Supported Cooperative Learning)称为计算机支持的协同学习。CSCL 依

赖的是近年迅速发展的计算机虚拟技术,它的诞生与 CSCW(Computer Supported Cooperative Work,计算机支持的协同工作)密切相关。CSCL 实质上是在网络上建立一个虚拟教室(VClassRoom),该教室能够提供实时的视频交互服务,提供协作性课件和电子白板等功能设施,以及虚拟空间资源(Virtual Room Resources,VRR)。学习者可在 Internet 环境上申请或利用已有的 VRR 与协同学习伙伴进行实时的协同远程学习。

在 CSCL 学习环境中,学习者之间存在竞争与协同的关系,学习者既可以挑选学习对手进行竞赛,也可以与他人结成小组共同学习。学习小组中,各成员之间既能相互讨论,又能相互帮助、分工合作。在此过程中,学习者与施教者的角色是可以相互转化的,即学习者实际上具有教师与学生两种不同的身份,围绕学习问题,利用 VRR,小组成员角色互换,相互指导,协同完成学习任务。

**2. 卫星宽带多媒体传递模式**

我国利用卫星通信手段进行教学信息的传播已有一定的历史和成熟的经验。但近年随着数字卫星通信技术的发展,传统模拟电视的单向、单符号传输模式越来越不适应远程教学的需要。从 1999 年下半年开始,国家投入巨资对中国教育电视台卫星频道进行了改造,目前中国教育电视台租用鑫诺 1 号卫星 Ku 频段 54MHz 带宽的 6A 号转发器,可以向全国传送 8 套数字压缩电视节目,8 套数字语音广播节目,8 套 VBI 数据广播节目,8 套 IP 数据广播节目;另计划 Internet 连接卫星,教学信息传输形式多样化,既有视音频节目又有 IP 数据广播,天网地网互联互补,大大扩展了卫星教育的功能。卫星宽带多媒体模式可以进一步划分为以下三种类型。

1) 卫星教育电视传输模式

卫星教育电视传播模式除了由数字技术逐步取代模拟技术以外,在教学信息的传播上与传统卫星电视传播模式没有区别,仍是由办学单位将教学节目通过通信卫星向全国传播,各地接收后利用有线电视网或开路广播电视传送给每个用户。这种模式具有接收方便、覆盖面广的优势,在我国这样幅员辽阔、东西部经济发展和信息建设不平衡的国情下,卫星电视教育仍是可行的方式。但卫星教育电视单向传播,教学双方既无实时交互,又无非实时交互,且学习者需定时收视,自主控制选择性很小。

2) VBI-IP 多媒体数据广播模式

数据广播是 20 世纪 80 年代后发展起来的一种新型广播技术,它将数字化数据叠加在广播电视信号中发射,由于数据广播占用频带较窄(2000kHz),传输速率较低(100.20Kbps),以往只能用作文本数据传输。近年随着多媒体压缩技术的发展,低速率传输多媒体数据流已成为可能,目前中国教育电视台已运用 VBI 或 IP 为多所大学传送 ASF 格式的多媒体教学课件。在当前技术条件下,这种模式比 Internet 更快捷、廉价。

3) Internet 接入传输模式

Internet 接入传输实质就是将经过选择的部分 Internet 网站信息通过卫星发射传送到网络无法连接到的边远地区,用简易的卫星接收设备接收到 Internet 网站信息后,下载到本地计算机,供单机浏览,或供小型局域网浏览,从而建立起 Internet 空中通道。Internet 接入传输模式可以使贫困地区、边远地区以及其他光纤暂时无法连接到的地区的学习者提前接触到 Internet,感受信息时代的气息,并利用 Internet 学习。

对于目前能接入 Internet,但地面通信系统频带过窄、传输速率太慢的地区,也可利用卫星通道下载海量的 Internet 网站信息，用地网上传信息量较小的上行信息，构成天地合一的信息网络。

### 3. 视频会议传递模式

视频会议是最近几年随着宽带综合业务数字通信技术的发展而发展起来的一种多媒体通信技术。视频会议系统根据远程通信技术手段的不同大致可分为基于 IP 网络的视频会议系统、ISDN 视频会议系统、卫星传输视频会议系统和基于 HFC(Hybrid Fiber Coax，光纤同轴电缆混合网)的视频会议系统。各类视频会议系统主要功能差异不大，只因通信手段的不同，一些辅助功能有一定的区别。

视频会议系统的会议功能与课堂教学功能需求十分相近，因此视频会议系统研制初期就被定位为一种新型的远程教学系统。现在视频会议系统在我国远程教学中的发展十分迅速，从范围来分主要有校内视频会议教学系统和跨校园甚至跨省市视频会议远程教学系统。视频会议远程教学系统具有下列特点。

1) 实时交互性

教学系统中的师生虽相隔很远，但主讲教师和主教室中的文字、声音、图形、图像、音频、视频等多种媒体信息能及时传送到各个远端教室，主讲教师可及时了解各分教室学生听课情况，随时向学生提问。教师授权后，学生可回答教师的问题，问答过程通过系统实时传达到每个教室，师生还可以利用电子白板自由讨论。师生间的交流如同身处一室。

2) 多媒体性

视频会议远程教学系统传输多媒体信息具有明显的视频特性，同时又能传输文本、图形、电子幻灯、电子白板信息，使教学手段多样化，教学内容形象化。

3) 保存性

视频会议远程教学系统将主教室教学过程全程记录，制作成光盘或录像带，便于学生重复学习和自主学习。现在不少高校将主讲教师讲课过程的实况作为素材来制作 ASF 多媒体课件，供 Internet 网络远程教学或卫星远程教学非实时学习使用，一举两得。

视频会议远程教学系统至少有两点不足，其一是设备价格昂贵，系统建设费高。其二，尽管它具有实时交互功能，但一个教师面对数百乃至数千学生时，师生交互也只能是有限度的交互。而且视频会议远程教学系统设备操作复杂，没有经过专门训练的教师很难娴熟自如地运用，导致教学过程中事实上的交互微乎其微。

### 4. 光盘传递模式

综合上述三类现代远程教育的信息传递模式，几乎采用了我国当前主要的现代通信技术手段，教学信息传递功能强大，但是由于各传递模式自身的缺陷以及诸如费用太高、地方通信基础设施落后等其他原因，我国几乎所有远程教育试点高校以及广播电视大学都还采用光盘(或录像带)传递模式。即将教学课件、课堂教学实况、教学辅助资料制成光盘分发给学习者，供学习者自学和复习。这种方式费用低廉，传送可靠，适合我国国情。

## 7.2.2 按信息传输通道划分

按照信息传输通道，现代远程教育大体上可以划分为下述两类。

### 1. 天网

"天网"即利用卫星地面接收站，通过卫星传输信息，该方式适合实时的单向视频传输。

### 2. 地网

"地网"，即通过 Internet 或各类专用通信线路传送信息。

## 7.2.3 按教学形式划分

从教学形式上看，现代远程教育大致可以分为三种常用的类型。

### 1. 实时群播教学系统

该类系统包括一间主播教室及一间或数间远端教室，教师在主播教室讲课，学生则在异地的远方教室中听课，教材的设计与呈现采用多媒体方式，师生之间可以进行实时的问答与交流。

### 2. 虚拟教室教学系统

该类系统利用计算机软件设计出一套教学管理系统，用计算机模拟上课的情景进行教学，包括老师讲课、布置作业、回答问题、学生学习课程内容、提出问题及参加考试等。老师及学生任何时候都可以在计算机前，通过通信网络与教学管理系统连接，进行学习或者向老师请教问题。

### 3. 课程随选教学系统

该类系统利用目前信息领域最热门的"交互式视频点播"(Video On Demand，VOD)技术，学生可以在计算机或是装有控制盒(Set Top Box)的电视机，将所要学习的教材通过网络取得，并且依照个人学习速度控制播放过程进行远距离学习。

## 7.2.4 按信息的传输时效划分

按照信息的传输时效，现代远程教育基本可分为以下几种方式。

### 1. 实时(同步)传输方式

实时(同步)传输方式(Synchronous Delivery)主要包括交互电视、远程会议、计算机会议、网上交谈等，其优势在于能够减少学生的学习困难、提高学习效率与学习积极性。

### 2. 非实时(异步)传输方式

非实时(异步)传输方式(Asynchronous Delivery)所采用的教学媒体主要包括音频媒体、视频媒体、数字媒体(以计算机为典型装置)以及印刷媒体等，其优势在于其更具灵活性。

### 3. 基于 Internet 的视频会议

最早实现的远距离会议系统是利用邮电通信线路的电话通信功能来实现的所谓电话会议，即将与会者多方的音频信号通过电话线路进行传输，完成会议所需的传送或讨论功能。

随着电视技术的发展，出现了会议电视系统，即用通信线路把两地或更多地点的会议室连接起来，以电视方式召开会议，能实时传送图像、声音和会议资料、图表和相关实物图像等的一种图像通信方式。两地之间的会议电视成为点对点电视；多个地点间的会议电视成为多点式会议电视。身居不同地点的会议者互相可闻声见影，如同坐在同一会议室里开会。

早期的会议电视是模拟会议电视，即由摄像机摄取与会者声像和其他图像信号，经由模拟通信线路传输。但模拟会议电视的致命弱点是占用频带宽，运行成本贵且信号质量差，与会者无法相互通话。最新的远距离会议系统是以计算机网络为基础的，称为异步会议系统。前者以电子信箱技术为基础，叫作计算机会议系统(Computer Conferencing System)，主要以文本方式进行组织传播；后者以网上视频通信技术为基础，称为视频会议系统(Video Conferencing System)，能够支持视频和音频信息的双向或多向传播。目前比较普及的是简易型的桌面视频会议系统，因此下面重点介绍视频会议系统。

视频会议系统(Video Conferencing System)就是允许在不同地点的小组或个人参加看得见、听得着、可以交替发言的交互性多媒体通信技术。通常的情况是，一个会议地点的音频及视频信号通过卫星或其他手段传送到其他会议地点，每一个会议地点的成员都可以通过电视屏幕或其他监视器看到其他会议现场，使身在不同地点的与会者形同在一个大的虚拟会场一样。在国外，视频会议系统的应用已经相当普遍，大多用于集团公司召开部门经理会议。在我国，电视会议系统也不再是新鲜的概念，中央电视台1996年春节联欢晚会在北京、上海、西安三地的同时举行就是电视会议系统运用的一个成功范例。但是，实现此类电视会议需要昂贵的设备和高速的通信线路，操作和维护也不容易，与会者还需要集中到特设的电视会议中心。

随着计算机网络在全球范围内的普及与发展，视频会议系统概念正在与计算机网络结缘，并且向小型化、桌面化发展，出现了简易型的桌面视频会议系统(Desktop Video Conferencing System，DTVS)。DTVS是利用计算机网络进行音频及视频的数字化信号传送，并通过计算机屏幕呈现的会议系统。多数DTVS能够实现动态的多向连接，传播全运动彩色图像和高质量声音。有些系统还可提供一个称为"白板"的共享窗口，供所有与会者在其中写字和作图，以便进行协同作业。

由于视频会议系统能够突破空间限制，可以使身在异处的不同与会者聚集在同一个虚拟会场里，由此我们想到，如果将电视会议系统应用在教学上，那么它可以克服许多传统的课堂教学与网络远程教学的诸多不足。实际上，电视会议系统应用到教学上也已经不是新鲜的东西。在我国，这方面的研究工作已经开始并且已经取得了初步成果，1996年年末，上海交通大学与上海医科大学成功地进行了视频会议系统的教学尝试。

## 7.3 远程教育中的技术

### 7.3.1 网络课程开发平台

#### 1. 课程开发平台及其特点

网络课程开发平台又称网络教学支持平台、网络教学平台，是为网络教学提供全面支持服务的软件系统。从技术开发的角度来看，基于Internet的网络课程的主体就是一些互相关联的网页的集合。网络课程开发平台是为开发基于Internet的网络课程而提供的专用或通用软件。网络教学平台一般具有课程设计、互动支持和教学管理三大功能。

1) 课程设计功能

(1) 教学设计工具。教学设计工具能够将各种格式的课程材料(如Word文档、HTML文本等)转换为平台本身支持并使用的格式。同时，教师可以方便灵活地运用这类功能对课程的结构、学习单元以及其他资源进行编辑、修改与制作。

(2) 课程设计模板。通过运用课程设计模板，教师可以方便地建设一门网上课程，只需将与课程有关的材料放在事先设计好的模板中，软件系统就能自动地将这些材料组织成一个良好的网上学习环境。不同的课程运用相同的模板可以使各门课程保持一致的外观和结构，避免学生在学习不同的课程时产生混乱。模板可以根据不同用户的需要进行定制。

(3) 课程网站搜索引擎。它使学生能方便地在整个课程网站中搜索其需要的信息。

(4) 学生网页。它能帮助学生在学习过程中相互合作和做学习记录，为学生提供一个存放自主学习内容的"私人空间"。

2) 互动支持功能

互动支持功能主要体现在能够支持教师和学生之间进行交流和合作。由于学习网上课程时教师和学生之间缺乏面对面的交流，网络教学平台需要提供一个环境让教师和学生能够有效地进行互动。主要的互动支持功能有以下几方面。

(1) 异步交流。包括网上讨论区和课程内部的电子邮件。通过异步交流工具，学生和教师可以不受时空的限制进行交流。这一类型的交流比面授更加灵活，而且它给了教师和学生更充分的时间对他们所收到的信息进行思考，然后再作出回应。

(2) 同步交流。包括基于文本的实时聊天以及网上视频会议系统。要进行同步交流，学生和教师必须同时登录到网上的同一个地点(如聊天室)，以一种虚拟的面对面模式进行交流。

(3) 文件共享。这一功能使学生与学生以及学生与教师能够在网上分享信息并相互合作。例如，学生可以通过文件共享将作业直接提交给老师，同时，教师也可以方便地将批改好的作业返回给学生。教师还可以将时间表、参考文献以及其他与课程有关的文件上传到课程网站，以便学生下载。

(4) 工作组功能。它特别适用于小组项目研究。工作组功能包括小组网站、小组讨论区以及小组文件共享区等。如果学生需要进行分组项目研究，他们可以将各自完成的工作上传到课程网站的一个特定的文件共享区域，这样小组中的每个成员都可以很方便地看到其他成员的作业。

(5) 电子白板。利用该工具，学生和教师可以同时在屏幕上观看、添加和修改共同的内容，学生也可以将电子白板上的图画保存下来供将来参考。在使用电子白板时，使用者通常会同时通过在线文字聊天或视听会议来加强相互间的交流。

3) 教学管理

对教师来说，管理一门网上课程可能会花费大量的时间。为了尽量节省教师的时间，网络教学平台都会运用数据库技术进行半自动化的课程管理和行政管理。网络教学平台管理功能可以分为五种类型。

(1) 课程单元管理。这一功能可以帮助教师灵活地管理学习单元以及其他资源(包括文件、图像、链接等)。一门课程可以分割为一系列单元,而各单元间可以相互联系。

(2) 自测管理。教师可以通过这一工具创立及管理各种自测练习。一些平台系统甚至可以通过随机地从题库中抽取题目来为每个学生提供不同的自测练习,学生在完成自测后可以立刻知道测试结果,而且可以看到自测结果的数据统计分析。一些网络教学平台还可提供限时测验,学生要在规定的时间内完成测试,时间一到计算机就会自动收卷。

(3) 作业评分管理系统。一些网络教学平台可以通过运用数据库技术自动批改学生的作业并评分。学生的分数被存入一个数据库中,教师可以非常方便地进行管理。

(4) 学生网上活动追踪。学生与网上学习系统的互动情况被记录在网络服务器上,这些互动包括访问各网页的次数、自测的成绩、在网上学习和自测的时间长度等。教师可以通过对学生网上活动情况的分析,根据不同学生的需要给予相应的支持和帮助。网上学习系统可以自动生成学生学习模式的数据统计图表,供教师和学生参考。

(5) 用户管理。用户管理主要包括用户注册、信息管理和使用权限分配等。网络教学平台一般会提供给不同的用户群(如学生、教师、课程编辑人员等)不同的使用权限。通过这些限制,课程网站可以尽可能地避免遭到非授权人员的干扰。访问权限的设定可以让学生感到自己处于一个安全的网上学习环境之中,无须担心自己放在网上的学习资料会丢失或被外人干扰。

**2. 专用平台**

网络课程平台软件是专为开发网络课程而设计的软件。这些软件都包括了常用的课程构件,例如,作为课程引言、学生联系教师用的基本信息页、课程内容页(用来呈现单元目标、课程内容)、课程表页(具体描述学习流程)、信息交流构件(用作实时与非实时交流)、课程的试卷生成构件、成绩评价和学生管理构件等。上述平台软件在复杂程度、框架、系统要求、技术支持、购买费用等方面都不相同,在选择网络课程平台时,必须仔细进行比较和选择。下面简单介绍几款常用的网络课程开发专用平台软件。

1) WebCT

WebCT(Web Course Tools)是一个简单易用的网络课程平台软件,它可以为那些非计算机专业的教师和学生建构一个较为完善的网络学习环境。WebCT 由英属哥伦比亚大学计算机科学系开发(http://homebrew1.cs.ubc.ca/webct)。它的服务器运行环境为 Windows NT、HTTPD、 Unix Operation System,客户端则使用普通的 WWW 浏览器(例如 Netscape 或 IE)作为课程学习的交互界面。WebCT 十分有利于教师作为课程"建造者"来组织教学材料,其他各种课程工具和构件也能较为方便地附加到该课程中。例如:会议系统、在线聊天室、学生进程追踪、群组项目组织、学生自我评价、阶段保持和分类、许可控制、导航工具、测验生成、E-Mail、自动搜索引擎、课程表、学生主页、调查研究等。教师在设计建造用户界面时有很大的弹性。

2) Web-Course-in-a-Box

Web-Course-in-a-Box 软件能够帮助开发经验不多的教师建立一门相对简单的网络课程。其中,Course Information(课程信息)可以显示课程的教学目的、目标、课程内容和相关网页链接地址;Class Announcement(课堂公告)用来发布和保存教师的通告;Class Schedule(课程计划)列出课程活动和具体的任务;Student Directory(学生名录)用于存放学生的 E-Mail 地址和个人主页等信息；Learning Links(学习链)则允许教师投递课程参考资料，建立主题讨论组；帮助工具(Help Utilities)允许学生更改密码，生成或编辑自己的主页。

Web-Course-in-a-Box 由 MadDuck Technonlogies affiliated with Virginia Commonwealty University 开发。它的服务器运行环境为 Mac OS 7.1 或 MS Windows，在客户端则直接运行 Web 浏览器。

3) Learning Space

Learning Space(http://www.lotus.com/homeNsf/tabs/learnspace)是 Lotus 公司基于知识管理理论推出的网上课程开发平台，旨在提供一个可进行协作学习、便于指导、分布式的网上教学环境。它在企业培训、学院教学和远程教育方面有着极其广阔的应用前景。

目前，Lotus Learning Space 软件系列还推出了其他一些软件，包括：用于实时在线教育的 Beam Data Server；用于实现同步、异步、自我安排教育计划的 Anytime Education Solution；专门用于大学、学院远程教育或 ISP/NSP 构建网上教育平台的 Learning Space Campus Solution。

4) Blackboard

由 Blackboard 公司开发的 COURSEINFO 软件，它的服务器端运行环境为 Windows NT；客户端直接运行 Web 浏览器。

目前国内使用的 Blackboard 在线教学管理平台是由赛尔网络与美国毕博(Blackboard)公司共同开发的软件平台(http://www.cerbibo.com)。该网络教学平台功能强大、使用方便，为教学人员提供了强大而全面的授课、管理和交流工具，具有提高教师工作效率，发挥网络优势，实现面授学习和在线学习相结合等作用，是一个很好的利用远程教育进行学习的平台。

Blackboard 在线教学管理系统是以课程为中心集成网络"教""学"的环境。教师可以在平台上开设网络课程，学习者可以自主选择要学习的课程并自主进行课程内容学习。不同学习者之间以及教师和学习者之间可以根据教、学的需要进行讨论、交流。"Blackboard"为教师、学生提供了强大的施教和学习的网上虚拟环境，成为师生沟通的桥梁。

5) 其他专用平台软件

其他常用的网络课程平台软件还有以下两种。

(1) 由 WBT System 开发的 TopClass 软件(http:// www.wbtsystems.com)，它的服务器端运行环境为 Webstar 1.2.4、Netpresenz 4.0.1、Apache 1.1.1、UNIX、Windows NT/95、Solaris 2.5、Linux，客户端直接运行 Web 浏览器。

(2) 由 Simon Fraser University 开发的 Virtual-University 软件，它的服务器端运行环境为 NCSA HTTPD 1.4、1.50a、1.52、 UNIX OS 4.1x 、Solaris 2.5，客户端直接运行 Web 浏览器。

3. 通用平台

并非所有网络课程的开发都需要使用专用的平台软件，有时较为简单的网页编辑软件或文字处理软件就能满足需要。

为了方便、高效地进行 HTML 格式的网络课程的开发，可以采用"所见即所得"的可视化 HTML 文档编辑工具，例如采用 FrontPage 等软件来编写网页，然后自动将其保存为

HTML 格式的文本文件，即该网页的 HTML 文档。这样就可以使制作网页变得十分简单，只需像在文字处理软件 Word 中写文章一样输入文字、插入图形、制作表格、编辑超链接，就能轻松完成网页的制作。

下面介绍的就是几个最简单的网络课程开发工具。

1) Microsoft Office 套件中的 FrontPage

这是一种专业的 Home Page(网页)编辑器，它既具有可视化的编辑窗口，又可以直接用 HTML 源代码编辑，提供的控件也十分丰富。FrontPage 的用户区包括三个视图：普通视图、HTML 代码视图和预览视图。用户可以在普通视图中以所见即所得的方式进行 HTML 文档制作，也可以切换到 HTML 代码视图直接编辑代码。无论在哪个视图中进行改动，在另一个视图中都会生成相应的元素和 HTML 代码，因此，HTML 文档开发者几乎可以不用直接接触 HTML 语言本身。

2) Microsoft Office 套件中的 PowerPoint 与 Word

它们都是 Office 家族中的成员。PowerPoint 是一个优秀的演示文稿制作工具，它可以把网页制作成演示文稿的形式，以便在电脑屏幕或投影银幕上演示。它具有很强的编辑功能，支持对各种对象的插入、编辑和修改，并能轻松实现超级链接。最重要的是，PowerPoint 还可以把它所制作的网页存储为 HTML 格式文件，从而可以在网上显示该网页。

PowerPoint 把演示文稿转换成 HTML 文件时，系统首先生成一个网页的索引封面，而把每一张幻灯片保存为一个静态图像文件.gif，通过自动生成的按钮来切换幻灯片。Word 是我们十分熟悉的文字处理软件，它也可以用于编辑简单的网页，只需在保存文件时选用 HTML 的存储格式即可。

4. 网络教学平台的选择

一般说来，在选择网络课程开发的平台时，以下几点是必须考虑的。

(1) 用户部门(学校)对该项目支持的程度如何？工具软件提供商(软件公司)的售后服务是否完善？

(2) 软件是否易于用户登录和管理？软件的安全性能是否符合要求？

(3) 所选用的课程开发软件具有哪种教学交互能力(例如，是实时还是非实时的)？

(4) 该软件的功能及实用性如何(例如人机界面是否友好、软件是否易于安装)？

(5) 该软件对学生的学习记录保持、学习效果测试的能力如何？

(6) 该软件是否提供了学生所需要的常用软件工具(例如制作学生主页、自我评价及管理用的工具)？

(7) 创立该门网络课程，在技术方面要用到哪些技巧？

除此之外，还应该考虑该门课程的开发成本、系统平台的兼容性、系统的性能要求，以及该软件目前在教育领域中的应用情况等。事实上，提供上述软件的公司一般都列出其用户的网址，这就有助于联系目前正在使用该软件的有关教师，对他们在课程开发、教学应用过程中所遇到的主要问题进行了解。

下面给出部分网络课程平台产品的网站地址，可以通过这些网站来了解相关课程平台的基本情况。

- Blackboard：http://www.cerbibo.com/。
- Convene：http://www.convene.com/。

- Embanet：http://www.embanet.com/。
- ECollege.com：http://www.ecollege.com/。
- IntraLearn：http://www.intralearn.com/。
- TopClass：http://www.wbtsystems.com/。
- WebCT：http://www.webct.com/。
- The Learning Manager：http://www.thelearningmanager.com/。
- WebMentor：http://avilar.adasoft.com/avilar/index.html。
- Lotus Learning Space：http://www.lotus.com/products/learningspace.nsf。
- Softarc FirstClass (not reviewed at present)：http://www.softarc.com/。
- Virtual-U：http://www.vlei.com/。

## 7.3.2 视频会议与实时教学

### 1. 视频会议概述

早在 20 世纪 60 年代，人们就开始进行对视频会议系统的研究，目前的视频会议系统实质上是多媒体计算机技术与通信技术相结合的产物。视频会议系统 (Video Conferencing System) 是指利用视频摄像和显示设备，经过信号压缩及编程解码处理，通过通信线路的传输，在两地或多个地点之间实现交互，实时地将声音、影像及文件资料互传，实现即时且互动的沟通，以完成会议目的的系统设备。视频会议系统不仅可以听到声音，还可以看到会议参加者，共同面对商讨问题、研究图纸、实物……与真实的会议无异，使每一个与会者确有身临其境之感。这套系统还可以同时提供文件传真、静止图文传递等一系列辅助服务项目，还可以广泛用于现场教学、商务谈判等多个领域。

视频会议系统按用户组成模式划分，可分为点对点(2 人)系统和多点群组(多人)视频会议系统两种；按技术实现方式划分，可分为模拟(如利用闭路有线电视系统实现单向视频会议)和数字视频会议(通过计算机和通信技术实现)两种，其中数字视频会议系统又可划分为硬件视频会议系统、软硬件结合视频会议系统和纯软件视频会议系统等。

点对点视频会议系统运用于两个通信节点间，主要产品包括可视电话、桌面视频会议系统等。多点视频会议系统则运用于两个以上地域之间的通信。

### 2. 视频会议的构成

视频会议主要由三部分组成。

1) 终端设备

终端设备是视频会议系统的输入和输出设备。主要包括音频/视频输入/输出设备、音频/视频编/解码设备、信息处理设备和多路复用/分解设备等，通过这些设备，可实现各会场的与会者能够清晰地看到其他会场的场景，并能相互讨论问题和共享数据信息。它的作用是将音频、视频、数据以及信令等各种数字信号分别进行处理后，合成为一路或多路数字码流，再将其转换成适合于网络传输的数据格式，并发送到信道中进行传输。

2) 传输信道(通信网络)

传输信道是指连接终端设备，使之能够传输视频、音频和数据的各种传输介质的总称。

视频会议的传输介质可采用光缆、电缆、微波以及卫星等数字信道，或者其他类型的传输信道。视频会议业务可以在现有的多种通信网络中展开，例如，SHD 数字通信网、DDN、ISDN、ATM 等。现在新的标准还保证视频会议信号可以在计算机网络中传输，如 LAN、WAN、Internet 等。

3) 多点控制单元(MCU)

无论是电信网或计算机网，视频会议都可利用它们来传送活动或静态图像信号、语音信号、数据信号以及系统控制信号。目前各种网络本身的通信控制机制，还不能完全满足视频会议所要求的多点通信控制功能。因此，除了终端设备、通信线路外，还增设了多点控制单元设备。它可根据一定准则处理视听信号、数据信号，并将它们分配给对应连接的信道。实际上，它是多媒体信息交换机，可以实现多点呼叫和连接、视频广播、视频选择、音频混合及数据广播等功能，完成各终端信号的汇接与切换。在基于硬件视频会议中，多点控制单元是通过一个硬件单元即多点控制单元来实现的。在基于软件视频会议中，多点控制单元是通过软件来实现的。

### 3. 典型的桌面视频会议系统介绍

随着计算机网络在全球范围内的普及与发展，视频会议系统正在向小型化、桌面化发展，出现了简易型的桌面视频会议系统。桌面视频会议系统是在 PC 机上综合运用音频、视频和网络通信技术实现不同地点的人之间的相互通信的系统。目前，应用于远程教学的视频会议系统大都采用桌面视频会议系统。

1) CU-SeeMe

CU-SeeMe 是由康乃尔(Cornell)大学及其合作者开发的桌面电视会议系统，既可用于 Macintosh 又可用于 PC 机。CU-SeeMe 是第一个能够在 Internet 上支持实时多方电视会议(带音频与视频)并适用于 MAC 和 PC 机的桌面视频会议系统软件。

2) Netmeeting

这个名叫网络会议的系统是由微软公司开发的，将视频会议、电子白板、实时聊天、电子邮件等功能集于一体。它的最大优点是使用方便，如果你不具备或不需要视频传输，那么你可以利用其白板和其他通信功能来支持远程教学。在这种情况下，不需附加任何硬件，因此 Netmeeting 又可归入共享工作空间软件之列。

### 4. 视频会议系统的教育应用

视频会议系统在教育领域主要应用在远程教育、各地教育分支机构会议、远程师资培训、远程分校教育等方面。

视频会议系统不仅可提供流畅的语音，清晰的视频图像，同时还可提供文档共享、Web 共享、协同浏览、电子白板、桌面共享与远程遥控协作等数据处理功能，利用网络让不同地方的师生通过音视频实时交互沟通，如置身于同一教室之中。

1) 视频广播

视频会议系统可以广播视频给学生，让学生上课时既能闻其声，也可见其面。

2) 多人交互

采用多路混音技术，支持 4～16 路混音，实现多人音视频交互，就像在传统教室中师生之间的讨论交谈。

3) 桌面共享和远程遥控

利用桌面共享功能，可以将自己的计算机屏幕实时显示给远程用户，让他们看到自己的一举一动。利用远程遥控功能，则可以让自己对远程的机器进行直接操作，就像操作本地机器一样方便。

4) 电子白板

学生可以在白板上自由地绘制、书写任意可视化信息，方便所有的成员进行交流。

5) 文档共享、Web 共享和协同浏览

通过文档共享和 Web 共享，所有的成员可以共同讨论 Office、PDF、AutoCAD、PowerPoint 等各种形式的文档；协同浏览让所有的成员可以同步地浏览网页，实现更为直接的交流。

6) 文字交流和文字私聊

所有成员能利用一个公共的文字平台进行有效的文字交流和沟通；文字私聊功能为成员间提供了一个点对点的私人空间，两个成员间可通过文字私聊功能进行二者之间的沟通。

7) 文件传输

与会者可在开会的同时传输文件给某个会议成员或者传输文件给所有的会议成员，即异地文件的在线实时收发。

8) 音视频的录制功能

可以实时录制自己的本地音视频或远程的用户音视频。可以使用常见的视频播放器，如 Media Player 等进行播放；利用常见的视频编辑软件，如 Movie Maker 进行编辑。能进行会议录制，把会议信息完全记录下来，任意客户端对多个或某一个分会场的同步同时录像，录像包括会议中展示的讲义文档、图表及标注等交流内容。

一个实际的用于教学的视频会议系统，一般都由主播教室和多个远程听课教室组成，即采用了一点到多点的教学模式。

在主播教室中配置有教师计算机、多点控制器(MCU)、电子白板、实物投影仪，用于板书数据交流和文件、图表的传送，以提高远程教育开展和交流的质量和效果。图 7-1 给出了采用 VTEL 远程教育设备的主播教室平面布局的实例，其中安装在天花板底下的麦克风用于接收学生的语音信息。

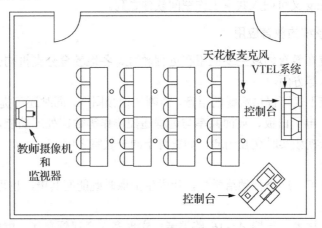

图 7-1　主播教室平面布局

远地的多媒体听课教室可以通过因特网或专用通信线路与主播教室中的 MCU 相连接。在远程多媒体听课教室中，师生之间既可进行双向的视频教学，也可通过因特网与远程教育网站相连，采用 VOD 方式，下载课件进行播放，从而进行非实时的集中式教学。

用于教学的视频会议系统具有以下几方面的特点。

(1) 实时性。主播教室的多种媒体信息可以及时传到异地的听课教室中，分隔在不同地域的师生可以实时交流。

(2) 交互性。主播教室的教师可以及时了解各个远程教室中学生的听课情况，可以提问学生，学生也可以向主播教室中的教师提问。主讲教师与远端学生可以利用视频会议系统的电子白板自由讨论，相互传递多媒体信息，实现真正意义上的交互。

(3) 多媒体性。视频会议系统能同时提供声音、视频流以及其他多媒体信息，极大地丰富了教学内容。

(4) 共享性。只要接通基于视频会议系统的远程教学系统，任何人都可以在同一时间听讲同一门课程，使更多的人有机会接受高质量教育。

此外，基于视频会议的远程教学系统还能提供视频点播、教学记录，以及课件素材库等，以满足学生自学、复习的需要。

### 7.3.3 虚拟现实技术

#### 1. 虚拟现实的概念

所谓虚拟现实(Virtual Reality，VR)，就是通过技术或设备模拟出一个可交互的、虚幻的三维空间场景。

虚拟现实技术集成了数字图形技术、计算机仿真技术、人工智能技术、传感技术、显示技术、网络并行处理技术等，能生成逼真地展现视、听、触、嗅觉等多种感官体验的虚拟环境，用户借助必要的设备，如键盘、鼠标或特殊的头盔、数据手套等，便可以进入虚拟空间，成为虚拟环境中的一员，进行实时交互，感知和操作虚拟世界中的各种对象，从而获得身临其境的感受。

虚拟现实技术最早源于美国军方的作战模拟系统，20世纪90年代初逐渐为各界所关注。目前已广泛应用于航空航天、医学实习、建筑设计、军事训练、体育训练、娱乐游戏等领域，一些国家已将虚拟现实技术用于教学。

虚拟现实技术的特点在于可利用计算机产生一种人为的虚拟环境，用户能够与之交互，通过与仿真环境的相互作用，并利用本身对所接触事物的感知能力，全方位地获取事物的各种空间信息和逻辑信息，在感官和心理上产生一种沉浸于虚拟环境的感觉。这就是虚拟现实技术的沉浸感和临场参与感。

#### 2. 虚拟现实技术的特性

虚拟现实技术具有以下主要特性。

1) 交互性

交互性(Interaction)是指用户对虚拟环境内对象的可操作程度和从环境中得到反馈的自然程度(包括实时性)，例如，用户可以用手去直接抓取虚拟环境中虚拟的物体，这时手有捏着东西的感觉,并能感觉出物体的重量,视野中抓着的物体也能立刻随着手的移动而移动。

虚拟现实环境比较强调人与虚拟世界间的自然交互,比如通过人的走动、头的转动、手的运动等方式与虚拟环境交互。这与多媒体交互有很大区别,在多媒体技术中人与计算机主要是利用键盘、鼠标进行的一维、二维交互,而在虚拟现实环境中人甚至感觉不到计算机的存在。

交互性还具有实时性的特点,比如身体方位移动或头转动,所显示的场景会立即产生相应变化,手拿物体时,物体会随手的移动而产生相应物理空间的改变。

2) 沉浸性

沉浸性(Immersion)是指虚拟现实技术能使用户感到自己处于虚拟环境中,成为其中的一员,由观察者变为参与者,沉浸于其中并参与虚拟世界的活动,即身临其境。理想的虚拟世界应达到使用户难以分辨虚实的程度。

沉浸性来源于对虚拟世界的多样感知,如视觉、听觉、触觉、味觉、嗅觉及力量感、运动感等。从理论上讲,虚拟现实环境应具备人在现实世界中所具有的所有感知功能,但是鉴于目前技术上的局限性,相对成熟的主要是视觉、听觉和触觉沉浸技术。

3) 想象性

想象性(Imagination)指最大限度地发挥人类的创造力和想象力。一方面,虚拟的环境是人想象出来的,体现出设计者的思想;另一方面,用户可从设计好的环境中得到感性和理性上的认识,进而深化概念、产生新意和想象,与设计者产生共鸣。虚拟现实系统既需要设计者的想象力,又离不开参与者的想象力。

3. 虚拟现实的分类

虚拟现实有多种分类方法。从构建情景的合理性来看,可分为合理的虚拟现实、夸张的虚拟现实和虚构的虚拟现实三种;从沉浸程度的高低和交互程度的不同来看,可分为桌面式虚拟现实、沉浸式虚拟现实、增强现实性虚拟现实和分布式(又称共享式)虚拟现实四种形式。

1) 桌面式虚拟现实

桌面式虚拟现实利用个人计算机和低级的工作站进行仿真,将计算机的屏幕作为用户观察虚拟世界的一个窗口,用户借助软件,通过各种输入设备实现与虚拟现实世界的充分交互。输入设备包括鼠标、数据手套、空间追踪球、力矩球等。桌面式虚拟现实要求参与者使用输入设备,通过计算机屏幕观察360°范围内的虚拟世界,并操纵其中的物体。由于即使戴上立体眼镜,仍然会受到周围现实环境的干扰,不能使参与者完全地沉浸其中,因而桌面式虚拟现实缺乏真实的现实体验,但是它结构简单,成本较低。常见的桌面式虚拟现实技术,有基于静态图像的虚拟现实QuickTime VR、虚拟现实造型语言VRML、桌面三维虚拟现实、MUD等。

2) 沉浸式虚拟现实

沉浸式虚拟现实让使用者头戴头盔、手带数据手套等传感跟踪装置与虚拟世界进行交互,使用者的视觉、听觉与外界完全隔离,全身心地投入到虚拟现实中去,沉浸感非常强。例如,在消防仿真演习系统中,消防员会沉浸于极度真实的火灾场景并作出不同反应。沉浸式虚拟现实的不足是系统设备,尤其是硬件设备价格昂贵。

3) 增强现实性的虚拟现实

增强现实性的虚拟现实不仅可模拟、仿真现实世界，而且可增强参与者对现实中无法感知或不方便感知的感受，典型的实例是战机飞行员的平视显示器，它可以将仪表读数和武器瞄准数据投射到安装在飞行员面前的穿透式屏幕上，使飞行员不必低头读座舱中仪表的数据，从而可集中精力盯住敌人的飞机或导航偏差。

4) 分布式虚拟现实

分布式虚拟现实系统可以使位于不同物理位置的多个用户或多个虚拟世界，通过网络连接成共享信息的系统，对同一虚拟世界进行观察和操作，达到协同学习、工作及相互交流的目的。分布式虚拟现实的典型是 SIMNET(Simulator Networking)系统。SIMNET 由坦克仿真器通过网络连接而成，用于部队的联合训练。通过 SIMNET，位于德国的仿真器可以和位于美国的仿真器运行在同一个虚拟世界，参与同一场作战演习，学员们能使用各种作战武器与敌人交战。网络游戏是分布式虚拟现实系统的具体应用。

### 4. 虚拟现实技术的教育应用

从教育发展历程来看，任何一种新技术的出现，都会引起教育的重大革命。毫无疑问，虚拟现实技术与教育的结合，也一定会促使教育领域产生很大的飞跃。

虚拟现实技术能将三维空间的意念清楚地表示出来，使学习者可以直接、自然地与虚拟环境中的各种对象进行交互，并通过多种形式参与到事件的发展变化过程中，从而获得最大的控制和操作整个环境的自由度。该技术可应用在教育与培训领域的许多方面，诸如虚拟科学实验室、立体观念、生态教育、特殊教育、仿真实验、专业领域的训练等，具有明显的优势和特点。

国内外的虚拟现实应用主要表现在以下几个方面。

1) 仿真教学与实验

利用虚拟现实技术可以建立各种虚拟实验室，如地理、物理、化学、生物实验室等，创设一种虚拟的学习环境，具有传统实验室无法比拟的优势。

形象生动。利用虚拟现实技术，可以模拟显现那些在现实中存在但在课堂教学环境下用其他方法很难做到或者要花费很大代价才能显现的各种事物，供学习者学习和探索。主动的交互与被动的灌输有本质的区别，学习者亲身去经历、亲身去感受，比空洞抽象的说教更具说服力。

节省成本。通常由于设备、场地、经费等条件的限制，许多实验无法进行，而利用虚拟现实系统，学习者足不出户就可以做各种实验，获得与真实实验一样的体验。在保证教学效果的前提下将极大地节省成本。

规避风险。借助于虚拟现实技术的各项成果，人们能对危险的、不能失误的、缺少或难以提供真实演练的操作反复地进行十分逼真的练习，例如，虚拟的飞机驾驶教学系统，可免除因学习者操作失误而造成机毁人亡的严重事故。

打破时空的限制。利用虚拟现实技术可以彻底打破时间与空间的限制，大至宇宙天体，小至原子粒子，学习者都可以"进入"这些物体的内部进行观察。一些需要几十年甚至上百年才能观察到的变化过程，通过虚拟现实技术可以在很短的时间内呈现给学习者观察。

2) 特殊教育

虚拟现实技术是一种自然的交互形式，对特殊教育很有意义。

在虚拟现实技术的帮助下，残疾人能够通过自己的形体动作与他人交流，甚至可以用脚的动作与他人交谈。在高性能计算机和传感器的支持下，残疾人带上数据手套后，就能将自己的手势翻译成讲话的声音；配上目光跟踪装置后，就能将眼睛的动作翻译成手势、命令或讲话的声音。专门教弱智儿童掌握手势语言的三维虚拟图像的理解和训练系统，可以帮助弱智儿童进行练功和训练，从而使他们能很快地熟悉符号、文字和手势语言的意义。

3) 虚拟仿真校园

虚拟校园是虚拟现实技术在教育培训中最早的具体应用，由浅至深有 3 个应用层面，分别为适应学校不同程度的需要供游客游览的简单的虚拟校园环境；基于教学、教务、校园生活的功能相对完整的三维可视化虚拟校园；以学员为中心，加入一系列人性化的功能，以虚拟现实技术作为远程教育基础平台。

4) 虚拟远程教育

虚拟现实技术可以为高校的分校和远程教育教学点提供可移动的电子教学场所，通过交互式远程教学的课程目录和网站，可对各个终端提供开放性的、远距离的持续教育，还可为社会提供新技术和高等职业培训的机会，创造更大的经济效益和社会效益。

随着虚拟现实技术的不断发展和完善，以及硬件设备价格的不断降低，虚拟现实技术以其自身强大的优势和潜力，将会逐渐得到教育工作者的重视和青睐，在教育培训领域广泛应用并发挥重要作用。

### 7.3.4 常用技术及应用

**1. 基于网络的通信和信息交流技术**

1) 电子邮件

电子邮件(E-mail)服务是 Internet 为用户提供的一种最基本的、最重要的服务之一。普通信件通过邮局、邮差送达收信人，而电子邮件是以电子的格式(如文本、多媒体文件等)通过互联网为用户提供一种快速、简单和经济的通信和交换信息的方法，电子邮件将邮件发送到收信人的邮箱中，收信人可随时读取，具有使用方便、传递迅速和费用低廉的优点。

由于 E-mail 可以为广大师生提供一种方便快捷的网络通信方式，在教育领域的应用日益广泛，成为师生、生生相互交流的一种首选方式。

E-mail 在使用中不仅可以发送文本文件，而且可以通过附件的方式发送图像甚至是多媒体文件，但由于受到不同 E-mail 服务提供商的限制，不少 E-mail 系统中对附件的大小和数量有限制。

2) 腾讯 QQ

腾讯 QQ 是深圳市腾讯计算机系统有限公司开发的一款基于 Internet 的即时通信软件。用户可以使用 QQ 和好友进行交流，信息即时发送和接收，语音视频面对面聊天，功能非常全面。此外，QQ 还具有与手机聊天、BP 机网上寻呼、聊天室、点对点断点续传传输文件、共享文件、QQ 邮箱、备忘录、网络收藏夹、发送贺卡等功能。QQ 不仅仅是简单的即时通信软件，它与全国多家寻呼台、移动通信公司合作，实现传统的无线寻呼网、GSM 移动电话的短消息互联，是国内最为流行、功能最强的即时通信(IM)软件。

腾讯公司凭借雄厚的技术力量和资金实力，不断改进产品，增强服务，已经让 QQ 的服务延伸到 Internet 的每一个角落，使每一个网民都能享用到 QQ 超强的服务，它的使用也因此延伸到现代教学中，成为广大师生相互交流的一种信息工具。

3) BBS 论坛

BBS(Bulletin Board System，电子公告板)是为人们提供的以文字界面为主的交流空间，与论坛具有相似性。像日常生活中的黑板报一样，BBS 按不同的主题分成很多个布告栏，布告栏的设立是以大多数 BBS 使用者的要求和喜好为依据的，向所有人免费开放。使用者可以阅读他人关于某个主题的看法，也可以将自己的想法贴到公告栏中，往往能很快得到对自己观点的回应。还可以将想说的话直接发到 BBS 注册用户的电子信箱中。如果想与在线的某个用户聊天，可以启动聊天程序加入聊天的行列。在 BBS 里，交流打破了空间、时间的限制，与他人进行交往时无须考虑自身的年龄、学历、知识、社会地位、财富、外貌、健康状况等，而这些往往是人们在其他交流形式中无法回避的。参与 BBS 的人能以平等的地位与其他人进行问题的探讨。

4) 博客(Blog)

Blog，是 Weblog 的简称。Weblog，是 Web 和 Log 的组合词。Web，指 World Wide Web；Log，原意是"航海日志"，后指任何类型的流水记录。Weblog 是在网络上的一种流水记录形式，所以也称为"网络日志"，简称网志。

博客的网页主体内容由不断更新的、个性化的众多"帖子"组成，众多"帖子"按时间倒序方式排列，其主题、外观布局和写作风格各异，但内容必须以"超链接"作为重要的表达方式。博客可以让人们自由表达观点，进行深度交流沟通。并且具有知识过滤与积累的作用，是个性化的知识仓库。

博客和 BBS 在某些功能上非常相似，比如可以就某个话题展开讨论。博客和 BBS 的区别又是明显的：从使用范围看，BBS 由很多人聚在一起聊天，是一个自由交流的公众场所，而群组型 Blog 则是一批为了共同的目标而聚集在一起研究和探讨问题的场所，个人 Blog 则是个人的网络日记本，随着知识与思想的积淀，Blog 可以当作个人的知识管理系统；从网络文化的角度看，BBS 是一个开放的、自由的空间，面向的是一个较松散的群组，是服务于公众的，而 Blog 则是一个私有性较强的平台，面向的是个人和较小的、具有共同目标的群组，服务于个人和团体，正因为 BBS 与 Blog 的创设理念各不相同，因此拥有各自的生存空间和服务对象；从交流方式看，BBS 允许用户回复，但一般需要注册，用户在某个 BBS 参加讨论一段时间后，就很难再找到曾经发过的帖子，而 Blog 不需要注册就可以回复，同时无论是在自己的 Blog 写过的东西还是参与的其他 Blog 的讨论，都可以保留在自己的 Blog 中，同时通过原始文章可以找到网络上所有关于该文章的讨论，用户可以对这些发言方便地查找和任意处置。

博客已经成为一种继课件、积件、资源库、教育主题网站等信息化教学模式之后，一种新的网络应用模式，它将互联网过去的通信功能、资料功能、交流功能等进一步强化，使其更加个性化、开放化、实时化、全球化，把信息共享发展到资源共享、思想共享、生命历程共享。

把博客作为网络时代课堂教学的延伸和拓展，让数量不限的学习者能够参与到群体学习和交流过程中，能够让教师写下自己的教学心得，并且与周围的群体交流、分享，从而在这一过程中得以进一步提高认识。

通过博客把研究性学习的进度、学生体会、教师指导建议和外界资源链接等放在博客上，便于学生对知识、资源的筛选、管理，并记录学习者所完成的学习任务的全过程，其过程能够反映出学生的整个学习进程和各个学习阶段的发展过程，从而进行过程性评价。

通过博客构建师生的个体自主学习型组织，形成网络虚拟学习社群，如学科教师教学组博客、师生学科组博客、学生探究性兴趣组博客等。

从博客在教育学习领域的发展前景来看，编者认为博客将成为信息时代人们可以终身应用的学习和知识管理工具，它的出现将改变人们被动阅读和只读不写的学习方式。同时利用博客构建学生电子档案袋，进行过程性评价，将改变我们对学生学习状况的评价方式。

### 2. VRML 语言及其应用

VRML(The Virtual Reality Modeling Language，虚拟现实建模语言)是应用于 Internet 网页的一种虚拟现实建模语言，也是在 Internet 上建立 3D 多媒体和共享虚拟世界的一个开放标准。VRML 常用于描述三维物体及三维场景，它能够在 WWW 上构建动态的、具有丰富的传感效应的虚拟环境。在描述三维物体及由它们构成的场景时，VRML 能使物体在三维空间中运动(动画)，还能够在场景中播放声音和电影，并使观察者能与场景进行交互，从而强化观察者在虚拟场景中的感受。

1) VRML 文档

所谓 VRML 文档，是使用 VRML 语言组织起来的一个扩展名为.wrl 的文本文件或扩展名为.wrz 的二进制文件(压缩格式)，它可以通过 VRML 浏览器向用户展示虚拟现实情景。图 7-2 所示为用 VRML 描述的一个圆柱体。

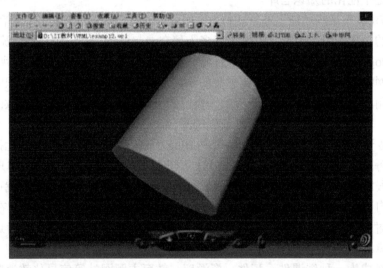

图 7-2  用 VRML 描述的一个圆柱体

2) VRML 编辑软件

由于 VRML 文档是一个普通的文本文件即纯文本文件，因此它对编辑工具没有特殊的要求。事实上，Microsoft Word、写字板等，都可以用来编辑 VRML 文档。为了更加方便、高效地进行 VRML 文档的编辑，人们通常采用具有"所见即所得"功能的可视化 VRML 文档编辑软件，例如，Internet Space Builder、Canoma 等，它们会自动将所编辑成的结果保存为 VRML 格式的文本文件，从而可使制作 VRML 文档变得十分简单，只需像在文字处理软件 Word 中写文章一样，就能轻松完成 VRML 文档的制作。

3) VRML 浏览器

VRML 文档可以在 Internet 上传输，并通过 WWW 浏览器进行演示。

例如，在常用的浏览器 IE 或 Netscape Navigator 中都可以演示 VRML 文档，其中 IE 5.0 或 Netscape Navigator 4.0 以上版本浏览器中都已经预装了 VRML 插件。如果在安装浏览器时未选择预装，也可以单独下载和安装 VRML 浏览插件，例如 Cosmo Player。可以从网站"http://cosmosoftware.com/ "下载 Cosmo Player 软件的最新版本，它支持 IE 和 Netscape，是应用最广泛的一种浏览虚拟现实的插件。

**3. 全景环视技术**

1) 全景环视的基本概念

全景环视技术也称 360°全景环视技术，或基于图像处理的 Panorama(全景摄影)技术，就是把相机环绕 360°拍摄的一组照片拼接成一个全景图像，用一个专用的播放软件在 Internet 上显示。观看者可以通过鼠标控制环视的方向，可上、可下、可左、可右、可近、可远，感觉如身临其境一般，好像在一个窗口前浏览一个现实的场景。在过去，价格昂贵的全景摄影机虽然也可以拍摄出 360°的高质量全景照片，但却很难在 Internet 上浏览。现在，飞速发展的计算机多媒体技术使高质量全景照片有了全新的内涵和广泛的应用。事实上，如今有大量的网站可以提供全景照片：从大学校园到旅游公司，从软件厂商到商品广告，从业余爱好者到专业摄影者，直至地方政府机构等。

从严格意义上说，全景环视技术并不是真正意义上的三维图形技术，它发展较快的原因是因为其具有下述几个优点。

(1) 通过实地拍摄，有照片级的真实感。

(2) 有一定的交互性，可以用鼠标控制环视的方向，可上下、左右、远近控制浏览。

(3) 不需要单独下载插件，自动下载一个小小的 Java 程序后就可以通过浏览器在网上观看全景照片。

近年来，全景环视摄影已经从以往简单的柱形全景，发展到球形全景，直至对象全景。球形全景视角是水平 360°，垂直 180°，即全视角，观看时能让人完全融入虚拟环境之中。全景环视摄影现在的发展方向是动态全景视频，观众甚至可以在一些网站上看到正在进行中的带音响效果全景球类比赛，比赛中，观众的视角可以随意转动。对象全景则主要是瞄准 e-Commerce(电子商务)业务，用以进行商品展示，例如住宅、工艺品、古代与现代艺术品等。图 7-3 为利用全景环视技术进行的大众新甲壳虫汽车展示。

归纳全景环视摄影的应用领域，大致涉及商品广告与推销(例如电子商务的虚拟商场)、远程教学、旅游业、新闻业、娱乐业、多媒体展示业、建筑业等。

全景环视摄影是一种应用面非常广泛的实用技术，有关全景环视摄影应用的进一步信息，可参阅网站 http://www.chinavr.net/chinese.html。

2) 全景环视图像制作工具

目前有不少用于全景环视图像的制作软件工具，如 iPIX、PixMaker、Photovista 等。我们通过相关网站可下载这些软件的共享或试用版本。

图 7-3 全景环视——大众新甲壳虫

iPIX 全景 360°图片技术需要利用 iPIX 专利技术的鱼眼镜头拍摄两张 180°的球形图片，再通过 iPIX 软件把两幅图像拼接起来，制作成一个 iPIX 360°全景图片。ipIX 利用上述原理生成一种逼真的 Internet 三维立体图片。在视场中，观众可以通过鼠标的上下、左右移动任意选择自己的视角，或者任意放大和缩小视角，也可以对环境进行环视、俯瞰和仰视，从而产生较高的沉浸度。

PixMaker 是一款全景环视图片制作软件，可以从网站"http://www.pixaround.com"或"http://www.pixaround.com.cn"下载它的试用版本。PixMake 特别注意了软件的简易性，界面设计与操作流程更加简化，在无须昂贵专业器材或额外浏览器插件软件 Plug-ins 的情况下，即可在网络上传送互动的网上虚拟环境。PixMaker 软件是全景虚拟环境制作软件中较简单的一款。

Photovista 是一款全新的全景 360°图片制作软件，它不需要专业训练或者不用附加任何软件和昂贵的硬件，就可以制作出逼真的三维全景图像。利用一台扫描仪或者任何 35mm 的数码相机、照相机，就可以获得 GIF、JPEG、IVR(Windows)格式的图像文件。把拍摄好的图片放到 Photovista 中，然后依次打开图像、打开镜头、拼接预览、看全景、拼接最后的全景。图片经过自动调整、排列、拼接，就可以创造出无缝拼合的全景图片。

远程教育是一种新型的教学形式，这种形式随着媒体和社会的发展变化而产生了多种多样的模式。从不同的研究角度出发，可以将远程教育划分成不同的教学模式。与此相应，网络课程开发平台是专为开发网络课程而设计的工具软件，这些软件中都包括了常用的课程构件。

视频会议系统是指利用摄像和显示设备，通过通信线路在两地或多个地点之间实现交互式音、视频实时通信的系统。用于远程教学的视频会议系统具有实时性、交互性、多媒体性和共享性等特点。

虚拟现实技术是利用计算机生成一种模拟环境，通过多种传感设备使用户"投入"到该环境中，实现用户与该环境直接进行自然的交互。虚拟现实技术具有交互性、沉浸性等特点。

VRML 是一种虚拟现实建模语言。全景环视技术把相机环绕 360°拍摄的一组照片拼接成一个全景图像，用一款专用的播放软件在因特网上显示。随着因特网和虚拟现实技术的发展，虚拟现实在远程教育中有十分广泛的应用前景。

当然，远程教育是指师生凭借媒体所进行的非面对面的教育。它的优点在于使学生在时间和空间并不统一的情况下，能与教师进行交流并完成学习任务。现代远程教育是计算机技术和因特网技术在远程教育领域的新兴应用。新的远程教育形态的出现与应用并不意味着否定和抛弃原有的远程教育形态。

## 7.4 Blackboard 网络课程平台介绍

### 7.4.1 Blackboard 教学平台简介

Blackboard 教学平台是国际领先的教学平台及服务提供商专门为教育机构开发研制的软件平台，是目前全球市场上唯一支持百万级用户的教学平台。全球有将近 4000 所大学及其他教育机构在使用 Blackboard 平台教学产品，其中包括国际著名的哈佛大学、斯坦福大学、牛津大学、剑桥大学等，以及国内的知名高校，如人民大学等。

Blackboard 教学平台是以课程为中心集成网络"教""学"的网络教学环境。教师可以在平台上开设网络课程，学习者可以在教师的引导下，自主选择要学习的课程内容。不同学生之间，以及教师和学生之间可以根据"教和学"的需要进行讨论、交流。教师可以利用 Blackboard 和现有"课堂教学"进行有机的结合，开展基于网络的辅助教学活动，帮助教师提高课堂教学效率，减少重复劳动，提高整体教学质量。

**1. 认识 Blackboard 平台**

Blackboard 平台登录后的界面如图 7-4 所示。

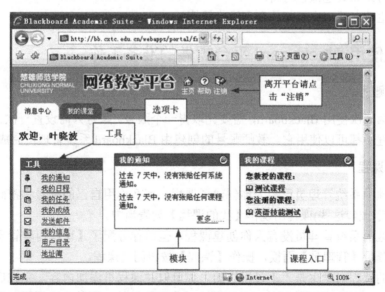

图 7-4　Blackboard 网络教学平台功能界面

1）工具

工具是指供用户使用的一些个性化工具，比如修改密码、编辑个人信息，查看自己所学课程的成绩和反馈等。

2) 选项卡

选项卡是平台内用来区分产品和模块的组合。常用的【消息中心】【我的课堂】等都是选项卡。

3) 模块

模块是产品的基本功能组件，是面向用户使用的一些功能入口，比如【我的课程】就是用户所有课程的入口；【我的通知】显示和用户相关的所有通知。

4) 进入课程

这个模块是进入自己教授和学习课程的位置，教师和学生通过单击课程名称进入课程的教学环境，教师和学生只有进入课程后才可以开展相应的教学和学习活动。

5) 注销

在用户完成操作离开 Blackboard 平台时的操作按钮。

#### 2. Blackboard 教学平台的主要功能

Blackboard 教学平台的主要功能有以下几种。
(1) 发布通知。
(2) 异步交流：讨论区。
(3) 同步交流：分组聊天，可同时应用或不应用白板、小组浏览器等工具。
(4) 在线测试和调查，具备自动评分和统计功能。
(5) 作业和课程文档区。
(6) 外部链接。
(7) 数字收发箱。
(8) 及时发布其他课程材料。
(9) 学生花名册，电子邮件和在线成绩簿。

### 7.4.2 使用 Blackboard 平台需做的准备工作

#### 1. 教师账号

如果是第一次使用 Blackboard，需要先取得一个账号。账号只需设置一次，以后你在教授的所有课程中都可以使用它。教师账号的创建由 Blackboard 系统管理员完成。

#### 2. 创建课程

如果本地的系统管理员已经为你创建了课程，那么你用自己的账号和密码登录以后，就会看到这门(或者这些)课程出现在【我的课程】列表当中。

如果本地的系统管理员没有为你创建课程，但给你分配了【课程内容管理者】权限，那么你可以登录【管理员】面板，操作【课程】按钮创建课程。

新创建的课程对学生是"不可用"的。你可以往课程里添加内容，完成后再将它设为"可用"(单击【控制面板】链接，然后单击【设置】链接，再单击【课程可用性】链接，在【使课程可用】单选按钮中选择【是】)。这样学生就能看到你的课程网站及其内容了。

#### 3. 学生账户和注册

学生要登录 Blackboard 平台，首先必须有一个账户。该账户一般情况下由学校

Blackboard 管理员负责创建。

其次，学生要学习教师的课程，他们还需要注册(尤其在教师的课程不允许访客访问的情况下)。教师可以让学生自行注册(注册可以有时限，并且可以密码保护)，也可以让他们发送请求，由教师或者管理员进行批准。

以上准备工作完成后，教师就可以开始整理课程材料，规划课程网站了。

#### 4. 课程网站规划

要保证在线教学的成功，课程网站的规划也许是最重要的一步。如果你在规划阶段投入较多的精力，以后的创建和管理就会容易得多。

在着手组织课程的在线内容之前，请先考虑以下问题。

(1) 我的课程为什么要采用 Blackboard 平台？
(2) 课程的哪些内容要在线进行或发布？
(3) 网络环境应怎样促进课程教学目标的达成？
(4) 为了取得某一特别的教学效果，我可以采用 Blackboard 的哪种工具？
(5) 我在开发和修改在线内容上准备花多少时间？

教师可以列出创建课程网站的工作清单。在课程开发的每一个阶段，教师都需要问自己这样一个对教学设计来说最为重要的问题："哪种材料和活动能最大限度地帮助学生的学习，同时培养他们的分析能力？"

如果是第一次使用 Blackboard，教师在课程开发上所花的时间可能比预想的要多。教师可以考虑先利用 Blackboard 的部分区域和功能，如通知、教员档案、课程信息和课程文档。以后在使用该平台的时候，再考虑利用讨论区、在线测试和调查、协作工具这样的功能。

#### 5. Blackboard 教学平台的使用流程图

使用 Blackboard 教学平台的流程如图 7-5 所示。

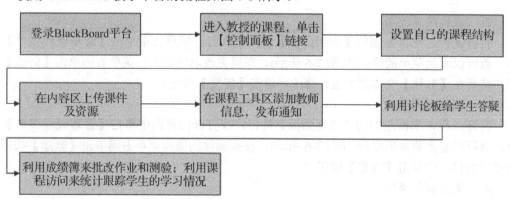

图 7-5 Blackboard 教学平台使用流程图

### 7.4.3 Blackboard 平台的常用功能介绍

教师经常使用的 Blackboard 教学平台的功能有："课程结构的设置""课件及资源上传""讨论板""作业布置与批改"和"测验"，下面就介绍这几个常用功能。

1. 课程结构的设置

单击你所教授的一门课程，打开课程页面；在打开的页面左侧是课程菜单，对课程菜单的修改主要有以下几种。

1) 课程菜单顺序调整

打开课程，单击左侧的【控制面板】链接，在打开的页面中单击【管理课程菜单】链接，就可以看到课程菜单的编号，如图7-6所示，单击课程菜单左侧的下拉列表框可以更改菜单的显示顺序。

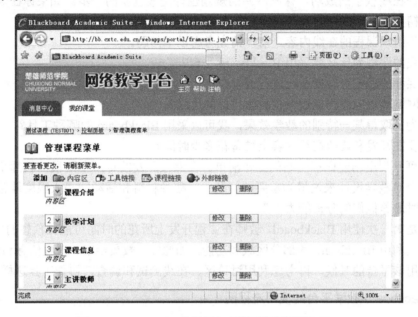

图7-6　Blackboard 教学平台【管理课程菜单】窗口

2) 课程菜单改名

打开课程，单击左侧的【控制面板】链接，在打开的页面中单击【管理课程菜单】链接，就可以看到菜单的排列(如图7-6所示)，在要更改名称的课程菜单右侧单击【修改】按钮，然后在【名称】文本框中进行修改，单击【提交】按钮。

3) 删除课程菜单

打开课程，单击左侧的【控制面板】链接，在打开的页面中单击【管理课程菜单】链接，就可以看到菜单的排列(如图7-6所示)，在要删除的课程菜单右侧单击【删除】按钮，在弹出的窗口中单击【确定】按钮。

4) 增加课程菜单

打开课程，单击左侧的【控制面板】链接，在打开的页面中单击【管理课程菜单】链接，就可以看到菜单的排列(如图7-6所示)，单击左上角的【添加 内容区】链接，在打开页面中的【名称】下拉列表框中选择要添加的课程菜单名称，单击【提交】按钮。

2. 上传资源

1) 上传文件

打开课程，单击要添加内容的课程菜单链接，单击右上角的【编辑视图】链接，再单击【项目】链接，在【名称】文本框中输入该项目的名称，在【文本】编辑框中输入相应信息，单击【浏览】按钮，在弹出的窗口中选择要上传的文件，单击【打开】按钮，在【文件链接的名称】文本框中输入要显示的名称，单击【提交】按钮，如图 7-7 所示。

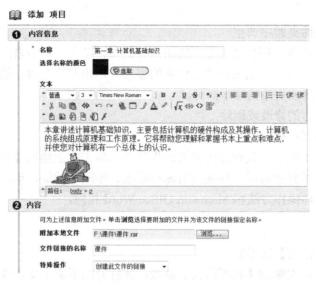

图 7-7  Blackboard 教学平台【添加 项目】窗口

2) 上传可直接显示的多媒体素材

打开课程，单击要添加内容的课程菜单，单击右上角的【编辑视图】链接，再单击【项目】链接，然后在【文本】编辑框中就可添加直接显示的多媒体素材(如图 7-8 所示)，具体可添加的多媒体文件包括：普通文件(按链接方式打开)、图像(直接显示)、MPEG/AVI(可播放)、Quicktime(可播放)、音频文件(可播放)、Flash/Shockwave(可播放)、WebEQ 数学公式、MathML(数学置标语言)。

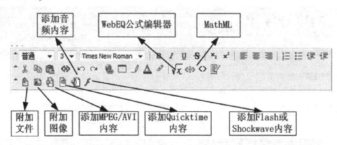

图 7-8  Blackboard 教学平台可视文本框编辑器工具栏

3) 使用外部链接

该功能可添加文字形成链接，让使用者单击链接后打开其他网页。

打开课程，单击要添加内容的课程菜单，单击右上角的【编辑视图】链接，再单击【外部链接】链接，在【名称】文本框中输入名称，在 URL 文本框中输入要打开的网址，单击【提交】按钮。

4) 项目和文件夹的区别

项目就是平常所指的文件，而文件夹和平常所指的文件夹意义相同。

创建文件夹的方法和创建项目的方法相同。

5) 利用文件夹将相关内容放置在一起

和日常使用电脑一样，在课程菜单中创建文件夹，再在文件夹中创建项目，就可将相关内容放置在一起。

6) 项目或文件夹顺序调整

打开课程，单击要对项目或文件夹顺序调整的课程菜单，单击右上角的【编辑视图】链接，在打开的窗口可以看到项目或文件夹的编号，单击要更改顺序的项目或文件夹左侧的下拉列表框，选择要更改的顺序即可。

7) 对添加内容的修改或删除

所有添加到课程菜单中的内容都可以修改。

打开课程，单击要修改或删除内容的课程菜单，单击右上角的【编辑视图】链接，在打开的窗口中可以看到项目或文件夹的右侧有修改、删除等功能，单击相应的按钮就可进行相应的操作，具体操作方法和 Microsoft Office Word 相同。

### 3. 讨论板

1) 增加【讨论板】课程菜单

打开课程，单击左侧的【控制面板】链接，在打开的页面中单击【管理课程菜单】链接，单击左上角的【添加 工具链接】链接，在打开的窗口中单击【类型】下拉列表框，选择【讨论板】，单击【提交】按钮。

2) 增加论坛

打开课程，单击【讨论板】课程菜单，单击【论坛】链接，在打开的窗口中的【名称】文本框中输入新增论坛的名称，单击【提交】按钮。

3) 论坛的使用与管理

论坛的使用与管理完全与 Internet 上的论坛一样，如图 7-9 所示。

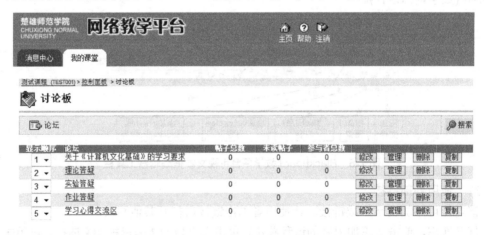

图 7-9　Blackboard 教学平台【讨论板】示例

### 4. 作业的布置与批改

1) 增加"作业"课程菜单

打开课程，单击左侧的【控制面板】链接，在打开的页面中单击【管理课程菜单】链接，单击【添加 内容区】链接，在打开的页面中的【名称】下拉列表框中选择【作业】，单击【提交】按钮。

2) 布置作业

打开课程，单击【作业】课程菜单，单击右上角的【编辑视图】链接，在打开的窗口右上角单击【选择】下拉列表框，选择【作业】选项，单击右侧的【执行】按钮，在打开的添加作业窗口中输入作业名称、说明，添加作业附件，然后单击【提交】按钮。

3) 批改作业

打开课程，单击左侧的【控制面板】链接，然后在打开的页面中单击【成绩簿】链接，在打开的页面中可以看到你的学生名册及作业布置情况，如果相应作业图标为【需要评分】，则单击图标可进行查看和评分，如图 7-10 所示。

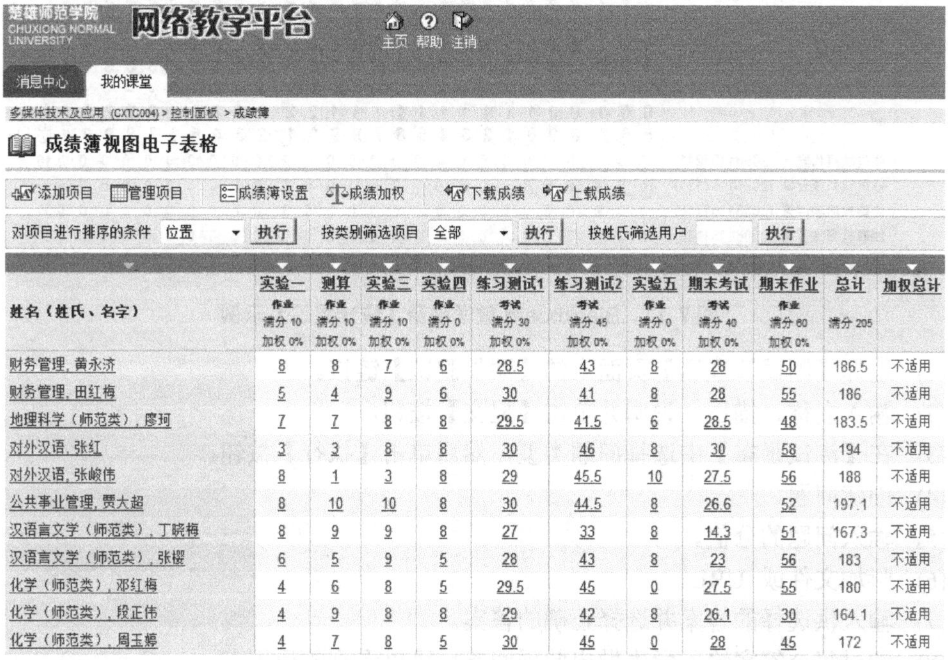


| 姓名（姓氏、名字） | 实验一 作业 满分 10 加权 0% | 测算 作业 满分 10 加权 0% | 实验三 作业 满分 10 加权 0% | 实验四 作业 满分 0 加权 0% | 练习测试1 考试 满分 30 加权 0% | 练习测试2 考试 满分 45 加权 0% | 实验五 作业 满分 0 加权 0% | 期末考试 考试 满分 40 加权 0% | 期末作业 作业 满分 60 加权 0% | 总计 满分 205 | 加权总计 |
|---|---|---|---|---|---|---|---|---|---|---|---|
| 财务管理，黄永济 | 8 | 8 | 7 | 6 | 28.5 | 43 | 8 | 28 | 50 | 186.5 | 不适用 |
| 财务管理，田红梅 | 5 | 4 | 9 | 6 | 30 | 41 | 8 | 28 | 55 | 186 | 不适用 |
| 地理科学（师范类），廖珂 | 7 | 7 | 8 | 8 | 29.5 | 41.5 | 6 | 28.5 | 48 | 183.5 | 不适用 |
| 对外汉语，张红 | 3 | 3 | 8 | 8 | 30 | 46 | 8 | 30 | 58 | 194 | 不适用 |
| 对外汉语，张峻伟 | 8 | 1 | 3 | 8 | 29 | 45.5 | 10 | 27.5 | 56 | 188 | 不适用 |
| 公共事业管理，贾大超 | 8 | 10 | 10 | 8 | 30 | 44.5 | 8 | 26.6 | 52 | 197.1 | 不适用 |
| 汉语言文学（师范类），丁晓梅 | 8 | 9 | 9 | 8 | 27 | 33 | 8 | 14.3 | 51 | 167.3 | 不适用 |
| 汉语言文学（师范类），张樱 | 6 | 5 | 9 | 5 | 28 | 43 | 8 | 23 | 56 | 183 | 不适用 |
| 化学（师范类），邓红梅 | 4 | 6 | 8 | 5 | 29.5 | 45 | 0 | 27.5 | 55 | 180 | 不适用 |
| 化学（师范类），段正伟 | 4 | 9 | 8 | 8 | 29 | 42 | 8 | 26.1 | 30 | 164.1 | 不适用 |
| 化学（师范类），周玉婷 | 4 | 7 | 8 | 5 | 30 | 45 | 0 | 28 | 45 | 172 | 不适用 |

图 7-10 Blackboard 教学平台【成绩簿】示例

4) 查看统计数据

打开课程，单击已经添加作业的课程菜单，单击右上角的【编辑视图】链接，在打开的窗口中可看到已经布置的作业，如果该作业启用了【统计跟踪】功能，则单击右侧的【管理】按钮可查看学生单击作业的统计次数，如图 7-11 所示。

## 5. 测验

在 Blackboard 平台上制作测验的步骤如下。

1) 创建测试

打开课程，单击左侧的【控制面板】链接，在打开的页面中单击【测试管理器】链接。按照以下步骤创建测试。

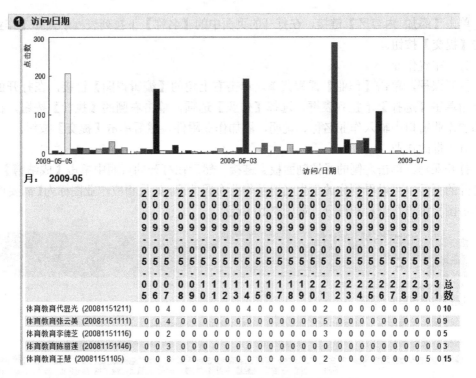

图 7-11  Blackboard 教学平台【统计跟踪】示例

(1) 选择【测试管理器】页面上的【添加测试】链接。
(2) 输入名称、描述、说明并单击【提交】按钮。
(3) 在【测试画布】中选择问题类型，然后单击【执行】按钮。
(4) 创建问题。
(5) 输入问题的分值。
(6) 附加文件或 URL。
(7) 输入供选择的答案并选择正确的答案。
(8) 针对每个答案输入学生做出此项回答后可以看到的反馈。
(9) 重复步骤 (3)~(8)，直到问题添加完毕。

2) 使测试可用

按照以下步骤将测试设置为可用。
(1) 单击要添加测试的课程菜单，然后单击【测试】链接。
(2) 在【添加测试】列表框中选择要添加的测试，然后单击【提交】按钮。
(3) 选择测试的属性、可用性、反馈以及显示选项。

3) Blackboard 提供的试题类型

Blackboard 提供的试题类型有：多项选择题、判断正误题、填空题、多项回答题、匹配题、排序题、论述题、计算公式题、计算数值回应题、文件回应题、热点题、多项填空题、选词填句题、评定等级/LIKERT 题、简答题、智力论述题。

**复习思考题**

1. 什么是远程教育？远程教育的特点有哪些？
2. 简述基于信息传递的现代远程教育模式。
3. 什么是网络教学平台？请结合一些常用的网络教学平台，简要叙述其功能和特点。
4. 谈谈视频会议系统在远程教育中的应用。
5. 什么是虚拟现实？简述虚拟现实在教学中的应用。
6. 什么是全景环视技术？谈谈全景环视技术在教学中的应用。

教学设计(Instructional Design)是20世纪60年代以来逐渐形成和发展起来的一门新的实践性很强的应用学科，它与教育媒体、计算机教育应用一起构成了当代教育技术的三大研究领域，并逐渐成为教育技术领域的一门独立的学科，是教育技术的重要内容。

# 第8章 教学系统设计

**本章学习目标**

- ➤ 了解教学设计的基本概念。
- ➤ 了解教学设计过程的模式，能进行教学系统设计的要素分析。
- ➤ 能用本章所学的原理与技术，针对具体的教学内容，设计出一个有效的教学方案。

## 8.1 教学系统设计概述

在实施课堂教学以前，教师为了达到一定的教学目标，都会依据一定的教育思想或教育观念，以各种方式对教与学的双边活动进行考虑和安排。也就是说，教师的教学工作在走进教室之前就已经开始了，而且在结束课堂教学之后还有一系列的教学工作如测验、判作业等要做。由此可以说，教师的教学活动过程是各项教学要素组成的一个有机系统，这个系统主要包括三个要素，即教学的设计、教学的实施和教学的评价。在进行实际教学和对教学进行评价之前，教师首先应对即将实施的教学活动进行周密的思考和精心的安排，要考虑教什么、怎么教、如何评价教学效果等问题；要研究教学对象的特点、教学目标、教学内容、教学策略、教学媒体的选择以及教学评价等问题，最终得出一个教学工作的方案。许多教师为提高教学质量付出了不懈的努力，但有时教学效果并不理想，究其原因，主要是由于教学中涉及的因素是多方面的、变化的，因而教学问题是很复杂的，只凭经验作出判断来制订教学计划并不能解决所有问题，往往会顾此失彼，从而不能获得有效的教学效果。

教学设计理论为教育工作者的教学准备以及解决各类教学问题、提高教学质量，提供了一个科学的系统方法和程序，把通常所说的备课、制定解决问题的方案等活动纳入了科学的轨道。

### 8.1.1 教学设计的含义

所谓设计，就是为了实现预定的目标，预想今后可能会出现的情况，并观念性地操作事物的构成要素，明确整体和部分之间关系的行为。

教学系统设计是以获得优化的教学效果为目的，以学习理论、教学理论及传播理论为理论基础，运用系统方法分析教学问题、确定教学目标、建立解决教学问题的策略方案、试行解决方案、评价试行结果和修改方案的过程。具体来说，可以从以下几个方面认识和理解教学设计。

### 1. 教学设计的目的和研究对象

目的性越强的活动对设计的需求就越强烈。教学是一项具有极强目的性的工作，其目的是促进学生的良好发展。为了达到此目的，就需要进行教学的设计。因此，教学设计的最终目的就是为了提高教学效率和教学质量，使学生获得良好的发展。教学设计亦称教学系统设计，它把课程设置计划、教学大纲、单元教学计划、课堂教学过程、教学媒体材料等都视为不同层次的教学系统，并把教学系统作为它的研究对象。对于教师而言，整个教学过程是教学设计的对象，即运用教学设计的理论与方法是为了更好地进行课前准备工作和更好地解决教学过程中遇到的问题。

### 2. 教学设计强调运用系统方法

教学设计是把教学的各个环节看作一个相互联系相互作用的系统，因此需要用系统方法和观点对教学中的各个要素及其相互关系进行分析和操作。这些要素包括教师、学生、教学内容、教学条件以及教学目标、教学方法、教学媒体、教学组织形式、教学活动等。教学设计作为一个系统计划的过程，必须通过一套具体的操作程序来协调、配置，使各要素有机结合，实现教学系统的功能。

教学设计的系统方法就是指教学设计首先要从"为什么教"入手，确定学生的学习需要和教学的目的；其次要根据教学目的，进一步确定通过哪些具体的教学内容和教学目标才能达到教学目的，从而满足学生的学习需要，即确定"教什么"；要实现具体的教学目标，使学生掌握需要的教学内容，应采用什么策略，即"如何教"；最后，要对教学的效果进行全面的评价，根据评价的结果对以上各环节进行修改，以确保促进学生的学习，获得成功的教学。

### 3. 教学设计必须以学生特征为出发点

在教学活动中，学生是学习的主体，学习不是被动地接受知识，而是一个依据原有的知识和能力，以自己的特点，对新知识进行积极主动的建构过程。无论何种教学形式，学习最终是通过学生自己完成的，学习的结果将最终体现在学生身上。因此，教学设计必须防止以假设的学生作为教学对象，重教轻学，而应真正地以学生的具体情况为出发点，重视对学生公共特征和个性的分析，重视激发、促进、辅助学生自身学习过程的发生和进行，从而使有效的学习发生在每个学生身上，保证不让一个学生处于教学的劣势，要创造有利的学习环境，让每个学生都享有同等的机会。可以说，教学设计具有个别化教学的特征。

### 4. 教学设计必须以"教"与"学"的理论为依据

如果教学设计单纯依靠系统方法，那么只是可以保证整个教学系统的完整性、程序性及可操作性。而这个教学系统是否符合具体的教学实际，能否获得最佳的教学效果，教学目标是否正确地反映了学生的学习需求等问题，单凭系统方法是无法解决的。若想获得成功的教学，还需保证每个教学环节上决策的科学性。

任何设计工作要保证设计的科学性，就必须以一定的科学理论为指导，并根据设计对象的内在规律，对工作对象进行设计。教学设计的主要工作对象是教和学的双边活动，教学设计是以人类学习的基本规律为依据，探索教学规律，从而建立合理的、科学的教学目标、教学程序、教学内容及方法策略的体系。因此，必须以研究教和学基本规律的教学理论和学习理论作为设计的理论基础和决策的科学依据，成功的教学设计、优化的教学效果才有保证。

### 5. 教学设计是问题解决的过程

教学设计是以帮助学生的学习为目的，它常以学生学习所面临的问题为出发点，首先要寻找问题，确定问题的性质，再研究解决问题的办法，从而达到解决教学问题的目的。因此，教学设计是以问题找方法，而不是以方法找问题，使教学工作更具有目的性。

### 6. 教学设计重视对教学效果的评价

当得出设计方案之后，应对方案的效果进行评价。在设计过程中的各个环节上，也应不断地收集反馈信息，及时提出修改意见，这样，对教学设计过程和结果才能进行科学的评价，得出科学的结论，有利于不断提高教学设计的水平，更有利于改进教学、提高教学效果。

## 8.1.2 教学系统设计的层次

按照系统论的观点，教学系统也是由许多子系统构成的。根据各个子系统的大小和任务及教学中问题范围的不同，教学设计也相应地具有不同的层次，一般可归纳为三个层次。

### 1. 以"系统"为中心的层次——教学系统设计

教学系统设计属于宏观设计层次，它所涉及的教学系统比较大，如一所学校、一个新的专业、一个培训系统或一个学习系统的建立等。由于这一层次的教学设计比较复杂，一般都应组织专门的小组进行设计。

### 2. 以"课堂"为中心的层次——教学过程设计

教学过程设计是针对一门课程或一个单元，甚至一节课或某几个知识点的教学全过程进行的教学设计。教学过程设计可以简化成三大部分：课程教学设计、课堂教学设计和教学评价。

课程教学设计根据课程标准规定的总教学目标，对教学内容和教学对象进行认真分析，在此基础上得出每个单元、章节的教学目标和各知识点的学习目标层次，以及该课程的知识和能力结构框架，形成完整的目标体系。

课堂教学设计则是根据上述目标体系，在认真分析教学内容和教学对象的基础上，选择教学策略和教学媒体(包括教学组织策略、教学媒体和交互方式的选择策略，以及教学资源的管理策略)，制定课堂教学过程结构方案和形成性练习，并付诸教学实践。这个层次的设计范围是课堂教学，其设计工作的重点是充分利用已有的设施和选择或编辑现有的教学材料来实现目标，而不是开发新的教学产品。只要教师掌握教学设计的有关知识与技能，整个课堂层次的教学设计完全可由教师自己承担完成，充分发挥每位教师的主动性、创造性，同样的教学内容可以而且应该有不同的课堂教学设计。

### 3. 以"产品"为中心的层次——教学产品设计

教学产品包括简单和复杂两种类型。简单的教学产品通常指一般教学媒体、小型课件等；复杂的教学产品如大型计算机软件、教学设备设施等。简单的教学产品设计与开发可根据课堂教学设计中选定的媒体类型、媒体使用目的来确定产品目标，然后经过分析、设计、开发、生产、集成和试用六个步骤完成，最后进行评价和修改。

教学设计是一个完整的过程。上一个设计层次的输出，正是下一个设计层次的输入，环环紧扣，步步衔接。其中教学过程是整个教育活动的关键，教学过程设计在教学设计的三个层次中处于中心地位。

## 8.1.3 教学设计过程的模式

用系统的观点分析教学过程，可以看出教学是由若干要素组成的一个有机系统。这个系统包括教学目标、学习者、教学内容、教学方法与策略、教学评价等。在考察教学过程时，不能只是孤立地研究教学中的各要素，应该将各要素放到整个教学系统中去考察，研究各要素之间的相互作用关系，从而调整系统使功能达到最优。例如，计算机已经进入我国大部分学校，但只是引入计算机作为教学媒体还不能自动产生理想的学习效果，它只是教学系统中的一个构成要素，其作用能否充分发挥还取决于与其他要素之间的关系。基于以上的论述，教学设计的工作也应遵循教学过程的系统性特点，全方位地考察教和学，对教学活动进行系统设计。

怎样进行教学的系统设计，教学设计工作以教学系统要素为出发点的主要步骤是什么？这里有必要介绍教学设计过程的模式。教学设计过程的模式是以教学系统各要素以及各要素之间的关系为基础的，它对当前教学设计的实践工作具有很好的指导作用。简而言之，进行教学设计时，应将教和学作为一个系统来看待，对教学工作进行系统化处理。

教学设计过程模式是在教学设计的实践中逐步形成的，是运用系统方法进行教学开发、设计理论的简化，其含义如下：

(1) 教学设计过程的模式是对教学设计实践的再现，是教学设计工作者实践工作的总结。

(2) 它是理论性的，代表着教学设计的理论内容，而不是教学设计的方法。

(3) 它是对教学设计理论的简化。

对于从事课堂教学的教师而言，一般应掌握如图8-1所示的教学设计模式。掌握了这个模式，也就掌握了教学设计的全过程，能够整体地把握教学设计的各项主要工作以及相互之间的关系。

教学设计首先应从学习需要分析开始，解决"为什么教"的问题；了解学生的实际情况与期望水平之间的差距，了解教学中存在的问题。其次教师需要分析具体的教学内容和对学生进行分析，考虑课程、单元及一堂课教学内容的选择和安排，考查学生在进行学习之前对于学习内容已具有什么知识和技能，即对学生初始能力的评定，以及了解学生对所学内容的兴趣和态度。此时，只选择学习内容还是不够的，还需要明确具体的学习目标，即学生应该掌握什么知识和技能，解决"教什么"的问题；接下来再确定教学策略，考虑如何实现教学目标或学习目标，解决"怎么教"的问题，其中应包括考虑教学媒体的选择和应用，根据不同的情况选择不同的教学媒体或教学资源；最后对教和学的行为作出评价。在行为评价时，一方面要以目标为标准进行评价，另一方面要提供教学效果的反馈信息以审视教学方案如何，从而对设计模式中所有步骤作重新审查，特别应检验目标和策略方面的决定。在教学设计过程的模式中，学生、目标、策略和评价构成了教学设计的四大基本要素。

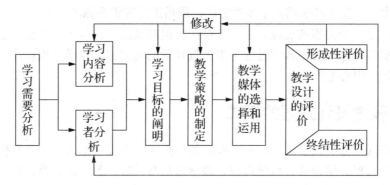

图 8-1 教学设计过程的模式

对于教学设计过程模式的理解，应该注意两个问题。第一，将整体性的教学设计过程分解为诸多要素，主要是为了便于深入地了解和分析并掌握和发展整个教学设计过程的技术。因此在实际设计工作中，要从教学系统的整体功能出发，保证"学生、目标、策略、评价"四要素的一致性，使各要素相辅相成，产生整体效应。第二，应该认识到我们所设计的教学系统是开放的，教学过程是动态过程，涉及的各个因素如环境、学生、教师、信息、媒体等也都处于变化之中，因此教学设计工作具有灵活性的特点。在利用模式设计教学时，应根据不同的教学要求，针对不同的实际问题，决定设计步骤，确定从何入手，重点解决哪些环节的问题，创造性地进行教学设计工作。

## 8.2 教学系统设计的要素分析

### 8.2.1 学习需要分析

教学设计实际上是一个解决问题的过程，而问题的解决，应首先从寻找问题及其根源开始。因为只有找到了问题，弄清原因才有可能解决问题。学习需要分析的作用就是鉴定教学问题，并在此基础上形成总的教学目标，为分析教学内容、编写教学目标、制定教学策略、选择和运用教学媒体以及进行教学评价等各项教学设计的工作提供真实的依据。因此，学习需要分析是教学设计的一个非常重要的开端。

**1. 什么是学习需要分析**

学习需要是指学生目前的学习状况与期望他们达到的学习状况之间的差距。在这里，

"期望达到的学习状况"是指学生应当具备什么样的能力素质，一般体现在以下几个方面：社会发展变化对学生的要求；课程内容及学科特点对学生的要求；学校及学生所在班级的要求，这些都是社会和学校对学生的期望。除此之外，学生家长对学生的要求以及学生自身发展的需要也构成了对学生能力素质的要求。"目前的学习状况"是指学生已经具备的能力素质。"学习需要"正是这二者之差，它指出了学生在能力素质方面的不足，也暴露了教学中存在着的实际问题，而这些正是需要用教学设计的方法去解决的。从这个意义上说，学习需要指明了总的教学目标。

**2. 学习需要分析的方法**

根据分析采用的目标参照系的不同，分析学习需要的基本方法主要有内部参照需要分析法和外部参照需要分析法。下面我们分别介绍这两种方法。

1) 内部参照需要分析法

内部参照需要分析法是将学习者学习的现状与既定的教学目标(期望达到的状态)进行比较，找出两者之间存在的差距，从而鉴别出学习需要的方法。

该方法的目标参照系来自学习者所在的组织机构内部，以教育行政管理部门既定的教学目标作为对学习者的期望状态来进行学习需要分析。

在我国的普通学校教育系统中，基本上都采用内部参照需要分析的方法来分析教学中存在的问题，也就是通过将学习者的学习现状与各学科教学大纲中所提出的具体教学目标进行比较来鉴别学习需要。

由于期望状态(既定的教学目标)已经存在于系统内部，所以内部参照需要分析法在实施时主要的工作任务就是搜集关于学习者现状方面的信息数据。

学习者现状信息数据的搜集可以通过三方面进行：通过测验等教学评价手段对学习者的学习情况进行了解和分析；通过召开教师座谈会听取相关教师对学习者学习情况的反映；直接了解学习者的学习态度、学习中遇到的问题等。

对于内部参照需要分析法来说，学习者现状信息数据的准确性和教学目标的合理性两方面因素会直接影响该分析方法的有效性。因此，在搜集学习者现状信息数据时，无论采用什么样的数据搜集方法，都要保证搜集数据的可靠性、准确性。教学目标是教育行政管理部门在教学大纲中既定的对学习者期望达到状态的具体表述。在内部参照需要分析中，我们要把学习者现状信息与教学目标进行比较，因而这里存在一个目标是否合理的问题，如果目标的制定充分反映了教学系统内外环境对它的要求，充分考虑了学习者自身发展的特点，那么内部参照需要分析的结果就很可能是有效的。

2) 外部参照需要分析法

外部参照需要分析法是根据社会(或职业)的需求来确定教育系统的教学目标(对学习者的期望状态)，并以此为依据来衡量学习者的学习现状，找出学习者现状与社会实际需求之间的差距，鉴别出学习需要的分析方法。

这种方法揭示的是学习者目前状况与社会实际需求之间存在的差距，是以社会目前和未来发展的需要作为该方法的目标参照系来进行分析的。外部参照需要分析法是对教育系统中教学目标合理性进行检验的有效方法。

由于教育系统与社会系统关系密切，因而采用外部参照需要分析法是调节教育、教学系统并使之适应社会发展的重要措施之一。这也充分体现了教育、教学活动的开放性。只有对外部环境开放，进行信息交流，才可能使教育、教学逐步向适应社会发展的高水平方向发展。这就要求教育系统应该着眼于社会发展的新需求、新特点去确定人才培养目标。

外部参照需要分析主要的工作任务就是搜集关于学习者现状方面的信息数据、与期望达到的状态相关的社会需求信息数据，其中以后者的数据搜集为重点。有关学习者现状方面信息数据的搜集方法与内部参照需要分析法相同。

综合以上两种学习需要分析方法，我们可以看到，内部参照需要分析法容易操作，省时省力，但运用该方法分析学习需要往往局限于教育系统内部，以系统内部规定的教学目标为参照系考虑问题，而对教学目标与社会实际需求是否符合却不够关心，因此，无法保证教育系统内部目标的合理性。外部参照需要分析法虽然操作难度大，但却能保证所定目标与社会需求直接发生联系，因而有其优越性。在实际的学习需要分析活动中，我们可以将两种方法结合起来加以使用。也就是根据外部社会需求调整修改已有的教学目标，并以修改后目标所提出的期望值与学习者的现状相比较找出差距，明确学习需要。

**3. 学习需要分析中应注意的问题**

在进行学习需要分析时，为了保证分析出来的学习需要的准确性，应特别注意几个方面的问题：学习需要一定是学习者的需要，而不是其他人的需要；获得的分析数据必须真实可靠；学习需要分析永无止境，要经常对学习需要的有效性进行质疑和检验。

作为长期工作在教学第一线的教师，在新课程改革过程当中如何能够更有效地进行学习需要分析呢？我们应该从这些方面着手：认真学习领会基础教育改革提出的新课程标准，准确把握国家对不同学科教学确定的教学基本要求；随时了解掌握学习者的现有需求并能对未来可能存在的需求进行预测；了解本地区发展对人才培养的特殊要求；了解本学校的价值取向和办学特色方面的需求。

## 8.2.2　学习内容分析

**1. 什么是学习内容分析**

为实现总的教学目标，要求学生系统学习的知识、技能和行为经验的总和就是学习内容。

学习内容分析要解决的核心问题是安排什么样的学习内容，才能够实现学习需要分析所确定的总的教学目标。学习内容分析是根据总的教学目标规定学习内容的范围和深度，并揭示出学习内容中各个组成部分之间的联系，以实现教学效果的最优化。从范围和深度这两个维度确定了学习内容以后，就明确了学生必须掌握的知识的广度和深度，从而解决了"学什么"的问题；揭示学习内容中各组成部分之间的联系，可以把已经确定的学习内容按照学生能够理解和接受的顺序排列起来，这样也涉及"怎样学"的问题。学习内容分析的结果表明，学习完成之后学生必须知道什么、能做什么；学生为了实现这样的目标，需要哪些先决知识、技能和态度，以及学科内容的结构及最佳教学顺序。经过学习内容分析，教师就会明白应该如何教了。

### 2. 有关学习内容分析的预备知识

1) 学习内容分析的过程

学习内容分析以学生的学习结果为起点，并以学习起点为终点，是一个逆向分析过程。即学习内容分析从学习需要分析所确定的总的教学目标开始，通过反复提出"学生要掌握这一水平的技能，需要预先获得哪些更简单的技能"这样的问题，并一一回答，一直分析到学生已具有的初始能力为止。

2) 学习结果的分类

加涅在研究的基础上，认为学习结果一般可以分为言语信息、智力技能、认知策略、动作技能和态度这五大类型。

(1) 言语信息。言语信息是陈述知识的一种能力。这里的知识是回答"世界是什么"的知识，如某个事物的名称，历史事件发生的时间、地点，科学技术的成就等，都是具体事实。

(2) 智力技能。智力技能是指运用符号办事的能力。智力技能涉及的知识是回答怎么办的知识，它对学生能力的要求主要是理解和运用概念、规则，以及进行逻辑推理的能力。

智力技能又可从简单到复杂构成一个层级，无论学习哪一种智力技能，都必须以比它简单的智力技能为先决条件，所以学生的学习总是从最基础的"辨别"入手，然后到"概念"，再到"规则"与"高级规则"，这个顺序是不能颠倒的。需要指出的是，在这里高级规则是指通过简单规则重新组合而得到的更为复杂的规则，具有更为广泛的应用性，并且与问题解决的能力联系在一起。

(3) 认知策略。认知策略是学习者用来选择和调节自己的注意、学习、记忆及思维方式等内部过程的技能，属于更高级的认知学习，是学生在上述学习的同时，学习如何控制自己的认知过程，学会怎样学习和如何思维的能力，是形成学生创造能力的核心。因此，一定要有意识地把培养学生的认知策略作为一个重要的教育目标。

(4) 动作技能。动作技能表现在迅速、精确、流畅和娴熟的身体运动中，是一种必须经过学习才能获得的能力。动作技能的教学几乎贯穿于学校教育的每一门课程之中，比如写字、唱歌、跳舞、演奏乐器、朗读等，只是所占比例不同，它是学校教育中一个非常重要的方面。

(5) 态度。态度是指通过学习形成的影响个体行为选择的内部状态。态度代表一种行为倾向，是一种准备状态，不一定与行为对应，它是经过与环境长时间的相互作用逐渐形成或改变的。

### 3. 怎样进行学习内容分析

教师在进行学习内容分析时，一般可以按照课程、单元及知识点等层次来划分，基本步骤如下。

1) 确定学习类型

确定学习类型就是根据教学目标的表述，按照言语信息、智力技能、认知策略、动作技能和态度五大学习内容的分类来区分学习任务。

2) 进行信息加工分析

当具体的教学目标已经被划分了学习类型以后，就应该为这个目标确定相应的学习内容，这就需要借助信息加工分析的方法了。图 8-2 所示是一个关于完成"计算圆锥体体积"教学目标而进行信息加工分析的实例。它的教学目标是用圆锥体体积的计算公式 V=(1/3)Sh，计算不同底面积和高的圆锥体体积，这个例子完整地显示了整个信息加工分析过程。当然，除了信息加工分析方法外，还有层级分析法，分类法，图表法等。

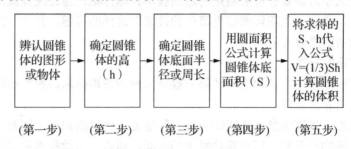

图 8-2 "计算圆锥体体积"学习内容的信息加工分析

3) 先决技能分析

先决技能分析就是把信息加工分析的每一个步骤都作为一个终极目标，然后具体分析学生在完成终极目标之前需要掌握哪些从属的先决技能。如果学生还没有掌握这些先决技能，那么它们就成为使能目标，使能目标可能又需要从属的先决技能……这样依次分析下去，从属的先决技能越来越简单，直到它们是学生已经掌握的知识和技能为止，这样就找到了教学起点，而这些先决技能也构成了学习内容的一部分。

4) 安排学习内容

通过前面三个步骤的分析，基本上可以确定学生需要掌握的学习内容及其深度和广度。接下来就可以分析这些内容的内在联系，然后根据学生的特点来安排学习内容。

学习内容之间的联系一般有三种类型：第一种是并列型，其特点是各学习内容之间相对独立，先后顺序可以随意安排；第二种是顺序型，特点是前一个内容构成了后一个内容的基础，所以它们的顺序不能颠倒；第三种是综合型，包含了并列型和顺序型。

在组织学习内容时，首先应该确定各项学习任务之间的关系，然后再根据下面的原则作具体安排：①由整体到部分，由一般到个别，不断分化；②从已知到未知，由具体到抽象；③按照事物发展的客观规律排列；④注意学习内容之间的横向联系。

5) 进行初步评价

选择并安排了学习内容以后，还需要对学习内容作初步评价，以检验这些内容能否为实现总的教学目标服务。初步评价的工作应该从下面几方面进行。

(1) 选定的学习内容是否能满足实现教学目标的需要？有没有需要补充的？有没有重复的或与教学目标无关的部分需要删除？

(2) 安排的学习内容顺序是否符合该学科的逻辑结构？能否反映出基本的知识结构？

(3) 所选择的学习内容本身及其结构安排是否符合学生的心理发展水平和认知结构？是否符合学生学习的实际情况？

### 8.2.3 学习者分析

学习需要分析的结果为我们确立了总的教学目标。为了实现这一目标，我们已经通过学习内容分析选择和安排了学习内容。但是能否实现目标的关键在于学生，因为学生是学习活动的主体，学习过程是学生主动的认识过程。只有当学习内容完全针对学生的特征，学生又完成了这些学习任务时，总的教学目标才能够真正实现。

学生的学习必须通过自己的内部加工才能完成，同时又在很大程度上取决于学生个体与环境的相互作用。所以我们要分析学生的特征，并在此基础上组织学习内容、阐明学习目标、确定教学策略、选择教学媒体，为学生创造出一个适合其内部条件的外部学习环境，使有效学习发生在每个学生的身上。

1. 什么是学生特征

学生特征包括两个方面：一是学习准备(包括初始能力和一般特征)，二是学习风格。

1) 什么是学习准备

学生在学习新知识时，其原有的知识水平和原有的生理、心理发展水平与特点对新学习的适应性就是学习准备。

学习准备包括初始能力和一般特征两个方面。学生的初始能力是指学生在学习某一特定的课程内容时，已经具备的有关知识与技能基础，以及他们对这些学习内容的认识和态度。学生的一般特征则是指在学习过程中影响学生的心理、生理和社会的特点，包括年龄、性别、年级、认知成熟度、智力才能、学习动机、个人对学习的期望、生活经验、文化、社会、经济等背景因素。在实际教学过程中，教师往往更多地考虑了学生的初始能力，而忽略了一般特征对学生学习的影响，这种状况需要改变。

2) 什么是学习风格

学生的学习风格与学习活动有着密切的关系。对学生感知不同事物并对不同事物作出反应这两方面产生影响的所有心理特征构成了学习风格。这些心理特征不仅影响学生对不同刺激的感知，而且影响学生对不同刺激作出反应。学习风格包含很多内容，例如，某个学生发现并保持了一种更适合于他的学习方法；某些学生对某种学习环境有着特殊的偏爱，只在那种环境中学习效率才会大大提高；还有学生在认知方式方面的差异和生理类型的差异等也属于学习风格。

2. 怎样进行学习者特征分析

首先是对他的初始能力进行分析：分析他当前的知识水平和完成事情的能力，以此了解他对于即将面临的学习是否有必备的行为能力，应该提供给他哪些"补救"措施。对他进行目标能力的分析，即了解他是否已掌握或部分掌握学习目标中要求学会的知识与技能，以便为他更好地安排学习活动。另外他对于即将进行的学习的态度也会对学习效果产生重要影响。其次是对学习风格的分析：在各种学习情境中，每个学习者都带着自己的特征进入学习，每个学习者的心理和生理存在个体差异，不同学习者获取信息的速度不同，对刺激的感知及反应也不同。因此，要实现真正意义上的个别化学习，就必须了解学习者的风格，并在此基础上为每一个学习者提供适合其特点的学习计划和学习资源。最后是对他进行学习动机的分析。学习动机过高或过低都会对学习造成困难和阻抑。所以只有了解了他的学习动机才能正确引导他进行学习。通过以上几个方面的分析，可以提高学习的效率，从而满足教学目标的要求。

## 8.2.4 学习目标的阐明

学习需要分析得到的总的教学目标为我们指明了课程的总方向，它是指导整个教学过程的纲领性目标。然而教学过程是一个极其复杂的过程，仅有这种原则性的规定是不够的，只有把总目标细化成不同等级的具体目标，并用规范的语言把它们描述出来，形成一个完整的目标体系，才能做到在教学活动的每个环节都有章可循，有据可依，从而保证总的教学目标得以实现。

学习目标是对学习者学习后应该表现出来的行为的具体、明确的表述。学习目标也称为行为目标，运用这个术语是为了强调学习结果的可观察性和可测量性。所以在具体编写学习目标时，一般要求用明确、具体、详细的行为术语来描述。

20 世纪 50 年代以布卢姆为代表的美国心理学家提出了教育目标分类理论。这种方法把教学目标分为认知、动作技能和情感三个领域，然后再把每个领域按照从低级到高级的顺序分成不同的层次，从而形成了一个完整的目标分类体系。

在以往的教学活动中，人们一直采用这样的方式描述学习目标：比如"通过教学，发展学生的阅读理解能力"。但是这种学习目标只表述了学生的内部心理变化，所以很难准确地理解其真实含义，更不能用它去观察学生学习以后的效果。为了改变这种状况，教育心理学家一直在致力于设计出一种更好的描述学习目标的方法。

考虑到学习的最终结果必然会反映到学生的具体行为上来，新的方法就从描述学生的行为或能力的变化入手，这样教师就可以用它去观察学习是否已发生在学生身上了，因而从根本上解决了传统方法带来的问题。这样的学习目标就成为客观地评价学习效果的依据了。

新的方法包括 ABCD 法和内外结合的表述法。前一种方法非常适合于编写动作技能领域的学习目标，也比较适合于编写认知学习领域的目标，而对于情感学习领域来说，因为学习结果主要是内在的心理变化，比较难以测量，所以必须用后一种方法来编写。

### 1. ABCD 法

这种方法之所以叫作 ABCD 法，是因为它包含了四个要素：教学对象(Audience)、行为(Behavior)、条件(Condition)和标准(Degree)，而它们的英文单词的第一个字母正好是 A、B、C、D，所以简称为 ABCD 法。

下面给出一个用 ABCD 法描述学习目标的实例。

例：要求每个同学 课后 能用自己的话 讲述课文大意。
　　　教学对象　条件　　标准　　　　行为
　　　　(A)　　(C)　　(D)　　　　(B)

这是一个典型的包含了四个要素的学习目标的例子。事实上，在实际运用中往往不需要也不可能完全机械地按照上述要求去编写学习目标。在有些学习目标中，条件与标准是很难区分清楚的。例如在上例中，"课后能用自己的话讲"即可以理解为表明行为的方式，又可以看成是表明时间的条件。这确实给编写学习目标带来了一些麻烦，不过问题并不严重，因为编写出的学习目标如果真的能够用来指导教学、评价学习效果，那么如何区分条件与标准就显得不那么重要了。可以说，一个好的学习目标应该是既可表明编写者的意图，又能用来指导教学及其评价。

用 ABCD 法编写学习目标时还应注意以下问题。

(1) 一定要使学习目标尽可能地包括复杂的高级认知目标和情感目标。

(2) 阐明学习目标应该具有规范性，使教师之间、师生之间能够进行交流。

(3) 编写学习目标时要充分考虑学生的个别差异，使每个学生能够以不同的方式在不同程度上实现所制定的学习目标。

采用 ABCD 法编写学习目标能避免传统方法的含糊性，从根本上解决以往学习目标无法用于指导和评价教学的问题。但是它本身也存在着三个缺陷：第一，只强调了学生的行为结果，而没有注意到其内在的心理过程，教师有可能会因此只注意到学生外在行为的变化，却忽视了其内在的能力和情感变化；第二，不太适合描述较高级的认知目标，更不适合描述情感领域的目标，因为这些目标很难从某个单一的行为中表现出来；第三，在具体的教学实践中，还存在着许多心理过程无法行为化的问题。因此有时不能只描述学生的行为变化，而应该在描述行为变化的同时加入描述其心理过程的术语。下面将要介绍的就是这样一种方法。

### 2. 内外结合的表述方法

学习的实质是学生的内在心理过程发生了变化，所以教育的真正目标并不是为了改变学生的具体行为，而是要使其内在的能力或情感发生变化。用内部心理过程与外显行为相结合的方法阐明学习目标正好可以弥补 ABCD 法的不足。具体做法是在陈述学习目标时，先用描述学生内部心理过程的术语表明学习目标，以反映学生理解、应用、分析、欣赏、尊重等内在的心理变化，然后再列举出一些能够反映上述内在变化的行为，使学生内在的心理变化也能够观察与测量。在列举行为变化时，仍然要采用前面所讲的 ABCD 法。

下面举例说明。比如，"让学生能够理解一篇描述人物的课文是怎样围绕中心思想取材的"，这样的目标是很难观察的。应该怎样来描述它呢？如果采用内外结合的方法表述就应该描述如下。

(1) 内部心理描述：能理解描述人物的课文是怎样围绕中心思想取材的。

(2) 行为1：能用自己的话概述课文中的主人公是一个怎样的人。

(3) 行为2：能从课文中找出作者描述主人公时表露自己感情的语句。

(4) 行为3：能指出课文所叙述的事件中哪些采取了略写的方式，哪些进行了详写，以及它们对表现中心思想所起的作用。

应该注意，在这个例子中，总的学习目标是"理解"，而不是那些用来表明"理解"的具体行为。因为在这里所列举的每一个具体行为，都仅仅是为了表明"理解"的一个侧面，而不是学习目标。

内外结合的表述方法克服了 ABCD 法只考虑具体行为变化而忽视内在心理过程变化的缺点，也避免了用传统方法陈述学习目标的含糊性。

尽管新的方法从根本上解决了传统方法所带来的问题，但是它也存在着某些局限性。首先，因为有些学科的内容本身带有明显的序列性，如数学、物理、化学和英语等，对于这样的学科，新的方法比较好用，而在社会科学课程中使用时则受到了一些限制；其次，教师不可能提前确定教学活动中所有潜在的教学成果，而那些没有预料到的成果，却有可能引出更有价值的结果；再次，完全使用可以测量的学习目标，有可能使学习过程变得过于机械。

### 8.2.5 教学策略的确定

#### 1. 什么是教学策略

当了解了学习者的情况，分析了教学内容，确定了学习目标后，就要形成实施教学的方案，这个教学方案就是教学策略。教学策略是对完成特定的教学目标而采用的教学顺序、教学活动程序、教学方法、教学组织形式和教学媒体等因素的总体考虑。教学策略主要是解决教师"如何教"和学生"如何学"的问题，是教学设计研究重点。教学策略的制定是一项系统考虑教学诸要素，总体上择优的富有创造性的设计工作。也就是说，在可实现教学目标的诸方法和方案中，针对不同的教学情况，选择和确定被认为是相对最合适的教学方案，决定实施的教学方案应是根据具体实际情况确定的结果。教师在上课之前一般都需要考虑教学中各种要素的组合。例如，教学内容、学习者和班级特征、教学媒体和学习环境等，考虑选择什么教学方法和手段，确定什么教学程序和组织形式来实现教学目标。这种选择的过程就是教学策略的设计过程。

#### 2. 制定教学策略的依据

(1) 从教学目标出发。教学策略是对完成特定教学目标的总体考虑，因此有什么样的目标，就应当选择有利于实现该教学目标的策略。

(2) 根据学习理论和教学理论。教学策略是实现教学目标的手段，是促使教学成功、促进学生学习发生的方式方法。作为手段和方法，应当遵循教学和学习规律，以学习理论和教学理论作为教学策略制定的依据。

(3) 要满足学习内容的客观要求。相对于教学内容，教学策略是实现内容的方式，内容决定方式。因此，应针对不同的学习内容，选择不同的教学方式，教学策略是为学习内容服务的。

(4) 要适合教学对象的特点。教学对象不同，所制定的教学策略也应该不同。处在不同身心发展阶段的学生，其学习特征各异，例如，思维水平、知识水平、理解能力存在差异。另外，学生的学习风格或方式也会有所不同。因此，要充分考虑学生特征设计教学策略，以学生特征分析的结果作为设计依据。

(5) 考虑教师本身的素养条件。教师在制定和设计教学策略时，应考虑自身的素养条件。对自身的教学特点、知识结构、个性特征等方面的情况应有较深刻的把握，并能根据自身的具体情况，选择适合自己的教学策略。教学策略能为教师所实现，才能发挥作用，有的策略或方法虽很理想，但教师缺乏必要的自身条件，自己驾驭不了，结果只能是适得其反，不能在教学中产生良好的效果。因此看来，提高教师各方面的水平和能力是一项十分重要的工作。

(6) 要考虑当地教学条件的可能性。教学策略的实施要受当地条件(如教学设备、设施、教学资源、教学管理等)的制约。因此，在制定教学策略时要考虑当地所提供条件的可能性，要根据可能的现有条件，选择制定教学策略。

## 8.2.6 教学媒体的选择

科学技术的进步对教育的影响在两个方面较为突出：一是科学技术提供的新思想、新方法和新事物促进了人类对学习有了新的更为深刻的认识，二是科学技术提供的先进技术确保了人类知识高效地传播。

选择教学媒体的基本思路是：对教学目标和内容、教学模式、教学对象、媒体的教学特性和功能、经济性与适用性进行整体考虑，择优选择适当的教学媒体。

基本的选择方法有：问题表、矩阵选择表、流程图和戴尔的经验之塔。问题表是列出一系列相关的问题，通过对这些问题的回答，寻找发现适用于一定教学目标的媒体。矩阵选择表是将教学媒体的种类作为一维，以它们的教学功能作为另一维，进行列表，再用一种评价尺度反映两者之间的关系，如评价尺度可用高、低、中 3 个层次。流程图是将选择过程分解成一套按序排列的步骤，每一步骤都有相应的标有"是"与"否"的问题，选择问题的"是"与"否"则进入不同的分支步骤，回答完问题，会有一种或一组媒体被确认为是最适用的。"经验之塔"是美国媒体教育家戴尔提出的，它将媒体提供的学习经验进行排列，形成金字塔状，由下而上分为 11 个层次。"塔"的最底层的内容提供的学习经验最直观、具体，逐层上升直接感觉的程度越来越下降，趋向抽象的程度越来越高。

研究表明，影响教学媒体选择的因素有以下几个方面。

### 1. 教学任务方面的因素

教学任务方面的因素包括教学目标、教学内容、教学方式等。选择什么样的教学媒体来传递经验，首先要考虑教学目标，因为有些媒体可能更容易激发学生对所学知识的记忆，有些媒体可能更适合用来演示需要学生掌握的技能，也就是说有些媒体比其他媒体更适合于某种学习类型。其次，要考虑教学内容的特点，即所要传递的经验本身的性质。如果所要传递的是一种感性的具体经验，则必须在非言语系统中选择适用的媒体；如果所要传递的是一种理性的抽象经验，则除了要有必要的非言语系统的媒体相配合外，必须选择用言语系统的媒体，否则就难以完成传递任务。教学方式不同，可供选用的媒体也往往不同，如采用直接交往方式来传递经验时，可用口语系统的媒体；采用间接交往方式来传递经验时，一般用书面语言系统。所以，教学方式也是选择媒体的一个重要依据。

### 2. 学习者方面的因素

教学媒体对经验的传递作用，取决于经验接受者的信号接收及加工能力，如感知、接受能力、知识状况、智力水平、认知风格、先前的经验、兴趣爱好及年龄等。学生年龄不同，经验发展水平不同，其内在的编码系统也不同，对教学媒体的接受能力不同，采用的教学媒体也应有所差别。对此，戴尔提出的"经验之塔"理论(见第 2 章)对正确选择使用教学媒体是有价值的。在他提出的"经验之塔"理论中，列出了 11 种教学媒体。在其最下层，"直接的有目的的经验"指通过与实物媒体的实际接触，从而获得"做中学"的实际经验；最上层"言语符号"指通过言语媒体的作用以获得相应的经验，也就是通过阅读来学习。

### 3. 教学管理方面的因素

教学管理方面的因素如教学的地点和空间，是否分组或分组的大小，对学生的反应要求，获取和控制教学媒体资源的程度等。

### 4. 经费和技术方面的因素

经费和技术方面的因素，例如硬件的费用、软件开发的费用、媒体维修的费用、教辅人员的培训费用等。此外，还要考虑媒体的质量、媒体操作的难易程度、媒体对环境的要求、媒体使用的灵活性和耐久性等。需要指出的是，教师在教学设计的媒体选择中，常常只考虑教学任务和学习者这两方面的因素。这是可以理解的，因为教师是教学过程的具体执行者和实施者，自然从"需要"的角度考虑多一点。但是，对教学媒体的管理和技术因素也应予以重视。因为，教学媒体的选择，应该既考虑教学需要什么媒体，又要顾及现实可能为教学提供什么媒体。

### 5. 媒体的教学性能

媒体的教学性能指标主要有五项。

(1) 表现力：教学媒体表现事物的空间、时间和运动特征的能力。

(2) 重现力：教学媒体在不同的时间、空间条件下，重现被储存信息的能力。

(3) 接触面：教学媒体在同一时间内，可以将信息传递给学生的最大传递范围。

(4) 参与性：教学媒体在发挥作用时学生参与活动的机会。例如，学生随时中断媒体使用而进行提问、思考、讨论等其他学习或活动的可能性。

(5) 受控性：教学媒体操作方法的难易和使用的便利程度。

## 8.2.7 教学设计成果评价

教学设计成果评价属于教育评价的范畴。教育评价是根据一定的教育价值观或教育目标，运用可以操作的科学手段，系统地搜集信息、资料，经过分析、整理，对教育活动、教学活动和教育效果进行价值判断，从而为完善教育过程和正确的教育决策提供依据的系统过程。教学设计成果评价是一种特定的系统过程，包括确定评价目标、搜集有关资料、描述并分析资料、形成价值判断、作出决策等步骤。教学设计成果评价是教学设计的重要组成部分。对设计方案(成果)进行评价并作出相应的修改是教学设计的重要环节，是使教学设计成果趋向完善的必要内容，通过评价还可以掌握学习者的学习情况。

### 1. 功能及分类

教学设计成果评价的功能分为五方面：诊断功能、改进与形成功能、区分优良和分等鉴定功能、激励功能和导向功能。

教学设计中的评价，从功能上又可以分为诊断性评价、形成性评价和总结性评价。这三种评价在使用中可以采用多种评价标准，如常模参照方式(团体内部相对比较标准)、标准参照方式(客观标准)及定性或定量评价方式等。

1) 诊断性评价

诊断性评价又称前置评价，通常是在新的课程内容学习开始前，对学习者的实际水平和准备状况，判断是否具备实现新学习目标、学习的必要条件和哪些新学习目标的内容属于已经掌握的内容。不具备必要条件时就需要进行补课，已经掌握的内容自然不必再重复学习，为教学设计提供重要的背景资料。

2) 形成性评价

形成性评价是指为实现及时了解教学效果和学习者学习进展情况、存在的问题，作出调整，改进教学设计或教学工作而进行的经常性评价。教学设计中的评价用得最多的是形成性评价，利用它还可为教学设计的修改提供数据和资料依据。

3) 总结性评价

总结性评价是指在教学活动告一段落时，为把握活动最终效果而进行的评价。借以进行鉴定、区分等级和对整个教学方案的有效性作出评定。

**2. 基本步骤**

教学设计成果评价的基本步骤。评价是教学机制的重要组成部分，评价活动渗透在教学设计过程之中，贯穿于教学设计的各基本环节，因此对于采用评价的时间、先后次序上没有严格的规定。例如学习需要分析、学习任务分析、建立教学目标等环节中，都最好能对它们进行一次初步评价。而对教学设计成果进行的整体评价，更是十分必要的。正因为如此，评价环节放在教学设计基本模式的最后部分。教学设计成果评价可分为五个基本步骤：制订评价计划、选择评价方法、试用设计成果和收集资料、归纳和分析资料、报告评价结果。

## 复习思考题

1. 简述教学设计的定义及对教学设计的理解。
2. 简述学习者分析在教学设计中的地位与作用。
3. 简述教学设计过程的模式，谈谈对教学系统设计的各要素的理解。
4. 简述形成性评价的优缺点。
5. 结合具体专业教学，简述怎样进行媒体选择，选择媒体应该注意的问题。
6. 选择自己熟悉的教材，针对特定的学生，选其中一节的教学内容，设计一个教学方案。

# 参 考 文 献

[1] 何克抗，李文光. 教育技术学[M]. 北京：北京师范大学出版社，2009.
[2] 李克东. 新编现代教育技术基础[M]. 上海：华东师范大学出版社，2002.
[3] 祝智庭. 现代教育技术——走向信息化教育[M]. 北京：教育科学出版社，2002.
[4] 南国农. 信息化教育概论[M]. 北京：高等教育出版社，2004.
[5] 顾明远. 教育技术[M]. 北京：高等教育出版社，1999.
[6] 李运林，徐福荫. 教学媒体的理论与实践[M]. 北京：北京师范大学出版社，2003.
[7] 李兆君. 现代教育技术[M]. 北京：高等教育出版社，2004.
[8] 韩志坚，封昌权，徐建祥. 现代教育技术教程[M]. 北京：人民邮电出版社，2000.
[9] 白凤翔. 现代教育技术技能教程[M]. 北京：中国铁道出版社，2007.
[10] 张剑平. Internet 与网络教育应用[M]. 北京：科学出版社，2002.
[11] 黄河明. 现代教育技术[M]. 北京：高等教育出版社，2004.
[12] 乌美娜. 现代教育技术[M]. 辽宁：辽宁大学出版社，1999.
[13] 胡礼和. 现代教育技术学[M]. 湖北：湖北科学技术出版社，2003.
[14] 杨改学，张筱兰，郭绍青. 现代教育技术教程[M]. 甘肃：甘肃教育出版社，2001.
[15] 容世彦，和仲池. 现代教育技术基础[M]. 北京：宇航出版社，1999.
[16] 高玉德. 多媒体技术与应用[M]. 北京：清华大学出版社，2009.
[17] 杨青，郑世珏. 多媒体技术与应用教程[M]. 北京：清华大学出版社，2008.
[18] 吕同富. 现代教育技术课件设计与制作[M]. 哈尔滨：哈尔滨工业大学出版社，2001.
[19] 方刚，于晓宝. 计算机机房管理[M]. 北京：清华大学出版社，2001.
[20] 何昭青. 流媒体技术在网络教学中的应用与探讨[J]. 长沙大学学报. 2008，22(2).